KB210418

야 훼 신 앙

예 수 신 앙

촛 불 신 앙

# 야훼신앙, 예수신앙, 촛불신앙

**지은이**    김철호 김옥연
**초판발행**  2017년 6월 29일

**펴낸이**    배용하
**책임편집**  **배용하**
**등록**      제364~2008~000013호
**펴낸곳**    도서출판 대장간
          www.daejanggan.org
**등록한곳**  대전광역시 동구 우암로 75~21
**편집부**    전화 (042) 673~7424
**영업부**    전화 (042) 673~7424전송 (042) 623~1424
**분류**      사회정의 | 경제

**ISBN**    978-89-7071-420-2  03230

 **값 15,000원**

# 목　차

# 프롤로그

성서를 어떻게 읽을 것인가? 이런저런 인연과 알림을 통하여 기독청년들을 만나오고 있다. 기독청년들에게 궁금한 것이 있어서 꼭 묻는다. 어떻게 성서를 읽는가? 한결같은 답을 듣는다. "큐티로 성경을 읽습니다." 기독청년들뿐만 아니라, 대부분의 한국 기독교인들은 '큐티'Quiet Time를 좋아한다. 좋아하지는 않더라도 까닭 없이 그렇게 성서읽기를 한다. 실제로, '큐티'로 성서읽기를 하면 무슨 좋은 이로움이나 도움이 있을까? 나름대로 장점을 꼽는다면, 큐티는 성서의 핵심이라고 여겨지는 말씀을 가려 뽑아서 자신의 삶에 끌어들여 묵상하고 자신의 삶을 되돌아본다는 점일 것이다. 그러나 큐티로 성서읽기는 그것에 못지않은 큰 단점이 있다. 바로 성서가 계시하는 하나님의 뜻 보다, 생활 속에서 자기생각과 느낌을 성서의 하나님 계시처럼 꾸민다는 점이다. 한마디로 큐티로 성서읽기는 '성서 도구주의'에 함몰되기 십상이다.

또 한국 기독교인들은 교리로 성서읽기를 좋아한다. 그래서 성서를 '죄와 구원'으로 단순화한다. 그러나 성서는 단순하게 기독교교리를 설명하고 강요하는 교리학습서가 아니다. '죄와 구원'이라는 교리로만 성서를 읽고 해석하면 성서가 말하려는 본래의 하나님의 뜻을 왜곡하기 십상이다. 누가 무어라고 해도 성서에서 교리가 나온 것이지, 교리가 성서를 만들지는 않았다.

또 한편 한국 기독교인들은 문자주의로 성서읽기를 좋아한다. 문자주의라고 해도 있는 그대로 성서의 문장들과 문맥을 따라서가 아니라, 성서의 온갖 상징과 비유의 언어들을 자기취향에 맞게 비틀어서 읽는다. 그러다보니 한국 기독교인들은 '축자영감설'逐字靈感說로 성서의 문자를 읽고, 해석을 상징과 암시로 꿰어 맞추는 등, 제멋대로 성서를 헤아리고 판단한다.

그러나 다행스럽게 종교개혁이후 서구교회는 수백 년에 거쳐 성서신학을 발전시켜 왔다. 성서에 대한 역사와 사회배경 이해, 성서 고고학, 성서 밖의 고대문서들에 대한 비교연구, 성서 안에 나타난 자료연구 등, 수많은 성서신학 업적을 쌓아왔다. 무엇보다도 성서는 유구한 인류역사 안에서 하나님과 사람들의 삶의 교감을 통한 사회공동체 신앙고백이다. 그러므로 성서는 여전히 오늘의 독자들의 공동체 삶의 자리에서 연대와 교류를 요청한다. 하나님과 삶의 연대와 소통을 통한 바른 성서읽기와 해석, 적용과 실천 행동만이 맘몬·자본 숭배에 빠져든 한국교회를 다시 바르게 세울 수 있으리라.

## 이 책은 설교형식으로 쓴 '성서 읽기와 해석', 그리고 '신앙 제안'이다

이 책은 설교형식으로 쓴 '성서 읽기와 해석과 신앙에 대한 제안'이다. 이 책에 실린 한편 한편의 설교들은 필자의 사역私譯을 통한 본문읽기와 본문 말씀 풀이로 이루어져 있다. 이 책의 모든 내용들은 성서신학, 성서고고학, 성서문학 등 필자의 신학공부와 독서를 통해 얻은 지식과 자료들로부터 빌려온 것이다. 다만, 작으나마 이 책 안에 새로움이 있다면, 그것은 필자의 삶의 은혜와 신앙 실천행동, 그로 인한 신앙체험에서 온 것임을 밝힌다.

따라서 이 책이 어떤 이에게는 성서공부로, 어떤 이에게는 낯선 성서읽기와 해석으로, 또 작지만 어떤 이에게는 공감과 소통으로 들려질 수 있을 것이다. 어쩌면 또 이 책은 많은 사람들에게 반감을 불러일으킬 수도 있을 것이다. 필자는 이런 저런 계획된 의도나 고민 없이 이 책을 내어 놓는다.

2016년 말부터 백만 천만 국민주권혁명 촛불을 함께 밝히고, 소통하고, 연대하고, 공감하면서 이 책을 내놓아야 할 때라고 급하게 마음먹었기 때문이다.

이 책은 최근 3-4년 동안 우리 마당교회의 몇 명 안 되는 교우들과 함께 주일 예배시간에 나누었던 말씀들을 모은 것이다. 필자는 이 책의 내용들을 교회 강단의 설교로 강조하지 않았다. 필자의 삶의 은혜와 신앙실천행동의 체험들을 말씀을 통하여 정리했을 뿐이기 때문이다. 우리 마당교회 교우들과는 작거나 크거나 나름의 동의와 소통과 공감을 통하여 실천행동을 다짐해 왔을 뿐이다. 이제 이 책을 내어 놓으면서 독자들에게 바라는 바도 이와 똑 같다.

이 책은 필자의 성서읽기와 해석과 신앙에 대한 제안이다. 설사 독자들이 이 책을 설교로 대한다 해도 어떤 은퇴 목사님의 고백처럼, 설교만으로 교회가 변하지 않는다. 다만, 독자들이 이 책의 내용들을 자신들의 성서읽기와 해석과 신앙 제안으로 받아들여, 독자들의 새로운 성서읽기와 해석과 신앙실천 행동의 길잡이로 삼았으면 좋겠다.

이제, 이 책을 내어 놓으면서 나름의 속내를 털어놓는다. 21C 이 땅의 교회들은 무엇을 해야 하나? 이 책이 맘몬·자본 지배체제에 대한 대안세상, 예수의 하나님나라 논쟁과 투쟁을 불러 오기를 바란다. 그럼으로써 우리의 교회들이 예수의 제자가 되어, 예수를 따라, 예수처럼 말하고, 행동하고, 실천하는 예수 신앙운동을 불러일으키기를 기대한다. 그것만이 21C 지구촌 제국주의 맘몬·자본 지배체제에 저항하는 대안세상, 예수의 하나님나라 신앙실천운동이라고 믿기 때문이다.

## 종교개혁 500주년을 맞아, 다시 출애굽을 꿈꾸자!

2017년은 종교개혁 500주년 되는 해이다. 한국교회 안에서도 새로운 종교개혁을 부르짖는 이들이 많다. 무엇을 개혁할지, 어떻게 해야 할지, 백가쟁명百家爭鳴이다. 필자는 한국교회가 개혁을 핑계로 지구촌 제국주의 맘몬·자본 지배체제에 기생하는 '웰빙교회'Well-being church로의 전환을 경계한다. 마음과 뜻이 맞는 사람들끼리 모여 알콩달콩 재미있고 예쁜 교회 만들기, 신앙과 선교열정을 빙자한 세계선교 신드롬, 한판 쇼와 같은 대형 예배공연, 착한 사마리아사람 흉내 내기, 보여주기 영성행사, 도피적이고 초월적인 생명·평화 신앙운동, 등이 그렇다.

이제, 2017년 종교개혁 500주년을 맞아, 지구촌 예수 신앙인들과 교회들이 서구교회의 제국주의 정복신앙·번영신앙의 굴레를 벗어 던질 때이다. 또한, 서구교회는 초대교회 이후 로마제국 종교로의 전락, 중세 암흑기의 교권주의, 근대 제국주의 종교로서 정복신앙 등을 통렬히 회개해야한다. 나아가, 이 땅의 예수 신앙인들과 교회들은 새로운 대안세상, 예수의 하나님나라 신앙 실천행동으로 돌아 나서야 한다.

그러므로 종교개혁 500주년을 맞아 지구촌 교회들의 새로운 종교개혁운동은 '지구촌교회의 신앙개혁운동'이어야 한다. 21C 지구촌교회의 신앙개혁운동은 기독교회 신앙의 뿌리로 돌아가는 것이다. 그러할 때 기독교회 신앙의 첫 번째 뿌리는 야훼신앙이다. 야훼신앙은 해방과 구원, 정의와 평등, 생명과 평화의 야훼 하나님을 우리의 삶속에서 우러러 받드는 것이다. 두 번째 뿌리는 예수신앙이다. 풀어서 새기면 '예수의 하나님나라 신앙'이다. 예수가 선포하고 행동하고 십자가처형과 부활을 통하여 이루어낸 하나님나라를 우리의 삶속에서 우러러 받들고 누리는 것이다.

그렇다면 구체적으로 예수의 하나님나라는 무엇일까? 그것은 바로 '임마누엘', 하나님이 우리와 함께하심이다. '하나님께서 친히 우리를 다스리심'이다. 풀어서 새기면 '해방과 구원, 정의와 평등, 생명과 평화의 야훼 하나님께서 친히 다스리시는 세상이다. 21C 맘몬·자본권력 지배체제 시대상황에서 풀어 새기면 '다시 출애굽'이다. 21C 맘몬·자본권력 지배체제에서 해방된 세상, 지구촌 제국주의 군산복합체軍産複合體·독점금융자본 지배체제에 저항하는 새로운 대안세상이다. 21C 지구촌 전쟁과 폭력과 죽임, 지구촌 제국주의 맘몬·자본 지배체제 안에서 바른 야훼신앙인, 참된 예수신앙인들은 '다시 출애굽'을 꿈꿀 수밖에 없다.

야훼 신앙과 예수 신앙으로, 가슴 불타오르는 이들이 지구촌 제국주의 맘몬·자본권력 지배체제에 저항하고 반란을 일으키는 것은 마땅하고 당당한 신앙행동이다. 우리는 주변에서 우리시대의 야훼 신앙인, 예수 신앙들이 '다시 출애굽을 꿈꾸며' 벌이는 다양한 신앙사건과 행동들을 목격한다. 그로인해 우리는 '다시 출애굽을 꿈꾸며' 새로운 신앙 실천행동의 용기를 얻는다. '다시 출애굽을 꿈꾸며' 한국교회는 가난한 이들, 힘없는 이들, 억압받고 고통당하는 이들, 우리시대의 강도만난 이들, 이 땅의 빚꾸러기들이 다함께 행복해지는 예수의 하나님나라로 행진해 나가야 한다.

우리시대의 예수 신앙인들이여, 교회들이여! 다시 출애굽을 꿈꾸자! 우리시대의 지구촌 제국주의 맘몬·자본 지배체제에 대한 유쾌하고 즐거운 저항과 반란을 일으키자. 야훼신앙·예수 신앙인들에 의한, 야훼신앙·예수 신앙인들을 위한, 야훼신앙·예수 신앙인들의 신앙역사를 기록하자. 전쟁과 폭력과 죽임의 지구촌 제국주의와 돈이면 무엇이든 할 수 있는 맘몬·자본 세상에 대한 대안세상을 만들자. '다시 출애굽을 꿈꾸며' 우리의 하루하루 신앙 삶을 힘차고 복되게, 즐겁고 행복하게 하자.

## 예수의 하나님나라 신앙실천연대, 이제부터 촛불신앙이다

백만 천만 국민주권혁명 촛불! 이게 나라냐? 범죄자 천국, 서민은 지옥, 이제 더는 참을 수 없다. 이 땅의 청소년들조차 국민주권혁명을 외친다. 대한민국은 민주공화국이다. 국민주권이 대한민국이다. 4.16 세월호참사 어린생명들이 대한민국이다. 이 땅의 농투성이들이 대한민국이다. 비정규직 노동자, 하루벌이 노동자들이 대한민국이다. 이들이 대한민국의 주권자로 우뚝 서는 것이 국민주권혁명이다. 이제야말로 진정한 국민주권혁명의 때가 무르익었다. 여의도 길강아지 정치가 아닌 민주주의 국민주권 광장정치, 생활정치가 시작된 것이다.

백만 천만 국민주권혁명 촛불이여! 이제 더 훨훨 타올라라! 국민주권혁명 촛불이 광장의 소명을 다했다고 하는 이때, 다시 국민주권 혁명촛불은 더 거세게, 우리의 삶의 정치, 생활 정치로 타올라야 하지 않을까? 백만 천만 국민주권혁명 촛불이 하늘과 땅, 시대의 소명을 다하려면 우리 이웃들의 상처와 고통의 현장에서, 사회공동체 연대 정치와 우리의 생활정치로 거듭나야 한다. 우리의 생활 속에서 민주주의 국민주권혁명 생활 정치를 펼쳐나가야 한다. 오천만 국민주권혁명 촛불이 서로를 향한 섬김의 연대, 연약함과 무가치함의 연대, 서로의 고통과 아픔과 상처를 이해하고 공감하는 포용의 사회공동체 연대로 타올라야 한다.

필자는 우리의 백만 천만 국민주권혁명 촛불이 인류종교 · 정치 · 문화 · 사회역사 속에서 그 유래가 없는 비폭력 사회혁명 운동이라고 믿는다. 우리는 인류문명사의 새로운 비폭력 · 평화운동으로서 국민주권혁명을 이루어 가고 있다. 이 땅의 독점재벌 · 친일독재 기득권 지배체제의 억압 속에서 하나하나의 국민주권혁명 촛불이 모여서 백만 천만 거대한 촛불연대를 이루어냈다. 백만 천만 국민주권혁명 촛불연대의 집단영성, 집단지성이 새로운 세상을 여는 혁명의 힘으로 커져가고 있는 중이다.

그러므로 이제 백만 천만 국민주권혁명 촛불들의 사회·종교·공동체 연대를 위하여 이 땅의 야훼 신앙인, 예수 신앙인들에게 제언한다. "예수의 하나님나라 신앙실천연대, 이제부터 촛불신앙이다"

촛불은 어둠을 밝히기 위해 켠 불이다. 촛불은 시대의 어둠과 절망과 고난 속에서 스스로를 태워 빛을 낸다. 촛불은 어둠과 절망과 고난에 저항하고 그것들을 물리침으로써 어둠과 절망 속에서 찾아낸 새로운 미래이다. 지금 이 땅의 백만 천만 국민주권혁명 촛불은 서로의 아픔과 상처들을 공유하고 저항의 연대를 결성함으로써, 새로운 미래에 대한 공동체적 꿈과 힘과 세력을 쟁취하고 있다. 약탈당한 국민주권, 무너진 민주주의, 생존권, 노동권, 시민권, 사회권, 정치권리 등, 백만 천만 국민주권 촛불이 모든 국민주권 쟁취를 꿈꾸게 하고, 하나하나 시민 권리로 되살려 내고 있다. 이제 백만 천만 국민주권혁명 역사 앞에서 기독교 신앙인으로서 마땅한 신앙실천 행동의무를 저버려서는 안 된다.

아울러 백만 천만 국민주권혁명 촛불은 시대의 어둠과 절망과 고난에 대하여 통찰하고 이해함으로써 시대의 어둠을 밝히는 공동체 지혜를 체득하고 있다. 백만 천만 국민주권혁명 촛불의 통찰은 두 가지 측면에서 큰 깨달음을 얻어가고 있다. 첫째는 민중의 고난을 통해서 얻는 통찰이다. "나 만 힘들고 어려운 것이 아니라 너도 그랬구나! 너의 고통이 내 고통이었어!" 서로의 삶의 고통과 절망, 창피와 부끄러움에 대하여 공감하고 서로의 이해를 넓힌다. 함께 분노하고 연대하며 함께 문제를 해결하려는 공동체 의지와 힘을 모아가고 있다. 두 번째는 서로의 삶의 고난과 절망을 통하여 우리시대의 지배체제의 실체를 깨닫고 들춰내며 변혁을 꿈꾼다. 그동안 겉으로만 듣고, 느끼며, 경험하던 우리시대의 지구촌제국 군산복합체·독점금융자본 지배체제의 사악한 음모와 술수를 고발하고 쳐부수며 새로운 세상을 만들어 가고 있다.

어둠의 세력들이 지배하는 이 땅에서 백만 천만 하나하나의 촛불이 깨닫는 지혜들이 모여서 연대하고 힘세력을 만들어내고 있다. 그것은 곧 백만 천만 국민주권혁명 촛불의 집단영성이고 집단지성이다. 마침내 백만 천만 촛불의 집단영성, 집단지성은 이 땅의 어둠과 절망과 고난을 몰아내고 사람이 사람답게 사는 대동세상大同世上을 이루어 내고야 말 것이다. 그것은 마치 히브리 민중들이 꿈꾸었던 해방과 자유, 정의와 평등, 생명과 평화 야훼 세상과 같을 것이다. 가난하고 힘없는 이들, 억압받고 착취당하는 이들, 고난받고 절망하는 이들이 다함께 행복해지는 예수의 하나님나라와 같을 것이다.

이 땅의 야훼 신앙인들이여, 예수 신앙인들이여! 이 땅의 하나님나라, 해방과 구원, 정의와 평등, 생명평화 세상을 세워 나가자. 지금 대한민국 사회를 밝히고 있는 백만 천만 국민주권혁명 촛불과 함께.


백만 천만 국민주권혁명 촛불승리 후,
마당교회 창문을 통해 짓쳐오는 봄날 따뜻한 햇살을 받으며 쓰다.


김철호 목사

# 1부. 야훼신앙

# 1. 제국주의 욕망 바벨탑, 야훼께서 사람들을 온 땅위로 흩으시다!

창세기 11:1–9

## 읽기

온 땅의 소리가 하나였다. 물론, 말들도 하나였다. 사람들이 동쪽으로부터 옮아가던 때이었다. 마침내 사람들이 '쉰아르'땅에서 평원을 찾아냈다. 그래서 사람들은 거기서 자리를 잡고 살았다. 사람들이 각자 자기 이웃에게 말했다.

"자, 우리가 벽돌을 구어보세! 단단하게 구어보세!"

그렇게 해서 사람들에게 벽돌이 돌을 대신하게 되었다. 또한 사람들에게 역청이 진흙을 대신했다. 또 사람들은 의논했다.

"자, 우리가 우리를 위하여 성과 탑을 쌓아보세!

그 탑의 꼭대기가 하늘에까지 이르게 하세!

그래서 우리를 위한 이름을 날려보세!

우리가 온 땅위로 흩어지지 않도록 하세! "

그러자 야훼께서 사람의 아들들이 짓는 성과 탑을 보시려고 내려오셨다. 야훼께서 말씀하셨다.

"보라! 그 사람들 모두가 한 민족이요, 소리도 하나이지 않은가!

이 일이야말로 사람들이 하려고 하는 일들의 시작에 불과하겠구나!

이제, 사람들이 하려고 마음먹는 모든 것들이 그들에게 어렵지 않겠지.

자, 우리가 내려가자!

사람들이 각자 자신의 이웃들의 소리를 알아듣지 못하도록,

거기서 사람들의 소리를 섞어버리자!"

그렇게 야훼께서 거기로부터 온 땅위로 사람들을 흩으셨다. 그래서 사람들은 성 쌓는 일을 포기했다. 그런 까닭에 야훼께서는 그 성의 이름을 '바벨'이라고 부르셨다. 왜냐하면, 거기서 야훼께서 온 땅의 소리를 혼잡스럽게 하셨기 때문이다. 또한 거기로부터 야훼께서 온 땅 위로 사람들을 흩으셨기 때문이다.

창세기 11:1-9

## 들어가는 말

21C 사람들은 무엇을 하려는가? 사람들은 역사 속에서 끊임없이 제국주의 권력을 조직하고 문명을 탄생시켜왔다. 인류역사 속에서 제국주의 권력과 문명은 상호 관계하고 상호 생성하며 상호 보완하여 함께 세력을 얻거나 함께 쇠락하기도 하였다.

그렇다면 인류역사 속에서 제국주의 권력의 실제 내용은 무엇일까? 제국주의 지배체제의 종교와 문명이다. 제국주의 종교와 문명이 온 땅에 흩어져 사는 사람들을 지배하고 억압하며 착취하는 힘이다. 제국주의 권력은 제국주의 종교와 문명이라는 권력표현을 통하여 흩어진 사람들을 지배하고 억압하며 착취한다. 제국주의 지배체제의 종교와 문명은 사람의 생각과

가치관을 조종하고 세뇌하는 도구다. 제국주의 지배체제의 핵심 내부자로써 종교와 문명은 제국의 권력을 조직하고 정당화하는 토대일 뿐만 아니라 사람들의 생활을 지배하고 행동을 충동한다.

그러므로 모든 사람들의 삶의 영역은 시대의 제국주의 권력과 종교·문명에 덜미가 잡혀 있다. 사람의 삶은 시나브로 시대의 제국주의 권력과 종교·문명 앞에서 세뇌당하거나 부화뇌동하거나 동화된 삶을 살아간다.

20C 이후 지구촌 곳곳에서 잇달아 테러가 발생하고 있다. 수많은 시민이 목숨을 잃는다. 얼마 전 터키에서는 군사 쿠데타가 일어나 수십 명이 사망했다. 그 쿠데타를 진압하는 과정에서 부패한 독재 권력이 민주주의와 인권을 탄압하였다. 이슬람 근본주의에 열광하는 대중들의 제국주의 권력 숭배와 종교·문명을 등에 없고 일인 독재체제를 견고하게 건설해가고 있다. 터키 민주주의 인사들은 이번 군부 쿠데타를 독재정권의 친위쿠데라고 믿는다.

지구촌제국 미국의 상황은 더 더욱 무시무시하고 경악스럽다. 지구촌제국 미국의 전쟁권력·군수산업권력 지배체제는 한국과 일본의 전쟁 권력자들을 부추겨 동북아에 새로운 냉전체제를 도발하느라 여념이 없다. 그 대표적인 예가 한반도에 사드배치를 결정한 사건이다. 한반도 사드 배치는 동북아의 안보위기 조장은 물론 지구촌 전체에 신 냉전 및 3차 세계 전쟁위기를 몰아올 것이 빤하다. 이러한 지구촌 위기 속에서 파시즘 세계국가 또는 파시즘 세계제국에 대한 욕망이 꿈틀거린다. 사람들은 파시즘 세계 제국이야말로 테러, 전쟁, 냉전 등 이런 저런 시끄러운 지구촌 걱정거리들을 일거에 잠재울 수 있을 거라고 믿는다.

실제로 인류역사 속에는 수많은 크고 작은 세계제국들이 탄생되었다. 수많은 통치자들이 세계제국을 욕망하고 꿈꾸며 행동해 왔고 그 바탕은 세계제국에 대한 대중들의 기대와 선망이다. 위대한 영웅, 세계제국 통치자에 대한 숭배는 영화와 소설 속에서만 있는 것이 아니다. 동서고금을 막론하고 모든 세계제국의 탄생 배경에는 대중들의 제국주의 욕망과 세계제국 통치자 숭배사상이 내포되어 있다. 인류역사 속에서 명멸한 유수한 세계제국의 대중들은 스스로의 세계제국 욕망에 따라 기꺼이 전쟁기계가 되고, 노동기계가 되어 피를 쏟으며 죽어갔다.

현대사에서만 살펴보아도 이러한 사실은 명명백백하다. 독일의 히틀러 파시즘권력, 이탈리아 무솔리니 파시즘권력, 소련의 스탈린 파시즘권력, 일본제국주의 천황파시즘 권력 등은 그들 나라 대중들의 열화와 같은 성원 속에서 파시즘 제국주의 권력을 조직하고 행사했다.

두말할 필요도 없이, 21C 유일무이한 지구촌 전쟁제국 미국 국민들도 트럼프대통령을 선출함으로써 '친절한 파시즘 세계제국의 통치자'로 세웠다. 그러고도 그들은 스스로를 자유민주주의 시민이라고 믿는다. 21C '팍스 로마나'Pax Romana-로마제국의 평화를 외친다. 아울러 앞으로 다른 세계제국의 가능성을 드러내고 있는 중국도 자국민들의 제국주의 열망을 자양분으로 폭발적인 국가 성장을 계속하고 있다.

이러한 관점으로 본문을 읽으며, '제국주의 욕망 바벨탑, 야훼께서 사람들을 온 땅위로 흩으시다'라고 제목을 달았다.


## 이끄는 말

구약성서시대의 실제 바벨탑은 무엇이었을까? 성서 고고학자들은 본문의 바벨탑을 구약성서 시대의 신바빌로니아제국BC 625~BC 538의 최고신 '마르둑 신전'이었을 것으로 여긴다. 이와 관련하여 성서 고고학자들은 메소포타미아 지역의 고대 신전들을 '지구라트'Ziggurat라고 부른다. 메소포타미아 지역에는 고대 수메르와 아시리아 등 시대마다 서로 다른 신들을 섬기던 여러 개의 신전 지구라트들이 남아 있다. 본문의 바벨탑은 '신의 문'이라 불리는 신바빌로니아 마르둑 신전 지구라트이었을 터인데, 원래 모양은 7층으로 높이가 98.5m에 이르고 8천5백만 개의 벽돌을 사용했다고 한다. 이 지구라트는 맨 처음 수메르 인들이 기초를 놓았으나 셈족인 아시리아의 침공으로 인해 준공을 하지 못했다. 이후 아시리아제국 역대 제왕들은 이 지구라트를 파괴 하거나 혹은 재건축하려고 노력하였으나 모두 뜻을 이루지 못했다.

그러다가 신바빌로니아 제국의 나보폴라살 왕Nabopolassar BC626-605이 재건축을 시작해서 느브갓네살 2세Nebuchadnezzar II BC605-562때에 비로써 완공을 보았다. 나보폴라살 왕은 "마르둑 신이 나에게 '에테메난키'바벨탑의 기초를 지구 중심까지 닿도록 단단하게 만들라고 명령했다. 그래야만 하늘까지 오를 수 있는 건물을 만들 수 있다"라고 자기 비문에 적었다. 오늘날에는 이 탑의 준공비문을 통하여 그 규모를 짐작할 수 있을 뿐이다. 이제, 바벨론제국이 멸망하고 수천 년이 흘렀다. 이 지구라트는 오랜 세월 동안 주변 주민들에게 흙벽돌 제공처가 되어왔다. 현재는 폐허인 상태로 탑의 기초부분만 91.5㎡의 거대한 구덩이로 남아 있다고 한다.

그렇다면 본문의 저자였을 바벨론 유대인포로 지식인들서기관의 삶의 자리에서, 바벨탑은 무엇이었을까? 유대인들은 세 차례에 거쳐 바벨론제국의 포로가 되어 제국의 수도로 끌려갔다. 첫 번째 BC605년에는 왕족과 귀족 및 지식인들이 잡혀갔다. 두 번째 BC597년에는 군인으로 복무할 만한 청장년과 대장장이 등 기술자들이 포로로 끌려갔다. 세 번째 BC586년에는 유대왕국이 아주 멸망하고 일반백성들까지 끌려갔다.열왕기하 참조

그렇게 바빌로니아제국의 포로로 끌려간 유대인들은 제국의 강력한 권력과 놀랍고 거대한 문명 앞에서 넋을 놓았을 것이다. 어마어마한 규모의 바벨론도성, 그 한가운데 하늘 높이 우뚝 솟은 바벨탑, 온갖 민족들과 다양

한 종교·문화·행사들. 한때 다윗왕조도 팔레스타인 지역에서 소 제국주의를 뽐내기도 했으나 바벨론제국의 위용에 비하면 그저 새발의 피였을 뿐이다. 유대인 포로들은 바벨론 제국의 수도에서 살면서 마르둑 신전이었던 바벨탑을 중심으로 해마다 벌어지는 바벨론제국 신년축제를 목격했을 것이다. 그리고 아마도 대다수의 유대 지식인서기관들은 제국의 관료로써, 이 축제에 직접 참여 할 수밖에 없었을 것이다.다니엘서 참조

이와 관련하여 성서고고학자들은 바벨론 신년축제의 백미는 바벨론 주민들의 축제행렬이었다고 한다. 바벨론 도성에 거주하는 모든 주민들이 참여하는 축제행렬은 바벨론 시가지를 돌고 돌아 마르둑 신전 지구라트에 이르러 축제의 대미를 장식했다. 행진 맨 앞에, 소나 말 등, 가축들이 끄는 바벨론수호신 마르둑Marduk과 그의 아들 지혜의 신 나부Nabu신상이 앞장서 행진을 인도했다. 이어서 제국 전역에서 정복당한 식민지의 신들이 그 뒤를 따랐다. 바벨론 주민들은 행진 내내 바벨론의 창조 서사시 '엘루마 엘리쉬' Enuma Elish를 소리 높여 암송했다.

그러한 상황에서, 유대 지식인들은 바벨론제국의 권력과 종교·문화에 대한 나름대로의 신앙해석과 판단을 해야만 했다. 왜냐하면 유대인들의 야훼신앙은 반제국주의 해방신앙이었기 때문이다. 바벨론제국의 다양한 종교·문화들은 유대인들의 전통에 반하는 것들이었다. 유대 지식인들은 바벨론제국 지배체제 안에서 제국주의 권력과 종교·문명을 접하며 고뇌할 할 수밖에 없었다. 그러한 고뇌의 과정을 통하여 유대 지식인 그룹 사이에서 반제국주의 저항문학이 싹텄다. 본문의 바벨탑사건 보도에도 바벨론제국 지배체제 안에서 고뇌하던 유대인 지식인들의 반제국주의 저항과 선동이 내포되어 있다.

한편 성서학자들 중 일부는 본문 바벨탑사건을 '하나님으로부터 멀어진 인류가 마침내 하나님께 도전하는 반역의 역사를 시작하게 되었다'고 주석

한다. 본문 앞에 있는 창세기의 말씀들을 살펴볼 때 타당하고 바른 해석이라고 할 수 있다.

그러나 더 구체적으로 바벨탑 사건은 야훼 하나님의 창조생명공동체의 자유와 호혜, 정의와 평등, 생명과 평화, 번영을 해치는 인간의 제국주의 욕망과 문명창조를 비판한다. 바벨탑사건을 통하여 바벨론제국의 지배체제에 종속된 종교·문화에 대한 저항과 반역을 선동한다. 이와 관련하여 인간은 제국주의 욕망을 통한 규율과 억제, 집단적 통일성을 확보함으로써 강력한 제국주의 권력과 문명을 창조하고 숭배한다. 하지만 본문 저자는 이러한 인간의 제국주의 욕망과 그 실현을 역사이전의 아주 먼 신화전승으로부터 따온 것은 아니다. 본문저자는 바벨론제국의 유대 지식인포로로 살면서 경험한 바벨론제국의 종교·문화 전승을 빌어서 본문을 기록 했다. 저자 자신이 바벨론제국의 포로로 살면서 경험한 인간의 제국주의 욕망과 그 종교·문화의 폐해를 자신의 신앙으로 고백한 것이다. 이제 본문을 자세히 읽으면서 히브리 해방노예로써 바벨론제국의 포로가 된 유대 지식인들의 반제국주의 저항과 반란의 신앙의미를 하나하나 찾아보자.

본문에서 태고의 인류는 소리와 말들이 하나였다고 한다. 여기서 사용된 히브리 낱말은 '싸파'라고 하는데 문자적인 뜻은 '입술'이다. 우리말 성서에서는 '구음'口音이라고 번역했는데 풀어서 새기면 '소리'이다. 또 '데바림'이라는 히브리 낱말의 문자적 의미는 '말들'이다. 여기서 소리와 말들을 어떻게 구별해야 할지 잘 알 수 없지만 '데바림'이란, 하나하나의 '낱말'과 '어휘'들을 의미한다.

어쨌든 소리가 하나라는 것, 모든 이들에게 말이 통한다는 것은 세계제국의 욕망을 실천하는 토대이다. 실제로 고대로부터 현대까지 모든 제국주의 국가들의 첫째 정책은 언어수출, 언어탄압, 언어 빼앗기 등, '언어 제국주의'이었다. 이것은 성서시대의 이집트, 아시리아, 바벨론, 페르시아 헬라, 로마 등 제국들이 즐겨 사용하던 정책이다. 나아가 알렉산더의 헬라제국은 세계제국의 공용어를 새로 만들기까지 했다. 오늘날 지구촌의 수많은 신자유주의 국가들이 영어를 제2의 생활언어처럼 받아들이는 현상이 바로 '언어 제국주의'이다.

이렇게 하나의 언어, 하나의 문명, 하나의 욕망을 가진 인간들이 함께 모여서 강력한 정치적 통일성과 제국주의 권력을 만들어 내게 된다. 나아가 하나 된 제국주의 권력을 주변의 흩어져 사는 사람들에게 행사하고 확장해 나감으로써 세계제국의 욕망을 실현하게 해 나가게 되는 것이다.

본문은 이렇게 제국주의 욕망으로 뭉쳐진 한 무리 세력이 동방 또는 '동쪽으로부터' 몰려와 '쉰아르' 평원에 자리를 잡았다고 한다. 물론, '동쪽으로부터'라는 표현은 바벨론이나 어떤 특정한 지역을 의미하지는 않는다. 그러나 본문에 앞선 창세기 10장에서 인류는 지리적으로 민족적으로 흩어져 살았다. 각각의 언어를 사용했고 각자 자기 삶을 살았다. 그런데 본문에서는 하나의 소리와 말들, 하나의 문명, 통일된 세계제국의 욕망으로 똘똘 뭉친 집단이 성서역사 속으로 들어오고 있음을 그리고 있다. 인간의 제국주의 권력조직과 문명창조 욕망이 온 땅 가득 생명·평화세상을 창조하시려는 하나님의 뜻을 정면으로 거스르게 된 것이다. 따라서 하나님은 온 땅 위에 생명이 우글거리도록 하는 '창조생명공동체의 복'을 위해서 사람들을 온 땅위로 흩으셔야만 했다.

본문에서는 이러한 제국주의 욕망의 집단이 어디로부터 왔는지, 알려 주지 않는다. 하지만 이들이 제국의 꿈을 펼쳤던 쉰아르 평원은 오늘의 '바그다드지역'으로 '유프라테스'강과 '티그리스'강가의 충적지대 이다. 고고학적으로 이 지역에 사람들이 처음으로 정착한 시기를 BC 5000년경이라고 추측한다. 그렇다고 해도 이 제국주의 욕망 집단이 실제 역사속의 어느 민족, 어느 제국이었는지는 특정할 수 없다.

이 제국주의 욕망 집단은 농사짓기 쉬운 비옥한 평원에 정착하게 되었다. 이들은 서로의 제국주의 욕망을 불러내어 제국주의 권력을 조직하고 이에 따르는 집단노동을 강조함으로써 거대문명을 일으켰다. 그들은 함께 모여 도시를 건설하고 거대하고 기념비적인 바벨탑을 건설하기 시작했다. 본문은 이들의 집단노동을 실감나는 문장으로 표현한다. "우리 모두 벽돌을 구워보세! 단단하게 구워보세!" 이 문장은 '닐르벤나-우리가 벽돌을 구워보세'라는 메기는 소리에 뒤이어 '니쓰레파-단단하게 구워보세'라는 받는 소리로 이루어져 있다. '굽자'라는 동사를 반복 사용함으로써 벽돌을 굽는 사람들의 집단노동의 신명과 의욕을 드러낸다. 한마디로 이 문장은 일종의 '노동요'이다. 이제 사람들은 맨 돌을 쌓아 움막을 짓거나 힘들게 돌을 깨서 건축자재를 마련하지 않는다. 사람들은 돌과 흙 대신 인류문명 창조의 기초인 '벽돌'을 굽는다.

그렇다면 인간의 제국주의 욕망과 문명창조는 인류의 타락일까? 창세기에서는 제국주의 욕망과 문명창조가 '죄로 인해 하나님을 멀리 떠난 사람들의 당연한 삶의 행태'이다. 나아가 바벨탑사건에 이르러는 하나님에 대한 도전으로서, 인류의 제국주의 욕망과 문명 창조가 본격적으로 시작된다. "자, 우리가 우리를 위하여 성과 탑을 쌓아보세! 그 탑의 꼭대기가 하늘에까지 이르게 하세! 그래서 우리를 위한 이름을 날려보세! 우리가 온 땅위로 흩어지지 않도록 하세!" 인류는 '하나의 소리와 하나의 말, 하나의 동질 무리로서 강성해진 힘과 욕망을 통하여 하늘에까지 이르는 기념물을 지으려고 한다.

'우리를 위한 이름을 날려보세'라는 대중들의 제국주의 욕망과 다짐은 창세기 3:5의 '하나님과 같이 되려는 욕망의 재현'이다. 이로써 인류는 하나님처럼 되어 하나님처럼 행동하려는 욕망으로 인해 처절한 고통과 절망의 역사를 계속해 왔다. 지구촌 역사 속에서 온갖 제국들의 흥망과 전쟁과 죽임과 피 흘림이 그것을 증명한다. 인류의 제국주의 욕망은 온 땅위로 흩어져 다양한 민족으로 다양한 문화를 창조하고 다양한 삶을 누려할 인류의 해방과 자유를 스스로 억누른다.

그러나 사람들은 온 땅위로 흩어져야만 한다. 그래야 온 땅 위에 생명이 우글거리도록 하시는 하나님의 '창조생명공동체의 복'을 누릴 수 있다. 사람들은 온 땅위로 흩어져서 온 땅 위에 충만한 삶의 자유와 해방을 누려야 한다. 그러므로 마침내 하나님은 온 땅으로 흩어지기를 거부하는 인류의 제국주의 욕망과 문명창조의 본능을 확인하시려고 인간세상으로 내려오셔야만 했다. 사람의 아들들을 향하여, 인류의 제국주의 욕망이 지어내는 바벨탑을 보시려고, 하나님께서 친히 사람들 가까이 내려오셔서 그것을 보셔야만 했던 것이다.

하나님은 창세기 말씀에서 여러 번 사람의 한계를 지적하고 경고하신다. 그러나 21C 인류는 제국주의 욕망을 통하여 지구적 통일과 단결을 이루고 신자유주의 세계화 시장 질서를 확립했다. 신자유주의 세계화 시장질서와 과학기술의 진보가 함께 어우러져, 오늘의 인류는 예측 불가능한 미래의 씨앗들을 파종하고 있다. 21C 현시대에 이르러 사람들이 하려고 '마음먹은 것'은 무엇이든 할 수 있는 가능성이 열렸다.

여기서, 본문은 마치 하나님께서 자신의 피조물로부터 위협을 받으시는 것 같은 느낌과 생각을 표현하고 있다. 그러나 하나님은 사람들의 본성 안에 숨어 있는 무절제함을 바로잡아 주시려는 것이다. 사람은 '선악과' 즉, '좋고 나쁜 것을 구별하는 지식'을 얻음으로써 어느 정도 하나님 없이도 살아 갈 수 있는 삶의 자리를 마련했다. 하지만 사람의 지금 이 모습, 이 욕망 그대로, 무한 진보하는 과학기술을 유용하게 또 선하게 사용할 수 있을까? 21C 지구촌제국 미국의 정치·경제·사회상황으로 보아, 인류는 앞으로의 세계전쟁·핵전쟁을 회피할 수 있을까? 도대체 21C 인류는 무엇을 할 것인지? 인류의 미래는 어떻게 될 것인지? 아무도 예측하지 못한다. 아무도 대답할 수 없다.

인류의 제국주의 욕망과 지구적 통일과 단결, 그리고 과학기술의 진보가 한데 어우러져 만들어내는 인류의 절망들을 보라. 전쟁과 테러, 무한 경쟁, 무한 독점과 소비, 이에 따른 양극화, 생태환경파괴, 재앙적인 지구환경 등등. 그 밖에도 21C 우리 시대의 절망스럽고 무서운 현실문제들은 얼마든지 있다.

그러므로 이제, 하나님께서도 사람들이 하는 말투를 흉내 내어 외치신다. "자! 우리가 내려가자! 사람들이 각자 자신의 이웃들의 소리를 알아듣지 못하도록 거기서 사람들의 소리를 섞어버리자!" 하나님은 사람들이 서로에게 외치는 교만하고 건방진 말투를 풍자적으로 받아들여 사람들이 망가트린 창조생명 공동체의 질서를 바로 세우려고 하신다. 하나님은 사람들의 돼먹지 않은 교만과 탐욕에 대한 징벌로 소리와 말들을 혼잡케 하신다. 이로 인해 인류는 여러 민족으로, 또 여러 언어로 갈라져 나갔다. 이것은 인류의 헛된 제국주의 욕망과 교만의 파멸로부터 인류를 보호하시려는 하나님의 조치이다.

이점에서 본문의 '바벨'은 고대 '악카드'말로는 '바빌리'Babili라고 했는데 헬라어로는 '바뷜론'이라고 했다. 이 말의 유래와 뜻은 완전하게 알려지지는 않고 있다. 다만 바빌로니아 사람들의 민속적인 풀이에 따르면 이 말은 '하나님의 문' 곧 '하늘 문'이다. 이 말과 비슷한 히브리어로 '발랄'이라는 단어가 있다. 이 말의 뜻은 '섞다, 혼잡하게 하다'이다. 그러므로 여기서는 '바벨'하늘의 문–인류의 교만과 탐욕을 '발랄'섞다–하나님의 징벌로 풀이하는 것이 해답이다. 인류의 제국주의 욕망은 인류의 능력이 아니라 '벌'이다.

## 나가는 말

지금 21C에서 반제국주의를 외친다면 마땅히 지구촌제국 미국의 군산복합체軍産複合體 금융자본 지배체제를 성토할 수밖에 없다. 미국은 탄생부터가 고대 로마제국을 모방하여 건국한 세계제국 지향 국가이었다. 그러므로 미국의 문장 앞면에는 고대 로마제국에서 따온 독수리 상을 새겼다. 뒷면에는 고대 이집트제국의 피라미드 문양의 큰 눈이 새겨져 있다. 그리고 뒷면 피라미드문양 위·아래에 로마제국 시인 바질의 라틴어 시문구 두 개를 새겼다. 아래로는 '새로운 질서의 시대'라는 문구, 위로는 '신은 우리가 하는 일을 각별히 돌보아 주신다' 라는 문구이다.

21C 지구촌제국 미국이 그토록 닮고 싶어 하는 천년 제국 로마는 전쟁국가이다. 마찬가지로 지구촌제국 미국도 두말할 필요도 없이 전쟁국가이다. 아마도 미국은 인류 역사상 가장 호전적好戰的인 전쟁제국일 것이다. 1776년 건국이후 2016년 현재까지 240년이 흐르는 동안 전쟁을 하지 않은 햇수는 오직 21년 밖에 없다. 미국은 건국 후 240년 동안 무려 219년을 전쟁으로 보냈다. 미국은 21C 지구촌에서 가장 전쟁의 경험이 많고 전쟁을 잘하는 군대를 보유하고 있다.

21C 지구촌제국 미국의 최 변방 전쟁전선에 놓여있는 대한민국의 언론들은 진보/보수 가릴 것 없이 때를 맞추어 지구촌제국 미국의 막강한 군사력을 소개한다. 전쟁제국 미국의 항공모함 전단의 위용, 최첨단 전투기 등 가공할 살상력을 자랑하는 무기체계들. 보면 볼수록 두렵고 떨린다. 그래서 일까? 지구촌 모든 분쟁 국가들이 미국의 무기를 구매한다. 지구촌 무기거래의 70%이상이 미국산이다. 옛날, 일제 신사유람단의 일원이셨던 월남 이상재 선생의 신앙기개가 그립다. "칼로 일어선 자는 칼로 망한다"

이제 본문 바벨탑사건을 묵상하면서 '제국주의 욕망 바벨탑, 야훼께서 사람들을 온 땅위로 흩으시다'라는 제목을 한 번 더 마음에 새긴다. 무슨 말을 더하랴! 21C 지구촌제국 미국의 대중들은 자신들의 제국주의 욕망을 따라 트럼프를 대통령으로 선택했다. 이를 두고 미국의 양심이라는 노엄 촘스키는 "친절한 파시즘의 봉인이 해제 되었다"라고 한탄한다. 지구촌 전쟁과 죽음과 파멸의 악몽이 시퍼렇게 살아 꿈틀거리고 있다. 주여, 우리를 불쌍히 여기소서! 우리를 도우소서!

# 2. 꿈의 사람 요셉,
## 노예제국 파라오 지배체제 완결하다.

창세기 41:14-49 / 47:13-26

읽기-1

파라오가 시종을 보내어 요셉을 불렀다. 그러자 사람들이 재빨리 웅덩이옥로부터 요셉을 빼내어 수염을 밀고 옷을 갈아입혀 파라오에게 갔다. 파라오가 요셉에게 말했다.

"내가 꿈을 꾸었는데 그 꿈을 해석하는 자가 없다. 나는 너에 대하여 '네가 꿈 이야기를 듣고 그 꿈을 해석한다고 말하는 것을' 들었다."

요셉이 파라오에게 이렇게 대답했다.

"제가 아니더라도 하나님께서 파라오의 평안을 위하여 대답하실 것입니다."

그러자 파라오가 요셉에게 이야기 했다.

"보라! 내 꿈속에서, 나는 나일강가에 서 있었다. 그런데 보라, 나일 강으로부터 살지고 매끄러운 어린 암소 일곱 마리가 올라와 갈대밭에서 풀을 뜯었다. 그때 보라, 파리하고 매우 흉한 다른 암소 일곱 마리가 앞선 어린 암소 일곱 마리 뒤를 따라 올라오고 있었다. 나는 이집트 온 땅에서 이 일곱 마리 암소처럼 비쩍 말라 흉한 것들을 본적이 없다. 그런데 바싹 말라 흉한 암소들이 처음의 살진 어린 암소 일곱 마리를 먹어치웠다. 살진 어린 암소들이 바싹 말라 흉한 암소들 속으로 들어갔는데도, 살진 어린 암소들이 바싹 말라 흉한 암소들 속으로 들어갔는지 조차 모를 지경이었다. 여전히 바싹 말라 흉한 암소들은 처음 때처럼 흉측스러웠다. 그리고 나는 깨어났다.

다시 내가 내 꿈속에서 보았다. 보라, 한 개의 곡식줄기에서 실하고 좋은 일곱 이삭이 나왔다. 그런데 보라, 실하고 좋은 일곱 이삭 뒤를 따라 샛바람에 바싹 말라비틀어진 일곱 이삭이 자라났다. 그리고 바싹 말라비틀어진 일곱 이삭이 실하고 좋은 일곱 이삭을 삼켜버렸다. 그래서 내가 박사博士들에게 말했으나 아무도 나에게 풀어서 알려주는 자가 없었다."

요셉이 파라오에게 말했다.

"파라오의 꿈은 하나입니다. 그 꿈은, 하나님께서 파라오에게 해야 할 일을 알려주시는 것 입니다. 일곱 마리 살진 암소는 일곱 해입니다. 좋은 일곱 이삭도 일곱 해입니다. 그러기에 그 꿈은 하나입니다. 또한 그것들의 뒤를 따라 올라온 파리하고 흉한 암소 일곱 마리도 일곱 해입니다. 여기서 샛바람에 바싹 말라비틀어진 이삭 일곱도 일곱 해입니다. 그것들은 일곱 해 흉년입니다.

그것이 바로 그 일입니다. 하나님께서 파라오에게 해야 할 일을 보여주신바, 제가 파라오께 말씀드린 그 일입니다. 보십시오. 이집트 온 땅에 일곱 해 대풍년이 올 것입니다. 그러나 일곱 해 대 풍년 뒤로 일곱 해 흉년이 일어날 것입니다. 따라서 이집트 땅에서 일곱 해 대 풍년의 모든 것이 잊혀질 것입니다. 흉년이 땅을 쇠하게 할 것입니다. 이렇듯, 뒤따르는 저 흉년 앞에서 그 땅의 일곱 해 대풍년은 흔적조차 보이지 않을 것입니다. 왜냐하면 그 흉년이 매우 심할 것이기 때문입니다.

그런데 그 꿈이 거듭 두 번 파라오께 되풀이되었습니다. 왜냐하면 그 일이 하나님에 의해 결정된 것이기 때문입니다. 그러므로 하나님께서는 그 일을 행하시려고 서두르실 것입니다. 그러니 이제, 파라오께서 재주 있고 똑똑한 사람을 골라 뽑아서 그를 이집트 온 땅위에 세우십시오. 이어서 파라오께서 하실 일은, 온 땅위에 감독자들을 임명하는 것입니다. 그래서 일곱 해 풍년동안 이집트 땅에서 오분의 일을 세금으로 바치게 하는 것입니다. 이렇듯 앞으로 올 좋은 풍년 세월에, 감독자들이 모든 곡물을 모으게 하십시오. 감독자들이 파라오의 권력으로 도시들에서 곡물을 쌓고 지키게 하십시오. 그 곡물은 이집트 땅에 닥칠 일곱 해 흉년 동안 그 땅을 위하여 감독자들에게 맡겨두십시오. 그래서 흉년에 그 땅이 끝장나지 않게 하십시오. "

이 제안이 파라오와 파라오의 모든 신하들의 마음을 기쁘게 했다. 파라오가 자기 신하들에게 말했다.

"우리가 이 사람처럼 자기 안에 하나님의 영이 있는 사람을 찾을 수 있으랴?"

뒤이어 파라오가 요셉에게 말했다.

"하나님께서 너에게 이 모든 일을 알게 하셨으니 너처럼 번뜩이는 영감과 재능을 가진 사람은 없다. 네가 내 집 위에 있을 것이다. 나의 모든 백성이 네 입을 따라 복종할 것이다. 다만 나는 너보다 그 왕좌王座만 더 클 뿐이다."

다시 파라오가 요셉에게 말했다.

"보아라! 내가 너를 이집트 온 땅위에 세운다."

파라오는 자기 손에서 자기 인장반지를 빼내어 요셉의 손에 그 반지를 끼워 주었다. 또한 요셉에게 고운 모시옷을 입히고 요셉의 목에 금 목걸이를 걸어 주었다. 그리고 나서 파라오는 자기에게 있는 버금 마차에 요셉을 태웠다. 그러자 무리들사람들이 요셉 앞에서 '아브레크'쉬이, 물러 거라라고 외쳤다. 그렇게 파라오가 요셉을 이집트 온 땅위에 세웠다.

파라오가 요셉에게 말했다.

"나는 파라오다. 너 외에는 어떤 사람도 이집트 온 땅 안에서 자기 손과

발을 높이 들어 올릴 자가 없으리라."

파라오가 요셉의 이름을 '차프나트 파아네아흐'라고 불렀다. 또한 파라오가 요셉에게 '온' 제사장 포티 페라아의 딸 아스낱을 아내로 주었다. 요셉이 이집트 땅을 살피러 나갔다. 요셉이 이집트 왕 파라오 앞에 섰을 때, 그의 나이 삼십 삼세였다. 요셉은 파라오 앞에서 물러나와 이집트 온 땅을 돌아 다녔다.

그 땅이 일곱 해 풍년동안 풍성한 곡물을 생산해냈다. 요셉이 일곱 해 풍년동안 이집트 땅에서 생산된 모든 곡물을 모았다. 요셉은 도시들 안에 곡물을 저장했다. 그 땅 모든 지역에 있는 도시에 잇닿은 토지의 곡물을 그 도시 한 가운데에 저장했다. 요셉이 쌓은 곡물이 바다의 모래더미처럼 많았다. 너무 많아서 셈하기를 그만두기까지에 이르렀다. 왜냐하면 그 셈이 한없었기 때문이다.

창세기 41 : 14-49


## 읽기-2

온 땅에 양식이 없었다. 왜냐하면 매우 큰 흉년이 들었기 때문이다. 그 굶주림이 매우 심했다. 이집트와 가나안 땅이 흉년 앞에서 쇠약해져 가고 있었다. 그때에, 요셉은 양식을 사려는 이들에게 양식을 팔아 이집트 땅과 가나안 땅에 있는 모든 돈을 긁어모았다. 요셉은 그 돈을 파라오 황실로 가져왔다. 그렇게 해서 이집트와 가나안 땅으로부터 돈이 말랐다. 그러자 온 이집트사람들이 요셉에게 와서 항의했다.

"우리에게 양식을 주시오! 도대체 왜, 우리가 돈이 없다는 것 때문에 당신 앞에서 굶어 죽어야한단 말이오?"

그러자 요셉이 백성들을 겁박劫迫했다.

"돈이 다 떨어졌다면, 너희 가축들을 내놔라! 너희가 내놓은 가축들에 따라, 내가 너희에게 양식을 주겠다."

하는 수없이, 이집트사람들이 그들의 가축들을 요셉에게 가져 왔다. 요셉은 말들과 양떼와 소떼와 나귀들에 따라 그들에게 양식을 주었다. 그렇게 그해에, 요셉이 이집트사람들의 온갖 가축들에 따라 그들에게 양식을 공급했다. 그럭저럭 그해가 다 지나, 그 이듬해에 이집트사람들이 요셉에게 왔다. 그리고 그들은 요셉에게 말했다.

"우리는 주께로부터 숨기지 않겠습니다. 왜냐하면 돈이든, 가축이든, 짐승들이든, 그것들을 주께 다 내놓았기 때문입니다. 우리는 주 앞에서 쇠락하고 남은 것이 없습니다. 그저 이제는 우리 몸뚱이와 우리 땅 뿐입니다. 어쩌다가, 우리가 우리자신과  땅과 더불어 당신 눈앞에서 죽게 되었는지? 당신이 양식으로 우리 몸뚱이와  땅을 사십시오! 우리와 땅도 함께 파라오의 노예가 되겠습니다. 그러나 씨를 주십시오. 우리를 살게 하십시오. 우리가 죽지 않아야만 땅도 황무지가 되지 않을 것입니다."

그렇게 해서 요셉이 파라오를 위하여 이집트의 모든 땅을 사들였다. 왜냐하면 이집트사람들이 그들 위에 몰아친 혹독한 굶주림흉년으로 인해 그들의 토지를 내어 주어야했기 때문이다. 그래서 그 땅이 파라오의 것이 되었다. 요셉이 이집트제국 경계 이 끝으로부터 저 끝으로까지 도시들로 그 백성을 옮겼다. 그러나 온전히, 요셉은 제사장들의 땅만큼은 사지 않았다. 왜냐하면 제사장들에게는 파라오로부터 나오는 벼슬아치 몫이 있었기 때문이다. 제사장들은 파라오가 그들에게 나누어 주는 그들의 몫을 먹었다. 그런 까닭에 제사장들은 그들의 땅을 팔지 않았다.

요셉이 백성들에게 선포했다.

"보라! 오늘 내가 파라오를 위하여 너희 몸과 너희 땅을 샀다. 여기 보라, 너희에게너희를 위한 종자가 있다. 너희는 파라오의 땅에 씨를 뿌려라! 그리고 너희는 추수 때마다 오 분의 일을 파라오께 바쳐라! 나머지 오분의 사는 너희를 위하여 너희 손에 있을 것이다. 토지의 종자로 삼고, 너희와 너희 집안에 있는 식구들과 어린 것들의 양식으로 삼아라."

백성들이 말했다.

"당신께서 우리를 살리셨습니다. 우리가 주의 눈에 은총을 입었습니다. 그러니 우리는 파라오의 노예가 되겠습니다."

그렇게 해서 요셉이 파라오의 땅의 법규를 세웠다. 이것이 오늘날까지 오 분의 일을 파라오에게 바쳐야하는 이집트 땅의 규칙이다. 그러나 온전히 제사장들의 땅만큼은 별개로 파라오의 소유가 되지 않았다.

창세기 47 : 13-26

## 들어가는 말

본문은 구약성서 창세기 '요셉이야기'의 절정부분인데 사람들은 '요셉의 성공신화'라고 이해한다. 그러나 실제로 본문은 파라오 노예제국의 꿈, 노예제국 파라오 지배체제의 시작과 성장과정을 적나라하게 폭로한다. 본문은 '파라오의 노예제국 꿈'을 통하여 파라오 지배체제 내부자들이 노예제국 욕망을 실현하는 음모와 술수들을 증언한다. 파라오 지배체제는 이 음모와 술수들을 지배체제 외부인 성공신화 요셉이야기를 통하여 선전선동하고 은폐한다. 풍년의 모든 잉여곡물을 착취·축적 하고 흉년을 민중들의 굶주림으로 만들어 민중을 노예화 하는 반인륜적 죄악을 '자비로운 소작료라는 노예제국 파라오 지배체제 지배이데올로기'로 포장한다.

이와 관련하여 요셉 이야기의 원 요소들은 이집트의 지혜문학에 뿌리를 두었을 터인데, 히브리 족장시대 이야기와 출애굽이야기의 징검다리 역할을 한다. 하지만 성서학자들은 요셉이야기를 기원전 950년 솔로몬 왕정

시대 작품으로 이해한다. 이집트 제국과 좋은 관계를 유지 했던 솔로몬 왕정이 나름대로의 소제국주의 통치의 근거 마련하기 위해 '요셉이야기를 수집·기록했을 것'이다. 솔로몬왕정의 현명한 신하, 충성스러운 외국인관료, 왕정으로의 땅 소유권 집중, 자비로운 소작료 등의 요소들로 '요셉이야기를 새롭게 꾸몄을 것'이라고 미루어 생각한다. 21C 교회들 역시도 솔로몬 왕정시대의 소제국주의 편집의도에 맞추어 요셉이야기를 독점자본주의 성공신화로 읽고 해석하는 오류를 반복 하고 있다. '요셉의 비전'을 운운하며 기독 청소년들을 독점자본주의 경쟁과 독점과 축적의 세계관으로 호려내는 데 본문을 이용하고 있다.

그러나 본문은 노예제국 이집트 파라오 지배체제의 시작과 성장과정, 온 이집트제국을 노예화하려는 음모와 술수들을 사실적으로 진술하고 있다. 무엇보다 주목할 것은, 본문에서 이집트 파라오 지배체제가 온 국민을 노예화하는 음모와 술수, 과정과 결과를 모두 파헤침으로써, 히브리 노예들의 출애굽 대서사大敍事의 배경과 무대를 마련한다는 점이다. 히브리 노예들의 하나님 야훼의 나타나심과 파라오 지배체제와의 드라마틱한 대결은 이미 요셉이야기로부터 예언되고 있다. '노예제국 파라오 지배체제 외부인 성공신화' 요셉이야기 속에서 탄생한 노예제국은 히브리 해방노예들의 야훼신앙 경험의 배경이고 무대舞臺이다. 노예제국 파라오 지배체제는 히브리 해방노예들의 광야신앙 수련, 평등사회 건설을 위한 야훼신앙 계시, 가나안땅 입성과 평등사회 건설 과정 등 구약성서의 야훼 해방과 구원 이야기의 출발점이다. 나아가 노예제국 파라오 지배체제는 예수의 하나님나라, 초대 교회의 예수신앙 등, 기독교신앙 핵심에 맞서는 반신앙의 표상이다. 이제, 본문을 자세히 읽고 살펴서 히브리 해방노예들의 야훼신앙의 출발점이 되는 노예제국 파라오 지배체제의 실체를 하나하나 살펴보고자 한다.

## 이끄는 말

왜, 노예제국 파라오 지배체제를 이야기 하는가? 본문은 이집트제국 파라오의 노예제국 꿈으로부터 시작한다. 파라오의 노예제국 꿈은 이집트제국 파라오 지배체제가 온 국민을 노예화하려는 엄청난 음모와 술수의 근거이다. 본문에서 이집트제국 파라오 지배체제는 인류역사상 유례가 없는 노예제국 음모를 꾸미고 이를 완성한다. 요셉이야기는 처음부터 파라오 지배체제의 노예제국 음모와 술수에 동참한다. 마치, 요셉이야기는 본문의 상황을 예측하고 거기에 맞춰진 것처럼 여러 개의 흥미로운 이야기꺼리들로 이어져 있다. 꿈 쟁이 요셉, 형들에 의해 노예로 팔려가는 요셉, 노예의 위치에서 두 번씩이나 지배체제의 내부자로 위치 이동을 하는 요셉 등등. 처음부터 요셉이야기는 노예제국 파라오 지배체제 대서사의 핵심요소이었을까? 아니면 솔로몬왕국의 요셉이야기가 본문의 노예제국 파라오 지배체제 대서사를 빌려와서 소제국주의 다윗왕조를 옹호하는 데 이용한 것일까? 무엇이 사실인지 알 수는 없다. 그러나 요셉이야기는 이집트 파라오 지배체제 노예제국 음모와 술수의 핵심구성요소이다. 요셉은 파라오 지배체제 노예제국 음모를 실행하기 위한 '외부 자 성공신화'로서 파라오 지배체제 핵심 내부세력 속으로 진입했다. 그리고 마침내 파라오 지배체제가 열망하는 온 국민 노예화를 완성해 낸다. 인류 역사상 그 유례가 없는 노예제국 파라오 지배체제가 탄생한 것이다.

이와 관련하여 본문 단락들은 처음부터 끝까지 노예제국 파라오 지배체제가 탄생하는 모든 과정에서 하나님의 이름을 들먹인다. 모든 사건 하나하나 마다 '하나님의 뜻, 하나님의 일들'이라고 드러내어 밝힌다. 요셉은 파라오에게 "제가 아니더라도 하나님께서 파라오의 평안을 위하여 대답하실 것"이라며 파라오 노예제국의 꿈이 하나님의 계시임을 강조한다. 그러나 정작 본문 단락에서는 하나님의 나타심이나 하나님의 직접 계시가 전혀 없다. 본문 단락에서 요셉은 '파라오의 노예제국 꿈'을 '하나님께서 파라오에게 해야 할 일을 알려주시는 것'이라거나 '해야 할 일을 보여주신바 그 일'이라고 설명한다. 하지만 그 일들에 하나님께서 개입하시는 내용은 전혀 없고, 오직 '노예제국 파라오 지배체제에 대한 음모와 술수'만이 자세하고 꼼꼼하게 나열된다.

실례로 요셉은 일곱 해 풍년과 일곱 해 흉년이 '하나님에 의해 결정된 것' 나아가 '하나님께서는 이 일을 지체 없이 행하려고 서두르실 것'이라고 주장한다. 하지만 이집트 땅 농부들의 오랜 삶의 경험으로는 나일강변의 풍년과 흉년은 꼭 하나님의 계시일리만은 없다. 고대 이집트 땅에서 나일강의 범람으로 인한 풍년과 흉년이 반복되는 것은 다반사로 예상되는 일이었다. 도리어 이집트 지배자들마다 나일강의 범람에 대비해 방조제를 쌓고 농부들을 보호하는 것으로 자신들의 업적을 자랑해왔다. 그렇기에 정작, 고대 이집트 제국의 최고 지식인 그룹인 박사들글을 읽고, 쓰고, 해석할 줄 아는조차 '파라오의 노예제국 꿈'을 터무니없는 일로 치부했다. 본문은 이러한 상황에 대한 파라오의 실망을 절절하게 표현한다. "내가 박사들에게 말했으나 아무도 나에게 풀어서 알려주는 자가 없었다."

그럼에도 불구하고 파라오는 자신의 노예제국 꿈을 포기하지 않는다. 그리고 마침내 파라오 노예제국 지배체제 외부인 성공신화 요셉이야기를 발굴하여 파라오 노예제국 지배체제의 음모와 술수를 계획하고 이를 완성해 낸다. 요셉이야기는 오직 노예제국 건설에 목말라 하는 '파라오의 평안을 위하여' 하나님의 뜻, 하나님의 계시를 도구로 사용한다. 나아가 하나님을 도구로 이용한 '노예제국 파라오 지배체제 음모와 술수'는 모든 파라오 지배체제 내부자들의 아낌없는 찬사와 지지를 얻는다. 파라오 지배체제와 파라오의 제사장들, 충성스러운 관료들과 모든 신하들의 마음을 한결같이 기쁘게 한다.

파라오와 그의 모든 신하들의 마음을 들뜨게 한 '요셉의 노예제국 파라오 지배체제를 위한 음모와 술수'는 뜯어보면 뜯어볼수록 매우 철저하고 냉정하며 엄격하다. 이집트 땅에서 파라오를 충직하게 받드는 총리를 내세워 파라오 노예제국 음모와 술수의 방패막이로 삼는 것, 온 이집트 땅에 파라오 노예제국 음모와 술수를 직접 실행할 감독자들을 임명하는 것, 자비로운 오분의 일 세금을 앞세워 농부들의 잉여곡물을 모으는 것, 농부들에게서 잉여곡물을 모으면서 파라오의 권력행사를 마땅하고 당연한 것으로 받아들이게 하는 것, 등이 그렇다.

이로써 노예제국 파라오 지배체제의 외부인 성공신화 주인공 요셉은 노예제국 파라오 지배체제의 핵심내부세력인 제사장그룹에 편입된다. 이에 걸맞게 파라오는 요셉에게 "차프나트 파아네아흐 – 하나님께서 말씀 하신다"라는 종교적인 이름을 준다. 또한 파라오는 요셉을 모든 이집트 땅에서 노예제국 파라오 지배체제 음모와 술수를 실행 할 총리로 임명한다. 파라오는 요셉을 자신의 버금마차에 태우고 모든 이집트 사람들에게 '아브레크 – 쉬이, 물렀거라'를 외치게 한다. 그러나 파라오는 요셉에게 '나는 파라오다'라고 마치 하나님처럼 말하며 하나님처럼 행세 한다.

실제로, 요셉은 누구도 의심할 필요가 없을 만큼 엄하고 철저하게 노예제국 파라오 지배체제 음모와 술수를 계획하고 실행한다. 요셉은 이집트 땅의 일곱 해 풍년의 여유 속에서 오분의 일 세금 계획은 아랑곳없이 파라오의 권력을 내세워 "이집트 땅에서 생산된 모든 곡물을 모았다." 요셉은 모은 곡물들이 너무 많아서 셈하는 것조차 그만두었다. 그런데 여기서 요셉은 농부들의 불만을 무마하는 참으로 놀라운 꼼수를 부린다. 본문에서 요셉은 농부들의 모든 잉여곡물을 모아 '그 도시 안에' 저장했다. 농부들에게서 긁어모은 곡물을 파라오의 곳간 아닌 농부들이 농사짓고 사는 농토에 잇닿은 '도시 한가운데에' 농부들의 눈앞에 보란 듯이 저장했다. 요셉은 풍년의 모든 잉여곡물을 모아 흉년을 대비하는 것으로 농부들의 눈길을 속이고 마음을 샀다. 지금 농부들은 파라오의 권력으로 인해 모든 잉여곡물을 빼앗기지만 도시 한가운데 한없이 쌓여진 곡물더미를 보고 언제가 닥칠 흉년에 대한 걱정을 내려놓을 수 있었을 것이다. 참으로 요셉은 세상에서 찾아보기 힘든 놀라운 '꼼수 쟁이'였다.

그러나 농부들의 기대와 바람은 흉년을 맞아 물거품이 되고 만다. 요셉은 굶주린 농부들과 이집트제국 바깥 이방사람들에게 양식을 팔았다. 첫해에 농부들은 자신들의 도시 안에 굶주림을 벗어날 수 있는 양식이 있다는 것만으로도 고마워하며 요셉에게서 양식을 샀다. 요셉은 '양식을 사려는 이들에게 양식을 팔아' 농부들의 모든 돈을 긁어모았고, 그 돈을 파라오 지배체제에 바쳤다. 그러나 그 다음이 문제였다. 돈이 다 떨어진 농부들이 요셉에게 와서 요구했다. "우리에게 양식을 주시오! 우리가 돈이 없어서 눈앞에 양식을 두고 굶어 죽는 다는 것은 말이 되지 않소. 도대체 왜, 우리가 당신 앞에서 굶어 죽어야한단 말이오?" 농부들은 요셉 앞에서 떼를 지어 항의하고 소란을 피우며 농성했다. 그러나 농부들의 항의와 시위는 세력이 보잘 것 없었다. "너희 가축들을 내놔라!" 이집트제국 파라오 지배체제의 폭력과 권력을 등에 업은 요셉의 겁박에 농부들의 항의와 시위는 속절없이 무너졌다.

아마도 요셉이나 이집트제국 파라오 지배체제는 자신들이 가진 폭력과 권력의 힘이 농부들의 항의와 소란을 손쉽게 제압할 수 있다는 것을 경험으로 잘 알고 있었을 것이다. 그렇게 한번 파라오 지배체제의 폭력과 권력 앞에서 무너진 농부들의 항의와 시위는 다시는 되살아나지 않았다. 도리어 파라오 지배체제의 권력 앞에서 허리를 굽히고 파라오 지배체제의 지시를 따라 행동했다. 이집트 농부들은 요셉에게 "당신이 양식으로 우리 몸뚱

이와 우리 땅을 사십시오"라고 하소연한다. 나아가 기꺼이 "우리와 우리 땅도 함께 파라오의 노예가 되겠습니다"라고 노예제국 파라오 지배체제에 투항한다. 비록 의지가 굳세지 못하고 세력도 보잘 것 없지만 이 땅의 농부들, 가난한 민중들의 저항이 무너지면 이 땅은 노예제국이 되고 만다.

그러나 가난한 농투성이 민중들이라고, 무지렁이 농부들이라고 끝없이 무너지고 넘어지기만 할까? 다시, 농부들은 요셉에게 요구한다. "그러나 종자를 주십시오. 우리를 살게 하십시오. 우리가 죽지 않아야만 땅도 황무지가 되지 않을 것입니다" 수많은 세월동안 땅에 기대어 땅을 가꾸고, 땅을 믿고 의지하며 살아온 농투성이들의 속절없는 '생명저항 의지'이다. 이 땅의 가난한 농투성이 민중들의 마지막 자존심이고 삶의 의지이다.

그러나 노예제국 파라오 지배체제는 너무도 놀랍고 두렵고 참혹하게 그 땅 농투성이 민중들의 생명저항, 삶의 저항 의지의 숨통을 끊는다. "요셉이 이집트제국 경계 이 끝으로부터 저 끝으로까지 성읍들로 그 백성을 옮겼다" 땅을 빼앗기고 땅에서 쫓겨난 농부들에게 남은 것은 농노가 되는 것뿐이다. 삶의 터전에서 뿌리가 뽑힌 농투성이 민중들에게는 영구노예가 되는 길 밖에 없다. 인류 역사상 이토록 참혹하게 삶의 뿌리가 송두리째 뽑혀진 노예제국은 없었다. 우리는 구소련 스탈린 지배체제 하에서 '연해주 고려인을 중앙아시아로 강제 이주시킨 참혹한 역사적 상황'을 전해 듣고 있을 뿐이다. 실제로 21C 우리는 본문의 증언을 통하여 고대 이집트의 피라미드, 스핑크스 등 불가사의不可思議를 십분 이해할 수 있다. 노예제국 파라오 지배체제 하에서 땅을 빼앗기고 자기 삶의 터전에서 뿌리 뽑혀 나온 농투성이 민중들은 언제, 어디서든 파라오 지배체제의 노동기계로 쓰일 수 있었다. 본문의 이러한 상황이 요셉이야기의 실제이든, 아니든 본문의 요셉이야기는 우리시대의 기독 청소년들이 따라 배워야할 신앙비전은 결코 아니다.

또 하나 본문은 "온전히, 제사장들의 땅만큼은 사지 않았다"고 증언한다. 제사장들은 노예제국 파라오 지배체제의 종교엘리트로서 파라오 지배체제의 핵심 내부자이고, 고위 관료이며, 특권·기득권 집단이었다. 제사장들은 파라오가 그들에게 나누어 주는 벼슬아치의 몫으로 먹고 살았다. 더불어 노예제국 파라오 지배체제에서 자신들이 소유한 땅을 영구히 사유화하는 권리를 누렸다. 본문에서 제사장들은 파라오 노예제국 지배체제의 특권·기득권세력으로서 요셉의 모든 노예제국 통치행위에서 온전히 벗어나 한껏 사익을 누릴 수 있었다. 이렇게 제사장들은 파라오 노예제국 지배체제의 중심축으로써 파라오 지배체제를 옹호하는 종교이데올로기를 생산하고, 유포하며, 민중들에게 이를 받아들이도록 종교적 설득과 협박을 가했다.

요셉은 노예제국 파라오 지배체제의 외부인 성공신화 당사자로서 파라오 지배체제의 제사장 집단의 일원이 되어 백성들에게 선포한다. "보라! 오늘 내가 파라오를 위하여 너희 몸과 너희 땅을 샀다. 여기 보라, 너희에게너희를 위한 종자가 있다. 너희는 파라오의 땅에 씨를 뿌려라! 그리고 너희는 추수 때마다 오 분의 일을 파라오께 바쳐라! 나머지 오분의 사는 너희를 위하여 너희 손에 있을 것이다. 토지의 종자로 삼고, 너희와 너희 집안에 있는 식구들과 어린 것들의 양식으로 삼아라." 이로써 요셉은 파라오 지배체제의 노예로 전락한 농투성이 민중들로부터 "당신께서 우리를 살리셨습니다. 우리가 주의 눈에 은총을 입었습니다. 그러니 우리는 파라오의 노예가 되겠습니다"라는 맹세를 받아낸다. 그리고 노예제국 파라오 지배체제 하에서 '자비로운 소작료'라는 허울 좋은 파라오의 땅의 오분의 일 소작료 법규를 세운다.

# 맺는말

본문은 '요셉이야기'를 통하여 노예제국 파라오 지배체제 음모와 술수, 그 참담하고 혹독한 실행계획과 실행 경과들을 사실적으로 증언한다. 요셉은 파라오 지배체제의 폭력과 권력으로 농부들에게서 풍년의 모든 잉여곡물을 빼앗아 흉년에 다시 농부에게 판다. 이집트 땅의 흉년을 기회 삼아 그 땅의 모든 농투성이 민중들을 굶주리게 만들고 채무노예화 한다. 그로써 마침내 '노예제국 파라오 지배체제'를 확립한다. 종교엘리트들과 관료들 모두가 '노예제국 파라오 지배체제의 내부자들'이다.

그럼으로써 본문은 구약성서의 핵심사건, 출애굽 대서사의 문을 여는 열쇠가 된다. 본문은 노예제국 파라오 지배체제를 통하여 히브리 노예들의 출애굽 대서사大敍事의 배경과 무대를 준비한다. 히브리 노예들이 노예제국 파라오 지배체제를 탈출하는 출애굽사건은 구약성서의 신앙 핵심사건으로써, 구약성서 히브리노예들의 야훼신앙의 문을 여는 열쇠이다. 출애굽 사건은 인류에게 노예제국 파라오 지배체제와 싸우시는 야훼 하나님을 계시한다. 야훼 하나님은 노예제국 파라오 지배체제 히브리 노예들을 해방하시고 구원하시는 하나님이시다. 언감생심 히브리 노예들이 자기들의 하나님을 찾고 발견하게 되는 것이다. 그러므로 히브리 노예들의 하나님 야훼는 인류사에서 유래가 없는 해방과 자유, 정의와 평등, 생명과 평화의 하나님이시다. 히브리 노예들의 고난과 절망의 삶을 통해서만이 해방과 자유, 정의와 평등, 생명과 평화의 야훼하나님이 요청되고 계시될 수 있기 때문이다. 나아가 신약성서 역시도 이러한 야훼신앙을 토대로 예수의 하나님나라 복음을 선포하고 실천할 수 있게 되는 것이다.

# 3. 실패한 노예제국 성공신화 모세이야기,
## 히브리의 고난 대서사를 쓰다

**출애굽기** 2:1-12, 23-15

## 읽기-1

레위가문의 한 남자가 가서, 레위가문의 한 딸을 아내로 맞았다. 그런데 그 여자가 임신해서 아들을 낳았다. 그 아기 엄마가 아기를 보니, 참 아기가 사랑스러웠다. 아기 엄마는 석 달 동안이나 아기를 숨겨서 길렀다. 그러나 아기 엄마는 더 이상 아기를 숨길수가 없었다. 아기 엄마는 갈대상자를 얻어다가, 역청과 송진을 바르고, 그 안에 아기를 뉘었다. 그리고 나일강 둔치 갈대 사이에 두었다.

그러자, 아기의 누이가 '그 아기에게 어떤 일이 일어나는가' 알아보려고 멀찍이 서있었다. 그 때 마침, 파라오의 딸이 목욕을 하려고 강가로 내려왔다. 그런데 공주의 시녀들이 강가를 경계하며 갈대숲을 살피고 있을 때 공주는 갈대숲 가운데 있는 상자를 보았다. 공주가 시녀 하나를 보내서 상자를 가져왔다.

공주가 상자를 열고 한 아기를 보았다.

"보라! 한 사내아이가 울고 있지 않은가!"

공주는 그 아기를 불쌍히 여겨 중얼거렸다.

"이 아이는 히브리 아기들 중 한 아이로구나!"

그 순간, 아기의 누이가 파라오의 딸에게 소리쳤다.

"제가 가서, 당신을 위해 히브리 여인 가운데서 그 아기에게 젖을 먹일 여자를 부를까요?"

파라오의 딸이 그 아기의 누이에게 대답했다.

"너는 가서, 젊은 아기엄마를 데려 오너라"

아기의 누이가 가서 아기의 엄마를 불러왔다. 파라오의 딸이 아기엄마에게 부탁했다.

"이 아기를 데려가서 나를 위해 젖을 먹여다오. 내가 삯을 주겠다."

그리하여 그 아기 엄마가 아기를 데려와 젖을 먹여 키웠다. 아기가 자라자, 아기 엄마는 그를 파라오의 딸에게 데리고 갔다. 그는 공주의 아들이 되었다. 공주는 그를 모세라고 부르며 말했다.

"내가 그를 물에서 건졌기 때문이다."


세월이 흘러 모세가 장성했다. 모세는 자신의 형제들에게 나아갔다. 그는 형제들의 노역奴役을 보았다. 그런데 모세는 어떤 이집트 사내가 그의 형제들 중 한 사람을 때려눕히는 것을 목격했다. 모세는 좌우를 살펴 사람이 없는 것을 보고 그 이집트 사내를 쳐 죽였다. 그리고는 그 시체를 모래 속에 숨겼다.

이튿날 모세가 다시 형제들에게 나아갔다.

"그런데 이것 좀 봐! 히브리 남자 두 사람이 싸우고 있지 않은가!"

모세가 잘못한 사람을 나무랐다.

"당신은 왜 동무를 때리오?"

그러자 그 사내가 모세에게 대들었다.

"누가, 우리위에 우두머리와 재판관으로 당신의 이름을 세웠소? 당신이 이집트인을 살육했던 것처럼 나도 쳐 죽일 셈이오?"

모세가 두려워 떨며 탄식했다.

"아하! 일이 탄로 났구나!"

파라오가 이일에 대하여 듣게 되었다. 파라오는 모세를 잡아 죽이기 위하여 모세를 찾았다. 모세는 파라오 앞에서 도망쳐 나와 미디안 땅에 웅크렸다. 모세는 그곳 한 우물가에 주물러 않았다.

## 읽기-2

그 많은 날들이 지나서, 이집트의 왕이 죽었다. 이스라엘 자손들은 노역으로 인해 신음하며 아우성쳤다. 그들은 하나님께 도움과 구원을 빌며 울부짖었다. 마침내, 도움과 구원을 비는 그들의 절규가 하나님께 이르렀다.

하나님께서 그들의 신음, 절규를 들으셨다. 그리고는 아브라함과 이삭과 야곱에게 하신 하나님의 언약을 기억하셨다. 하나님께서 이스라엘 자손을 굽어보시고 그들의 형편을 아시게 되었다.

출애굽기 2 : 23–25

## 들어가는 말

모세는 이스라엘인들의 민족 영웅이다. 또한 그는 유대교 신앙 안에서 가장 위대한 영적 지도자이다. 유대인들의 삶과 유대교 신앙의 바탕을 이루는 '토라', 즉 '하나님의 율법' 또는 '하나님의 가르침'도 모세로부터 유래한다. 그래서 지금도 사람들은 구약성서의 첫머리 다섯 권의 책에 대하여 '모세율법' 또는 '모세오경'이라는 표현을 사용한다.

그러나 실제로 구약성서 출애굽기는 이스라엘 민족의 위대한 해방 지도자 모세의 업적을 기리는 '영웅서사'가 아니다. 모름지기 출애굽기 저자는 노예제국 파라오 지배체제의 노예였던 히브리들을 해방하시고 구원하시는 야훼 하나님에 대한 신앙고백을 통하여 그 해방과 구원의 하나님 야훼를 기리는 것이 목적이었기 때문이다. 이점에서 출애굽기 사건은 히브리 해방노예들의 가장 크고 중요한 신앙고백이다. 출애굽이 노예제국 파라오 지배체제 히브리 노예들에 대한 야훼 하나님의 해방과 구원의 사건으로써, 히브리 해방노예들이 야훼 하나님의 백성 됨을 증명하는 근거가 되기 때문이다. 따라서 히브리 해방노예들의 출애굽 신앙고백은 스스로 야훼 하나님의 백성이라고 주장할 수 있는 근거 일뿐 아니라, 야훼 하나님 역시 출애굽사건을 통하여 히브리 해방노예들을 당신의 백성으로 세우신다.

이와 관련하여 출애굽기의 첫 단락은 1–15장까지 인데, 야훼 하나님께서 이집트 노예제국 파라오 지배체제 히브리 노예들을 해방하시고 구원하시는 이야기가 주요 내용이다. 출애굽기 1장은 이스라엘이 어떻게 파라오의 노예히브리로 전락하게 되었는지를 보고하고 있고, 2장에서 15장까지는 히브리 노예들이 어떻게 이집트 파라오 지배체제 노예의 사슬에서 해방되어 탈출해 나아오게 되었는지를 보고하고 있다.

그럼에도 불구하고 출애굽기에서 모세이야기는 너무도 중요한 역할을 감당한다. 모세는 히브리 노예들의 정치·종교지도자였고, 야훼 하나님의 해방과 구원 사건의 일꾼으로 부름 받았기 때문이다. 이점에서 본문의 모세 탄생설화와 모세의 투쟁이야기는 노예제국 파라오 지배체제 히브리 노예들에 대한 야훼 하나님의 해방과 구원 사건 대장정의 서막이다. 본문을 자세히 읽고 문장과 문장 사이 행간을 살펴서 야훼 신앙의 계시를 찾아보고자 한다.

## 이끄는 말

본문에 앞선 출애굽기 1장은 노예제국 파라오 지배체제 히브리 노예들의 처참한 삶의 상황이 묘사되어 있다. 이어서 출애굽기 2장 본문 첫 문단 2:1-10은 이스라엘 역사의 가장 중요한 영웅 모세의 탄생설화이다. 두 번째 문단2:11-15은 히브리 노예들의 해방 지도자 모세의 인간적인 투쟁과 실패가 소개되어 있다. 세 번째 문단2:23-25은 노예제국 파라오 지배체제 히브리 노예들의 절망적인 삶의 상황과 모세의 투쟁과 실패사이에서 '하나님이 어떻게 역사에 개입 하시는가'를 보여주고 있다. 이제 본문을 살펴서 읽고 해석하며 하나님의 뜻을 찾아보자.

본문에서 '레위가문'은 아직 특별한 의미를 지시하지 않는다. 그러나 본문의 첫 문단은 이스라엘 민족의 가장 위대한 지도자 '모세의 탄생설화'이고 이후 유대교 안에서 '레위가문'은 매우 특별한 의미가 있다. 본문 모세의 탄생설화 내용 전개와 흐름도 '위기와 구원'이라는 하나님의 은총과 섭리임이 분명하다. 그런데도 관련 당사자들 중 여성들의 역할과 행동만 드러날 뿐, 단 한명의 남성도 등장하지 않고 아무런 역할도 없다. 나아가 하나님의 직접적인 개입도 없다.

왜 그럴까? 본문의 모세 탄생설화가 모세의 영웅서사가 아니기 때문이다. 도리어 모세의 탄생설화를 통하여 히브리 노예들의 고난의 현장을 기록하려는 것이기 때문이다. 앞선 출애굽기 1장에서 히브리 노예들이 처한 참혹한 상황, 히브리 노예들의 세력을 약화시키기 위한 히브리 영아살해의실제상황이 모세의 탄생설화를 통하여 낱낱이 까발려 진다. 노예들의 하나님 야훼가 존재하지 않는 노예제국 파라오 지배체제 하에서 히브리 노예들이 겪어야만 하는 참혹한 고난의 현장이 여자들의 삶의 현실 상황으로 그려지고 있는 것이다. 이 점에서 모세의 탄생설화는 '그 여자'라는 주어로 출발하고 '그 아기 엄마'라는 주어로 끝을 맺는다.

"그 여자가 임신해서 아들을 낳았다. 아기 엄마가 아기를 보니 참 아기가 사랑스러웠다. 아기 엄마는 석 달 동안이나 아이를 숨겨서 길렀다" 여기서 우리말 성서는 본문의 히브리어 문구 '키 토브'를 '준수하다' '잘생겼다'라고 번역했다. 하지만 히브리 '토브'는 관념적이거나 추상적인 의미로 사용되는 형용사이다. 따라서 본문에서 '토브'는 아기를 낳은 엄마가 아기를 바라보는 절절하고 속절없는 '사랑스러움'이다. 영아살해라는 참혹하고 무지막지한 아기 엄마의 삶의 고통이 절절하게 드러나고 있는 문구이다. 사실, 동서고금을 막론하고 생명의 출생은 기쁘고 귀한 일이다. 그러나 모세 탄생 설화에서 아기 엄마는 아기의 출생을 숨기고 감추어야만 했다. 이러한 상황은 아기 엄마의 삶의 고통을 전체 히브리노예들의 삶의 고통으로 확장한다.

그러나 이제 아기 엄마는 더 이상 아기를 숨길 수 없었다. 아기 엄마는 갈대상자를 얻어다가, 역청과 송진을 바르고, 그 안에 아기를 뉘었다. 그리고 나일강 둔치 갈대 사이에 두었다. 여기서 보통 '예오르'를 나일강으로 번역하는데, 여기서는 농사를 위해 나일강물을 끌어오는 큰 수로라고 할 수 있겠다. 또한 '수프'는 보통 '갈대바다'라고 번역하는데 여기서는 강 하구에서 자라는 갈대밭이다. 그런데 의미 있는 것은 이 히브리 낱말이 '끝장나다'라는 히브리어 동사와 동음이어라는 사실이다. 이점에서 아기엄마의 '포기, 또는 내버림'의 절망을 생생히 읽을 수 있다.

그러나 이 고통과 절망의 상황 속에서도 희망을 위한 반전은 있게 마련이다. 아기의 누이가 '그 아기에게 어떤 일이 일어났는가?' 알아보려고 멀찍이 서있었다. 아기의 누이는 무엇을 기대했을까? 희망은 누군가가 개입하고 수고함으로써 일어나게 되는 일의 결과가 아닐까? 아기누이의 한갓되고 부질없어 보이는 행동이 기적을 가져왔다.

그 때 마침, 파라오의 딸이 목욕을 하려고 강가로 내려왔다. 그런데 공주의 시녀들이 강가를 경계하면서 갈대밭을 휘젓고 헤쳐 살펴보고 있을 때, 공주는 갈대숲 가운데 있는 상자를 보았다. 공주가 시녀 하나를 보내서 상자를 가져왔다. 공주가 상자를 열고 한 아기를 보았다. "보라! 한 사내아이가 울고 있지 않은가!" 공주는 그 아기를 불쌍히 여겨 중얼거렸다. "이 아이는 히브리 아기들 중 한 아이로구나!" 파라오의 딸이 상자 속에서 발견된 히브리 사내아이를 보고 나타내는 태도는 모두 감탄문으로 표현된다. 우리말 성서는 이 감탄문장들을 하나로 뭉뚱그려 번역했다. 그러나 본문에서 이 감탄문들은 독립적이다. 또한 이 감탄문들은 노예제국 파라오 지배체제의 히브리노예 사내아이 영아살해 상황 속에서 모세 탄생설화의 극적인 반전을 표현하는 것으로써 매우 중요하다.

이 절체절명의 순간에, 아기의 누이가 파라오의 딸에게 소리쳤다. "제가 가서, 당신을 위해 히브리 여인 가운데서 그 아기에게 젖을 먹일 여자를 부를까요?" 이 외침은 아기 누이의 솟구치는 용기이었을까? 아니다. 절절한 고통이고, 절망이며, 가없는 두려움의 외침이다. 파라오의 딸이 히브리노예 사내아이 영아살해 상황을 모를 리가 없다. 그렇다면, 아기 누이의 외침이 하나님의 개입과 구원을 불러 온 것일까? 히브리 노예아기의 누이가 외치는 절절한 고통과 절망과 가없는 두려움의 외침이 희망의 기적을 만들어냈다. 파라오의 딸이 그 아기의 누이에게 대답했다. "너는 가서, 젊은 아기 엄마를 데려 오너라" 공주의 허락을 받은 아기의 누이는 쾌재를 부르며 아기의 친엄마를 불러왔다. 파라오의 딸이 아기엄마에게 부탁했다. "이 아기를 데려가서 나를 위해 젖을 먹여다오. 내가 삯을 주겠다." 고통과 절망 끝에 모든 것을 포기했던 아기 엄마에게 도리어 공주가 부탁을 해야만 하는 상황이 벌어진 것이다.

그 아기 엄마가 아기를 데려와 젖을 먹여 키웠다. 아기가 자라자, 아기

엄마는 그를 파라오의 딸에게 데리고 갔다. 그는 공주의 아들이 되었다. 공주는 그를 모세라고 부르며 말했다. "내가 그를 물에서 건졌기 때문이다." 여기서 '모세'라는 이름의 의미는 이집트어로 '물에서 건지다'라는 의미이다. 그러나 히브리어로 이 말은 '마사 – 이끌어내다'라는 동사와 발음이 같다. 또한 '모시아-구원자'라는 낱말과도 발음이 비슷하다. 어째든 모세라는 그의 이집트이름은 그가 이집트의 교육을 받았다는 사실을 증언한다. 이와 관련하여 레위가문의 사람들 중 '무라리'Merari, '비느하스'Phinehas 등출 6:16,25 이집트 식 이름을 가진 이가 많다. 나아가 '아론' 역시 이집트 이름이었을 것이다.

이와 관련하여 '모세의 입양절차'는 고대 메소포타미아 법문서의 내용과 비슷하다. 이 법문서는 아이를 젖먹이는 유모에게 맡겨 임금을 지불하고 그 다음 3년간 후견인의 보호아래 있다가 입양된 이야기가 기록되어 있다. 고대 메소포타미아 아카드시대의 전설에서도 모세의 탄생설화와 비슷한 이야기가 전해내려 온다. 아카드 사르곤BC 2300의 비문에 의하면, 그의 어머니가 그를 몰래 낳았고, 그의 어머니가 그를 역청 바른 골풀 바구니에 담아 강물에 띄워 보냈다고 한다. 그리고 물의 신 '아키'Akki가 그를 건져내어 아들로 삼았다. 사르곤은 이렇게 비천한 신분을 넘어 신의 아들이 되었고, 마침내 아카드의 왕이 되었다고 한다. 고대 메소포타미아의 수메르 문명에 이어 나타난 아카드 문명은 그의 이름에서 나온 것이다.

이어지는 본문 두 번째 문단2:11-15은 히브리 노예들의 해방 지도자 모세의 인간적인 투쟁과 실패를 증언한다. 이 이야기 역시 모세 탄생설화 만큼이나 고통스럽고 절망스럽다.

"세월이 흘러 모세가 장성했다. 모세는 그의 형제들에게 나아갔다. 그는 형제들의 노역奴役을 보았다." 여기서 '가돌 – 자라다'라는 의미는 신체가 자라고 용모가 출중해졌다는 것만을 의미하지 않는다. 더불어 지혜와 능력과 함께 부와 힘이 커졌음을 말한다. '야차아—나아갔다'라는 의미도 그렇다. 모세는 파라오의 궁궐 바깥나들이를 하다가 우연히 동족들과 만나게 된 것이 아니다. 이제, 모세는 보무도 당당하게 그리고 은밀하나 분명한 목적을 가지고 동족들 앞에 나선 것이다. 또한 본문 모세의 투쟁내용에서 보듯이 모세가 비록 파라오의 궁전에서 양육되고 교육받았지만 히브리 노예들에게 강한 동족의식을 가지고 있었다. 한편 이무렵 모세의 형제인 히브리들은 혹독한 노역에 시달리고 있었다. 고고학적 발굴결과에 의하면 출애굽기 1장 히브리들의 노역과 똑 같은 내용의 그림들이 이집트 18왕조시대의 무덤벽화에 고스란히 그려져 있다고 한다. 이러한 상황에서 모세는 동족들의 이익과 권리를 키우고 보호하기 위한 투쟁에 나설 수밖에 없었을 것이다.

그러나 정작 모세가 할 수 있는 투쟁은 아무것도 없었다. 모세가 형제들의 노역을 보고 느끼는 부끄러움과 무력감은 이어지는 모세의 돌발 살인사건에서 여실히 드러나고 있다. "모세는 '어떤 이집트 사내가 그의 형제들 중 한 사람을 때려눕히는 것'을 목격했다. 모세는 좌우를 살펴 사람이 없는 것을 보고는 그 이집트 사내를 쳐 죽였다. 그리고는 그 시체를 모래 속에 숨겼다." 여기서 이집트 사내가 히브리 노예를 '나카—때려눕히는' 현장은 친구 사이에서의 가벼운 다툼이아니라, 주인으로써 노예에 대한 일방적인 폭력이다. 이 경우 주인은 노예를 때려서 큰 상처를 입히거나 혹 죽이거나 할 만큼의 무거운 폭력을 사용하기 일쑤이다. 한마디로 이 폭력은 고대 노예사회에서 주인이 노예에게 가하는 사회구조적인 폭력으로써, 무자비하고 일방적인 무한폭력이다. 따라서 이제, 히브리노예들의 지도자를 자처하고 나선 모세로서는 도저히 이 폭력을 묵과 할 수 없었다. 모세는 처절한 삶의 고통을 겪고 있는 히브리 형제들에 대한 부끄러움과 무력감 속에서 돌발적인 살인사건을 저지르게 되고 말았다.

그런데 문제는 여기서 그치지 않는다. 이튿날 모세가 다시 형제들에게 나아갔다. "그런데 이것 좀 봐! 히브리 남자 두 사람이 싸우고 있지 않은가!" 모세가 잘못한 사람을 나무랐다. "당신은 왜 동무를 때리오?" 여기서 '나차 – 다투다'라는 의미는 주인으로서 이집트인이 히브리 노예를 때려 죽이는 무한폭력이 아니다. 그저 동족끼리 서로 멱살을 잡거나 부둥켜안고 어르는 정도의 다툼이다. 그러나 히브리들은 다 같은 노예의 처지였지만, 각자의 능력과 직책에 따라 주인인 파라오로부터 주어지는 작은 이익과 권리들을 쟁취하려는 삶의 투쟁을 벌여야만 했다. 이러한 경쟁으로 인해 히브리 노예들 사이에서는 잦은 싸움이 벌어질 수밖에 없었을 것이다. 한마디로 히브리 노예들 사이에서 주인인 파라오가 던져주는 떡 한 덩이, 고기 한 조각이라도 더 차지하려는 아귀다툼이 끊이지 않았다. 모세는 그러한 히브리 형제들의 다툼을 말리고 잘잘못을 따지고 판단하는 자리에 나서게 되고 말았다.

여기서 '쳐 죽이든 아니면 다투든' 아무리 작은 이익과 권리다툼일지라도 힘 있는 자가 힘 없는 자를 상대로 한다면 그것은 치명적이다. 따라서 다툼을 방지하기 위해서는 힘 있는 자가 힘 없는 자에게 이익과 권리를 나누어야만 한다. 하지만 본문에서나 현실세계에서나 '야훼 하나님 없는 노예세상에서의 삶의 투쟁'은 너나없이 죽기 살기 일수 밖에 없다. 그러다보니 야훼 하나님 없는 노예세상의 삶의 투쟁은 정당한 중재가가 없다. 모세가 야훼 하나님 없는 노예세상에서 '히브리 노예들의 성공신화'의 모델이며 선망의 대상이기는 했지만, 모세가 히브리들의 작은 이익과 권리다툼에 개입하는 순간, 모두에게 반갑지 않은 존재가 되고 말았다.

그래서 탈이 났다. 그 히브리 사내가 모세에게 대들었다. "누가, 우리위에 우두머리와 재판관으로 당신의 이름을 세웠소? 당신이 이집트인을 살육했던 것처럼 나도 쳐 죽일 셈이오?" 모세가 두려워 떨며 탄식했다. "아하! 일이 탄로 났구나!" 파라오가 이일에 대하여 듣게 되었다. 파라오는 모세를 잡아 죽이기 위하여 모세를 찾았다. 모세는 파라오 앞에서 도망쳐 나와 미디안 땅에 웅크렸다. 모세는 그곳 한 우물가에 주물러 않았다. 여기서 히브리 형제가 모세를 고발할 때 사용하는 동사 '하라그-살육하다'라는 표현은 매우 엄중하다. 모세의 투쟁은 '히브리 노예들의 권리투쟁'이 아닌 '해방투쟁'이었을까? 어찌되었든 형제인 히브리 고발자가 사용하는 동사로 보아 모세의 투쟁은 처음부터 과격하고 폭력적이었을 것이다. 아마도 그것은 주인으로써 이집트인들이 노예인 히브리들에게 막무가내로 죽음의 폭력을 행사하는 상황에서, 모세의 투쟁이 가지고 있는 어쩔 수 없는 위험이었을 것이다. 그러므로 야훼 하나님 없는 세상에서의 '작은 이익과 권리를 쟁취하기 위한 모든 투쟁'은 폭력으로 이어질 수밖에 없었다.

그러나 모세의 투쟁 중에 빚어진 살인사건은 우발적이고 비밀스러운 사건이었던 반면, 노예제국 파라오 지배체제의 보복은 공개적이고 구조적이며 전면적인 것이었다. 성서 고고학에서는 이무렵 노예제국 이집트의 파라오를 제19왕조의 세토스 1세로 추정하는데, 그는 아시아의 힉소스출신으로써 델타지역을 중심으로 새로운 제국의 부흥을 이루어가고 있었다. 모세는 자신의 비밀투쟁이 발각되고 보복이 두려워 미디안으로 도망쳤다. 그 후 모세는 세토스1세가 죽고 새로운 파라오 라암세스 2세출2:23; 4:18-20참조가 집권하기까지 이집트로 돌아오지 못했다. 결국 야훼 하나님 없는 노예세상에서의 모세의 투쟁은 피의 보복을 부르는 결과만 낳고 말았다.

노예제국 파라오 지배체제 히브리 노예로서 이집트의 왕자가 된 모세의 성공신화는 모세의 투쟁 실패와 함께 허망하게 무너지고 말았다. 히브리 노예로써 노예제국 파라오 지배체제의 왕자가 된 '모세의 성공신화'는 이제 전설이 되고 말았다. 이로써 야훼 하나님 없는 노예세상에서 모세의 투쟁실패는 모세뿐만 아니라 모든 히브리들의 실패이며 절망이다. 이점에서 모세는 노예제국 파라오 지배체제 히브리 노예들의 해방투쟁 영웅이 아니다. 모세이야기는 앞선 요셉이야기와 다르다. 노예제국 파라오 지배체제의 '외부인 성공신화'로 보기도 어렵다. 실제로 모세의 120여년 인생 속에서 80여년 세월은 실패와 고난과 나약함의 세월이었다.

마지막 본문 세 번째 문단2:23-25은 노예제국 파라오 지배체제 히브리 노예들의 절망적인 삶의 상황과 모세의 인간적인 투쟁과 실패사이에서 '야훼 하나님이 어떻게 역사에 개입 하시는가'를 보여주고 있다. 그러나 실제로는 '어떻게 히브리 노예들의 야훼 하나님을 역사 속으로 불러낼 수 있는가'이다.

모세의 투쟁실패 이후 "그 많은 날들이 지나서, 이집트의 왕이 죽었다. 이스라엘 자손들은 노역으로 인해 신음하며 아우성쳤다. 그들은 하나님께 도움과 구원을 빌며 울부짖었다. 마침내, 도움과 구원을 비는 그들의 절규가 하나님께 이르렀다. 하나님께서 그들의 신음, 절규를 들으셨다. 그리고는 아브라함과 이삭과 야곱에게 하신 하나님의 언약을 기억하셨다. 하나님께서 이스라엘 자손을 굽어보시고 그들의 형편을 아시게 되었다."

여기서 사용된 히브리어 동사 '예아느후'는 '신음과 탄식으로 아우성치는 모습'을 나타내는 '상태동사'이다. 야훼 하나님 없는 노예세상에서의 작은 이익과 권리다툼에 몰두하던 히브리 노예들의 다툼과 모세의 투쟁 실패 그 모든 발버둥이 허망하게 끝나고 만 그 때, 이제 히브리 노예들은 자신들의 삶의 상황에 절망하고 탄식하며 울부짖을 수밖에 없었다.

야훼 하나님의 해방과 구원은 무엇으로부터 임하는가? 신령스럽고 비밀스러우며, 확신에 찬 믿음의 기도로부터인가? 아니다. 야훼 하나님 없는 노예세상, 모든 희망이 사라진 절망가운데서 터져 나오는 고통의 절규로부터 야훼 하나님의 해방과 구원의 사건이 시작된다. 한마디로 야훼 하나님 없는 노예세상에서의 자아능력상실. 그래서 오직 야훼 하나님만 바랄 수밖에 없는 절망자의 삶속으로 야훼 하나님의 해방과 구원의 능력이 침투한다.

본문의 히브리어 '쏴베아탐-히브리 노예들의 도움과 구원을 요청하는 절규', 이것이야말로 '야훼 하나님 없는 노예세상에서의 삶의 투쟁'이 다한 자리'이다. 이 히브리어는 '때로는 크고 요란스럽게, 때로는 애처롭게, 야훼 하나님 없는 노예세상의 삶의 절망과 고통'을 드러낸다. 야훼 하나님 없는 노예세상의 작은 이익과 권리 다툼에서 소외된 자의 삶의 자리, 야훼 하나님 없는 노예 세상 이외는 다른 어떤 새로운 세상도 꿈꾸지 못하는 삶의 자리에서, 허망한 권리투쟁에서, 처참하게 패망한 이들에게서, 속절없이 솟구쳐 나오는 절규이다.

그러므로 마침내, 하나님께서 그들의 신음과 절규를 들으셨다. 그리고는 아브라함과 이삭과 야곱에게 하신 하나님의 언약을 기억하셨다. 여기서 '브리트-언약'이란, 본래 대등한 당사자들 사이에서 맺는 법률관계이다. 그러나 하나님과 사람사이의 언약은 하나님이 주도하시는 언약이다. 그런데 하나님의 언약의 상대로써 사람이 감히 하나님의 언약의 요구들을 제대로 감당하고 수용할 능력이 있을까? 만약 '사람이 하나님과의 언약의 의무를 마땅히 다할 수 있다'고 생각하는 사람은 어지간히 교만한 사람이다.

그러니 이제, 야훼 하나님은 스스로 하나님의 언약의 의무를 다할 수 있도록 야훼 하나님 자신의 직접행동의 전제를 만드시는데, 그것이 바로 '임마누엘'이다. 하나님께서 직접 히브리 노예들의 하나님이 되셔서 히브리 노예들의 삶의 고통과 절망, 신음과 절규에 참여하시고 연대하시는 것이다. 이 점에서 야훼 하나님과 사람사이의 언약은 하나님의 일방적인 은총일 수밖에 없다. "야훼 하나님께서 이스라엘 자손을 굽어보시고 그들의 형편을 아시게 되었다." 우리말 성서는 이 문장을 '권념眷念하셨다 – 돌아보고 생각하셨다'라는 어려운 한자말로 번역했다.

그런데, 하나님은 이제야 비로써 히브리 노예들의 형편을 살펴보시고 그들의 고통과 절망의 상황을 알게 되셨을까? 아니다. 하나님은 끊임없이 노예제국 파라오 지배체제의 히브리 노예들을 주목하시고 그들의 상황을 안타까워 하셨다. 그러기에 하나님은 아브라함과 이삭과 야곱의 언약을 들먹이며 장황하게 당신의 심사를 표현하신다. 문제는 '야훼 하나님 없는 노예세상의 히브리 노예들이 자신들의 주인인 파라오가 던져주는 떡 한 덩어리, 고기 한 조각에 목을 맨 채, 오직 그것만을 갈망했다'는 점이다. 이점에서 21C 교회들이 '예수의 하나님나라'를 감히 이 땅에서 추구하지 못한 채, 사뭇 저 세상으로 밀어붙이는 이유가 명백해 졌다. 바로 오늘 우리의 교회가 '임마누엘의 하나님 나라'를 사는 것보다 하나님 없는 노예세상의 '돈 귀신' '황소귀신' 섬기기를 갈망하기 때문이다.

## 맺는 말

본문의 '히브리'라는 용어는 이스라엘 민족을 지칭하는 말이라고 보기 어렵다. 실제로 이 용어는 기원전 2,000경 이집트·아시아 지역의 용병, 노예, 농노 등을 통칭하는 사회계층 용어하비루 Habiru 또는 아피루 Apiru이다. 구약성서의 출애굽기는 노예제국 파라오 지배체제 히브리 노예들의 하나님 야훼의 나타심, 야훼 하나님의 해방과 구원활동을 히브리 해방노예들의 삶과 신앙고백으로 기록하고 증언하는 책이다.

그러므로 구약성서의 핵심은 출애굽사건이다. 출애굽사건의 핵심은 야훼신앙이다. 야훼신앙의 핵심은 야훼 하나님이 노예제국 파라오 지배체제의 하나님이 아니라, 파라오 지배체제로부터 착취당하고 억압받으며 고통을 당하는 히브리노예들의 하나님이라는 사실이다. 그러므로 히브리 노예들의 하나님 야훼는 해방과 구원, 정의와 평등, 생명과 평화의 하나님이시다. 나아가 신약성서 역시도 이러한 야훼 신앙을 토대로 예수의 하나님나라 복음을 선포한다.

이러할 때 본문의 모세 탄생설화와 모세의 투쟁이야기는 노예제국 파라오 지배체제 히브리 노예들에 대한 야훼 하나님의 해방과 구원 사건을 예고한다. 본문 모세 탄생설화가 출애굽기 1장의 노예제국 파라오 지배체제의 노예인 히브리들의 처참한 삶의 상황을 사실적이고 구체적으로 증언하기 때문이다. 이어지는 모세의 투쟁이야기도 히브리 노예들의 해방 지도자 모세의 인간적인 투쟁과 실패를 소개할 뿐이다. 이어서 본문 마지막 문단에서는 노예제국 파라오 지배체제 히브리 노예들의 고통과 절망, 모세의 투쟁과 실패사이에서 하나님이 히브리 노예들의 해방과 구원역사에 개입하시게 되는 상황을 묘사한다. 그것은 바로 야훼 하나님 없는 노예세상의 고통과 절망, 신음과 절규에 대한 야훼 하나님의 저항의 연대와 공동체 참여의 근거이다.

# 4. 그 이름은 야훼, 히브리 노예들의 하나님

출애굽기 3:1-15

## 읽기

모세는 그의 장인 미디안제사장 '이드로'의 양떼를 치는 목자가 되었다. 하루는 모세가 광야 서쪽으로 양떼를 몰고 나아가 하나님의 산 '호렙'에 이르렀다. 그때 야훼의 사자가 가시덤불 가운데서 타는 불꽃으로 그에게 나타났다. 모세가 그 광경을 보았다.

"보라! 가시덤불에 불이 붙어 타오르고 있는데 그 가시덤불이 불타 없어지지 않는구나!"

모세가 생각했다.

"내가 돌이켜 저 놀라운 광경을 살펴보아야겠다. 왜, 가시덤불이 불타버리지 않는단 말이냐?"

모세가 그 광경을 보기위하여 돌이켜 오는 것을 야훼께서 보셨다. 그때 하나님께서 가시덤불 가운데서 모세에게 외치셨다.

"모세야! 모세야!"

모세가 대답했다.

"예, 제가 여기 있습니다."

하나님께서 명령하셨다.

"'여기로 가까이 오지 말라! 네 발에서 너의 신을 벗어라. 왜냐하면 네가 선 그곳이 거룩한 땅이기 때문이다."

이어서 하나님께서 말씀하셨다.

"나는 너희 조상들의 하나님이다. 아브라함, 이사악, 야곱의 하나님이다."

모세가 그의 얼굴을 가렸다. 왜냐하면 모세가 하나님 뵙기를 두려워했기 때문이다.

야훼께서 말씀하셨다.

"정녕, 내가 보았노라!

이집트에 노예 된 내 백성의 고통을.

자신을 박해하는 자들 앞에서

울부짖는 내 백성들의 외침을.

내가 들었노라!

정녕, 내가 알았노라!

내 백성의 아픔을.

내가 내려가겠노라!

이집트의 손아귀로부터 내 백성을 해방하기 위하여.

그 땅으로부터 내 백성을 이끌어내기 위하여

넓고 좋은 땅, 젖과 꿀이 흐르는 땅으로

가나안족, 헷족, 아모리족, 부리스족, 히위족, 여부스족이 사는 곳으로.

지금, 보라!

이스라엘 자손의 울부짖음이 나에게 이르고 있지 않은가!

나도 역시 보았노라!

이집트인들이 그들을 억압하는 온갖 학대를.

이제 너는 가라!

내가 너를 파라오에게 보내겠다.

너는 내 백성 이스라엘 자손을 이집트로부터 이끌어 내라!"

그러나 모세는 그 하나님께 말했다.

"제가 누구입니까? 정말 제가 파라오에게 갈 수 있겠습니까? 정말 제가 이집트로부터 이스라엘 자손을 인도해 내겠습니까?"

하나님께서 다짐하셨다.

"참으로 내가 너와 함께 하겠다. 이것이 너에게 증거이다. 참으로 내가 너를 보내서 네가 내 백성을 이집트로부터 이끌어내게 한 후에, 그들이 이 산 위에서 하나님을 섬길 것이다."


그래도 모세는 하나님께 반문했다.

"보십시오! 제가 이스라엘 자손에게 가서 그들에게 말하겠습니다. 당신들의 조상들의 하나님께서 나를 당신들에게 보내셨소. 그러면 그들이 제게 묻겠지요. 그분의 이름이 무엇이오? 제가 무어라고 그들에게 말해야 하겠습니까?"

하나님께서 모세에게 말씀하셨다.

"에흐예 아쉐르 에흐예"

이어서 이렇게 말씀하셨다.

"너는 이스라엘 자손에게 고하라. 에흐예께서 나를 너희에게 보내셨다."

그리고 거듭 하나님께서 모세에게 말씀하셨다.

"너는 이스라엘 자손에게 이렇게 고하라. 나를 당신들에게 보내신 이는 당신들의 조상들의 하나님<sub>예흐바</sub>이시다. 야곱의 하나님, 이삭의 하나님, 아브라함의 하나님이시다. 이것이 영원히 나의 이름이다. 이것이 대대로 나의 기념이다.'

## 들어가는 말

백만 천만 국민주권혁명 촛불이 대한민국 혁명의 물꼬를 텄다. 이제부터 시작이다. 이 땅 곳곳의 고난과 절망의 현장은 아직 그대로 변한 것이 없다. 비정규직 노동자, 해고노동자, 파괴되고 말살되는 하나님의 창조생명공동체, 사람과 뭇 생명들과 자연의 아픔과 고통의 소리가 우리의 삶 속으로 외쳐지고 있다. 한 술 더 떠 정치가들, 언론들, 검찰 법원 등 사법기관들은 정의와 평등, 생명·평화 진실을 외면한다. 진실과 진리, 정의가 상실되어버린 우리사회를 통탄하지 않을 수 없다.

어디 그뿐이겠는가? 이 땅의 어린이들은 마음껏 뛰놀 권리를 빼앗겼다. 청소년들은 꿈과 이상을 가져볼 한 순간의 짬도 없이 그 끝을 알 수 없는 무한학습 경쟁에 내몰린다. 이 땅의 청춘들은 삼포, 오포, 칠포를 넘어 달관의 세대가 되었다. 청춘들은 연애, 결혼, 출산, 인간관계, 집, 취업, 희망을 포기했다. 이러한 생의 포기를 인정하고 순응하며 불평불만을 극복한 청년들은 달관경지에 이르러 있다. 그저 헬조선, 개한민국 등 자학적인 외침만 난무하고 있다. 아 하, 슬프고 안타깝고 한탄스럽다. 나 역시도 만나는 청춘들에게 일말의 희망을 선동할 뿐이다. 그러나 이제부터 시작이다.

"일류 학벌도 아니고, 빽도 없고, 연줄도 없는 무지렁이들은 산으로 가라! 가서, 모두 홍길동이 되고 전우치가 되어라! 혁명 도술을 익히고 무소유 공동체 선술을 배워 하늘 길 타고 훨훨 오라! 푸른 죽창 하늘 가득 꽃비처럼 오라! 바야흐로 하늘땅에 혁명기운 가득하리니…"

21C 우리 시대의 이러한 고난과 고통의 사회적 구조에는 잘못된 종교들과 사이비似而非한 신앙들이 있다. 무릇 모든 종교는 사람다움의 가치와 삶을 중요한 신앙과제로 삶고 있다. 종교는 마땅히 사람 사는 세상, 정의와 평등이 실현되는 사회, 생평과 평화가 넘치는 세상을 추구해야 한다.

그럼에도 인류종교·문화사에 나타난 수많은 종교들의 실태는 지배체제 권력자들이 권력을 매개하고 강화하는 반민중적 역할을 수행해 왔다. 한마디로 하늘의 명령을 남발하여 지배체제 권력자를 옹호하고 지지하는 하는 것이다. 이러한 절대적 신관에서 하나님은 인간의 육정(肉情)을 초월하여 완전한 존재로 나타나지만 세상일에 대하여는 지배체제 권력의 등에 업혀 아주 독선적이고 폭력적인 힘을 사용한다. 이렇게 인류종교·문화사에 나타난 수많은 지배체제 종교들의 하나님들은 독선적이고 폭력적인 하늘명령을 통하여 지배체제 독점 권력과 뒷배를 맞추어 왔다. 그럼으로써 인류종교·문화사의 모든 지배체제의 하나님들은 '절대신'絕對神이라는 허깨비 속에 숨어서 평온을 누리며 희희낙락해 왔다. 이러한 인류사적, 범세계적 허깨비 신론絕對神論에 반기를 든 괴짜 하나님이 나타나셨다. 이제 본문을 자세히 살펴 '그 이름 야훼, 히브리 노예들의 하나님'을 찾아 나서기로 한다.

## 이끄는 말

먼저 본문 중간부분은 전체적으로 시적 감각을 가지고 읽는 것이 좋다. 더욱이 7-10절의 야훼 하나님의 자기의지 표명부분은 분명한 시적 구조를 가지고 있다. 하나님은 이 시적 언어를 통하여 이제부터 당신이 무엇을 하시려는지, 하나님 자신의 의지와 결심을 낱낱이 밝히고 계시다. 그 점에서 야훼 하나님은 매우 도드라지게 민중들의 고통과 절망, 신음과 절규를 듣고, 보고, 알고, 행동하시는 하나님이시다.

"내가 보았다. 내가 들었다. 내가 알았다. 내가 내려가겠다." 1인칭 동사로 표현된 야훼 하나님의 자기결단과 의지 표명이 새롭다. 이와 관련하여 성서의 무대인 지중해세계와 메소포타미아 지역의 고대 종교·철학사에서 지배자들의 신들은 인간의 고통에 전혀 무관심하다. 특별히 가난하고 나약한 실패자들, 식민지 피지배자들, 농노 등 노예들의 고통과 절망, 신음과 부르짖음을 철저히 외면한다. 그러면서 고대 지중해 세계는 한결같이 노예 사회·노예국가로 이어져 왔다. 그러나 야훼 하나님은 '연민하는 하나님'이시다. 인류의 노예제국 역사 속에서 해방과 자유, 정의와 평등, 생명과 평화의 하늘 뜻과 의지로 노예들의 삶에 연대하고 참여하시는 하나님이시다.

본문에서 야훼 하나님의 해방과 구원의 열정은 히브리 노예들의 고통과 절망, 신음과 절규 속에서 여실히 나타난다. "지금, 보라! 이스라엘 자손의 울부짖음이 나에게 이르고 있지 않은가! 나 역시도 보았노라! 이집트인들이 그들을 억압하는 온갖 학대를." 고통과 절망의 전달 통로는 아래로부터 위로만 있는 것이 아니다. 야훼 하나님은 위로부터 아래로 히브리 노예들의 고통을 자신의 심장 속에 사무치게 공감하신다. 이처럼 본문에서 야훼 하나님은 철저하게 히브리 노예들의 하나님이다. 야훼 하나님의 해방과 자유, 정의와 평등, 생명과 평화가 히브리 야훼 신앙의 핵심이다. 한마디로 야훼 하나님은 노예제국 파라오 지배체제 히브리 노예들의 해방과 구원 사건을 통하여 세상에 계시되는 하나님이시다.

야훼 하나님은 노예제국 파라오 지배체제 히브리 노예들에 대한 자신의 해방과 구원 의지를 실천하기 위하여 말뿐만 아니라 모세를 통하여 직접 행동에 나서신다. "이제 너는 가라! 내가 너를 파라오에게 보내겠다. 너는 내 백성 이스라엘 자손을 이집트로부터 이끌어 내라." 이것이야말로 히브리 노예들을 해방하고 구원하시는 하나님에 대한 이스라엘 역사신앙의 핵심이다. 따라서 21C 지금도 야훼 하나님은 우리시대의 고난 받는 야훼의 종, 시대의 고난 받는 민중을 통해 일하신다. 이 땅의 비정규직 노동자와 해고 노동자들의 저항과 투쟁 속에 야훼 하나님께서 함께 연대하시고 공동체로 참여하신다. 이 땅 하나님의 창조생명공동체를 파괴하고 말살하는 독점재벌 기득권 사익집단에 맞서 싸우는 사람들의 피와 땀을 통하여 일하신다.

그러나 우리에게는 이러한 야훼 하나님의 활동이 매우 낯설다. '

"모세는 그 하나님께 말했다 제가 누구입니까? 정말 제가 파라오에게 갈수 있겠습니까? 정말 제가 이집트로부터 이스라엘 자손을 인도해 내겠습니까?" 시대의 야훼의 종들의 책임회피이기도 하지만 야훼 하나님을 만난 후 자신의 존재의 의미에 대한 인식이기도 하다. 그럴수록 모세는 자신의 처지와 상황에 대하여 더욱 민감하게 되었다. 본문 저자는 예리한 신앙 성찰을 통하여 하나님의 부르심과 사명을 받든 모세가 자신에게 주어진 역사적 사명 앞에 갈등하고 고민하며 항변하는 모습들을 실감나게 묘사하고 있다. 야훼 하나님 앞에서 고민하고 항변하는 모세에게 하나님께서 다짐하셨다. "참으로 내가 너와 함께 하겠다." 갈등하고 고뇌하는 모세에게 "참으로 내가 너와 함께 하겠다"라는 야훼 하나님의 말씀이야말로 하나님의 해방과 구원 사역에 함께하는 모든 이들의 변함없는 활동근거이다.

그럼에도 불구하고 사람들에게는 하나님에 대한 '불안증'이 있다. 인류 종교·문화사에서 하나님은 친근함보다 두려움의 대상이었다. 그래서 사람들은 묻는다. "하나님 당신의 이름은 무엇입니까?" 또 한편 하나님의 이름을 안다는 것은 하나님을 사유화하거나, 독점하거나, 이용하려는 욕망과 연계되어 있다. 따라서 '하나님 당신은 누구십니까'라는 질문은 '하나님의 삶의 은총과 삶의 요구가 드러나는 미래의 하나님의 사건'을 통하여 그 답이 드러나게 마련이다. 한마디로 '하나님 당신은 누구십니까'라는 모세의 질문에 대한 정답은 '노예제국 파라오 지배체제 히브리 노예들을 해방하고 구원하셔서 자신의 백성으로 삼으시는 출애굽사건'이다.

그러므로 히브리 노예들의 해방과 구원의 야훼 하나님은 거리낌 없이 자신의 이름을 계시 하신다 '에흐예 아쉐르 에흐예'. '나는 존재하는 존재'이다. 또는 '나는 나다.' '나는 스스로 있는 자'이다. 이렇게 인류 종교사에서 그 유래가 없는 하나님의 자기계시를 이해하기 위하여 많은 성서학자들은 이 하나님의 자기 계시를 세 가지 유형으로 저마다 다르게 해석해 왔다.

첫 번째는, 유대교 전승에 따른 해석인데, '그가 창조한 모든 것들을 있게 한다'는 의미로 해석하는 것이다. 한마디로 모든 역사적인 사건과 자연 현상들, 특별히 히브리 노예들의 해방과 구원의 사건이야말로 창조주이시며 주님이신 야훼의 의지에서 비롯된다는 믿음이다. 우리말 성서는 이러한 견해에 따라 출애굽기 2:14절의 야훼 하나님의 자기계시를 '스스로 있는 자'라고 번역했다.

두 번째는, 현대적 의미가 묻어나는 해석인데, '나는 나다'라는 의미로 해석하는 것이다. 이것은 사마리아 여인을 만난 예수의 자기계시 "너에게 말하는 내가 바로 그다"요4:26와 닮았다.

세 번째는, 사용되는 동사가 미래단순 형임을 전제로 '나는 ~무엇이든 될 것이다'는 의미로 해석하는 것이다. 이 형태의 하나님 이름은 3인칭 미래단순형 '야훼'이다. 우리말로 번역하면 '그는 무엇이든 될 것이다'라는 의미이다. 이 견해의 근거는 자신을 '아브라함, 이삭, 야곱의 하나님'이라고 밝히는 것과 '내가 정녕 너와 함께 하겠다'는 하나님의 약속이다. 나아가 히브리 노예들을 자기 백성으로 삼으시고 스스로 그들의 해방과 구원, 그리고 그들의 삶을 인도하시겠다는 하나님 자신의 의지 표명이다. 이점에서 하나님은 자기 백성 히브리의 해방과 구원, 삶의 인도자로써 당신의 뜻과 의지 안에서 당신의 백성들과 함께 무엇이든 될 수 있는 분이시다.

그러므로 이 세 번째 해석이 히브리 노해방예들의 야훼신앙에 걸맞는 해석이라고 믿는다. 왜냐하면 야훼 하나님은 모세에게 "참으로 내가 너와 함께 하겠다"는 약속의 말씀과 함께 자신의 이름을 계시하셨기 때문이다. 이와 관련하여 모세가 하나님의 이름을 언제 어디서 어떻게 계시 받았는지 증명할 방법은 없다. 그러나 야훼 하나님의 이름이 어디서 왔고 그 이름의 문자적 의미가 '무엇이냐'라는 것은 중요하지 않다. 다만 이 야훼 하나님의 이름이 노예제국 파라오 지배체제의 노예였던 히브리들의 해방 사건과 구원 체험·신앙고백에 깊이 뿌리 박혀 있다는 점이다. 더불어 야훼 하나님의 이름은 노예제국 파라오 지배체제 히브리 노예들을 해방하고 구원하시는 하나님으로서, 인류종교·문화사에서 전혀 새로운 하나님이라는 사실이다.

"나는 너를 이집트 땅, 종 되었던 집에서 인도해 낸 너희 하나님 야훼이다" 야훼 하나님을 신앙한다는 것은 이러한 히브리 노예들의 해방 사건과 구원 체험을 통하여 그 사건의 요구를 받아들이고 그 사건을 야훼 하나님의 신실한 약속의 계시로 믿으며 오늘의 삶을 사는 것을 말한다.

## 맺는 말

21C 지금도 노예제국 지배체제의 허깨비 신들이 여전히 활개치고 활동한다. 21C 돈 귀신은 맘몬·자본 숭배신앙 속에서 우리시대의 최고의 하나님이다. 서구교회의 정복신앙, 자본주의 번영신앙, 반 생명평화 폭력과 죽임의 신앙이 한국교회 안에서 판을 친다. 무한경쟁, 무한독점, 무한축적, 무한소비가 우리의 신앙과 삶의 목표가 된지 오래이다.

그러나 이제 본문은 인류종교·문화사 속에서 지배체제의 부와 권력을 중개하는 신들에 맞서는 괴짜 하나님을 소개한다. 인류종교·문화사에서 유일한 히브리 노예들의 하나님 야훼께서 나타나셨다. 히브리 노예들의 하나님 야훼는 21C 대한민국 사회에서도 늘 괴짜이고 새롭다. 야훼 하나님은 이 땅의 비정규직·해고노동자들의 생존권 투쟁 현장에 함께 하신다. 헬조선, 개한민국, 지옥불반도 이 땅에 고난 받는 민중들과 함께 연대하고 삶의 공동체로 참여하신다. 노예제국 파라오 지배체제 히브리 노예들의 야훼 하나님 계시야말로 영원한 하늘 은총이며 하늘 섭리이다.

# 5. 노예제국 파라오 지배체제 탈출, 두렵고 떨리는 밤

**출애굽기 12: 29-42**

## 읽기

그 날 밤 한밤중에 이르렀다. 야훼께서 이집트 땅에 있는 모든 맏이들을 치셨다. 자신의 보좌 위에 앉은 파라오의 맏이로부터 웅덩이 집에 갇혀있는 사람들의 맏이와 가축의 모든 첫 새끼까지 치셨다. 그 밤에, 파라오와 그의 모든 신하들과 온 이집트인들이 깨어 일어났다. 이집트에 큰 울부짖음이 있었다. 왜냐하면 거기에 죽음이 없는 집이 없었기 때문이다.

파라오가 밤에 모세와 아론을 불러 말했다.

"너희도, 이스라엘 자손도, 일어나 내 백성 가운데서 나가라! 가서 너희가 말한 대로 야훼를 섬겨라! 너희가 바라던 대로 너희 양떼도, 소떼도 끌고 가라! 그리고 너희는 나에게도 복을 빌어다오!"

이집트인들은 히브리노예들을 그 땅으로부터 빨리 내보내려고 재촉했다. 그들이 이렇게 외쳤다.

"우리 모두 다 죽겠구나!"

그래서 히브리 노예들은 아직 발효되지 않은 자신의 떡 반죽을 그릇 채로 옷에 싸서 그들의 어깨위에 메어야했다. 이스라엘 자손이 모세의 말대로 행동했다. 그들이 이집트인들에게 은붙이들과 금붙이들과 옷들을 요구했다. 야훼께서 이집트인들의 눈에 히브리노예들에 대해 너그럽게 하셔서, 이집트인들이 그들의 요구를 들어주게 하셨다. 그래서 히브리 노예들이 이집트인들의 것을 탈취했다.

이스라엘 자손이 라암셋으로부터 숙곳으로 출발했는데, 어린아이들 외에 걷는 장정만 육십 만이었다. 이때 수많은 혼합 민족도 그들과 함께 올라갔다. 또한 양떼 와 소떼와 가축이 매우 많았다. 히브리노예들은 이집트로부터 가지고 나온 반죽을 누룩 없는 떡으로 구웠다. 왜냐하면 반죽이 발효하지 않았기 때문이다 참으로, 히브리노예들은 이집트로부터 쫓겨나면서 머뭇거릴 수 없었다. 그래서 그들은 길 양식도 떡도 만들지 못했다.

이집트에서 살아온 이스라엘 자손들의 거주기간이 사백삼십 년이었다. 사백 삼십년의 끝, 바로 이날에 이르러 야훼의 모든 군대가 이집트 땅으로부터 나왔다.

그 밤은 이집트 땅으로부터 히브리노예들을 나오게 하시려고 야훼께서 지키신 밤이다. 그 밤은 야훼의 것이다. 모든 이스라엘 자손들에게 그들 대대로 지켜야할 야훼의 밤이다.


## 들어가는 말

공중 화장실에 붙어 있는 알림판에서 이런 문구를 보았다. "아직 이루지 못한 것에 대한 괴로움은 욕망이고, 아직 이루지 못한 것에 대한 설렘은 꿈이다." 그런데 이제 60대 나이에 이르니, 이루지 못한 것들에 대한 생각이 더 많아졌다. 뭐, 그렇다고 '아직 이루지 못한 것에 대한 괴로움'은 전혀 아니다. 도리어, 아직은 이루고 싶은 것들에 대한 약간의 설렘이 남아 있다. 그래서인지 문득, 이진관의 '인생은 미완성'이라는 노래가 떠올랐다. "인생은 미완성 쓰다가 마는 편지, 그래도 우리는 곱게 써가야 해"

그러면서 본문을 읽었다. '노예제국 파라오 지배체제 탈출, 두렵고 떨리는 밤.' 인류종교·문화사에서 그 유례가 없는 히브리 노예들을 위한 야훼 하나님의 해방과 구원의 시작이다. 한마디로 그것은 위대하고 장대한 히브리노예들의 '신앙서사이고 신앙역사'이다.

그렇다면, 노예제국 파라오 지배체제 히브리노예들의 야훼 하나님의 해방과 구원은 무엇일까? 한마디로 그것은 노예제국 파라오 지배체제를 뒤집는 대안세상이다. 히브리노예들을 위한 야훼 하나님의 해방과 구원, 정의와 평등, 생명과 평화세상이다. 그런데 야훼 하나님의 해방과 구원세상은 아직 미완성이다. 히브리노예들의 하나님 야훼의 해방과 구원세상은 과거에서 그 모범을 찾을 수 없다. 그 어떤 미래로부터의 계시도 보장도 없다. 그저, 히브리 노예들이 경험한 '노예제국 파라오 지배체제에서 탈출하던 날, 두렵고 떨리는 밤'의 신앙기억과 신앙전승만이 절절할 뿐이다.

이렇게, 노예제국 파라오 지배체제의 노예였던 히브리들의 해방과 구원세상은 아직 미완성 인 채로 21C 예수 신앙인들의 신앙실천 행보 앞에 놓여 있다. 그러므로 히브리 노예들의 하나님 야훼의 해방과 구원세상의 완성은 오롯이 21C 예수 신앙인들의 신앙과 삶의 몫이다. 오직, '노예제국 파라오 지배체제 탈출, 두렵고 떨리는 밤'의 신앙기억과 신앙전승에 대한 우리의 신앙해석과 신앙실천 행동의지에 달려 있다. 21C 독점금융자본과 독점기업국가 지배체제 속에서 '예수의 하나님나라' 처럼.

## 이끄는 말

이러한 관점으로 본문을 읽을 때 도드라지게 드러나는 내용 세 가지가 있다. 하나는, '노예제국 파라오 지배체제 장자의 죽음'이다. 다른 하나는

'히브리노예들의 하나님 야훼의 해방과 구원세상은 아직 미완성'이라는 사실이다. 마지막 하나는, 야훼 하나님의 해방과 구원세상의 토대로써 '노예제국 파라오 지배체제 탈출, 두렵고 떨리는 밤'의 신앙기억과 신앙전승이다.

먼저, '노예제국 파라오 지배체제 장자의 죽음'에 대한 내용을 살펴보기로 한다. 이 내용은 구약성서 안에서 처음으로 히브리노예들의 하나님 '야훼의 폭력성'을 가감 없이 드러낸다. "그 날 밤 한밤중에 이르렀다. 야훼께서 이집트 땅에 있는 모든 맏이를 치셨다. 자신의 보좌 위에 앉은 파라오의 맏이로부터 웅덩이 집에 갇혀있는 사람들의 맏이와 가축의 모든 첫 새끼까지 치셨다. 그 밤에, 파라오와 그의 모든 신하들과 온 이집트인들이 깨어 일어났다. 이집트에 큰 울부짖음이 있었다. 왜냐하면 거기에 죽음이 없는 집이 없었기 때문이다."

이와 관련하여 본문은 '그 날 밤 한밤중에'라고 강조함으로써, 누구라도 '노예제국 파라오 지배체제 장자의 죽음'에 대하여 제대로 알 수 없었음을 표현한다. 야훼 하나님은 '한밤중에', 이집트인 그 누구라도 짐작하고 대비할 여유조차 없이 '노예제국 파라오 지배체제 장자의 죽음'의 재앙을 내리셨다. 참으로 21C 예수 신앙인으로써 선뜻 동의할 수 없는 무자비한 폭력이다.

그렇더라도, 인류종교·문화역사에서 전무후무한 노예들의 하나님 야훼의 해방과 구원세상을 이해하고 깨닫기 위해서는 본문을 비켜갈 수 없다. '노예제국 파라오 지배체제 장자의 죽음'을 적극적으로 해석함으로써, 노예제국 파라오 지배체제의 히브리노예들의 야훼 신앙진리를 찾는 일은 매우 중요하다. 이러할 때, '노예제국 파라오 지배체제 장자의 죽음'은 '노예제국 지배체제 폭력'에 대한 '히브리노예들의 대응폭력'이었을까?

이와 관련하여 성서 안에서 '노예제국 파라오 지배체제의 폭력'은 아주 구체적이고 사실적이며 적나라하다. 그 예는 창세기 끝부분 요셉이야기와 출애굽기 초반의 모세이야기를 통해 자세히 살펴볼 수 있다. 우선 요셉이야기는 노예제국 파라오 지배체제가 생산·유포해온 '외부자 성공신화'이다. 그런데 마치 요셉이야기는 이스라엘 민족역사의 대서사처럼 위장되어 있다. 이제, 거칠지만 요셉이야기의 역사적 내용을 풀어보자.

구약성서 안에서 요셉이야기는 기원전 950년 솔로몬 왕조시대의 작품이다. 그런데 이 이야기의 원 요소는 노예제국 파라오 지배체제의 지혜문학 장르에 속한다. 솔로몬왕조는 노예제국 파라오 지배체제의 요셉이야기를 히브리 족장 내러티브와 노예제국 파라오 지배체제 탈출의 징검다리 전승으로 이용한다. 그럼으로써 솔로몬 통치시대의 지혜로운 신하, 충직하고 신실한 외국인관료, 소제국주의 왕정으로 땅 소유권 집중, 가벼운 소작료 등을 찬양한다. 이러한 솔로몬 왕정시대의 편집의도에 보조를 맞추어 21C 대형교회들도 청소년들에게 노예적 신앙세계관을 세뇌한다. '요셉의 꿈, 꿈은 이루어진다'라는 요란한 구호를 내걸고 비전 집회, 비전 여행 등 프로그램들을 운용한다.

그러나 실제로, 성서의 요셉이야기는 노예제국 파라오 지배체제의 독점 권력생성과 성장과정, 온 국민을 노예화하는 지배체제의 폭력성을 낱낱이 폭로한다. 노예제국 파라오 지배체제 내부 패거리들이 온 국민을 채무노예화 하는 과정을 자세하게 묘사하고 있다. 이렇게 요셉이야기는 노예제국 파라오 지배체제 형성과정과 폭력적 결과를 폭로함으로써 노예제국 파라오 지배체제에 대항하는 야훼신앙의 출현을 예비한다. 히브리노예들의 하나님 야훼의 출현 → 노예제국 파라오 지배체제와의 드라마틱한 대결 → 노예제국 파라오 지배체제 장자의 죽음 → 노예제국 파라오 지배체제에서 탈출하던 날, 두렵고 떨리는 야훼의 밤에 대한 히브리노예들의 신앙기억과 신앙전승 → 야훼 하나님과 노예제국 파라오 지배체제의 대결전 → 히브리 해방노예들에 대한 광야 신앙 공동체수련 → 해방·구원·자유·정의·평등·생명·평화세상을 위한 하나님의 율법계시 → 히브리 해방노예들의 가나안 땅 입성과 평등사회건설 등, 히브리노예들의 장엄하고 위대한 야훼신앙의 대서사를 예고한다.

또 한편, 모세이야기에 나타난 노예제국 파라오 지배체제의 폭력은 상상을 초월한다. 히브리노예들의 세력을 약화시키기 위하여 히브리남자아기들을 무차별 살육한다. 히브리노예들의 권익추구와 권리투쟁을 억압하기 위하여 일상적인 폭력과 중노동을 강요한다. 모세이야기에서 노예제국 파라오 지배체제는 아무렇지도 않게 히브리노예를 때려죽인다. 이에 반하여 성서 안에서 노예제국 파라오 지배체제에 대한 히브리노예들의 대응폭력은 찾아보기 어렵다. 기껏해야 스스로 히브리 노예들의 지도자를 자처하고 나선 모세의 비밀스러운 투쟁이 있었을 뿐이다. 그나마도 히브리들의 내분에 의하여 비참한 말로를 맞이하게 되고 만다.

그렇다고 한다면, 본문의 '노예제국 파라오 지배체제 장자의 죽음'을 어떻게 이해하고 해석해야 할까? 왜, 맏이가 죽어야 했을까? '노예제국 파라오 지배체제 장자의 죽음'에 대한 은유와 그 의미는 무엇일까?

우선, 생각해 볼 것은 '노예제국 파라오 지배체제에 대한 심판'의 은유이다. 그것은 고대권력의 토대이었던 '가부장주의의 죽음'이다. 나아가 '노예제국 파라오 지배체제 내부자 권력 연결고리의 죽음'이다. 본문은 이러한 죽음의 은유에 대한 증언으로써, 파라오의 맏이와 죄수의 맏이와 가축의 첫 새끼까지 노예제국 파라오 지배체제의 모든 맏이들의 죽음을 강조한다. 동서고금 모든 사회에서 맏이의 사회·경제적 위치와 권력, 지배체제 내에서 맏이의 힘과 세력은 그 사회와 체제를 유지하는 핵심이기 때문이다.

또한 본문에서 '노예제국 파라오 지배체제 장자의 죽음'은 혹독하고 처절한 상황임에도 불구하고 매우 단순하게 묘사되고 있다. 지배체제의 맏이들에게 죽음의 폭력을 행사하는 방법과 과정과 상황이 생략되어 있다. 이집트 전역에서 '노예제국 파라오 지배체제 장자의 죽음'에 대한 분노와 분풀이 폭력이 전무하다. 오히려 '노예제국 파라오 지배체제 장자의 죽음'에 대한 절망과 슬픔만이 난무한다. 이러한 묘사들은 마치 노예제국 파라오 지배체제 안에서 히브리노예들이 겪어야만 했던 일상적인 폭력과 죽음에 대한 히브리노예들의 절망, 그리고 슬픔과 교차한다.

이점에서 '노예제국 파라오 지배체제 장자의 죽음'에 대한 해석과 의미부여는 역사실증주의 분석과 전혀 관계가 없다. 히브리노예들은 '노예제국 파라오 지배체제 탈출, 두렵고 떨리는 밤'에 대한 신앙기억과 신앙고백을 대대로 전승할 뿐이다. 이를 통하여 히브리 해방노예들은 자신들의 죽음과 절망과 슬픔을 '노예제국 파라오 지배체제 장자의 죽음'에서 거듭거듭 되살려 낸다. 나아가 히브리 해방노예들은 자신들이 겪었던 노예제국 파라오 지배체제의 억압과 폭력과 죽음을 '노예제국 파라오 지배체제 장자의 죽음'으로 모사模寫하고 확인한다. 히브리 해방노예들은 그러한 신앙행동을 통하여 '노예제국 파라오 지배체제 탈출, 두렵고 떨리는 밤'에 대한 신앙기억과 신앙고백을 확대전승하고 강화하는 것이다.

두 번째, 본문에서 읽을 수 있는 중요한 내용 중 또 하나는 '야훼 하나님의 해방과 구원, 정의 평등, 생명평화 세상은 아직 미완성'이라는 사실이다. 본문은 노예제국 파라오 지배체제에서 야훼 하나님의 해방과 구원 세상에 대한 미래를 그리지 않는다. 한마디로 본문에서 히브리 노예들은 노예제국 파라오 지배체제의 노예생활 공간에서 허겁지겁 빠져 나왔을 뿐이다. 더 현실적으로 말하면 히브리 노예들은 노예제국 파라오 지배체제에서 쫓겨 난 것이다.

그러나 이러한 어정쩡하고 급박한 상황에서도 노예제국 파라오 지배체제 히브리 노예들의 해방과 구원의 실체를 부정하지 못한다. 히브리 노예들의 해방과 구원, 정의와 평등, 생명과 평화 세상의 출발은 '노예들의 하나님 야훼가 나타나셨다는 것' 그 자체이다. 그 야훼 하나님께서 '히브리노예들을 노예제국 파라오 지배체제에서 나오게 하셨다는 것' 바로 그것이다. 본문은 파라오의 입을 통하여 "너희는 나를 위해서도 복을 빌어다오"라고 외치게 함으로써, 야훼 하나님의 해방과 구원을 실체적으로 증언한다. 노예제국 파라오 지배체제의 내부자로써 '하나님의 위상'이 히브리 노예들의 야훼 하나님께로 옮겨간 것이다.

그렇더라도, 본문에서 히브리노예들의 하나님 야훼의 해방과 구원, 정의와 평등, 생명과 평화세상은 아직 미완성이다. 이렇게, 본문을 통하여 야훼 하나님의 해방과 구원세상이 아직 미완성이라고 해석하는 것은 '야훼 신앙'의 아주 중요한 신앙모토를 위해서이다. 그 신앙모토는 곧 히브리노예들의 하나님 야훼의 해방과 구원, 정의와 평등, 생명과 평화세상은 이제 전적으로 히브리 해방노예들의 '신앙과 삶의 몫'이라는 사실이다. 노예제국 파라오 지배체제 히브리 노예들은 '노예제국 파라오 지배체제 탈출, 두렵고 떨리는 밤'을 지나 하루아침에 야훼 하나님의 해방과 구원세상을 살아낼 수 있을까? 노예제국 파라오 지배체제의 히브리 노예들이 하루 밤 사이에 야훼 하나님 나라의 자유인으로 거듭날 수 있을까?

현대 사회학자들은 "사람의 심성이 바뀔 확률은 벼락을 맞을 확률"이라고 한다. 이점에서, 본문은 노예제국 파라오 지배체제 속에서 히브리들의 노예생활 기간이 '사백삼십 년'이라고 한다. 물론, 이 기간은 물리적 역사의 시간은 아니다. 노예제국 파라오 지배체제 히브리노예들의 삶에 대한 은유이다. 히브리들은 노예제국 파라오 지배체제 안에서 사백삼십 년 동안 철저한 노예의 삶을 살았다. 그래서 본문 이후 히브리노예들은 걸핏하면 노예제국 파라오 지배체제의 사백삼십 년의 노예생활을 그리워한다.

그러니 히브리노예들은 노예제국 파라오 지배체제를 내부적으로 변혁할 수 없다. 히브리 노예들은 노예제국 파라오 지배체제 바깥으로 나와야만 한다. 탈출할 수밖에 없다. 노예제국 파라오 지배체제로부터 쫓겨날 수밖에 없다. 그렇게 지배체제로부터 탈출한 이들이, 쫓겨난 이들이 만들어가는 대안세상이 바로 야훼 하나님의 해방과 구원세상인 것이다. 그것은 21C 독점 금융자본·기업국가 지배체제 안에서 살아가는 우리에게도 똑 같다. 우리는 독점금융자본·기업국가 지배체제의 바깥에서 새로운 대안 세상을 건설할 수밖에 없다. 그것은 바로 본문에서 우리가 읽고 해석한 것 '히브리노예들의 하나님 야훼의 해방과 구원세상은 아직 미완성이라는 내용'과 같다. 야훼 하나님의 해방과 구원세상은 이제 전적으로 쫓겨난 이들의 신앙과 삶의 몫이기 때문이다.

그런데 여기서 본문이 증언하는 아주 중요한 사실 하나가 있다. '히브리노예들이 이집트인들의 것을 탈취했'라는 증언이다. 비록 사백삼십 년 노예제국 파라오 지배체제 노예생활에 찌든 히브리들이었지만 마지막에 멋지게 노예제국 파라오 지배체제에 저항한다. 히브리들의 마지막 행동은 노예제국 파라오 지배체제의 노예이기를 거부하는 행동이었다. 히브리노예들은 노예제국 파라오 지배체제의 외부자로서, 지배체제 내부자들을 향하여 저항과 반란 의식을 거행했다. 이 저항과 반란의식은 지배체제로부터 쫓겨나는 이들에게 매우 중요한 해방과 구원 의식이다.

히브리 해방노예들은 이 해방과 구원 의식을 건너뛰어서는 안 된다. 이제 다시는 노예제국 파라오 지배체제의 노예생활로 돌아가지 않을 것이기 때문이다. 이것이야말로 본문 이후 히브리 해방노예들이 겪어야 할 40년 광야 신앙공동체 훈련의 토대이기 때문이다. 이제 21C 독점 금융자본·기업국가 지배체제에서 쫓겨난 이들도 마찬가지이다. 따라서 단연코 21C 오늘의 예수신앙인들도 독점금융자본·기업국가 지배체제 빚더미를 벗어던지는 해방과 구원의식을 거행해야 한다. 이러한 의식은 성서의 희년운동 뿐만 아니라, 고대 그리스 솔론의 해방운동 등, 인류의 종교와 역사 안에서 끊임 없이 이어져온 쫓겨난 이들의 해방의식, 구원의식이었다.

또 하나, 본문이 증언하는 중요한 사실이 있다. "이때 수많은 혼합 민족 도 그들과 함께 올라갔다"라는 증언이다. 본문은 노예제국 파라오 지배체 제의 히브리 노예해방과 구원사건이 이스라엘 민족만의 사건이 아니라고 증언한다. 야훼 하나님은 이스라엘 민족만을 해방하시고 구원하시는 하나 님이 아니시다. 야훼 하나님은 노예제국 파라오 지배체제 모든 히브리 노예 들의 하나님이시다.

이점에서 노예제국 파라오 지배체제의 히브리 해방노예들의 새로운 대 안세상 공동체가 바로 이스라엘이다. 이러한 해방노예 이스라엘 대안공동 체 사건은 다윗왕조 신학의 위·변조를 통하여 이스라엘 민족구원 사건으 로 왜곡되었다. 이러한 사실에 대한 성서의 증언들은 부지기수이다. 이스 라엘 민족이 지파연합이라는 사실. 히브리라는 용어가 '히브리 = 이브리' 등 고대 메소포타미아 지역의 농노, 용병, 하층민을 지칭하는 사회계층 용 어라는 사실. 다윗왕조에 대한 북이스라엘 지파들의 곱지 않은 시선 등. 수 없이 열거할 수 있다. 그러므로 히브리 해방노예 야훼 하나님의 해방과 구 원세상은 시대의 모든 지배체제로부터 탈출한 이들, 쫓겨난 이들의 신앙과 삶의 몫이다.

그렇다면, 쫓겨난 이들의 신앙과 삶의 몫으로써 야훼 하나님의 해방과 구원세상을 위한 신앙실천행동 토대는 무엇일까? 그것은 바로 '노예제국 파라오 지배체제 탈출, 두렵고 떨리는 밤'에 대한 히브리들의 신앙기억과 신앙전승이다. 본문은 히브리노예공동체의 이 신앙기억과 신앙전승을 '페 사흐–유월절'이라고 한다.

여기서 '페사흐–유월절'에 대한 어원동사는 '파사흐'이다. 이 동사는 '넘 다, 절뚝거리다'라는 뜻을 가지고 있다. 이점에서 일부 성서학자들은 '파사흐'라는 동사의 뿌리를 '건기에 접어들어 정착민들의 농경지를 넘는 유목민들의 행동'에서 찾는다. 고대 메소포타미아 지역의 유랑 유목민들은 생존을 위하여 우기가 끝나고 건기가 시작되는 시점에 정착민들의 농경지를 넘어야만 한다. 유목민들은 한밤에 몰래 농작물을 거둬드린 농경지로 가축들을 몰아넣어 자리를 차지한다. 이러한 유목민들의 행동은 혹독한 건기를 견디고 생존하기 위한 불가피한 모험이다.

물론, 이러한 유목민들의 행동은 정착 농경민과 유목민들 모두에게 매우 위험한 일이다. 정착 농경민들의 세력이 아주 강하고 유목민들이 세력이 약하다면 정착 농경민들은 유목민들을 너그럽게 대할 수 있다. 또 아니면 유목민들이 격퇴당할 수도 있을 것이다. 반면에 메소포타미아 전 지역에서 대규모 민족적인 정착 농경지 침탈로 인해 기존 농경문명이 망하기도 한다. 그렇게 망한 농경문명위에 새로운 정착농경문명이 자리 잡기도 한다.

이렇게 유목민들이 농경지를 넘는 행위는 말할 수 없는 위험과 공포, 생존의 절절함이 함께한다. 목숨을 잃기도 하고 절뚝발이가 되기도 한다. 그래서 그 밤은 두렵고 떨리는 밤이다. 본문의 '페사흐-유월절'은 이러한 고대 메소포타미아 사회상황 속에서 '노예제국 파라오 지배체제 탈출, 두렵고 떨리는 밤'을 증언한다. 이 밤은 바로 '이집트 땅으로부터 히브리노예들을 나오게 하시려고 야훼께서 지키신 밤'이다. 그래서 그 밤은 '야훼의 것'이다. 히브리 해방 노예공동체에게, 이스라엘 자손들에게 '대대로 지켜야할 야훼의 밤'인 것이다

그러므로 히브리 해방노예들에게 '노예제국 파라오 지배체제 탈출, 두렵고 떨리는 밤'의 신앙기억과 신앙 전승이야말로 야훼 하나님의 해방과 구원세상·실천행동의 토대이고, 힘이며, 희망이다. 나아가 2C 오늘, 예수 신앙인들에게도 이 밤의 신앙기억과 신앙전승이야말로 독점 금융자본·기업국가 지배체제에 대한 대안세상으로 나가는 토대이고, 힘이며, 희망이다.

## 맺는 말

본문에서 히브리 노예들의 하나님 야훼의 해방과 구원, 정의와 평등, 생명과 평화 세상은 아직 미완성이다. 그리고 이제 전적으로 야훼 하나님의 해방과 구원세상은 히브리 해방노예공동체의 신앙과 삶의 숙제이다. 이 땅에서 예수의 하나님나라처럼.

그러므로 지금, 여기, 이 땅에서 예수의 하나님나라야말로 예수 신앙인들의 신앙 의지이고, 실천 행동이며, 삶의 의미 이다.

# 6. 히브리 노예들을 위해 싸우시는 야훼 하나님

**출애굽기** 14:1-15:18, 21

## 읽기-1

야훼께서 모세에게 이렇게 말씀하셨다.

"너는 이스라엘 자손에게 지시해서 그들이 돌이키게 하라! 그들이 바다와 믹돌 사이에 있는 하이롯트 앞 곧 바알츠폰 맞은편 바닷가에 장막을 치게 하라! 그러면 파라오가 이스라엘 자손에 대하여 생각할 것이다. 그들이 그 땅에서 어쩔 줄 몰라 헤매는 통에 광야가 그들을 가두었구나! 그때 내가 파라오의 마음을 고집스럽게 하겠다. 그가 이스라엘 자손의 뒤를 추격 하겠지. 그러면 내가 파라오와 그의 모든 군대로 인하여 영광을 얻게 될 것이다. 또한 이집트사람들이 내가 야훼인 것을 알아챌 것이다."

이스라엘자손들이 그대로 행했다. 히브리 노예들백성들이 달아난 사실이 이집트 왕에게 들려졌다. 그러자 그 히브리 노예들을 향한 파라오와 그의 신하들의 마음이 돌아섰다. 그들은 이렇게 탄식했다.

"어쩌자고 우리가 이렇게 했을까? 참으로 우리가 히브리 노예들이스라엘을 우리를 섬기는 일로부터 놓아주었더란 말이냐?"

파라오가 그의 전차에 마구를 메우고 그의 군대들백성들을 이끌고 나섰다. 그는 정예 전차부대 600승을 소집하고, 이집트의 모든 전차들과 거기에 따르는 모든 전사戰士들을 거느렸다. 이때 야훼께서 이집트 왕 파라오의 마음을 고집스럽게 하셨다. 파라오는 의기양양하게 나아가고 있는 이스라엘 자손들의 뒤를 추격했다. 이집트사람들이 이스라엘자손들의 뒤를 추격해서, 마침내 파라오의 모든 말과 전차와 기병과 그의 군대가 하이롯트 앞 바알츠폰 맞은편 바닷가에 진을 치고 있는 이스라엘 자손을 따라잡았다.

파라오가 가까이 오자 이스라엘자손들이 눈을 들어 바라보았다.

"보라! 이집트인들이 그들의 뒤를 따라 행진해오고 있지 않은가!"

이스라엘 자손이 몹시 두려워 떨며 야훼께 울부짖었다. 또한 모세를 원망했다.

"이집트에는 매장지가 없을 줄 알았소?

당신은 우리를 광야에서 죽이려고 데려왔소?

당신은 왜, 우리에게 이런 일을 하는 것이오?

왜, 우리를 이집트로부터 나오게 했느냐 말이오?

우리가 이집트에서 당신에게 말한 것이 이 말 아니었소?

곧, 우리를 내버려두라!

우리가 이집트사람들을 섬기겠다!

참으로, 우리가 이집트사람들을 섬기는 것이 광야에서 죽는 것보다 우리에게 더 좋았지 않았겠소?"

그러자 모세가 히브리 노예들에게 말했다.

"여러분! 두려워하지 마시오. 여러분! 굳게 서시오.

그리고 오늘, 여러분을 위하여 행하시는 야훼의 구원을 보시오.

오늘, 여러분이 본 이 이집트군대를 영원히 다시보지 못할 것이오.

야훼께서 여러분을 위해 싸울 것이오! 여러분은 잠잠하시오."

야훼께서 모세에게 말씀하셨다.

"너는 무엇 때문에 나에게 부르짖고 있느냐? 너는 이스라엘 자손에게 명령해서 그들이 출발하게 하라. 그리고 너는 네 지팡이를 들어 올리고 네 팔을 바다 위로 뻗어서 바다를 쪼개라! 그래서 이스라엘 자손들이 그 바다 가운데 마른 땅으로 지나가게 하라. 보라! 내가 이집트사람들의 마음을 고집스럽게 해서, 그들이 이스라엘 자손의 뒤를 따라 들어가게 할 것이다. 그렇게 해서 내가 파라오와 그의 전차와 그의 기병과 그의 모든 군대로 인하여 영광을 얻어야겠다. 이렇게 파라오와 그의 기병으로 인하여 내가 영광을 얻을 때라야, 이집트사람들이 내가 야훼인 것을 알 것이다."

이때, 이스라엘의 진영 앞에서 행진하던 하나님의 사자가 돌이켜 이스라엘 자손의 뒤로 왔다. 그러자 구름기둥도 이스라엘 진영 앞에서 돌이켜 이스라엘 진영 뒤쪽, 이집트 진영과 이스라엘 진영사이를 가로막고 섰다. 그러자 저쪽은 구름과 어둠이 있었고 이쪽은 온밤을 환하게 밝혀 주었다. 그러므로 저쪽이 이쪽을 밤이 맞도록 가까이 하지 못했다.

모세가 바다 위로 그의 팔을 뻗었다. 그러자 야훼께서 밤새도록 강한 동풍으로 바닷물을 물러나게 하셨다. 그래서 바다에 마른 땅이 놓였다. 그렇게 바다가 쪼개지자 이스라엘 자손이 바다 가운데 마른 땅으로 지나갔다. 물은 그들의 좌우로 떨어져 그들을 위한 벽이 되었다. 뒤이어 이집트사람들이 쫓아왔다. 파라오의 모든 말과 전차와 기병들이 이스라엘 자손들의 뒤를 쫓아 바다 가운데로 들어왔다.

새벽녘에 이르러, 야훼께서 불과 구름기둥에 서서 이집트사람들의 진을 내려다보시고 이집트사람들의 진을 소란케 하셨다. 야훼께서 파라오의 전차로부터 바퀴를 벗겨내셔서 전차가 달리기 어렵게 하셨다. 그러자 이집트사람들이 웅성거렸다.

"이스라엘 앞에서 도망쳐야겠다. 참으로 야훼께서 그들을 위하여 이집트와 싸우고 계시지 않은가?"

이 때 야훼께서 모세에게 말씀하셨다.

"네 팔을 바다위로 뻗어라! 그래서 바닷물이 파라오의 전차와 기병들과 이집트사람들 위로 흐르게 하라!"

모세가 그의 손을 바다위로 뻗었다. 그러자 새벽녘에 바다가 본래대로 되돌아 왔다. 이집트사람들이 바닷물을 거슬러 도망치려고 했다. 그러나 야훼께서 이집트사람들을 바다가운데 쓸어 넣으셨다. 이렇게 바닷물이 되돌아 와서 전차와 기병들을 뒤 덮었다. 이스라엘 자손의 뒤를 쫓아 바다로 들어간 파라오의 모든 군대 중에 한 사람도 살아남지 못했다. 그러나 이스라엘 자손은 바다 가운데 마른 땅으로 지나갔다. 바닷물은 그들의 좌우에서 그들을 위한 벽이 되어주었다.

바로 그날, 야훼께서 이집트사람들의 손아귀로부터 이스라엘을 구원하셨다. 그러므로 이스라엘이 바닷가에서 이집트사람들의 주검을 보았다. 이스라엘은 야훼께서 이집트사람들에게 행하신 크신 권능을 보고 야훼를 두려워하게 되었다. 또한 야훼와 그의 종 모세를 믿었다.

### 읽기-2. 승리의 노래: 모세의 노래

그때에 모세와 이스라엘 자손이 이 노래를 불렀다. 그들은 이렇게 야훼를 찬양했다.

내가 야훼를 노래하리라.
참으로, 그가 일어서셔서
말과 전차를 바다에 던져 넣으셨다.
야훼는 나의 힘
나의 노래

나의 구원이시다.

야훼는 나의 하나님

내가 그를 찬양하리라.

야훼는 내 아버지의 하나님

내가 그를 높이리라.

야훼는 용사

그의 이름은 야훼이시다.

파라오의 전차와 그의 군대를 바다에 던지셨다.

파라오의 빼어난 전사들이

홍해 바다에 잠겼다.

깊음의 물이 그들을 덮치고

그들은 돌처럼 깊은 바다로 내려앉았다.

야훼여!

당신의 오른손으로 힘과 영광을 나타내셨습니다.

야훼여!

당신의 오른손이 원수를 쳐부수었습니다.

당신의 크신 위엄으로

당신의 적대자들을 엎으셨습니다.

당신의 분노를 보내셔서

검불처럼 그들을 살라 버리셨습니다.

당신의 콧김으로 물이 쌓이고

파도가 언덕처럼 일어서며

깊음의 물들이 바다 속에서 엉겼습니다.

원수가 외쳤습니다.

내가 그들을 추격해서 따라잡고

약탈물을 나누어

내 목구멍이 그것들로 가득 차리라.

내가 칼을 뽑아

내 손으로 그들을 멸망시키리라.

그러나 야훼께서 바람을 일으키시니

깊음의 바다가 그들을 덮었고

그들은 거센 물결 속에 돌덩이처럼 잠겼습니다.

야훼여!

신들 가운데 당신 같은 이가 누구입니까?

야훼여!

당신 같은 이가 누구입니까?

거룩하심으로 영광스러우신 이

찬양받을 만한 위엄이 있으신 이

놀라운 기적을 행하시는 이.

야훼께서 오른 팔을 뻗으시니

땅이 대적을 삼켰습니다.

당신은 사랑으로 이끌어 주십니다.

당신이 손수 구원하신 이 백성을.

당신은 힘센 손으로 그들을 인도 하십니다

당신의 거룩한 처소를 향하여.

여러 민족들이 듣고 두려워 떱니다.

불레셋 주민들이 겁에 질렸습니다.

그때, 에돔의 우두머리들이 놀라고

모압의 용사들이 두려움에 사로잡히며

가나안의 모든 주민들이 낙담합니다.

놀람과 두려움이 그들 위에 내려않았습니다.

야훼여, 당신의 큰 팔로

그들을 돌처럼 잠잠하게 하셨습니다

당신의 백성이 다 지나갈 때 까지

당신이 속량하신 이 백성이 다 지나갈 때 까지.

당신이 그 백성 데려다가 심으십니다

당신의 소유하신 산에.

야훼여, 이곳이 바로

당신이 계시려고 만드신 처소입니다.

주여, 당신이 손수 세우신 거룩한 성소입니다.

야훼여, 영원무궁토록 다스리실 것입니다.


## 읽기 3. 미리암의 노래

야훼를 노래하라.

참으로, 그가 일어서서서

말과 전차를 바다에 던져 넣으셨다.


## 들어가는 말

우리에게는 아직 다하지 못한 사회적 책임들이 있다. 대표적으로는 4.16 세월호 참사에 대한 사회적 책임이다. 아직 참사의 원인과 사고와 구조 과정의 진실이 밝혀지지 않았다. 마땅히 책임져야 할 자들에 대한 처벌도 이루어지지 않았다. 다시는 세월호참사가 되풀이되지 않을 안전한 사회건설은 더 더욱 요원하기만 하다. 그밖에도 한반도의 평화를 위협하고 전쟁을 불러올 위험이 매우 큰 사드배치 문제 등. 수많은 사회·공동체 문제들이 쌓여 있다. 우리사회의 비정규직 및 해고 노동자문제, 가계부채 문제 등은 우리사회 양극화의 밑바탕 문제인데도 불구하고 우리는 언제나 남의 일인 듯 여긴다. 아무렇지도 않은 듯 산다.

참으로 우리는 공감과 연대와 참여를 잃어버린 삶을 살아가고 있다. 무관심, 무감각, 무저항, 사회적 약자들의 고통을 보지도 알지도 깨닫지도 못하는 사회맹社會盲으로 살아간다. 그러나 이제 부끄러움과 회개가 사라진 철면피 세상에서, 이 땅의 무지렁이 민중들을 편들고 싸우실 야훼 하나님께서 일어서시리라. 이제 우리는 이 땅의 비정규직 노동자, 해고노동자, 세월호 참사 유가족 등, 이 땅 민중들의 고단한 삶의 행군 속에서, 그들을 위해 싸우시는 야훼 하나님을 보게 되리라.

그러므로 이제 우리는 맘몬·자본 지배체제의 하나님, 맘몬·자본 지배체제에 바쳐진 부와 권력의 하나님 이름을 거부해야한다. 21C 현 시대를 사는 예수 신앙인들이라면 이것은 당연하고 당면한 신앙과제이다. 우리의 가난한 이웃들, 약하고 힘없는 사람들, 고단한 삶을 사는 서민들, 저항하는 민중들의 삶을 통하여 우리를 찾아오시는 '히브리 노예들을 위해 싸우시는 야훼 하나님'을 만나야 한다.


## 이끄는 말

야훼 하나님은 노예제국 파라오 지배체제 히브리 노예들을 해방하시고 구원하시는 하나님이시다. 히브리 노예들을 찾아오셔서 자신의 이름을 계시하고 행동하시는 하나님이다. 야훼 하나님은 노예제국 파라오 지배체제 히브리 해방 노예들의 신앙과 삶속에 깊이 각인 된 하나님이시다. 무엇보다도 그 분은 히브리 노예들의 해방과 구원을 위해 노예제국 파라오 지배체제와 싸우시는 야훼 하나님이시다.

그런데 본문에서 히브리 노예들을 위하여 싸우시는 야훼 하나님의 싸움은 세 가지 주제를 가지고 있다. 첫 번째, 야훼 하나님은 히브리 노예들의 참 하나님이 되시기 위하여 싸우신다. 두 번째, 야훼 하나님은 히브리 해방노예들의 야훼신앙 확립을 위하여 싸우신다. 세 번째, 야훼 신앙을 인정하지 않고 말살하려는 노예제국 파라오 지배체제와 싸우신다.

첫 번째 주제, 히브리 노예들의 참 하나님이 되시기 위한 야훼 하나님의 싸움을 살펴보자.

야훼 하나님은 히브리 노예들의 해방과 구원을 위해 모세를 파라오에게 보내서 담판을 짓고 히브리들을 이집트로부터 이끌어내신다. 그런데 문제가 발생했다. 히브리들의 '노예 딜레마'이다. 히브리들은 노예제국 파라오 지배체제의 어쩔 수 없는 타고난 노예들이었다. 히브리 노예들은 단 한번도 주체적으로 의사결정을 하고 행동하며 책임져본 일이 없다. 이때껏 노예제국 파라오 지배체제를 위한 '생명 도구'로만 살아왔다. 평생처음 노예제국 파라오 지배체제를 떠난 히브리 해방노예들은 파라오 지배체제 군대의 추격을 받게 되자, 두려워 떨며 야훼께 울부짖었다. 또한 모세를 원망했다. "이집트에는 매장지가 없을 줄 알았소? 당신은 우리를 광야에서 죽이려고 데려왔소? 당신은 왜, 우리에게 이런 일을 하는 것이오? 왜, 우리를 이집트로부터 나오게 했느냐 말이오? 우리가 이집트에서 당신에게 말한 것이 이 말 아니었소? 곧, 우리를 내버려두라! 우리가 이집트사람들을 섬기겠다! 참으로, 우리가 이집트사람들을 섬기는 것이 광야에서 죽는 것보다 우리에게 더 좋지 않겠소?"

"우리를 내버려두라! 우리가 이집트사람들을 섬기겠다!" 노예제국 파라오 지배체제에서 타고난 노예로 살아온 히브리들의 상투적인 '자기포기'이다. 히브리 해방노예들의 이러한 '노예딜레마'를 돌파하는 방법으로 야훼 하나님은 노예제국 파라오 지배체제와의 싸움을 결정하신다. 본문은 이 사실을 명확하게 증언한다. "너는 이스라엘 자손에게 지시해서 그들이 돌이키게 하라! 그들이 바다와 믹돌 사이에 있는 하이롯트 앞 곧 바알츠폰 맞은 편 바닷가에 장막을 치게 하라! 그러면 파라오가 이스라엘 자손에 대하여 생각할 것이다. 그들이 그 땅에서 어쩔 줄 몰라 헤매는 통에 광야가 그들을 가두었구나! 그때 내가 파라오의 마음을 고집스럽게 하겠다. 그가 이스라엘 자손의 뒤를 추격 하겠지" 야훼 하나님은 '히브리 노예들을 위해 싸우시는 하나님'으로서 이미 직접행동에 나설 계획을 세우셨다.

이와 관련하여 왜, 야훼 하나님은 가나안으로 가는 지름길들을 버리고 변방으로 히브리 해방노예들을 인도 하셨을까? 본문에서 '바알츠폰'은 민수기 33장 출애굽 때 지나쳐간 지역목록에 따르면 '얌 수프–갈대바다'이다. 우리말 성서는 이 바다 이름을 '홍해'라고 잘못 번역했다. 홍해에는 갈대가 살지 않기 때문이다. 이와 관련하여 성서학자들은 유대인들이 갈릴리 호수를 '바다'라고 했듯이 갈대바다로 부를 만한 세 개의 호수를 거명한다. 남쪽 길을 택할 경우에는 '비터 호수'Bitter, 가운데 길을 택했을 경우 '멘잘레 호수', 북쪽 길로 갔을 경우에는 '시르보니스'sirbonis호수를 만났을 것이라고 한다.

실제로 우리는 본문에서 히브리 해방 노예들이 건넜던 '얌 수프'가 무엇이었는지, 어디였는지 알 수가 없다. 또한 그것이 어떤 호수이든, 홍해이든 '히브리 노예들을 위해 싸우시는 야훼 하나님'에 대한 우리의 신앙에 아무런 영향이 없다고 믿는다. 다만, 야훼 하나님께서는 노예제국 파라오 지배체제로부터 탈출을 감행한 히브리 해방노예들의 발을 묶으셨다. 본문이 그 명백한 이유를 증언 한다. 그것은 바로 노예제국 파라오 지배체제에 대한 야훼하나님의 싸움이다. 이 싸움은 히브리 해방노예들의 '노예딜레마'를 돌파하여 히브리 노예들의 참 하나님이 되시기 위한 야훼 하나님의 싸움이다.

두 번째 주제, 히브리 해방노예들의 야훼신앙 확립을 위한 싸움을 살펴보자. 우리는 고대종교·문화사에서 지배체제의 왕이나 지배계층을 위해 싸우는 신의 이미지에 대하여 전혀 낯설어 하지 않는다. 고대 신전에서 신의 대리자인 왕이나 지배계층을 위하여 그들의 대적들과 싸우는 전사의 모습으로 그려진 수많은 신들을 발견 한다. 그러나 본문에서 야훼 하나님은 왕들을 위해 싸우는 것이 아니라, 히브리 노예들의 해방을 위해 노예제국 파라오 지배체제와 싸우신다. 본문은 히브리들의 해방과 구원을 위하여 파라오와 싸우시는 용사 야훼 하나님을 장엄하고 장대한 파노라마로 그려내고 있다.

파라오는 전차부대와 이집트의 모든 군대를 이끌고 히브리 해방노예들의 뒤를 쫓았다. 파라오는 그의 정예 전차부대 600승을 소집하고, 이집트의 모든 전차들과 거기에 따르는 모든 전사戰士들을 거느렸다. 본문에서 '살리'라는 낱말은 전차의 제3의 전사를 지칭한다. 이 당시 전차는 말을 모는 전사와 싸움을 하는 전사가 주축이었는데 각종무기를 담당하는 제3의 전사가 있었다. 본문에서 전사는 전차와 전차에 따르는 보병까지 모든 군대를 지칭한다. 이제 히브리 해방노예들은 앞으로는 바다에 막히고 뒤로는 파라오의 군대에 쫓기는 절체절명의 위기에 빠지고 말았다. 혼비백산한 히브리들은 야훼 하나님을 원망하는 것은 물론 모세에게 반항한다. 히브리들은 차라리 이집트의 노예로 사는 것이 더 좋다고 절규한다. 한 오라기 희망도 없이 절망과 공포만이 난무하는 상황에서 히브리들의 원망과 절규는 어쩌면 당연한 것이다. 그런데 본문에서는 히브리 해방노예들의 이러한 원망과 '야훼 하나님이야말로 히브리 노예들을 위해 싸우시는 용사라고 확신하는 모세의 야훼 신앙'이 처절하게 대립한다.

이로써 야훼 하나님의 해방과 구원의 대장정에서 가장 절정의 긴장감이 조성된다. 그런데 놀랍게도 이 위기와 긴장을 만들어 내시는 분은 하나님 자신이다. 왜 그러셨을까? 그 대답은 하나님이 모세에게 '이스라엘자손에게 전진하라'고 지시하는 명령에 있다. 야훼 하나님은 바다가 쪼개지는 기적의 사건을 통하여 히브리 노예들에게 '히브리노예들을 위하여 싸우시는 야훼 하나님'을 각인시키려는 것이었다. 그것을 통하여 히브리 해방노예들에게 야훼 신앙을 확립하시려고 하셨다. 히브리 노예들을 해방하시고 구원하시는 하나님 야훼, 이 야훼 신앙은 정작 히브리 해방노예 자신들조차 믿기 어려운 신앙이었기 때문이다.

더욱 극적인 장면은 모세를 통하여 바다를 쪼개는 장면이다. 본문은 이 바다에서의 사건을 두 가지로 기록하고 있다.21-22절 하나는 동풍이 불어와 밤새도록 바닷물이 물러가게 했다는 것이고, 또 다른 하나는 바닷물이 쪼개져 바다 가운데 길이 낫다는 것이다. 여기서 '역사적 사실은 무엇이었나'를 따지는 것은 무의미하다. 히브리 해방노예들에게 이 바다에서의 사건은 황홀하고 놀라운 하나님의 해방과 구원 사건으로, 영원히 지워지지 않는 야훼 신앙으로 각인 되었다. 그러면서 이 사건은 구약성서 전체를 통하여 신앙과 고백의 언어로 계속해서 재해석되어왔다.

따라서 갈대바다에서의 야훼의 싸움과 승리는 노예제국 파라오 지배체제에 대한 것을 넘어 혼돈과 악의 상징인 태초의 바다깊음의 물에 대한 승리로 재해석 된다. 유대인들은 갈대바다에서의 사건을 여러 전승과정을 통하여 악에 대한 야훼 하나님의 싸움과 승리로 노래했던 것이다. 이제, 히브리 노예들의 야훼 하나님과 노예제국 파라오 지배체제와의 싸움은 절정에 이르렀다. 그럼에도 야훼 하나님의 거룩한 싸움에서 히브리 노예들이 이바지할 바는 없다. 그저 야훼 하나님의 해방과 구원의 은총을 잠잠히 받아들이고 누릴 뿐이다. 세상의 모든 힘과 영광이 자기에게 귀속되어 있다고 믿는 노예제국 파라오 지배체제가 이 싸움을 통하여 파멸의 길을 가게 되는 것은 빤한 일이다. 이 싸움을 통하여 '히브리 해방노예들을 위하여 싸우시는 야훼 하나님이 어떤 분이신지'가 드러나게 될 것이다. 이때 히브리 해방노예들은 야훼 하나님의 편에 굳게 서야함은 당연한 것이다.

세 번째 주제, 야훼 신앙을 인정하지 않고 말살하려는 노예제국 파라오 지배체제와 야훼하나님의 싸움을 살펴보자. "내가 파라오와 그의 모든 군대로 인하여 영광을 얻게 될 것이다. 또한 이집트사람들이 내가 야훼인 것을 알아챌 것이다" 본문의 야훼 하나님의 거룩한 싸움의 숨겨진 성격과 의미를 잘 드러내는 구절이다.

이와 관련하여 구약성서시대의 메소포타미아의 종교문화에서 천상의 신들 중 최고의 신은 하급 신들과 천상회의를 주재하는 것으로 여겨졌다. 따라서 메소포타미아의 왕들은 통치수단으로 신의 아들이라는 표상과 심부름꾼 역할을 강조했다. 그러나 이집트의 종교문화에서 파라오는 창조자, 또는 신의 현존으로써 신처럼 여겨졌다. 따라서 파라오로 말미암아 신적인 질서가 인간사회에 구현된다고 생각했다. 그러므로 메소포타미아의 왕들과는 달리 이집트의 파라오에게는 신적이고 절대적인 권력이 부여되었다. 이집트사람들은 파라오를 신의 화신으로 믿고 그에게 절대적인 힘과 지혜의 권위를 부여함으로써 그를 신으로 숭배했다. 이집트사람들은 파라오를 태양신의 화신으로 여겼고 파라오에 대한 호칭도 "나의 왕, 나의 주, 나의 태양신이여!"라고 불렀다

이점에서 야훼 하나님의 거룩한 싸움의 투쟁 주체가 히브리 노예들의 하나님을 자처하시는 '야훼'와 이집트의 모든 세력과 영광을 한 몸에 지닌 '파라오'로 그려지고 있다. 한마디로 '야훼의 전쟁'은 이집트의 여러 신들과의 전쟁이 아니라, 오직 스스로 역사를 만들며 끌어가고 있다고 믿는 노예제국 파라오와의 투쟁으로 기록되고 있다. 따라서 본문 야훼 하나님의 거룩한 싸움의 숨겨진 성격과 의미는 이집트 사람들에게 참 하나님은 파라오가 아니라, 야훼라는 사실을 선포하는 것이다. 이로써 야훼 하나님은 이집트

노예 제국 파라오와의 싸움을 통하여 전 인류를 해방하고 구원하시고자 한다.

따라서 본문의 "그때 내가 파라오의 마음을 고집스럽게 하겠다"라는 의미는 '야훼 하나님이 바로에게 새롭게 강퍅한 마음을 주었다'기 보다, 기왕의 파라오의 강퍅한 마음을 더 고집스럽게 했다는 뜻이다. 야훼 하나님은 파라오의 마음을 고집스럽게 하셨지만, 동시에 파라오 스스로도 자신의 마음을 강퍅하게 다잡았다. 한마디로 파라오 마음의 강퍅함은 파라오 자신의 의지가 드러난 것이고 노예제국 파라오 지배체제의 강퍅함을 증언하는 것이다.

그럼으로써 우리는 노예제국 파라오 지배체제 '주인의 딜레마'를 찾아낼 수 있다. "그 히브리 노예들을 향한 파라오와 그의 신하들의 마음이 돌아섰다. 그들은 이렇게 탄식했다. "어쩌자고 우리가 이렇게 했을까? 참으로 우리가 히브리 노예들<sup>이스라엘</sup>을 우리를 섬기는 일로부터 놓아주었더란 말이냐?" 파라오와 그의 신하들이 마음을 바꾼 것은 야훼 하나님이 그들의 마음을 강퍅하게 하셔서가 아니다. 도리어 히브리노예들을 놓아 보낸 자신의 결정과 행동에 대한 파라오 지배체제의 나름대로의 반성이다. 따라서 그들은 히브리 노예들을 놓아준 것에 대하여 스스로 후회하고 한탄했다.

그러므로 더욱 분명해지는 것은, '히브리 노예들을 위한 야훼 하나님의 싸움'은 야훼신앙을 인정하지 않으려는 노예제국 파라오 지배체제에게 히브리 노예들의 하나님 야훼를 각인시키려는 야훼하나님의 확고한 의지이다. 이점에서 노예제국 파라오 지배체제를 탈출한 히브리 노예들이 '의기양양하게 나아갈 수 있었던 것'은 '베야드 라마' 야훼 하나님의 높은 손이 그들을 인도하고 있었기 때문이다. 노예제국 파라오 지배체제는 야훼 하나님이 직접 히브리 노예들을 인도하신다는 사실을 뼈저리게 느껴야만 했던 것이다.

본문은 야훼 하나님이 낮에는 구름기둥, 밤에는 불기둥으로 그들을 '앞장서 나갔다'고 보고한다. 야훼 하나님은 불과 구름기둥에 서서 이집트 군대를 내려다보시고, 이집트군대의 진을 소란케 하시며, 전차의 바퀴를 벗겨내서서, 이집트군대의 행진을 더디게 하셨다. 이러한 야훼 하나님의 일련의 행동을 통하여, 이집트사람들은 야훼 하나님께서 히브리 노예들을 위해 자신들과 싸우고 계신다는 것을 눈치 챘다. 그래서 그들은 이 싸움에서 도망치려 했다. 그러나 야훼 하나님은 파라오 지배체제의 군대를 바다 속으로 쓸어 넣으셨다.

이제 본문이 증언하는 야훼 신앙의 핵심은 무엇인가? 히브리 노예들을 위해 싸우시는 야훼 하나님이다. 야훼 하나님은 히브리 노예들의 참 하나님이 되시기 위하여 싸우신다. 히브리 노예들의 야훼 신앙 확립을 위하여 싸우신다. 히브리 해방노예들의 야훼신앙을 인정하지 않으려는 노예제국 파라오 지배체제와 싸우신다. 히브리 해방노예들과 모세와 미리암은 이렇게 야훼 하나님을 노래했다.

"야훼를 노래하라.

참으로, 그가 일어서셔서

말과 전차를 바다에 던져 넣으셨다."

## 맺는 말

갈대바다에서, 야훼 하나님의 거룩한 싸움을 통해서 히브리 해방노예들이 야훼 하나님의 백성으로 다시 태어났다. 이제, 야훼 하나님의 싸움은 모세와 히브리 해방노예들의 '승리의 노래'를 통하여 히브리 노예들에 대한 해방 사건을 넘어, 야훼 신앙과 하나님나라 평등세상에 대한 희망으로 그 의미가 확장된다. 따라서 야훼 하나님의 대적은 노예제국 파라오와 그의 군대이지만 결국은 그것들조차 야훼 하나님의 지배아래 있는 수동적인 요소에 불과하다. 도리어 갈대바다의 사건은 야훼 하나님의 백성 히브리노예들과 이 세계에 대한 야훼 하나님의 주권을 확인하는 반생명 반 평화 '깊음의 바다'에 대한 승리이다. 본문에서 히브리 노예들에 대한 해방과 구원으로써 갈대바다 사건의 큰 의미에 비추어볼 때 '히브리 노예들을 위해 싸우시는 야훼 하나님의 전쟁'에 대한 이러한 영적 재해석은 어쩌면 당연한 것이다.

그러므로 21C 이 땅의 민중들은 야훼 하나님의 갈대바다 싸움의 승리를 우리 삶의 마당에서 다양하게 재해석할 수 있다. 우리는 히브리 해방노예들을 위하여 싸우시는 야훼 하나님을 의지하여 4.16세월호 참사에 대한 우리의 부끄러움을 씻을 수 있다. 이 땅의 무지렁이 민중들을 편들고 싸우시는 야훼 하나님 편에 서서 이 땅의 가난하고 약한 이들을 응원할 수 있을 것이다. 이 땅의 비정규직 노동자, 해고노동자 등 고난 받는 민중들과 연대하고 공동체적 참여를 조직 할 수 있을 것이다. 부끄러움과 회개가 사라진 철면피 세상에서 우리의 참된 회개를 실천할 수 있을 것이다.

# 7. 하늘양식 만나, 많이 거둔 이도 남지 않게, 적게 거둔 이도 모자라지 않게.

**출애굽기** 16:11-21

## 읽기

야훼께서 모세에게 '이렇게' 말씀하셨다.

"내가 이스라엘 자손들이 불평하는 것을 들었다. 너는 그들에게 이렇게 말하라! 너희가 해질녘에 고기를 먹고, 아침에는 떡을 배부르게 먹을 것이다. 그럼으로써 너희가 내가 너희 하나님 야훼인 것을 알 것이다."

저녁때가 되자, 메추라기가 날아와 야영지를 뒤덮었다. 아침에는 이슬이 야영지를 둘러싸고 내려앉았다. 내린 이슬이 말랐다. 그런데 보라! 역청으로 땅위를 바른 듯, 가는 싸라기 같은 것이 광야의 표면에 있었다. 이스라엘 자손들이 보고, 그의 형제들에게 서로 말했다.

"저게 뭐지?"

왜냐하면 그것이 무엇인지, 그들이 몰랐기 때문이다. 그러자 모세가 그들에게 말했다.

"그것은 야훼께서 여러분에게 먹으라고 주신 양식입니다. 자! 야훼께서 명령하신 말씀입니다. 여러분은 저마다 자신의 먹을 식구입수에 따라 이것을 거두어 모으시오. 여러분의 식구를 세어서 한사람머리마다 한 오멜 씩 입니다. 여러분은 저마다 자신의 천막 안에 있는 이들을 위하여 거두어 모으시오."

이스라엘 자손들이 그렇게 행했다. 그런데 그들이 많이 거두어 모으기도 하고, 적게 거두어 모으기도 했다. 그래서 그들은 오멜로 되어 많이 거두어 모은 사람도 남을 만큼 가지지 않았고, 적게 거두어 모은 사람도 결코 모자라게 하지 않았다. 저마다 자신의 먹을 식구수대로 거두어 들였다. 모세가 그들에게 말했다.

"각 사람이 아침까지 그것을 남겨두지 마시오.

그러나 그들이 모세의 말을 듣지 않았다. 몇몇 사람들이 그것을 아침까지 남겨두었다. 그러자 구더기가 끓고 썩어 악취가 풍겼다. 모세가 그들을 향하여 화를 냈다. 그들이 매일아침 저마다 자신의 식구수에 따라 그것을 거두어 들였다. 그리고 햇볕이 뜨거워지면 녹아버렸다.


## 들어가는 말

1997년 외환위기와 IMF 체제. 올해가 벌써 20년째이다. IMF 체제라고 말하는 이유는 IMF가 우리나라 경제·정치·사회의 모든 부분에 돌이키지 못할 변화를 불러왔기 때문이다. 또한 그로 인한 사회적 폐해가 치유할 수 없을 만큼 크고 깊게 지속되어 왔기 때문이다. 그러는 동안 우리사회는 어떠한 모습으로 변했을까? 모든 사회부분에서 양극화가 심화 되었다. 직업, 소득, 소비, 교육, 문화, 의료 등 우리 삶의 전 분야에서 양극화가 깊어졌다. 소수1% 특권계층, 독점재벌과 친일기득권 지배체제, 거기에 기생하는 내부자들만 더욱더 많은 부를 쌓아 올렸다. 그들의 요란한 사생활과 말 같지도 않은 정치·사회적 발언들이 듣그럽기 짝이 없다. 반면에 99%의 대중들은 사람다운 삶의 여유를 완전히 잃게 되었다. 대중들은 '노오오력, 더 노오오력' 무한경쟁에 내몰리면서도 제몫을 찾지 못한다. 제 몫을 받기는커녕, 걸핏하면 '도덕적해이자'라는 사회적 낙인과 비난을 뒤집어 써야한다.

2016년 현재, 우리나라는 세계 11위의 경제대국이다. GDP 1조 4천억 달러, 일인당 국민소득도 2만 8천 달러에 이른다. 그럼에도 불구하고 생계를 위한 범죄와 자살은 OECD 국가 중 1위다. IMF이후 1% 특권계층들이 나라 전체의 60%가 넘는 부를 독점한 채, 정치·경제·사회의 모든 것들을 좌지우지하기 때문이다. 이렇게 1% 특권계층, 독점재벌과 친일기득권 지배체제 내부자 집단의 독단과 횡포로 인해 온 나라가 절망의 나락으로 떨어져 내렸다.

4.16 세월호 참사, 서울지하철 강남역과 구의역에서 억울하게 죽임을 당한 청춘남녀들, 남양주 지하철폭발로 인한 허망한 죽음들 등, 이 땅의 청춘들은 사회생활 시작부터 빚꾸러기이고 하루벌이 알바를 전전해야만 한다. 그렇게 스스로 청춘을 낭비하며 절망의 나락에서 허덕이다가 끝내는 잇달아 자살대열로 내몰리고 있다. IMF 체제 20년이 지나는 지금, 이 땅의 가난하고 힘없는 민초들의 처참한 삶의 보고서이다.

이러한 시대를 사는 우리는 무엇을 해야 할까? 이 땅의 절망과 죽임을 곁눈질이나 하면서 적당히 가슴 아파 하는 것으로 다일까? 이 땅의 가난한 이들을 도덕적해이자라고 몰아붙이는 독점재벌과 친일기득권 지배체제, 거기에 기생하는 내부자들의 독단과 횡포를 어찌 그냥 두고만 볼 수 있을까? 1% 특권세력 지배체제의 거짓과 술수와 음모, 그들의 지배 이데올로기를 까부술 수는 없을까? 전혀 경쟁하지 않고 전혀 노동하지 않는 독점재벌과 친일기득권 지배체제, 거기에 기생하는 관료·사법·정치·종교계 내부자들, 그들이 외쳐대는 '노오오력! 노오오력' 선동선전에 더 이상 휘둘려서는 안 된다. 그들의 도덕적 해이라는 비난과 노예 굴레를 거부하고 그들의 사악한 음모와 술수를 폭로하는 것은 이 땅의 예수 신앙인들에게 마땅하고 당연한 일이다.

강남역과 구의역에 나붙었던 청춘들의 포스트잇 추모와 분노들을 기억하라! 지금 광화문 광장을 밝히는 청춘들의 국민주권혁명 촛불을 보라! 이제, 이 땅의 청춘들이 독점재벌과 친일기득권 지배체제, 거기에 기생하는 내부자들의 폭력과 억압에 저항하기 시작했다. 이 땅의 1% 특권세력들의 선전선동 '더 노오오력, 더 많이 노오오력'을 거부한다. 도덕적 해이라는 비난과 노예명에를 벗어던지기 시작했다. 그러나 그것만으로는 모자라다. 사람이 사람답게 사는 세상, 이 땅의 하나님 나라의 가치와 질서에 대한 깨달음을 구해야 한다. 이 땅의 하나님 나라의 삶의 실천 의지와 용기를 가져야 한다.

이제, 21C 우리의 삶의 자리에서 우리 교회는 무엇이어야 할까? 교회는 마땅히 세상 속에서 하나님나라 역할을 감당해야만 한다. 교회는 가난과 고통과 억압 속에서 절망하는 이들에게 예수의 하나님 나라를 전파하고 건설하며 함께 누리는 일에 모든 것을 바쳐야 마땅하다.


## 이끄는 말

본문은 우리시대의 독점재벌과 친일기득권 지배체제에서 발생하는 온갖 모순들을 치유할 수 있는 하나님나라 경제의 진리를 증언한다. 하나님나라 경제의 진리는 '많이 거둔 이도 남지 않게, 적게 거둔 이도 모자라지 않게'이다. 하나님나라 경제의 일용한 양식은 어떻게 거두어지고 어떻게 나누어지며 어떻게 소비되는가? 하나님나라 경제의 진리를 훼방하는 것은 무엇인가? 본문을 통하여 야훼 하나님의 해방공동체, 하나님나라 경제의 진리를 살펴보도록 하자.

인류종교·문화사에 나타난 유일한 노예들의 하나님 야훼는 이집트제국 파라오 지배체제 히브리 노예들을 해방 하셔서 젖과 꿀이 흐르는 가나안 땅으로 인도하시려고 한다. 그런데 이집트에서 가나안 땅 까지는 지름길로 가면 삼사일, 쉬엄쉬엄 가도 일주일 이내에 도달 할 수 있다. 그러나 야훼 하나님은 히브리들로 하여금 멀리 갈대바다를 건너게 하셨다. 그리고 시나이 반도를 돌아서 아라비아 광야로 지나가게 하셨다. 이렇게, 야훼 하나님은 노예제국 파라오 지배체제에서 탈출한 히브리 해방노예들을 40년 동안이나 광야 생활을 하도록 하셨다.

도대체, 왜 그래야만 했을까? 구약성서는 히브리들이 사백삼십 년 동안이나 노예제국 파라오 지배체제의 노예로 살아 왔다고 보고한다. 히브리들은 그들의 주인이었던 노예제국 파라오 지배체제가 던져주는 떡과 고기가 아니라면 스스로 생존할 수 없는 철저한 노예들이었다. 그래서 야훼 하나님은 히브리 해방노예들의 앞길에 작은 어려움이라도 닥치게 되면 '그들이 그 어려움을 극복하지 못하고 정의·평등사회로 나아가기를 포기하지 않을까' 걱정하셨다. 히브리들이 곧 절망하고 뉘우쳐 '노예제국 파라오 지배체제의 노예생활로 돌아가자'고 할 것을 아셨다. 따라서 노예제국 파라오 지배체제의 해방 노예인 히브리에게 야훼 하나님의 백성으로써 해방과 구원, 정의와 평등, 생명평화 공동체를 이루기 위한 훈련이 필요했다. 그 훈련의 장소가 바로 광야였다.

그렇다면 성서에서 광야는 어떤 의미를 가지고 있을까? 성서의 모든 중요한 인물들이 광야와 관계를 가지고 있다. 모세는 스스로의 의지로 히브리 노예들의 권리투쟁을 위한 지도자로 나섰다가 실패한 후, 미디안 광야에서 겸손과 낮아짐의 훈련을 받았다. 그 훈련을 받은 후에야 야훼 하나님의 부르심을 받을 수 있었다. 세례요한도 '광야에서 외치는 자의 소리'이었다. 예수도 광야에서 40일 금식하면서 사탄으로부터 온갖 시험을 받으셨다. 바울도 다메섹 길에서 부활하신 예수님을 만난 후, 3년 동안 아리비아 광야에 머물며 신앙과 인격훈련을 받았다.

이처럼 광야는 모든 이들의 신앙과 인격을 연단하고 삶의 태도를 훈련한다. 성서의 수많은 인물들이 광야에서 훈련받고 깨달음을 얻은 후, 하나님의 사람으로 거듭나는 것을 찾아 볼 수 있다. 노예제국 파라오 지배체제의 노예이었던 히브리 해방노예들도 광야에서 야훼 하나님의 백성이 되는 첫 훈련을 시작한다. 그런데 노예제국 파라오 지배체제 히브리 해방노예들이 하나님의 백성으로 거듭나기 위하여 받아야만 하는 첫 훈련은 무슨 종교훈련도, 군사훈련도 아니다. 그것은 놀랍게도 하나님나라 경제의 핵심가치, '많이 거둔 이도 남지 않게, 적게 거둔 이도 모자라지 않게'라는 '하늘양식' 훈련이었다.

그렇다면 노예제국 파라오 지배체제 해방노예 히브리들의 '하늘양식 훈련'의 주요 메시지는 무엇일까?

첫 번째, 해방노예 히브리들에게 일용할 양식은 하늘로부터 내리는 하늘 은총이어야 한다는 사실이다. 이제 야훼하나님의 해방공동체로써 히브리들은 노예제국 파라오 지배체제가 던져주는 고기 한조각과 떡 한 덩어리에 목을 매서는 안 된다. 노예제국 파라오 지배체제에서 해방된 히브리들의 일용양식은 마땅히 야훼하나님이 주시는 하늘양식이다. 이와 관련하여 야훼하나님은 광야의 고난 때문에 노예제국 파라오지배체의 고기 가마와 떡 광주리를 그리워하는 히브리 해방 노예들에게 이렇게 일갈하신다. "내가 이스라엘 자손들이 불평하는 것을 들었다. 너는 그들에게 이렇게 말하라! 너희가 해질녘에 고기를 먹고, 아침에는 떡을 배부르게 먹을 것이다. 그럼으로써 너희가 내가 너희 하나님 야훼인 것을 알 것이다."

실제로, 우리도 본문에서처럼 우리시대의 주인인 독점재벌·독점자본 지배체제의 고기 가마와 떡 광주리에 목을 매곤 한다. 어떻게든 맘몬·자본 지배체제의 총애를 입으려고 몸부림 친다. 맘몬·자본 세상 무한경쟁, 무한독점, 무한축적, 무한소비 시장경제에서는 이웃을 돌아볼 겨를이 없다. 친구도 동지도 없다. 오직 '노오력, 더 노오오력', 모두가 경쟁 상대이고 밟고 넘어서야할 장애물일 뿐이다.

두 번째, 야훼 하나님이 히브리 해방공동체에게 주시는 일용할 양식은 매일매일의 훈련 속에서 거두어지고 분배되어지며 소비되어진다. 이와 관련하여 히브리들은 일용할 양식훈련 과정에서 인류역사상 유일무이하게 하늘에서 내린 양식인 만나를 먹게 된다. 본문은 "역청으로 땅 위를 바른 듯, 가는 싸라기 같은 것이 광야의 표면에 있었다"라고 표현한다. 그렇다면 히브리들은 이 만나를 어떻게 거두어 들였을까? 고무래로 벅벅 긁어모은 다음 삽으로 퍽퍽 퍼 담았을까? 아니면 빗자루로 쓱쓱 쓸어 모은 다음 소쿠리로 쓸어 담았을까?

실제로 광야는 모래로만 이루어진 사막은 아니지만, 흙과 모래와 크고 작은 돌들이 뒤섞여 있는 곳이다. 그 광야 위에 싸라기 같은 것들이 뒤덮여 있다고 상상해 보자. 다행스럽게도 본문 앞뒤를 살펴보면 만나가 '갓' 씨와 같다고 기록하고 있다. 이 '갓' 씨는 요단강 가에 자라는 물풀의 씨인데, 완두콩보다 조금 작다고 한다. 아마 만나는 완두콩만한 크기로 엉켜 있었을 수도 있다.

그렇다고 한다면, 히브리들은 하늘양식인 만나를 하나하나 주어 담아야만 했을 것이다. 또한 무한정 시간이 있는 것도 아니었다. 곧 해가 내려 쪼이면 만나가 스러져 버렸기 때문이다. 그래서 문제가 발생 했다. 본문을 살펴보자. "그들이 많이 거두어 모으기도 하고, 적게 거두어 모으기도 했다." 하늘로부터 내린 일용할 양식인 만나를 거두었는데 어떤 이는 많이 거두고 어떤 이는 적게 거두는 불평등의 결과가 발생한 것이다. 사실, 그럴 수밖에 없지 않겠는가? 광야에 내린 만나를 거두는 일은 누워서 떡먹기가 아니었다. 그것은 매우 어렵고 고된 노동이었다. 당연히 능력 있는 사람과 능력이 모자라는 사람 사이에 차등이 생길 수밖에 없었다.

그러나 다시 본문을 살펴보자. "그래서 그들은 오멜로 되어 많이 거두어 모은 사람도 남을 만큼 가지지 않았고, 적게 거두어 모은 사람도 모자라게 하지 않았다. 저마다 자신의 먹을 식구수대로 거두어 들였다." 이것을 어떻게 이해할 수 있을까? 무엇으로 받아들여야할까? 우리말 성서는 이 문장을 오역했다. "오멜로 되어 본즉 많이 거둔 자도 남음이 없고 적게 거둔 자도 부족함이 없이 각기 식량대로 거두었더라." 공동번역도 마찬가지 이다. "오멜로 되어보면 많이 거둔 사람도 남지 않고 적게 거둔 사람도 모자라지 않았다. 결국 저마다 먹을 만큼씩 거두어 들였던 것이다" 우리말 성서는 이 상황을 "많이 거둔 자가 있고 적게 거둔 자가 있음에도 불구하고 모두 각자에게 필요한 식량만큼 되는 놀라운 신비"로 포장한다. 대다수의 목회자들도 본문을 '아! 기적 같은, 이 놀라운 하늘양식의 신비!'라고 예찬한다. 또한 그렇게 설교하기도 한다. 그러나 그것은 본문에 대한 중대한 왜곡이다. 그것은 실제상황이 아니다. 본문은 "사람들이 각자의 능력에 따라 많이 거두고 적게도 거두는 불평등이 있었으나 모든 사람들에게 모자람이 없는 분배의 평등을 실천했다"는 사실을 증언한다. 히브리 해방노예들은 야훼 하나님이 주신 하늘양식을 각 사람의 식구수대로 평등하게 분배했다.

각 사람이 거두어 모은 것들을 오멜로 되어서 많이 거둔 사람도 남을 만큼 가지지 않았다. 또한 적게 거둔 사람도 모자라지 않게 했다. 이점에서 본문은 '로 헤에디프 함마르베'라는 '사역형동사' 구문을 사용한다. '로'는 '아니다'라는 부정어이고, '헤에디프'는 '가지다'라는 사역형 자동사이며 '함마르베'는 '넘치도록'이라는 분사구이다. 이 문장을 히브리어 문법과 문맥에 맞게 번역하면 '많이 거두어 모은 사람도 남을 만큼 가지지 않았다'라고 번역해야 한다. 이어서 마찬가지로 본문은 '함마메이트 로 헤헤시르'라는 '사역형동사'구문을 사용한다. 앞서와 같이 '로'는 '아니다'라는 부정어이고 '헤헤시르'는 '모자라게 하다'라는 사역형 타동사이다. 이 문장은 우리말로 직역하면 '적게 거두어 모은 사람도 결코 모자라게 하지 않았다'이다. 많이 거두어 모으기도 하고, 적게 거두어 모으기도 하는 불평등이 발생했지만, 저마다 자신의 먹을 식구수대로 나누는 '사회 공동체 기적'이 일어난 것이다.

야훼 하나님의 해방노예공동체 히브리들의 하늘양식은 종교적 신비가 아니다. 하늘양식은 신앙과 삶의 훈련이다. 21C 우리시대의 독점재벌·독점금융자본 지배체제 '불로소득 대박'이라는 마약중독을 치료하는 훈련이다. 무한경쟁, 무한독점, 무한축적, 무한소비라는 시장경제 성공신화 이데올로기를 파탄 내는 정의·평등 공동체 훈련이다. 생명·평화세상 누림의 훈련이다. 야훼 하나님의 해방과 자유를 누리는 신앙인들의 부단한 신앙실천 의지이며 행동이다.

현실적으로 21C 우리의 시대상황에서도 예수 신앙인의 일용할 양식은 독점재벌과 독점기업 지배체제의 노예 몸값이 결코 아니다. 예수 신앙인은 독점재벌과 독점기업 지배체제에서 임금노예이기를 거부해야 한다. 이 땅의 하나님나라 경제 핵심가치 "많이 거둔 이도 남지 않게, 적게 거둔 이도 모자라지 않게"라는 신앙혁명을 통해서 우리의 일용할 양식을 나누어야 한다. 21C 우리시대 상황에서 하늘양식 훈련은 독점재벌과 독점금융자본 지배체제를 향한 생활임금투쟁, 노예임금 철폐, 저항운동이다. 맘몬·자본세상에 매인 우리의 삶을 해방하는 것이며 노예 임금제도로부터 영혼의 자유를 얻는 것이다. 해방과 구원, 정의와 평등, 생명·평화세상의 도래를 꿈꾸는 신앙실천 행동이다.

그렇다. 히브리 해방노예들은 야훼 하나님이 주시는 하늘양식인 만나를 먹었다. 21C 예수신앙인들도 야훼 하나님께서 주시는 하늘양식으로써 우리의 일용양식을 먹는다. 그러나 우리의 하늘양식은 독점재벌과 독점 금융 자본 지배체제에 목을 매고 사는 사람들에게 전혀 이해되지도 가능하지도 않은 일이다. 하늘양식은 야훼 하나님의 해방과 구원, 정의와 평등, 생명· 평화세상을 사는 사람들만의 것이다.

물론, 이 하늘양식조차도 각자의 재능과 능력에 따라 많이 혹은 적게 거두어들일 수 있다. 그러나 하늘양식은 반드시 사람들의 필요에 따라 남음도 없이 모자람도 없이 나누어져야 한다. 그러므로 자기 자신만을 위하여 무한경쟁, 무한독점, 무한축적, 무한소비하는 신자유주의 시장경제 지배체제의 승자독식은 하늘양식일 수 없다. 결코 하나님의 복이라고 자랑할 수 없다.

세 번째, 하늘양식은 결코 독점하거나 쌓을 수 없다. 만약 야훼 하나님이 주시는 하늘양식을 그렇게 한다면, 본문 말씀처럼 곧 썩어서 냄새가 나고 구더기가 들끓게 되고 말 것이다. 이점에서 21C 우리시대의 독점재벌·금융자본 지배체제의 가장 부도덕하게 발전한 경제기술은 '독점과 쌓음의 기술'이다. 그 경제기술이 얼마나 발전 했는지 국가의 사법기관들도 몇 조원씩이나 몰래 숨겨둔 불법적인 돈을 찾아내지 못한다. 실제로 재벌들과 몇몇 특권계층은 수천억 수조원의 불법자금을 독점하고 쌓아놓았을 것으로 여겨진다. 그런데도 정부와 사법당국은 그 돈을 찾아내지 못한다.

그것뿐만 아니다. 쌓음은 또 다른 쌓음을 낳는다. 돈이 돈을 생산한다. 그래서 돈은 맘몬신이 된다. 자본가 일지라도 이제 자본의 노예이다. 자본가들은 무한증식을 추구하는 맘몬·자본의 하수인일 뿐이다. 결단코 거대 독점자본을 해체하여 가난한 이웃들에게 흩어주지 못한다. 그 분명한 예가 록펠러, 카네기, 워렌 버핏, 빌게이츠, 애플의 잡스, 같은 거대 자본가들이다. 그들은 세금 없는 무한 자본증식 및 축적을 위하여 비영리재단설립을 설립하거나 세금 없는 역외 국가에 천문학적인 자본을 쌓아놓는다.

2000년대 빌게이츠재단을 비롯한 미국의 몇몇 재단들은 '아프리카녹색혁명연맹'AGRA을 조직한다. 그리고 2010년, 아이티에 지진이 일어났다. 아이티 인구의 3분의1이 집을 잃어 이재민이 되었으며, 흙으로 과자를 구워 주린 배를 채웠다. 그러자 빌게이츠재단은 '아프리카녹색혁명연맹'을 통하여 아이티에 몬산토 GMO곡물종자 450톤을 무상지원 했다. 그러면서 빌게이츠재단은 몬산토 주식을 대량으로 매입했다. 이제 향후, 몬산토는 아이티를 비롯한 아프리카의 가난한 농부들의 손에서 토종 종자를 탈취하고, 막대한 이익을 내게 될 것이 분명하기 때문이다. 그러나 아이티농민들은 빌게이츠재단이 무상 제공한 몬산토 GMO종자를 모두 불태워버렸다.

이렇게 21C 지구촌 초국적 대기업과 투기 금융자본들의 무한독점·증식·탐욕으로 인해 지구촌의 가난한 농부들의 생명 삶이 말살된다. 저개발 국가의 저임금 노동자들이 생존을 위협받는 가운데 끝내 자신의 생명마저 빼앗긴다. 지구촌 초국적 대기업과 투기 금융자본들의 '쌓음의 기술과 능력'은 맘몬·자본세상에서 가난한 사람들의 노예적 삶을 영속화한다. 맘몬·자본의 하수인으로 전락한 초국적 대기업·금융자본들의 무한독점·증식·탐욕은 반 생명, 반인권, 반 신앙 행태의 전형이다. 야훼 하나님의 해방과 구원, 정의와 평등, 생명·평화세상을 파탄 내리려는 사탄의 음모이다. 머잖아 무너져 내리고야말 바벨탑이다.


## 맺는말

21C 예수 신앙인들은 교회 공동체를 이 땅의 하나님나라 공동체로 신앙한다. 이제 이 땅의 하나님나라 신앙 공동체로써 교회는 본문의 하나님 나라 경제 '많이 거둔 이도 남지 않게, 적게 거둔 이도 모자라지 않게'라는 신앙훈련을 행동으로 실천해야 한다. 하늘양식 진리에 대한 실천행동을 훈련

하고 확장해 나가야 한다. 우리 시대의 하늘양식이란, 무엇이고, 어떤 의미를 갖는지? 어떻게 거두고 어떻게 분배해야 하는지? 어떻게 해야 우리 삶 속에서 우리의 하늘양식을 독점재벌·금융자본 지배체제의 무한독점·증식·탐욕으로부터 지켜 낼 수 있는지? 구체적이고 실천적인 행동에 나서야 한다.

우리 스스로 우리 시대의 독점재벌·금융자본 지배체제 승자독식의 달콤한 유혹을 떨쳐내야 한다. 많이 거둔 내가 적게 거둔 형제자매에게, 우리의 이웃들에게, 자발적인 나눔의 훈련을 해야 한다. 이렇게 우리는 예수의 하나님나라 신앙실천 행동을 통해서만, 이 땅의 하나님나라의 시민으로써 기쁨과 행복을 누릴 수 있다.

21C 시대상황에서 우리는 일용할 양식이 우리의 재능과 능력으로만 되어 진 것이 아니라, 하나님이 우리에게 주신 '하늘 양식'임을 신앙행동으로 고백한다. 또한 독점재벌·금융자본 지배체제의 쌓음의 유혹을 떨쳐낸 예수의 제자 됨을 우리의 일상 삶의 저항과 투쟁을 통하여 신앙고백 한다. 우리는 우리시대의 사탄이며 강도인 맘몬·자본의 노예가 아니라 자유 하는 하나님의 해방·평등공동체 일원으로써, 이 땅의 하나님 나라를 누리며 살고 있기 때문이다.

# 8. 우리시대의 희년을 실천하라!

레위기 25: 1-24

## 읽기

### 안식년 법

야훼께서 시나이 산에서 모세에게 이렇게 명령하셨다.

이스라엘 아들들에게 명해라! 너는 그들에게 '너희가 내가 너희들에게 선물한 땅으로 들어 갈 것'이라고 고하라. 그러므로 야훼의 안식년에는 그 땅도 쉬게 하라. 육년 동안, 너는 네 밭에 씨를 뿌려라. 또한 육년 동안, 너는 네 포도원에 포도 순을 치고 그 포도원의 생산물을 거두어라. 그러나 칠년째에는 야훼의 안식년이다. 야훼의 안식년은 그 땅의 안식년이다. 너는 네 밭에 씨를 뿌리지 마라! 네 포도원의 포도 순을 치지마라! 너는 저절로 자라난 것들을 추수하지 마라! 네 포도나무가지의 포도송이를 따지 마라! 야훼의 안식년은 그 땅의 안식년이다. 그 땅의 안식년은 너희모두를 위한 것이다. 너와 너의 남자종과 여자종과 네 품꾼과 네 집에 거주하는 이들과 너와 함께하는 나그네들의 먹을거리를 위한 것이다. 또한 네 가축과 네 땅에 있는 들짐승들도 그 땅의 모든 생산물을 먹게 될 것이다.

### 희년 법

너는 너의 일곱 햇수를 일곱으로, 일곱 번 안식년을 세어라. 이렇게, 너에게 일곱 번의 안식년 날들이 이르러 49해가 된다. 너는 <sub>그해를 넘겨서</sub>, 일곱 번째 되는 달, 그 달 10일에 나팔을 불어라! 그 속죄의 날에, 너희는 너희의 온 땅에 나팔을 불어라! 너희는 그 50년째 해를 거룩하게 하라! 그 땅에, 그 땅에 거주하는 모든 이들에게 해방을 외쳐라! 이것이 너희에게 희년이 될 것이다. 너희는 너희 희년에 저마다 자신의 토지로, 저마다 자신의 가문 <sub>지파</sub>으로 돌아올 것이다.

너희에게 오십 번째 해가 이르러, 그 해가 희년이다. 너희는 씨를 뿌리지 마라! 그 땅에 저절로 자란 것들을 추수하지 마라! 그 땅의 포도나무 가지에 열린 포도송이를 따지 마라! 왜냐하면, 그 해는 너희에게 거룩한 희년이 될 것이기 때문이다. 너희는 그 밭으로부터 그 땅의 생산물을 먹을 것이다. 이 희년에, 너희는 저마다 자신의 토지로 돌아갈 것이다.

참으로, 너희가 네 동족에게 팔 것을 팔거나, 혹은 네 동족의 손으로부터 살 경우, 형제 되는 이를 속이지 마라! 너는 희년이 지난 햇수를 계산해서 네 동족의 것을 살 것이요. 파는 이도 생산물의 햇수를 계산하여 너에게 팔 것이다. 햇수가 많으면 너는 그 얻을<sub>살</sub> 것의 값을 많게 하고, 햇수가 적으면 너는 그가 얻을 것의 값을 적게 할 것이다. 왜냐하면 너에게 파는 이도 생산물을 계산 할 것이기 때문이다. 너희는 동족 되는 이를 속이지 말고, 네 하나님을 두려워하라! 참으로, 나는 너희의 하나님 야훼이다.

너희는 나의 규례를 행하라! 나의 법도를 지켜라! 너희가 그것들을 행함으로써 그 땅위에서 안전하게 살 것이다. 그 땅이 그 땅의 열매를 줄 것이고, 너희가 그 생산물을 먹을 것이며, 너희가 그 땅위에서 안전하게 살 것이다. 참으로, 너희는 <sub>서로</sub>수근 댈 것이다. '보자! 우리가 씨를 뿌리지도 못하고, 우리의 생산물을 거두지도 못하게 될 것인데, 칠년 째에는 우리가 무엇을 먹으란 말이냐?'

그러나 내가 육년 째 해에 너희에게 나의 복을 명하겠다. 삼년동안 먹을 수 있는 생산물을 나게 하겠다. 너희가 팔년 째 해에 씨를 뿌릴 것이며, 묵은 생산물을 먹을 것이다. 구년 째 해 까지, 그 땅의 생산물이 나올 때까지, 너희가 묵은 생산물을 먹게 될 것이다.

### 토지법

그러므로 그 땅을 아주 팔아넘기지 못한다! 왜냐하면, 그 땅은 내 것이기 때문이다. 참으로 너희는 나그네요, 거주자로써 나와 함께 있을 뿐이다. 너희는 너희 소유의 토지, 모든 땅에서 땅 무르기를 실천하라!

### 읽기 2

### 이자금지법

만약, 네 형제가 빈곤의 나락으로 떨어져 그의 쳐진 손이 너와 함께 있다면, 너는 그를 강건하게 부추겨 나그네나 거류민처럼 너와 함께 생활하게 해야 한다. 너는 그 형제로부터 돈놀이 이자나 이익을 취하지 말라. 너는 네 하나님을 경외하며 네 형제를 너와 함께 살아가도록 해야 한다. 너는 형제에게 돈놀이 이자를 받으려고 네 돈을 주지 말라. 형제에게 이익을 보려고 네 양식을 주지 말라.

나는 너희를 위한 하나님이 되고 싶어서
너희에게 가나안 땅을 주려고
너희를 이집트 땅으로부터 이끌어 낸
너희 하나님 야훼다.

### 들어가는 말

지금도 유대인들은 "우리의 조상들은 이집트의 노예였다"라고 자신들의 민족정체성을 고백한다고 한다. 실제로, 고대 메소포타미아와 지중해지역에서 명멸한 제국들은 하나 같이 노예사회이었다. 특별히 고대 헬라의 도시국가와 이를 이어받은 로마제국은 지중해를 통해서 해적약탈노예, 전쟁노예, 채무노예들을 양산 했다. 이러한 노예들의 거래가 하나의 거대한 시장경제를 이루었다. 고대 메소포타미아의 제국들은 티그리스강과 유프라테스강 사이의 농지들을 개간하느라 거미줄 같은 운하를 건설해야 했다. 그를 위해 수많은 노예들의 강제 노역이 필요했다. 고대 수메르와 앗수르, 바빌로니아의 신화들에는 이러한 사회상황이 고스란히 반영되어 있다.

고대 이집트제국은 통치자가 신격화되는 절대왕정체제이었다. 그러면서 수많은 노예들의 신화가 전승되어 오고 있다. 이러한 고대 이집트제국의 노예이야기들은 구약성서 곳곳에서 찾아 볼 수 있다. 대표적으로 요셉이야기, 모세이야기 등이 그렇다. 이러한 점에서 사실, 고대 이스라엘민족을 지칭하는 말로 알려진 구약성서의 '히브리'는 한 민족을 나타내는 고유명사가 아니다. 히브리라는 말은 고대 지중해지역에서 농노, 국경을 넘어 떠도는 유랑민, 용병 등 하층민을 지칭하는 용어이었다. 한마디로 '히브리'라는 말은 지중해세계 노예사회의 신분과 계층을 나타내는 사회적 용어이다.

그런데 놀라운 것은 고대 지중해세계 노예사회에서 노예들의 하나님을 자처하는 야훼 하나님이 나타났다는 사실이다. 구약성서의 야훼 하나님은 스스로 자신이 노예제국의 파라오 지배체제의 하나님이 아니라, 히브리 노예들의 하나님이라고 자처하셨다. 야훼는 노예제국 파라오 지배체제 히브리 노예들을 자기 백성이라고 하셨다. 야훼는 이집트 노예제국 파라오 지배체제의 억압과 착취로부터 히브리 노예들을 해방하시고 구원하셨다. 그들을 약속의 땅으로 이끌어내셔서 정의와 평등, 생명과 평화가 넘치는 하나님나라를 건설하시겠다고 하신다.

이러한 야훼신앙의 선포와 실천행동과 역사가 바로 구약성서의 핵심이다. 본문은 이러한 야훼 신앙의 핵심으로서 해방과 구원, 정의와 평등, 생명과 평화세상을 여는 히브리 해방노예 공동체사회의 대헌장이다.

## 이끄는 말

구약성서 출애굽기에서 야훼 하나님은 이집트 파라오의 노예이었던 히브리를 해방하셔서 약속의 땅 가나안으로 인도하신다. 야훼 하나님은 히브리들을 가나안에 이끌어 들이시기에 앞서 광야의 시나이 산이라는 곳에서 히브리들의 대표 모세와 마주하신다. 그리고 앞으로 히브리 노예들이 이루어 나가야 할 해방과 구원, 정의와 평등, 생명과 평화 세상에 대한 대 헌장을 발표하신다. 그 핵심이 바로 안식년 법, 희년 법, 토지법, 이자금지법이다.

먼저, 안식년 법을 살펴보자. 한마디로 사람과 땅과 자연, 모든 하나님의 창조생명공동체에 '쉼'을 제공하라는 명령이다. 작게는 일주일에 한번, 크게는 매 7년마다 이 쉼을 제공하라는 것이다. 야훼 하나님의 창조생명공동체의 모든 피조물이 쉴 뿐만 아니라, 야훼 하나님 자신도 쉬시겠다고 하신다. 야훼 하나님은 이 쉼이 거룩하다고 하신다. 또한 이 쉼을 복주시겠다고 하신다.

그러면서 야훼 하나님은 히브리 해방공동체에게 이 쉼을 철저히 지킴으로써 이 쉼을 거룩하게 하라고 명령하신다. 또한 이 쉼을 철저히 지킴으로써 야훼 하나님의 온 창조생명공동체를 복되게 하라고 명령하신다. 참으로, 본문에서의 이 쉼이야말로 야훼신앙의 핵심내용이며 창조생명공동체 모두에게 미치는 놀라운 야훼 하나님의 은총이다.

그런데 여기서 야훼 하나님이 명령하신 안식년의 쉼은 놀라운 사회적 의미가 있다. 구약성서는 '쉼'이라는 히브리어 용어를 '솨바트'라는 동사로 표현한다. 그 뜻은 '그치다, 멈다'이다. 안식년에는 우리의 욕망에 따르는 우리의 모든 활동을 멈추라는 것이다. 우리의 사익과 탐욕에 따른 과도한 활동을 멈추고, 이웃과 공동체의 필요를 돌아보라는 것이다. 야훼 하나님은 그것을 위한 실천행동으로써 안식년을 맞아 파종을 하지 말라고 하신다. 그럼으로써 이제, 내 밭에 저절로 자란 곡물은 내 것이 아니라 이웃과 공동체의 것이 된다. 또한 포도원의 포도나무 가지도 손질을 하지 말라고 하신다. 그럼으로써 이제, 안식년에는 내 포도원의 포도나무가지에 열린 포도송이도 내 것이 아니라 가난한 이웃들과 공동체의 것이 된다. 이처럼 안식년의 모든 생산물은 야훼 하나님의 창조생명공동체 모두를 위한 것이다. 나와 나의 토지에 매인 일꾼들과 식객들과 이웃들과 나그네의 먹을거리가 된다. 나아가 가축과 나의 토지에 기대어 사는 모든 들짐승들까지도 안식년 생산물을 먹는다.

또한 안식년에는 토지 무르기를 해야 한다. 누구든지 다른 사람의 토지 이용권리를 샀다면, 이제 이 토지를 원래 주인에게 물러주어야 한다. 이 토지 무르기를 히브리어로 '가알'이라고 하는데, 그 뜻은 '도로 찾다, 되사다'이다. 안식년이 되면 원래의 토지주인이나 그의 친척들이 토지 무르기를 요구할 수 있다. 그럴 경우 다른 사람의 토지를 사들인 사람은 반드시 그 토지를 다시 원 주인에게 돌려주어야 한다.

이러할 때 매우 중요한 제도가 있는데, 바로 토지법과 이자법이다. 본문 마지막부분에 히브리노예들의 정의와 평등사회의 핵심이 되는 토지법과 이자금지법이 증언되어 있다. 한마디로 "땅은 하나님의 것이므로 누구든지 아주 팔아넘기지 못 한다"라는 것이다. 야훼 하나님은 노예제국 파라오의 지배체제 히브리 노예들을 해방하시고 구원하셨다. 야훼하나님은 히브리 해방노예들에게 약속의 땅을 선물하시고 각 지파에게 공평하게 분배하셨다. 하지만 이것은 해방 노예인 히브리들의 안정적인 생존을 위한 땅의 이용권리 일 뿐이다. 히브리 해방공동체들은 야훼 하나님이 선물하신 땅을 빌려 쓸 뿐, 처분권이 없다. 기껏해야 땅의 이용권을 잠시 다른 사람에 넘겨줄 수 있을 뿐이다. 그나마도 희년이 이르면 조건 없이, 값없이 원래의 땅주인에게 되돌려야 한다.

이제, 희년을 알아보자. 히브리들의 땅 매매는 희년을 기준으로 땅값을 매길 수밖에 없다. 희년이 길게 남으면 값을 높게, 짧게 남았으면 값을 싸게 친다. 하지만 칠년마다 안식년이 이르러 원래 땅주인이나 그 친척들이 땅 무르기를 요청하면 이를 수락해야 한다. 이때 다른 사람의 땅을 사들인 사람은 그 땅의 남은 이용권의 햇수만큼만 땅값을 돌려받고 땅을 되돌려 주어야 한다. 이 때, 또 중요한 것이 히브리들의 이자법이다. 히브리 해방공동체의 평등사회에서는 이자가 없다. 사익을 취하려고 고리의 이자를 받고 돈이나 물품을 빌려주는 것은 불법이다. 만약, 땅 무르기를 할 때 처음 땅을 거래한 시점부터 땅값에 대한 고리의 이자를 계산한다면, 가난한 원래의 땅주인이 땅을 되찾는 것이 불가능해 진다.

사실, 야훼하나님의 해방공동체인 히브리평등사회에서도 이러한 부조리는 늘 있어 왔다. 히브리 해방공동체·평등사회를 기록한 사사기에는 이러한 부조리들이 잘 나타나 있다. 그래서 야훼 하나님은 해방노예인 히브리들에게 안식년 법에 이어 매우 엄정한 희년 법을 명령하신다. 안식년이 일곱 번째 되는 해를 넘겨 50년째가 되는 7월 10일에 온 땅에 '해방의 나팔을 울리라는 것'이다. 원래 히브리들의 달력에서 7월 10일은 '속죄의 날'이다. 매년 이날이 되면 히브리공동체 전체가 야훼 하나님 앞에 일 년 동안 지은 죄악들을 회개한다. 그리고 대제사장은 야훼 하나님께 히브리공동체 전체를 위한 속죄의 제사를 드렸다.

그런데 특별히, 희년의 속죄일에 이르러 야훼 하나님은 '히브리 공동체가 거주하는 온 땅에, 그 땅에 거주하는 모든 이들에게 해방을 외치라'고 명령하신다. 히브리들에게 해방의 나팔을 울림으로써 희년을 거룩하게 하라고 명령하신다. 따라서 히브리들의 '희년 속죄의 날'은 야훼 하나님께 대한 것일 뿐만 아니라, 더 구체적이고 실천적으로는 사람과 자연, 야훼 하나님의 창조생명공동체 전체에 대한 것이다. 해방노예인 히브리에게 있어서 땅과 사람과 자연에 대한 사익과 탐욕을 반성하고 돌이키는 것이야말로 진짜 참된 회개이다. 그것이 곧 해방노예인 히브리들의 '거룩'이다. 야훼 하나님의 희년 법에 대한 마땅하고 바른 실천행동이다.

이점에서 희년은 히브리어로 '요벨'이라고 하는데, 그 뜻은 양 뿔로 만든 나팔이다. 곧 해방의 나팔소리를 의미한다. 그런데 이 낱말의 동사적 의미는 '보내지다'라는 뜻이다. 야훼 하나님의 거룩한 희년이 이르면 모든 채무는 탕감되어야 한다. 노예로 팔렸던 사람들이 자기 가족의 품으로 돌려보내져야 한다. 팔려나간 땅들도 원래의 주인에게로 돌려보내져야 한다. 야훼 하나님의 희년이야말로 해방노예인 히브리들의 해방과 구원, 정의와 평등, 생명과 평화 세상의 최후 보루이다. 히브리 해방공동체의 모든 모순과 불평등과 죄악들을 해소하는 마지막 수단이다. 그러므로 야훼 하나님의 희년 법은 정의와 평등세상을 갈망하는 히브리들의 참된 속죄의 길이다. 야훼 하나님의 창조생명공동체 전체의 거룩함을 회복하는 실천행동의 길이다.

끝으로 토지법과 이자금지에 대하여 살펴보자. 본문 말씀은 야훼 신앙의 토대로써 토지법을 명령한다. 누구도 땅을 아주 팔아넘길 수 없다. 땅은 야훼 하나님의 것이다. 우리는 야훼하나님이 선물하신 그 땅의 나그네요 거주자로써 야훼하나님과 함께 살고 있을 뿐이다. 그러므로 21C 오늘에도 야훼신앙의 전통을 지키려는 사회에서 토지공개념을 지지하고 실천하려는 노력을 기울인다. 사실, 기독교 국가를 자처하는 미국을 비롯한 몇몇 국가에서 땅에 대한 절대사유권을 진리인양 수호하려는 행위는 철저하게 반기독교적인 행태이다.

더불어 본문은 이자금지법을 명령한다. 사실, 히브리 해방노예공동체를 지키는 일의 맨 밑바탕에 이자금지법이 있다. 히브리들이 땅을 잃고 땅에서 쫓겨나서 농노로 전락하는 과정에서 반드시 '빚'이 발생한다. 본문은 이 경우에 대해 히브리 해방노예들이 지켜야할 분명한 행동지침을 명령한다. "만약, 네 형제가 빈곤의 나락으로 떨어져 그의 쳐진 손이 너와 함께 있다면 너는 그를 강건하게 부추겨 나그네나 거류민처럼 너와 함께 생활하게 해야 한다. 너는 그 형제로부터 돈놀이 이자나 이익을 취하지 말라. 너는 네 하나님을 경외하며 네 형제를 너와 함께 살아가도록 해야 한다. 너는 형제에게 돈놀이 이자를 받으려고 네 돈을 주지 말라. 형제에게 이익을 보려고 네 양식을 주지 말라."

고대 지중해 세계에서 '빚'은 종종 '죄'를 가리키는 상징어로써의 역할을 해왔다. 빈곤의 나락에 허덕이는 가난한 사람에게 빚을 지우고 그 빚을 갚지 못하는 상황을 죄로 여기는 성서시대의 노예국가 지배체제의 이데올로기이다. 이러한 노예국가 지배이데올로기 때문에 고대 지중해세계에는 채무노예제도가 성행해 왔다. 고대 이집트나 그리스·로마, 메소포타미아 지역 고대국가에서는 도시마다 노예를 사고파는 노예시장이 활성화 되었다. 한마디로 고대 지중해 세계에서는 가난하고 힘없는 이들을 고리대금업으로 유혹해서 채무노예를 만드는 것이야말로 매우 중요한 돈벌이 수단이었다. 그러므로 노예제국 파라오 지배체제에서 탈출한 히브리 해방노예공동체에서는 철저한 이자금지법이 가장 급한 사회·경제 제도 일 수밖에 없었다.


## 맺는말

본문의 마지막 문장은 번역하기가 매우 어렵다. 의미전달은 분명히 시적 운율인데 산문으로 기록되어 있다. 나름대로 시적운율로 꾸며서 옮겨 적었다.

> "나는 너희를 위한 하나님이 되고 싶어서
> 너희에게 가나안 땅을 주려고
> 너희를 이집트 땅으로부터 이끌어 낸
> 너희 하나님 야훼다."

야훼 하나님께서 히브리 해방노예 공동체에게 안식년 법, 희년 법, 토지법, 이자금지법을 주셨다. 이 세 가지 법이야말로 이 땅에서 해방과 구원, 정의와 평등, 생명평화세상을 건설하고 유지해 나가는 필요불가결한 제도이다. 바로, 구약성서가 우리에게 계시하는 야훼 신앙의 핵심요소이다. 이러한 히브리 해방노예들의 야훼신앙의 핵심은 예수의 하나님나라와 예수의 주기도문을 통하여 예수신앙의 핵심으로 넘겨졌다.

이제, 우리는 21C 예수 신앙인으로써 우리 시대의 투기 독점자본주의 시장경쟁체제의 폐해를 정면으로 마주보아야한다. 불법 부당한 정리해고로 생존권을 박탈당하는 노동자, 저임금으로 인해 채무의 늪에 빠져들 수밖에 없는 비정규직노동자, 투기금융자본의 채무노예의 덫에 걸려 허덕이는 빈곤층, 불법적이고 폭력적인 채권추심으로 인해 가족이 해체되거나 자살로 내몰리는 과중채무자들, 이들이야말로 21C 우리시대의 노예제국 맘몬·자본 지배체제로부터 강도를 당한 채 죽어가는 우리의 이웃들이다.

이제 우리 모두가 우리 시대의 예수 신앙인으로써 야훼 하나님이 명령하시는 희년실천 행동에 나서야 한다. 희년의 빚 탕감을 실천해야 한다. '희년실천행동'이야말로 예수 신앙인으로써 '제자도'를 실천하는 가장 확실한 신앙의 길이다. 그러므로 우리시대 희년실천 행동만이 이 땅에서 하나님 나라를 건설하고, 확장하며, 누릴 수 있는 신앙과 삶의 유일한 길이다.

# 9. 하나님의 창조생명공동체,
# 이것 좀 봐! 참 아름답구나.

### 창세기 1장 ~2장 3절

## 읽기

　한 처음에, 하나님께서 하늘과 땅을 지어내셨다. 땅은 모양도 없었고, 아무것도 생겨나지 않았으며, 깊음의 물위에 깜깜한 어둠만 있었다. 하나님의 '생명 기운'이 그 위를 휘돌고 있었다.

　하나님이 냅다 소리치셨다.

　"빛이 생겨라!"

　그러자 마침내 빛이 생겨났다. 하나님께서 그 빛을 보셨다. 참 아름답구나! 하나님께서 그 빛과 어둠 사이를 나누셨다. 하나님은 빛을 '낮'이라고, 어둠을 '밤'이라고 부르셨다. 이렇게, 저녁이 되고 아침이 되어 첫날이 지났다.

　하나님이 또 소리치셨다.

　"물 가운데 둥근 천장天障이 생겨서 물과 물이 갈라져라!"

　그러자 그대로 되었다. 하나님께서 둥근 천장을 만드시고 천장아래 있는 물과 천장위에 있는 물을 나누셨다. 하나님께서 그 둥근 천장을 하늘이라고 부르셨다. 이렇게, 저녁이 되고 아침이 되어 이튿날이 지났다.

하나님께서 또 다시 소리치셨다.

"하늘 아래 있는 물은 한곳으로 모이고 마른 땅이 나타나거라!"

그러자 그대로 되었다. 하나님은 마른 땅을 '뭍'이라고 부르고 물이 모인 곳을 '바다'라고 부르셨다. 하나님께서 보셨다. 참 아름답구나! 그래서 하나님께서 이렇게 명령하셨다.

"땅은 푸른 새싹이 돋아나게 하라! 씨 맺는 풀과 곡식과 채소와 그 종류에 따라 그 안에 씨를 가진 열매를 생산하는 과일나무가 땅위에 돋아나게 하라!"

그러자 그대로 되었다. 땅이 풀과 낱알을 맺는 곡식들과 씨 있는 과일나무들을 자라나게 했다. 하나님께서 보셨다. 참 아름답구나! 이렇게, 저녁이 되고 아침이 되어 셋째 날이 지났다.

하나님이 소리치셨다.

"하늘 천장에 빛나는 것들이 생겨서 낮과 밤이 나뉘게 하라! 절기와 나날과 해를 나타내는 표가 되어라! 하늘 천장에서 땅위를 비추어라!"

그러자 그대로 되었다. 하나님께서 큰 등불 두개를 만드셔서 더 큰 등불로 낮을 책임지게 하시고 작은 등불로 밤을 책임지게 하셨다. 또 별들도 만드셨다. 하나님께서 땅위를 비추도록 이것들을 하늘 창공에 늘어놓으셨다. 하나님께서 해와 달에게 낮과 밤을 맡기시고 빛과 어둠을 나뉘게 하셨다. 하나님께서 보셨다. 참 아름답구나! 이렇게, 저녁이 되고 아침이 되어 넷째 날이 지나갔다.

하나님께서 명령하셨다.

"물들은 고기가 생겨나 우글거리게 하라! 땅위 푸른 하늘에는 새들이 날아다녀라!"

하나님께서 큰 물고기와 물속에서 우글거리는 온갖 물고기들을 만드시고, 하늘에 날아다니는 온갖 새들을 지어내셨다. 하나님께서 보셨다. 참 아름답구나! 하나님은 그것들에게 복을 주시며 명령하셨다.

"새끼를 많이 쳐서 번성하라! 물과 바다를 가득 채워라! 새도 땅위에서 번성하라!"

이렇게, 저녁이 되고 아침이 되어 다섯째 날이 지났다.

하나님께서 명령하셨다.

"땅은 살아있는 동물들을 내어라! 그 종류에 따라 집짐승과 길짐승과 들짐승을 내어라!"

그러자 그대로 되었다. 하나님이 온갖 들짐승과 집짐승과 땅위를 기어다니는 길짐승을 만드셨다. 하나님께서 보셨다. 참 아름답구나!

그런 다음에 하나님께서 말씀하셨다.

"우리가 우리 모습을 따라 우리와 비슷하게 사람을 짓자! 그러면 사람들이 바다의 고기와 하늘의 새와 집짐승과 모든 들짐승과 땅위를 기어 다니는 모든 길짐승을 보살피겠지!"

하나님께서 당신의 모습을 따라 사람을 지으시기로 하셨다. 그래서 하나님의 모습을 따라 사람을 지으셨는데, 남자와 여자로 지어내셨다. 하나님께서 그들에게 복을 주시며 말씀하셨다. "자식을 많이 낳고 번성해라! 땅을 가득 채워라! 땅을 따르게 하라! 바다의 고기와 하늘의 새와 땅위를 돌아다니는 모든 살아있는 것들을 보살펴라!"

하나님은 또 말씀하셨다.

"보라! 내가 너희를 위하여 온 땅위에 있는 씨 뿌리는 모든 곡식또는 채소과 그 안에 있는 씨를 심어서 열매를 맺는 모든 과일 나무를 주겠다. 그것이 너희를 위한 먹을거리이다. 또 땅에 모든 들짐승과 하늘의 새와 땅위를 기어 다니는 모든 살아있는 것들에게는 온갖 푸른 풀을 먹이로 주겠다."

그래서 그렇게 되었다. 하나님께서 만드신 모든 것들을 바라보셨다.

"이것들 좀 봐! 참 아름답구나!"

이렇게, 저녁이 되고 아침이 되어 여섯째 날이 지났다.

이렇게 해서 하늘과 땅과 그 안에 있는 모든 것들이 다 이루어졌다. 하나님이 하시던 당신의 모든 일들을 여섯째 날에 다 마치셨다. 그리고 이레 날에는 하시던 모든 일로부터 손을 떼시고 쉬셨다. 하나님께서는 이레 날을 복주시고 거룩하게 하셨다. 왜냐하면 하나님께서 만드시고 지으시던 모든 일로부터 손을 놓으시고, 이날 푹 쉬셨기 때문이다.

## 들어가는 말

구약성서의 천지창조 이야기에서 중요한 요소는 무엇일까? 성서 안에서 하나님에 대한 첫 신앙고백이라는 점이다. 특별히 신앙인들이 하나님의 존재를 인식하는 근거이다. 하나님은 무엇인가, 하나님은 어떤 분이신가? 라는 질문과 신앙고백을 통하여 우리의 신앙관념 속에서, 우리의 삶속에서, 야훼 하나님의 창조생명공동체 신앙 체계를 갖추고 자리 잡아가는 것이다. 그러나 히브리 해방노예들의 첫 신앙고백은 해방과 구원의 야훼 신앙이었다. 그 히브리 해방노예 후손들이 제2의 노예생활이었던 바벨론 포로기에 이르러 해방과 구원의 야훼신앙에 더해 야훼 하나님의 창조생명공동체를 신앙으로 고백하게 된 것이다.

히브리들의 창조생명공동체 신앙고백은 자신들의 신앙 삶의 경험에서 우러난 것이 아니라 바벨론의 창조설화에서 빌려온 것이다. 바벨론의 창조설화조차도 더 오래전 수메르문명으로부터 이어온 터이다. 그러나 바벨론 제국의 포로였던 히브리들은 바벨론의 창조설화를 그냥 베끼지 않았다. 히브리들의 해방과 구원의 야훼신앙으로 바벨론제국의 창조설화를 철저하게 재해석하여 자신들의 창조생명공동체 신앙으로 새롭게 고백했다.

이러한 관점에서 21C 우리의 삶의 마당에서 본문의 창조생명 공동체 신앙을 새롭게 재해석하고 그 새로운 의미를 찾아보려고 한다. 우리는 본문의 창조생명공동체 신앙고백 속에서 우리시대의 다양한 신앙 의미들을 찾아낼 수 있다. 여기서는 '사람과 사람, 사람과 동물, 사람과 자연, 그리고 하나님의 창조생명공동체'라는 주제를 가지고 본문이 우리에게 주는 메시지를 따라가 보고자 한다.

## 이끄는 말

먼저 분명하게 짚어야 할 것은 본문을 21C 우리시대의 자연과학으로 읽고 해석할 수 없다는 사실이다. 본문의 핵심은 하나님께서 우주만물을 창조하시고 그 안에 하나의 창조생명공동체를 건설하셨다는 고대 히브리들의 신앙고백이다. 그러한 신앙고백의 근거로 본문에서는 하나님의 창조의 일성으로 "빛이 있으라"는 계시의 말씀을 전한다. 이 "빛이 있으라"는 하나님의 첫 외침이야말로 온 우주에 '생명'을 계시하는 말씀이다. 이렇게 하나님의 창조의 첫 외침이 생명에 대한 계시인 것은 하나님의 창조사건 이전의 반생명세상, 생명의 가능성조차 전혀 찾을 수 없는 '태초의 깜깜함'에 대한 대비로 더욱 분명해진다. 또한 성서는 오늘 우리의 과학상식에 반하여 빛을 내는 태양또는 발광체이 있기 이전에 이미 생명의 근원으로써 '빛'을 계시한다. 이로써 성서는 하나님의 창조행위의 도드라진 특성이 '생명'이라는 것과 생명은 자연과학이 아니라 하나님의 창조계시라는 사실을 것을 깨닫게 한다.

이렇게 하나님의 천지창조에 대한 바른 신앙고백과 하나님의 '생명계시'에 대한 이해의 관건은 하나님의 모든 창조세계가 하나의 '창조생명공동체'라는 관점이다. 하나님은 "빛이 있으라"는 첫 외침을 통하여 반생명의 깜깜한 어둠을 몰아내고 새로운 생명의 세계를 계시하신다. 그리고 하나하나 하나님의 창조생명계시를 위한 조건과 내용들을 만들어 가심으로써 하나의 창조생명공동체를 완성해 나가신다. 하나님은 당신의 창조생명공동체를 완성해 가시는 과정 속에서 여러 가지 중요한 하나님의 창조생명 계시들을 드러내신다. 그중에 무엇보다 중요한 계시는 '하나님과 사람, 사람과 사람, 사람과 자연이 하나의 생명공동체라는 사실'이다.

그래서 성서는 하나님께서 그 빛을 보시고 '참 아름답구나'라고 감탄 하셨다고 보고한다. 한마디로 하나님께서 당신의 창조물 하나하나가 그 자체로써 말할 수 없이 아름답다고 감탄하신 것이다. 본문은 하나님의 창조행위가 하나하나 거듭될 때마다 이러한 하나님의 감탄을 일곱 차례나 보고하고 있다. 그리고 하나님의 창조생명 공동체의 완성 시점에서는 "이것들 좀 봐! 너무너무 아름답구나!" 라는 하나님의 감탄을 가감 없이 전달해 주고 있다. 이점에서 우리말 성서가 본문을 "하나님이 보시기에 좋았더라"라고 번역하는 것은 매우 아쉽다. 하나님의 창조세계는 하나님께서 좋게 보셔서 좋은 것이 아니다. 하나님께서는 당신의 창조물 하나하나가 너무도 아름답다는 것을 직접 보시고 느끼시며 확인하신 후 감탄하셨다. 본문이 이러한 사실을 분명하게 증언하고 있다.

본문의 하나님의 창조생명공동체에 대한 이러한 신앙고백을 21C 과학 실증주의적 관점으로만 이해하려는 사람은 지극히 무지몽매한 사람이거나, 아니면 지극히 오만한 사람일 것이다. 본문에 대한 이들의 무지하고 오만한 이해가 오늘날 지구촌의 파괴와 죽음을 가져왔다. 소수의 독점자본과 특권·기득권집단의 사익을 위하여, 하나님의 창조생명공동체 전체가 파괴와 죽음과 멸절의 위기로 뒤덮이게 되고 말았다.

본문에서 하나님은 당신의 창조생명공동체전체 위에 당신의 복을 주셨다. "새끼를 많이 쳐서 번성하라! 물과 바다를 가득 채워라! 새도 땅위에서 번성하라!" 한마디로, 하나님의 생명의 힘을 당신의 창조생명공동체에 넘겨주심으로써, 하나님께서 사람과 동물과 자연, 당신의 창조세계와 '하나의 생명공동체'가 되신 것이다.

그럼에도 불구하고 도대체, 무슨 권리로? 하나님의 창조생명공동체의 한 부분인 사람이 하나님의 창조생명공체를 이토록 무참하게 파괴하고 멸절할 수 있단 말인가? 도리어 사람은 하나님의 창조생명공동체 안에서 하나님의 역할 대리인으로서, 하나님의 창조생명공동체 지킴이의 책임을 다해야만 한다. 사람은 하나님의 창조생명공동체를 돌보고 가꾸어나가야 할 막중한 책임과 의무를 지고 있다. 하나님의 창조생명공동체 안에서, 하나님의 대리인인 사람이 하나님의 창조세계를 탐욕과 사익의 대상으로만 여기는 것은 창조신앙에 대한 명백한 배신이다.

지금까지 서구기독교회는 '땅을 정복하라', '다스려라'라는 하나님의 창조생명공동체 신앙에 대한 배신의 신앙언어로 본문을 해석해 왔다. 그럼으로써, 제국주의 '정복신앙'으로 교회를 더럽히고 지구촌 역사에 말로 다할 수 없는 죄악을 끼쳐왔다. 이제 21C 한국교회가 서구교회의 이러한 배신의 신앙언어로 본문을 해석해서는 안 된다. 나아가 그들의 '정복신앙 또는 번영신앙' 행태를 더 이상 답습해서도 안 된다.

이제 한국교회는 서구교회의 '땅을 정복하라. 다스려라'라는 창조생명공동체 신앙에 대한 배신의 신앙언어를 폐기처분해야 한다. 그리고 창조생명공동체 신앙에 맞게 본문에 대한 새로운 읽기를 해야 한다. 곧, 하나님께서 스스로에게 다짐하시는 '자기논의와 자기결단'의 1장 26절 말씀을 창조생명공동체의 신앙문맥 안에서 읽어야 한다. "우리가 우리 모습을 따라 우리와 비슷하게 사람을 짓자! 그러면 사람들이 바다의 고기와 하늘의 새와 집짐승과 모든 들짐승과 땅위를 기어 다니는 모든 길짐승을 보살피겠지!" 우리말 성서는 이 문장에서 사용한 '이두루'라는 히브리어 동사를 '다스리다'라고 번역한다. 하지만 본문의 창조생명공동체 문맥 안에서 "사람들이 창조생명공동체를 잘 보살피겠지"라고 새겨 읽을 수 있다. '다스리다'는 바꾸어 말하면 '보살피는 것'이다. 하나님의 창조세계에서 사람은 만물의 꼭지로써 하나님의 모습을 따라 하나님과 비슷하게 지어졌기 때문이다.

한편 사람에 대한 하나님의 축복의 말씀 중 1장 28절에 나오는 히브리 동사 '키브슈하'는 '땅을 따르게 하라'라고 새겨서 읽을 수 있다. 하나님의 창조생명공동체 안에서 땅은 정복과 억압, 파괴와 착취의 대상이 결코 아니기 때문이다. 도리어 잘 가꾸고 돌보아야 할 하나님의 창조생명공동체의 은총임이 분명하기 때문이다. 무엇보다도 서구교회의 제국주의 배신의 신앙언어 '땅을 정복하라'를 통한 '정복신앙 및 번영신앙'이 지구촌의 모든 자연과 뭇 생명들과 사람에게까지 얼마나 큰 폐해를 끼쳤는지 기억해야 한다.

그러므로 21C 한국교회는 하나님의 창조생명공동체 안에서 하나님의 역할 대리인의 책임과 의무를 실천해야 한다. 4대강의 복원, 강정해군기지 민간 항구로 전환, 원자력발전 폐기 및 지속가능 에너지 개발 등. 하나님의 창조생명공동체 파괴와 말살행태에 대한 저항운동에 나서야 한다. 하나님의 창조생명공동체 안에서 하나님의 역할 대리인으로서, 창조생명공동체에 대한 하나님의 선한의지를 실현하고 맡은 책임과 본분을 다해야 한다.

### 맺는말

하나님의 창조생명공동체에 대한 기쁨과 탄성, "이것들 좀 봐! 참 아름답구나!" 이 태초의 하나님의 생명사랑의 탄성이야말로, 마땅히 우리가 하나님의 창조생명공동체를 대하는 신앙태도이어야 할 것이다. 우리는 하나님의 창조생명공동체의 일원으로써 하나님의 창조세계에 대한 '하나님의 기쁨과 탄성'에 반하는 가치판단을 할 자격이 없다. 우리는 하나님의 창조생명공동체 안에서 하나님의 선한 창조의지에 따라 하나님의 역할 대리인 의무에 충실할 따름이다

# 10. 창조생명공동체 생명노동, 하나님도 노동하신다

**창세기 1: 26-28, 2:15**

## 읽기

그런 다음에 하나님께서 말씀하셨다.

"우리가 우리 모습을 따라 우리와 비슷하게 사람을 짓자! 그러면 사람들이 바다의 고기와 하늘의 새와 집짐승과 모든 들짐승과 땅위를 기어 다니는 모든 길짐승을 보살피겠지!"

하나님께서 당신의 모습을 따라 사람을 지으시기로 하셨다. 그래서 하나님의 모습을 따라 사람을 지으셨는데, 남자와 여자로 지어내셨다. 하나님께서 그들에게 복을 주시며 말씀하셨다. "자식을 많이 낳고 번성해라! 땅을 가득 채워라! 땅을 따르게 하라! 바다의 고기와 하늘의 새와 땅위를 돌아다니는 모든 살아있는 것들을 보살펴라!"

창세기 1:16-28

야훼 하나님께서 아담을 데려다가, 땅을 섬기도록 땅을 돌보도록 그를 에덴 동원 안으로 이끄셨다.

창세기 2: 15

## 들어가는 말

수많은 예술가와 문학가들이 "노동하는 사람은 아름답다"라고 노래한다. 오직 사람만이 주체적으로 노동할 수 있는 존재이기 때문일 것이다. 사람은 노동을 통하여 자신의 존재를 확인하고 자신의 실존을 드러낸다. 사람만이 노동을 통하여 다른 이들의 삶의 마당에 참여하고 소통하며 연대한다. 노동을 통하여 모든 자연과 생명세계의 활력을 북돋우고 지속가능성을 지켜나간다. 그러니 노동은 사람다움을 드러냄이고 살아있음을 증언하는 일이다. 이점에서 본문의 창조신앙고백은 우리에게 참다운 노동의 의미들을 신앙으로 증언함으로써, 우리의 새로운 노동실천 의지를 북돋운다.

그러나 21C 우리의 삶의 자리에서 본문이 지시하는 노동의미를 실천하는 일은 그리 간단하지 않다. 본문의 시대상황에서나, 21C 자본주의 시대상황에서나 사람의 노동은 늘 노예노동에 가깝기 때문이다. 실제로 본문의 바벨론제국 시대상황에서 노동하는 사람은 제국의 최하층 노예계급이었다. 반면에 노동하지 않는 소수의 사람들이 제국의 최상층 지배계급을 이루었다. 따라서 본문의 시대상황에서 노동하는 사람은 결코 아름답지 않았다. 노동은 오직 노예들만의 몫이었다.

그렇게 노동하는 노예는 사람이 아니라, 소나 말처럼 노동 가축이었을 뿐이다. 노동하는 노예는 노동수단·생산수단으로써 노동하지 않는 지배계급의 소유물이었고, 사유재산이었다. 따라서 노동하는 노예는 매매할 수 있고, 교환할 수 있는 노동 상품처럼 취급되었다. 노동하는 노예는 인격도 자유도 없었고, 아무런 사생활도 인간관계도 맺어 나갈 수 없었다.

이러한 바벨론제국의 노예노동 상황에서 본문의 창조신앙고백은 노동을 '하나님의 은총'으로 증언한다. 본문의 창조신앙고백은 사람의 노동을 하나님의 창조생명공동체의 핵심활동으로 선언한다. 나아가 본문에서 사람의 노동은 하나님의 창조생명공동체를 새롭게 확대 재생산하는 핵심역할로 자리 잡는다. 그래서 하나님의 창조생명공동체 안에서 사람의 노동은 '생명노동'이다. 하나님의 창조생명공동체 안에서 사람의 생명노동은 뭇 생명피조물들의 무한한 생명활동, 곧 뭇 생명 피조물들의 새로운 생명창조 활동을 증언하는 노동이여야 한다. 왜냐하면 사람의 생명노동은 하나님의 창조생명공동체 안에서 자연과 뭇 생명 피조물들의 생명활동을 북돋우며 새로운 생명창조활동을 이끌어내고 독려하는 일이기 때문이다. 이렇게, 사람은 노동을 통하여 하나님의 창조생명공동체 안에서 사람의 존재와 위치와 위상을 증언하고 실천하는 청지기이다.

무엇보다도 본문에서 사람의 생명노동은 고대사회의 노예노동 체제를 거부한다. 본문은 바벨론제국 노예노동 상황에서 노동하지 않는 지배계급에 대한 노동저항을 선동한다. "노동하는 사람은 사회 최하층 노예가 아니다. 노동하는 사람은 하나님의 사람이다. 하나님으로부터 난 하늘의 아들·딸들이다. 노동하는 사람은 하늘인권, 하늘 인격, 하늘의 자유와 평화를 누리는 존재다"라는 노동 선전선동을 선포한다.

이점에서 사람의 노동은 언제, 어디서, 어떤 경우에든, 하나님의 창조생명공동체 안에서의 '생명노동'일 수밖에 없다. 사람의 생명노동은 하나님의 창조생명공동체 안에서 사람의 생명존재 방식이고, 수단이며, 실존이다. 하나님의 창조생명공동체 안에서 자연과 뭇 생명피조물들의 생명활동과 새로운 생명창조를 이끌어내는 '섬김노동'이고, '돌봄노동'이며 '쉼이 있는 노동'이다.

이제 본문의 창조신앙고백을 통하여 바벨론제국의 노예노동을 뒤집어 새로운 생명노동, 섬김노동, 돌봄노동, 쉼이 있는 노동의 의미를 되새겨 보고자한다. 언제나 새롭고 끊임없는 하나님의 창조생명공동체의 찬란한 생명창조활동을 위한 사람의 노동의 참의미를 찾아보기로 한다.

## 이끄는 말

사람은 왜 노동하는가? 아마도 대부분의 사람들은 '먹고 살기위해서, 생존을 위해서 노동 한다'라고 답할 것이다. 실제로, 먹고 살기위한, 생존을 위한 노동은 원시 수렵·채취시대로부터 21C 현시대에 이르기까지 끊임없이 이어져 온 노동현실이다. 사람의 실존자체가 생존을 위한 활동일 수밖에 없는 상황에서, 어떤 사회든 노동은 필수적 생존수단이다.

그렇다면 수렵·채취시대에는 어떤 노동을 했을까? 자연 안에서 있는 그대로의 자연을 상대로 노동을 했으리라. 스스로의 의지에 따라 공동체의 필요와 쓰임을 채울 만큼만 노동했을 것이다. 자연을 따르고 자연을 거슬러 적대하지 않으며 자유로운 노동 삶을 누렸을 것이다.

그러나 인류 농경시대의 노동은 전혀 그렇지 않았다. 농경시대의 사람의 노동은 자연에 순응하는 노동이 아니라, 자연을 개발하고 이용하려는 독점과 축적의 수단으로써 노동이었다. 인위적으로 자연환경을 바꾸고 조절하고 이용하려는 사람의 노동이 시작되었던 것이다. 그러면서 사람의 노동의 성과물을 독점하고 축적하며 강제동원하려는 독점지주·지배계층이 등장했다. 원시 농경사회를 거치면서 고대사회에 이르러는 노예노동이 조직화되고 체제화 되었다. 독점지주·지배계층의 토지에 매여 농사를 지어야만 하는 농노신분제가 확립되었다. 노동하는 사람들은 독점지주·지배계층에게 예속되어 노예노동을 해야만 했다.

그렇다면 21C 현대인들의 노동은 자유노동인가, 자주·독립노동일까? 전혀 그렇지 않다. 21C 상황에서 먹고살기 위한, 생존을 위한 노동은 하나같이 '임금노동'을 의미한다. 한마디로 고대사회 노예노동이 임금노동 화한 것이라고 할 수 있다. 물론, 다른 사람보다 상대적으로 부유한 임금노예들은 조금 더 열심히 일하면 부자가 될 것이라는 망상을 갖게 된다. 또한 지금은 비정규직이지만 조금만 더 버티면 부유한 정규직 임금노예가 될 것이라는 꿈을 꿀 수도 있다. 그러한 망상과 헛된 꿈속에서 지금의 다단계원청→용역→재용역 임금노예 상황마저 쉬이 받아들이게 된다.

어떤 이는 21C 한국사회 자유노동의 꿈을 안고 자영업에 뛰어들기도 한다. 하루에도 몇 번씩, 과감하게 임금노예를 때려치우고 창업을 할까? 온갖 애를 쓰고 마음을 태운다. 하지만 현실상황은 깜깜하기만 하다. "자영업은 미친 짓이다"라는 탄식이 흘러넘친다. 자영업은 임금노예들의 무덤이 된지 오래이다. 흔히 하는 말로 "전 세계 맥도날드 매장수보다 한국의 치킨 집 숫자가 훨씬 더 많다." "치킨 집, 커피숍, 식당 등 자영업자 생존율이 16.4%에 불과하다." 그러니 자영업이다, 창업이다, 더 말할 바가 아니다.

이와 관련하여 본문의 천지창조 이야기는 고대 바벨론제국 노예노동 상황에서 기록된 신앙고백이다. 본문은 히브리 해방노예 후손인 유대인들이 바벨론제국 포로생활 중에 바벨론 창조신화를 빌려와 개작했다. 바벨론제국 창조신화는 신들의 세계에서 하급 신들이 감당해야했던 노예노동을 인간에게 떠미는 내용이 핵심이다.

그러나 유대인들은 본문의 창조신앙 고백을 통하여 "하나님도 노동 하신다"라고 신앙을 고백함으로써, 바벨론제국의 노예노동 이데올로기에 저항한다. 실제로도 본문에서 하나님은 당신의 창조생명공동체 생명노동에 너무 너무 바쁘시다. 그래서 칠일 째 되는 날에는 당신의 모든 창조생명공동체 생명노동을 멈추시고, 푹 쉬셔야만 하셨다. 따라서 하나님의 창조생명공동체 생명노동의 마침표는 쉼 있는 노동이다. 반면에 바벨론제국의 노예노동에서는 쉼 있는 노동의 자리가 없다.

여기서, 바벨론제국포로 끌려온 유대인들의 "하나님도 노동 하신다"라는 신앙고백은 얼마나 놀라운 고백인가? 또 얼마나 위험한 고백인가? 성서 주변 메소포타미아와 지중해세계의 모든 신화들에서 하나님은 결코 노동하지 않는다. 이제, 노동하는 사람이 창조되면서 신들의 세계에서 가장 저급한 신들마저도 그들의 노역에서 해방을 얻게 되었다. 특별히, 고대 바벨론제국에서 노동은 오직 인간 노예들의 숙명이고, 죄업이며, 징벌이다. 바벨론제국에서 노예노동 해방을 외치는 사람들이 있다면, 그들은 반제국, 반사회, 반신앙 불순분자일 뿐이다.

그러나 본문의 창조신앙고백은 "하나님도 노동 하신다"라고 증언함으로써, 바벨론제국의 하층민들의 노예노동 해방을 선동한다. 바벨론제국의 사회적 약자들의 노예노동을 해방함으로써, 참다운 노동의 가치와 정의와 실존을 드높인다. 한발 더 나아가, 하나님은 당신의 모습을 따라 당신과 닮게 사람을 지으시고, 당신의 창조생명공동체의 생명노동을 사람에게까지 위임하신다.

"우리가 우리의 모습을 따라 우리와 닮게 사람을 만들자! 그들이 바다의 물고기와 하늘의 새와 집짐승과 모든 들짐승과 땅위를 기어 다니는 모든 길짐승을 보살피겠지. 하나님께서 당신의 모습을 따라 사람을 지으시기로 하셨다. 하나님께서 하나님의 모습을 따라 사람을 지으셨는데, 남자와 여자로 그들을 지어내셨다. 하나님께서 그들을 복주시며 그들에게 말씀하셨다. 자식을 많이 낳고 번성해라! 땅을 가득 채워라! 땅을 따르게 하라! 바다의 물고기와 하늘의 새와 땅위를 돌아다니는 모든 살아있는 것을 보살펴라!"

하나님의 창조생명공동체 안에서 사람의 창조와 사람에게 위임된 하나님의 생명노동은 하나님의 '자기논의', '자기결단'의 결과이다. 하나님께서 스스로 자신의 실체를 사람에게 내어줌으로써, 하나님의 창조생명공동체 안에서 하나님의 생명노동 역할을 사람에게 위임하신 것이다. 그럼으로써, 사람은 하나님의 생명노동과 자유노동의지를 이어받은 존재로 창조 되었다. 피조물인 사람이 조물주이신 하나님의 창조생명공동체 생명노동의 무와 책임성을 위임받아 살아가게 된 것이다. 하나님의 생명 피조물로써 사람이 하나님의 창조생명공동체 안에서 하나님의 말씀을 듣고 응답할 수 있는 존재가 되었다.

그런데 하나님께서 왜, 굳이 자신의 실체를 내어주면서까지 사람을 창조하셨을까? 그것은 바로 하나님의 창조생명공동체 안에서 사람의 생명노동을 통하여 뭇 생명 피조물들의 생명창조 활동을 왕성하게 하기 위해서다. 하나님은 땅과 바다와 하늘, 그 안에 살아있는 모든 생명 피조물들에게 각각 특성에 따른 창조생명위탁의 복을 주셨다. 뭇 생명 피조물들은 온 땅과 바다와 하늘을 가득 채워야 할 생명활동과 생명창조의 의무가 있다. 그들의 생명활동과 생명창조 의무를 돕고 지원하는 것이야말로 사람의 생명노동의 핵심 의미이다. 하나님은 당신의 생명실체의 일부분으로 사람을 지으시고, 하나님의 창조생명공동체를 가꾸고 돌보도록 생명노동 의무를 주셨다.

그래서 하나님께서 사람에게 주신 생명노동의 복은 매우 특별하다. "자식을 많이 낳고 번성해라! 땅을 가득 채워라!" 여기까지는 뭇 생명피조물들의 생명 복과 똑같다. 그러나 이어서 "땅을 따르게 하라! 바다의 고기와 하늘의 새와 땅위를 돌아다니는 모든 살아있는 것들을 보살펴라!"라는 말씀은 사람에게만 주시는 생명노동의 복이다.

이점에서 본문의 문맥을 쫓아 "다스려라"라는 말은 "보살펴라"라는 의미로 새겨 읽어야한다. 이제, 하나님의 창조생명공동체 안에서 사람은 하나님을 대신하는 생명노동 의무자이다. 사람은 생명피조물로써 하나님의 모습을 따라, 하나님과 닮게, 지어졌다. 이로써, 사람은 하나님의 창조생명공동체 안에서 하나님과 모든 피조물들 사이의 '생명연결고리'이다. 사람은 하나님과 뭇 생명들과 자연 사이의 '생명순환 고리'이다. 이러한 사람의 '생명연결고리' '생명순환고리'의 핵심은 사람의 '생명노동'이다.

그러므로 하나님의 창조생명공동체 안에서 사람의 생명노동은 노예노동이어서는 안 된다. 하나님의 창조생명공동체 안에서 사람의 노동은 생명 공동체 전체를 위한 주체노동이어야 하기 때문이다. 오직, 사람은 하나님 과 모든 생명피조물과 한 생명공동체라는 깨달음과 책임성으로 노동에 임 해야 한다. 하나님의 창조생명공동체에 대한 생명노동의무와 책임을 다해 야만 한다. 그러기에 본문은 사람의 생명노동이야말로 '하늘은총'임을 신 앙으로 고백하고 강조한다.

이와 관련하여 예수는 요한복음5:17에서 "내 아버지께서 지금까지도 몸 소 일하시니, 나도 일 한다"라고 선언하신다. 예수는 태초 하나님의 창조 생명공동체 생명노동이 지금도 계속될 뿐만 아니라, 예수 자신도 하나님이 주신 생명노동의무로 인해 "나도 일 한다"라고 선포 하셨다. 그러므로 이제 우리 시대의 예수 신앙인들도 예수를 따라 하나님의 창조생명공동체 생명 노동을 위임받았다는 사실을 신앙고백 해야 한다. 모든 예수신앙인들이 즐 겁고 행복하게 생명노동의 삶을 사는 것이 하나님의 창조생명공동체의 중 요한 의미이며 목표이기 때문이다.

그렇다면 하나님께서 사람에게 위임하신 창조생명공동체 생명노동의 구체적 내용은 무엇일까? 하늘은총으로써 사람의 노동은 21C 임금노예 상 황에서 어떤 의미를 갖는 것일까? 하나님의 창조생명공동체 안에서 사람의 생명노동의 중요한 특성은 '섬김노동' '돌봄노동'이다. 이와 관련하여 본문 은 "땅을 따르게 하라"라고 지시한다. 또한 바다의 고기와 하늘의 새와 땅 위를 돌아다니는 모든 살아있는 것들을 "보살펴라"라고 지시한다.

그러나 지금껏 서구기독교회는 하나님의 창조생명공동체 생명노동위임 신앙을 "땅을 정복하라, 다스려라"라는 '정복신앙'으로 해석해 왔다. 서구 교회의 이러한 정복신앙은 하나님의 창조생명공동체 '생명노동위임 신앙' 에 대한 배신이다. 서구교회의 정복신앙은 지구촌역사에 말로 다할 수 없 는 죄악을 끼쳐왔다. 이제 오늘의 한국교회는 서구교회의 '생명노동위임 신앙'에 대한 배신의 길을 답습해서는 안 된다. 하나님의 창조생명공동체에 대한 서구교회의 정복신앙을 단호히 거부해야 한다. 하나님의 창조생명공동체 안에서 땅은 정복과 억압, 파괴와 착취의 대상이 아니다. 도리어 하나님의 창조생명공동체는 잘 가꾸고 돌보아야 할 예수 신앙인들의 생명노동 위임 신앙실천을 위한 거룩한 생명 삶의 현장이다.

그 점에서 본문의 '키브슈하'라는 히브리어 동사는 "땅을 따르게 하라"라는 사역형 의미를 갖는다. 또한 창세기 2:15 에덴동산 창조신앙고백은 "야훼 하나님께서 아담을 데려다가, 땅을 섬기도록, 땅을 돌보도록 그를 에덴 농원 안으로 이끄셨다"라고 한다. 여기서 '레아브다흐'라는 전치사구는 '땅을 섬기도록' 또는 '일구도록'이라는 뜻이다. 물론 우리말 성서는 서구교회의 정복신앙을 쫓아 '땅을 다스리도록'이라고 번역했다. '레쏴므라흐'라는 전치사 구는 '땅을 돌보도록'이라는 뜻이다. 실제 문자적인 의미는 '지키다'일 텐데 문맥상 '돌보다'라고 새겨 읽었다. 이렇게 하나님의 창조생명공동체 안에서 사람의 생명노동의무가 강조되는 것은, '하나님께서 당신의 생명실체, 생명창조 활동을 땅과 바다와 하늘 뭇 생명 피조물들에게 위임하시는 것'과 관련이 있다. '땅은 푸른 새싹이 돋아나게 하라! 씨 맺는 풀과 곡식과 채소, 그 종류에 따라 그 안에 씨를 가진 열매를 생산하는 과일나무가 땅위에 돋아나게 하라! / 물들은 고기가 생겨나 우글거리게 하라! 땅위 푸른 하늘에는 새들이 날 아 다녀라! / 새끼를 많이 쳐서 번성하라! 물과 바다를 가득 채워라! 새도 땅위에서 번성하라!'

하나님께서 땅과 바다와 하늘, 그 안에 가득한 생명 피조물들에게 당신의 새로운 생명창조를 위임하신 것이다. 이것이야말로 모든 생명피조물에게 주시는 하나님의 참된 복이다. 따라서 하나님의 창조생명공동체 안에서 모든 생명피조물들은 하나님의 생명위탁에 따라 땅과 바다와 하늘을 하나님의 생명실체로, 생명창조활동으로 가득 채워야한다.

그러므로 하나님은 땅과 바다와 하늘, 그 안에 가득한 생명피조물들에 대한 창조주의 소유권마저 포기하신다. 모든 생명피조물 스스로가 하나님의 창조생명공동체 안에서는 날마다 경이로운 생명창조 활동을 끊이지 않고 이어간다. 그리고 그 새로운 생명창조 활동의 주요한 토대는 하나님이 사람에게 위임하신 사람의 생명노동, 섬김 노동, 돌봄 노동, 쉼이 있는 노동 실천행동이다. 이제, 한국교회는 하나님의 창조생명공동체 안에서 사람의 생명노동위임 신앙의 책임과 의무를 다해야 한다. 21C 우리시대의 하나님의 창조생명공동체 파괴와 말살을 부추기는 노예 노동행태에 대한 저항운동에 나서야 한다. 하나님의 창조생명공동체 생명노동위임 신앙을 배신하는 서구교회의 정복신앙 노동행태들을 거부해야 한다. 하나님의 창조생명공동체 안에서 하나님의 역할 대리인으로써, 창조생명공동체에 대한 하나님의 선한 의지를 실현하고 맡은 책임과 본분을 다해야만 한다. 하나님의 창조생명공동체 안에서 예수 신앙인의 생명노동, 섬김 노동, 돌봄 노동, 쉼이 있는 노동은 21C 현대인들의 노예노동, 임금노동의 폐해를 치유하는 가장 빠르고 정당한 길이다.

## 맺는말

오늘 한국사회에서는 노동 없는 부의 축적이 모든 노동의 가치들을 몰수하는 상황이다. 노동 없는 부의 독점과 축적이 하나님의 창조공동체 안에서 노동하는 사람의 존재를 제거한다. 하나님으로부터 위임받은 하나님의 창조생명공동체 생명노동, 섬김 노동, 돌봄 노동, 쉼이 있는 노동을 말살한다. 이제 인류역사에 유래가 없는 노동말살의 시대상황에서, 예수 신앙인들의 생명노동, 섬김 노동, 돌봄 노동, 쉼이 있는 노동은 시나브로 도태되고 말 것인가?

그러나 하나님의 창조생명공동체 안에서 '사람의 모든 노동은 살아있음의 증거'라는 사실을 아무도 부인할 수 없다. 알바 노동이나 일용노동이라도, 사람의 노동은 생명 삶의 기호이며 표상이다. 사람 사는 세상에서 생명노동이 언제까지 묵살 당하기만 할까? 이 땅 1%의 무리들이 아무런 노동도 하지 않으면서 온갖 부를 독점하고 축적하며 희희낙락하는 죄악이 무한히 용납되지는 않으리라.

# 11. 종교개혁 500주년을 맞아, 다시 출애굽을 꿈꾸자!

**이사야** 52:1-12

## 읽기

깨어라, 깨어나라.

네 힘으로 입어라, 시온아.

네 아름다운 옷들을 입어라

거룩한 성 예루살렘아.

참으로, 더는 없게 할 것이다

다시는 네 안으로 들어오지 못할 것이다

할례 받지 못한 자와 부정한 자가.

먼지구덩이로부터 떨쳐 일어서라.

편히 앉아라, 예루살렘아.

네 목에 맨 줄들을 스스로 풀어라.

포로 된 딸 시온아.

참으로, 야훼께서 이렇게 말씀하셨다.

값도 없이, 너희가 팔렸으니

돈 없이도, 너희가 해방되리라.

참으로, 주 야훼께서 이렇게 말씀하셨다.

이집트로, 내백성이 내려갔었다.

옛날 옛적에, 거기서 떠돌이로 살았다.

앗수르는 아무런 까닭도 없이 그를 억압했다.

그러므로 이제, 내가 여기서 무엇을 할까?

　– 야훼께서 말씀하심 –

참으로, 내 백성이 아무런 까닭도 없이 잡혀가고

그 백성의 지도자들이 통곡하는구나!

　– 야훼께서 말씀하심 –

날이면 날마다 온종일 내 이름이 멸시 당할 것이다.

그렇기 때문에 내 백성이 내 이름을 알 것이다.

그런 까닭에 그 날,

'내가 여기 있다'라고 말하던 그이가

나라는 것을 알 것이다.


얼마나 아름다운가?

산들 위에서

기쁜 소식을 전하는 자의 발들이

샬롬평안을 선포하는 자.

좋은 소식을 전하는 자.

구원을 선포하는 자.

시온을 향하여

'네 하나님께서 다스리신다'라고 외치는 자.

네 파수병들의 소리,

그들이 소리 높여 외친다.

다함께 환호성 친다.

왜냐하면, 그들이 눈에 눈으로 볼 것이기 때문이다

야훼께서 시온으로 돌아오실 때에.

기뻐하라

다함께 환호성 치며

예루살렘 황폐한 땅들아.

참으로, 야훼께서 자기 백성을 감싸셨다.

예루살렘을 해방하셨다.

야훼께서 드러내셨다

그의 거룩한 팔을

온 나라들의 눈앞에.

그들이 볼 것이다

땅 끝까지 모든 사람들이

우리 하나님의 구원을.


너희는 떠나라, 떠나라.

거기로부터 나와라

더러운 것을 손대지 마라.

너희는 그곳 가운데서 나와라

자신을 깨끗하게 하라

야훼의 기구들을 메는 자들아.

참으로, 너희는 황급하게 나오지 않을 것이다.

도망치듯, 가지 않을 것이다.

참으로, 너희 앞에서 걸어가시리라

야훼께서.

너희의 후군으로 행진하시리라

이스라엘의 하나님께서.

## 들어가는 말

터키 군부 쿠데타 진압이후, 마침내 터키는 '21C 술탄공화국'이 되는가? 아마도 그렇게 될 것 같다. 동로마 비잔틴제국을 물리치며 성장한 셀주크 투르크 술탄제국. 그 뒤를 이어 기독교 비잔틴제국을 멸망시킨 오스만 술탄제국. 이것이 터키의 역사이다. 이제 터키는 21C 지구촌 민주주의 시대에 이르러 20C 오스만제국 케말 장군이 이끌었던 세속주의 공화국의 정체성을 벗어던지려고 한다. 터키의 독재자 '레제프 타이이프 에르도안' 대통령은 터키대중들의 열화와 같은 이슬람근본주의를 등에 없고 과거의 술탄왕국으로 회귀하게 되었다. 늘 그렇듯이, 인류사 안에서 근본주의 종교와 종교문화는 항상 지배체제의 충실한 내부자역할을 해왔다. 물론 터키의 경우에는 에르도안의 13년 집권기간 동안 경제가 크게 성장한 점도 한 요인이다.

문제는 유럽이다. 터키의 세속주의 공화국을 방패막이로 중동지역의 전쟁과 죽음과 절망의 상황들을 회피할 수 있었다. 이제 유럽은 터키를 방패막이 삼아 중동지역의 일상화 된 전쟁과 죽음과 절망을 모른 체 하고 나홀로 번영을 누릴 수 없을 것이다. 또한 터키와 러시아가 가까워지면서 러시아는 보스포러스 해협을 자유로이 드나들게 될 것이고, 유럽은 러시아의 지중해 세계를 향한 세력 확대를 막을 수 없을 것이다. 이제 유럽 스스로 자신들의 안보를 지켜내는 일마저 쉽지 않을 것이다.

그러니, 세계질서 재 균형을 떠들어 대며 아시아로 재진출하려던 지구촌 제국 미국도 뒷심이 빠지게 되었다. 지금, 미국은 동북아로 돌아와서 한·

미·일 군사동맹을 강화하고 한반도에 사드를 배치하며 중국을 포위하는 신 냉전을 부추기고 있다. 그러나 지구촌제국 미국이 아무리 동북아에 주물러 앉아 깡패 짓을 계속하고 싶어도 유럽과 중동지역의 위기를 내팽개치지는 못할 터. 지금, 미국이 동북아에서 부추기고 있는 신 냉전조장 국제 깡패 짓거리에 힘이 빠지리라 예상한다. 뭐, 그리 됐으면 좋겠다.

이제 그만, 지구촌 예수 신앙인들이 서구기독교 제국주의 정복신앙을 벗어 던질 때다. 더 나아가 서구교회는 초대교회이후 로마제국 종교로의 전락, 중세 암흑기의 교권주의, 근대 제국주의 종교로서 정복신앙 등을 통렬히 회개해야한다. 2017년 종교개혁 500주년을 맞이하는 때에, 지구촌 교회들이 본문의 '다시 출애굽을 꿈꾸며' 새로운 대안세상을 위한 신앙실천행동에 나서기를 촉구한다.


## 이끄는 말

기독교회 개혁은 기독교회 신앙의 개혁이다. 기독교회 개혁은 기독교회 신앙의 뿌리로 돌아가는 것이다. 그러할 때 기독교회 신앙의 첫 번째 뿌리는 야훼신앙이다. 야훼신앙은 해방과 구원, 정의와 평등, 생명과 평화의 야훼하나님을 우리의 삶속에서 우러러 받드는 신앙 삶이다.

두 번째 뿌리는 예수신앙이다. 풀어서 이야기하면 '예수의 하나님나라 신앙'이다. 예수가 선포하고 행동하며 십자가를 통하여 이루어낸 하나님나라를 우리의 삶속에서 우러르고 받들어 누리는 것이다. 그렇다면 구체적으로 예수의 하나님나라는 무엇일까? 그것은 바로 '임마누엘-하나님이 우리와 함께하심'이다. '하나님께서 친히 우리를 다스리심'이다. 풀어서 새기면 '해방과 구원, 정의와 평등, 생명과 평화 야훼하나님께서 다스리시는 나라이다. 21C 우리시대로 말하면 맘몬·자본 지배체제에서 해방된 세상, 지구촌제국 군산복합체·독점대기업·금융자본 지배체제에 대한 대안세상이다.

이처럼 기독교회의 개혁은 기독교회 신앙의 뿌리로 돌아가 야훼신앙, 예수신앙을 회복하는 것이다. 이렇게 기독교회 신앙이 회복되어야 기독교회 신학도 재정립될 수 있다. 이사야서 본문은 기독교회 신앙개혁의 핵심, 야훼신앙-출애굽과 예수신앙-하나님나라의 의미를 되새겨주는 말씀이다. 다시 출애굽을 꿈꾸며 야훼신앙, 예수신앙 의미들이 매우 새롭다.

이와 관련하여 이사야는 기원전 736년경에서 701년까지 예언자 활동을 했다. 유대 왕 웃시야 말년에 예언활동을 시작해서 요담, 아하스, 히스기야 왕 때까지 활동했다. 이사야는 시온신학, 다윗 왕조신학에 정통할 뿐만 아니라 시대상황과 정치이슈에 매우 밝다. 따라서 성서학자들은 이사야가 유대왕궁에 속한 궁정예언자로서 왕족이었을 것이라고 추측한다.

하지만 이사야는 시온신학과 다윗왕조신학을 비판하고 개혁을 촉구한다. 그러한 과정 속에서 이사야서는 기독교회 신앙 핵심인 야훼신앙, 예수신앙과 밀접한 관계를 맺고 있다. 이사야서는 이사야 당대만의 예언서가 아니다. 이사야의 예언정신을 이어받은 제2, 제3의 이사야 예언가들이 나타나 기원전 4C 까지 400여 년 동안의 유대사회·종교 상황들을 기록했다.

이사야서 1-39장에서는 위기를 향하여 치닫는 유다왕국에 대한 하나님의 심판을 선포하고 회개를 촉구한다. 그러면서 하나님께서 유대왕국을 도우신다고 격려한다. 40-55장까지는 바벨론 포로로 살아가는 한 이름 없는 예언자의 예언을 수록했다. 바벨론 포로 생활 중에 고통당하는 유대인들에게 야훼 하나님의 위로를 선포하고 '다시 출애굽을 꿈꾸며' 예언한다. 56-66장은 제3 이사야의 예언이라고 여겨진다. 바벨론 포로에서 귀환한 이후 예루살렘의 상황들을 기록하고 있다. 하나님께서 개입하셔서 모든 것을 새롭게 하시리라고 선포한다. 이제 본문 하나하나 살피며 우리시대의 야훼신앙, 예수신앙을 새롭게 해석해보자.

"깨어라, 깨어나라! 네 힘으로 입어라, 시온아! 네 아름다운 옷들을 입어라! 거룩한 성 예루살렘아! 참으로, 더는 없게 할 것이다 다시는 네 안으로 들어오지 못할 것이다. 할례 받지 못한 자와 부정한 자가. 먼지구덩이로부터 떨쳐 일어서라! 편히 앉아라, 예루살렘아! 네 목에 맨 줄들을 스스로 풀어라 포로 된 딸 시온아!"

무엇으로부터 깨어야 하는가? 바벨론제국의 지배체제의 무소불위 권력과 문명으로부터 깨어야 한다. 지배체제의 무소불위 권력행사와 그것을 정당화하는 종교·문화의 속임수와 음모와 억압에 저항해야 한다. 21C로 말하면 맘몬·자본유혹으로부터 깨어 나야한다. 그래야만 우리 안으로 몰래 들어와 우리의 삶의 태도가 되어버린 제국주의 지배체제의 불의 불법한 권력과 종교·문화의 유혹들을 씻어낼 수 있다. 지배체제의 권력과 종교·문화의 유혹에서 깨어나야만 지배체제의 음모와 거짓과 억압을 물리칠 수 있다. 전쟁과 폭력과 죽음의 제국주의 지배체제로부터 깨어나야 비로써 우리 삶의 해방과 자유와 평화를 도모할 수 있다. 맘몬·자본 지배체제의 유혹과 탐욕에서 깨어나야만 비로써 우리 목에 매어진 맘몬·자본의 노예목줄을 풀어낼 수 있을 것이다.

"참으로, 야훼께서 이렇게 말씀하셨다. 값도 없이, 너희가 팔렸으니 돈 없이도, 너희가 해방되리라. 참으로, 주 야훼께서 이렇게 말씀하셨다. 이집트로, 내백성이 내려갔었다. 옛날 옛적에, 거기서 떠돌이로 살았다. 아수르는 아무런 까닭도 없이 그를 억압했다. 그러므로 이제, 내가 여기서 무엇을 할까?"

전쟁과 폭력과 죽음의 바벨론 제국주의 지배체제는 히브리 노예들에게, 시대의 민중들에게 아무런 권리관계도 없다. 바벨론제국 지배체제는 강압과 폭력으로 히브리 민중을 포로로 끌어다가 바벨론 지배체제의 외부자 노예로 삼았다. 21C 지구촌 제국 미국의 군산복합체 지배체제도 똑같다. 지구촌 어디에서든 제 맘대로 전쟁하고 살육하며 파괴한다. 동맹을 들먹이며 사드 등 전쟁무기들을 제 맘대로 들여놓고 돈을 뜯는다. 지구촌 독점 금융자본·대기업 지배체제 역시도 그렇다. 가난한 노동자 민중들에게 억지로 빚을 지우고 이자를 뜯어간다. 이처럼 구약성서에서는 야훼 하나님의 백성 히브리 민중들이 제국의 권력에 억압당하고 죽임을 당하며 포로로 끌려간 것이 세 차례다. 이제, 히브리 민중의 하나님 야훼는 바벨론제국 지배체제에 대하여 무엇을 할 수 있을까?

"-야훼께서 말씀하심- 참으로, 내 백성이 아무런 까닭도 없이 잡혀가고 그 백성의 지도자들이 통곡하는구나! - 야훼께서 말씀하심 - 날이면 날마다 온종일 내 이름이 멸시 당할 것이다. 그렇기 때문에 내 백성이 내 이름을 알 것이다. 그런 까닭에 그 날, '내가 여기 있다'라고 말하던 그이가 나라는 것을 알 것이다. "

야훼 하나님께서 몸소 자기백성 히브리 민중들과 함께 바벨론제국의 포로가 되셨는가? 본문의-야훼께서 말씀하심-, 풀어서 새기면 야훼께서 혼자말로 한탄하시는 말씀이다. 히브리 민중들의 신음소리와 지도자들의 절규, 그로 인해 히브리 민중의 하나님 야훼이름이 시도 때도 없이 멸시를 당한다. 제국주의 지배체제, 맘몬·자본 지배체제 내부자 하수인들은 서로 떠들어대며 히브리 민중의 하나님 야훼를 모욕한다. "민중은 개·돼지다." 야훼 하나님은 꼼짝없이 히브리 민중과 함께 모욕당하고 고난당하시며 멸시를 받으신다.

그러나, 그럴수록 히브리 민중들 가슴속에는 히브리 민중의 하나님 야훼의 이름이 새겨진다. 야훼 하나님은 히브리 민중들과 함께 전쟁과 폭력과 죽음의 제국주의 지배체제 안에서, 맘몬·자본세상에서 눈도 멀고 ,귀도 먹고, 혀도 잘린 반 푼이 하나님이시다. 히브리 민중의 하나님 야훼, 그는 어디계신가, 무엇을 하시는가, 알다가도 모를, 이름뿐인 민중의 어버이 야훼 하나님이시다.

그런 까닭에 그날. 히브리 민중이 바벨론제국 지배체제의 조롱과 멸시와 절망 속에서 피눈물 흘리며 죽음골짜기를 향하던 그날. 실낱같은 소리, '내가 여기 있다'라는 외침에 놀라서, 두 주먹, 두 손, 두발 부르르 떨며 죽음의 골짜기 앞에서 돌아 서던 그날. 그때, 그이가 히브리 민중의 하나님 야훼이었다는 것을 알아챈 이들이 '다시 출애굽을 꿈꾸며 새로운 신앙의 여정'을 시작하게 되는 것이다. 참으로 21C 고통당하는 이들이 본문을 읽으면 읽을수록 눈물겨운 신앙 시로 살아나게 된다.

"얼마나 아름다운가? 산들 위에서, 기쁜 소식을 전하는 자의 발들이, 샬롬평안을 선포하는 자, 좋은 소식을 전하는 자, 구원을 선포하는 자, 시온을 향하여 '네 하나님께서 다스리신다'라고 외치는 자" 전쟁과 폭력과 죽임의 제국주의 지배체제 안에서, 맘몬·자본 무한권력의 착취와 억압과 굴욕 속에서 '내가 여기 있다'라는 야훼 하나님의 음성을 듣는 이들. 그들이 벌이는 해방과 구원, 정의와 평화, 생명과 평화세상을 위한 저항과 반란과 혁명소식은 너무도 아름답고 기쁘고 우렁차다.

"네 파수병들의 소리, 그들이 소리 높여 외친다. 다함께 환호성 친다. 왜냐하면, 그들이 눈에 눈으로 볼 것이기 때문이다. 야훼께서 시온으로 돌아오실 때에. 기뻐하라! 다함께 환호성 치며, 예루살렘 황폐한 땅들아! 참으로, 야훼께서 자기 백성을 감싸셨다. 예루살렘을 해방하셨다. 야훼께서 드러내셨다, 그의 거룩한 팔을, 온 나라들의 눈앞에. 그들이 볼 것이다, 땅 끝까지, 모든 사람들이, 우리 하나님의 구원을."

이 문단을 하나로 함축하는 동사를 고르라면 '환호성 치다'란나나라는 동사이다. 이 히브리어 동사는 일종의 의성어로써 '란나 란나─기뻐서 어쩔 줄 몰라 큰소리로 외치고 떠드는 모양'을 나타낸다. 마침내 히브리 민중들이 시온으로 돌아오시는 야훼의 모습을 다함께 눈과 눈으로 확인하게 될 것이다. 전쟁과 폭력과 죽음의 제국주의 지배체제가 끝장났다. 히브리 민중들의 하나님 야훼께서 직접 히브리 민중을 다스리실 것이다. 그들은 맘몬·자본지배체제의 노예생활에서 해방되었다. 해방과 구원, 정의와 평등, 생명과 평화 대동세상이 활짝 열렸다. 어찌, 기뻐 뛰고 환호하지 않으랴!

"너희는 떠나라, 떠나라! 거기로부터 나와라! 더러운 것을 손대지 마라. 너희는 그곳 가운데서 나와라! 자신을 깨끗하게 하라! 야훼의 기구들을 메는 자들아! 참으로, 너희는 황급하게 나오지 않을 것이다. 도망치듯, 가지 않을 것이다. 참으로, 너희 앞에서 걸어가시리라, 야훼께서. 너희의 후군으로 행진하시리라, 이스라엘의 하나님께서."

첫 번째 출애굽을 상기해 보자! 노예제국 파라오 지배체제에서는 종교 또는 하나님조차 지배체제의 내부자이다. 제사장들은 지배체제의 특권·기득권 세력으로서 지배체제의 중요한 실력자들이다. 그러나 히브리 노예들에게는 하나님이 없다. 노예들에게는 하나님이 있을 수 없기에, 정작 히브리노예들의 하나님임을 자처하는 야훼가 히브리 노예들에게조차 생소하기만 하다. 나아가 노예제국 파라오 지배체제 편에서 히브리 노예들의 하나님이란, 언감생심 터무니없는 발상이며 요구이다. 그러므로 히브리 노예들의 첫 번째 출애굽은 '야훼에 의한, 야훼를 위한, 야훼의 사건'이었다. 히브리 노예들은 '야훼의 거룩한 싸움'을 지켜보아야 할뿐이었다. 그저 히브리 노예들은 야훼 하나님의 승리에 대한 찬양과 경배만이 할 일 이었다.

그러나 이제 본문의 '다시 출애굽을 꿈꾸며'는 다르다. '다시 출애굽을 꿈꾸며'는 '야훼 신앙인들에 의한, 야훼 신앙인을 위한, 야훼 신앙인들의 신앙사건'이다. 그 구체적이고 실체적인 시작은 '예수의 하나님나라 운동'이다. 예수는 로마제국 지배체제와 거기에 기생하는 예루살렘 성전제사 종교 특권·기득권세력들에게 포로 된 이들, 억압당하는 이들, 죄인이라고 낙인

찍힌 이들에게 해방과 자유를 선포하였다. 과부와 고아와 가난한 이들에게 야훼 하나님의 다스리심하나님나라를 선포하고 가르치시며 함께 누렸다. 갈릴리 가난한 민중들과 함께 하나님나라 복음을 전파하고 함께 행동하며 함께 확장해 나갔다.

21C, 지구촌 전쟁과 폭력과 죽음의 제국주의 지배체제 안에서도 야훼신앙인들은 '다시 출애굽'을 꿈꾼다. 해방과 구원, 정의와 평등, 생명과 평화 대안세상을 개척하고 실천하며 만들어 간다. 예수 신앙으로 가슴 불타오르는 이들이 맘몬·자본 지배체제에 저항하고 반란을 일으키는 삶의 자리를 개척한다. 우리 주변에서 우리 시대의 야훼 신앙인, 예수 신앙들이 '다시 출애굽을 꿈꾸며' 벌이는 다양한 신앙사건들을 심심찮게 목격한다. 그로인해 우리는 '다시 출애굽을 꿈꾸며' 새로운 신앙도전의 용기를 얻는다.


## 맺는 말

2017년은 종교개혁 500년 주년이다. 21C 한국 기독교회 안에서도 새로운 종교개혁을 부르짖는 이들이 많다. 무엇을 개혁할지, 어떻게 해야 할지 백가쟁명百家爭鳴이다. 나는 한국교회가 개혁을 핑계로 지구촌 제국주의, 독점 금융자본·대기업 지배체제에 기생하는 '웰빙 교회'로의 전환을 경계한다. 마음과 뜻이 맞는 사람들끼리 모여 알콩달콩 아름답고 재미있는 교회 만들기. 신앙과 선교열정을 빙자한 세계선교 신드롬. 한판 쇼와 같은 대형 예배공연. 착한 사마리아 사람 흉내 내기. 보여주기를 위한 영성행사. 도피적이고 절대적이며 초월적인 생명평화 신앙운동 등.

본문은 21C 우리 시대에 '다시 출애굽을 꿈꾸도록' 촉구한다. 그러나 '다시 출애굽을 꿈꾸며' 한국교회는 기독교회의 신앙 핵심인 야훼신앙, 예수신앙으로 돌아가야 한다. 해방과 구원, 정의와 평등, 생명과 평화의 야훼신앙을 회복해야 한다. 가난한 이들, 약한 이들, 억압받고 고통당하는 이들, 우리시대의 강도만난 이들, 이 땅의 빚꾸러기들이 다함께 행복해지는 예수의 하나님나라로 행진해야 한다.

우리시대의 예수 신앙인들이여! 다시 출애굽을 꿈꾸자! 우리시대의 지구촌 제국주의, 맘몬·자본세상 지배체제에 대한 유쾌하고 즐거운 저항과 반란을 일으키자. 야훼와 예수 신앙인들에 의한, 야훼와 예수 신앙인들을 위한, 야훼와 예수 신앙인들의 신앙역사를 기록하자. 전쟁과 폭력과 죽임의 지구촌 제국주의와 돈이면 무엇이든 할 수 있는 맘몬·자본세상에 대한 대안세상을 만들자. '다시 출애굽을 꿈꾸며' 우리의 하루하루 신앙 삶을 힘차고 복되게, 즐겁고 행복하게 하자.

# 2부. 예수신앙

# 1. 갈릴리 민중의 아들 나사렛 사람 예수

**마가복음 1:1-11**

## 읽기

하나님의 아들 예수 그리스도의 복음의 시작이다.

예언자 이사야에 기록된 것처럼,

보라! 내가 나의 사자를 너에 앞서 보낸다.

그가 너의 길을 닦을 것이다.

그는 광야에서 외치는 소리이다.

너희는 주님의 길을 예비하라!

너희는 그의 오솔길들을 손질하라!


세례요한이 죄 탕감을 위한 회개의 세례를 선포하며 광야에 나타났다.

그러자 유다의 온 마을과 예루살렘 모든 사람들이 그에게로 나아왔다.

그리고 그들은 자신들의 죄악들을 고백하면서

요단강에서 요한으로부터 세례를 받고 있었다.

그런데 요한은 낙타 털옷을 입었고

그의 허리에는 가죽 띠를 매었으며

메뚜기와 석청을 먹었다.

그가 이렇게 선포 하곤 했다.
나보다 더 힘이 있는 분이 내 뒤에 오시오.
나는 구부려 그분의 신발 끈을 풀 자격도 없소.
나는 물로 당신들에게 세례를 주었소.
그러나 그분은 거룩한 영으로 여러분들에게 세례를 베풀 것이오.

그리고 마침내 그날에 이르러
예수가 갈릴리 나사렛으로부터 왔다.
예수는 요단강에서 요한으로부터 세례를 받았다.
그런데 예수가 물에서 나아오자, 곧바로
하늘이 열리면서 영이 비둘기처럼 자신에게 내려오는 것을 보았다.
그러면서 하늘로부터 소리가 있었다.
"너는 나의 사랑하는 아들이다.
내가 너를 어여삐 여겼노라!"

## 하나님의 아들 예수 그리스도의 복음의 시작

본문의 '복음'이라는 말은 여러 가지 은유를 내포하고 있다. 먼저, 유대 종교·사회공동체 속에서 복음은 노예제국 파라오 지배체제 노예이었던 히브리에 대한, 끊임없이 약탈당하던 히브리 평등공동체에 대한, 바벨론 포로가 된 이스라엘에 대한, 하나님의 해방과 구원이고 도우심이다. 출애굽기 4:30, 이사야52:7-10, 40:9-11 두 번째, 마가복음의 예수공동체 신앙 속에서 복음은 역사적 예수의 선포와 행동과 삶을 통하여 바야흐로 동터오는, 그리고 그의 죽음과 부활을 통하여 성취된, 예수의 '하나님나라'이다. 무엇보다도 억압과 착취 속에서 가난한 삶을 사는 사람들에게, 사회·종교적으로 죄인이라는 낙인이 찍힌 채 절망의 삶을 사는 이들에게, 값없이 주어지는 하나님의 '은총의 나라'이다.마가:14-15, 마5:2-12, 누가4:18-19, 6:20-26

그런데 여기서 놀라운 것은 "하나님의 아들 예수 그리스도의 복음의 시작"이라는 마가복음의 언표이다. 실제로 마가복음의 독자들은 이 말을 매우 현실적으로 듣고 느끼고 받아들였을 터인데, 그것은 매우 위험한 일이었다. 왜냐하면 엄연히 1C 로마제국에는 '살아있는 구세주'이며 '주님'인 로마황제가 존재하기 때문이다. 따라서 마가복음의 언표야말로 로마제국에 대한 반역의 언어로써 로마제국에 대하여 매우 불경스럽다. 또한 그래서 마가복음의 언표는 철저히 민중의 언어일 수밖에 없다. 즉, "하나님의 아들 예수 그리스도의 복음"은 유언비어이며 괴담이다. 그러므로 마가복음저자는 자신의 복음서에서 이 복음의 언표를 '메시아 비밀사상'이라는 수사학으로 위장한다.

하지만 진리는 드러나기 위해서 있는 것이다. 만약 누군가 일부러 진실을 감추려고 한다면 그것이 언젠가 폭로되기를 원하기 때문이다. 로마제국 당국자에게는 '예수의 복음'이 유언비어이며 괴담이지만, 1C 예수공동체에게는 해방과 구원의 진리로써 마땅히 영접하고 실천해야 할 신앙 삶인 것이다. 이점에서 마가복음 저자는 '예수의 복음'이야말로 구약성서에 약속된 궁극적 복음의 성취로써 '하나님의 오심'이라고 선포한다. 구약성서에서는 '하나님의 사자'출애굽기23:20, 말라기3:1나 '광야에서 외치는 소리'이사야40:3가 '하나님의 오심'복음에 대한 예고이다. 마가복음저자는 '예수의 복음'이 하나님의 약속으로써 예수로 말미암아 궁극적인 성취에 이르게 되는 '하나님의 오심'하나님나라이라는 것이다.

그런데 여기서 또 하나 중요한 것은 '하나님의 오심'복음의 사건이 광야에서 일어난다는 점이다. 한마디로 하나님의 궁극적 복음이 성취되는 무대가 예루살렘성이나 성전이 아니라 광야라는 것이다. 물론 로마는 더 더욱 아님 실제로 광야는 억압받고 쫓기는 자들의 은신처이다. 사무엘하21:13~14 광야의 외진 은신처는 도망친 노예들, 차별받고 멸시당하는 사회적 약자들의 도피처이다. 따라서 '광야에서 외치는 소리'는 '민중의 소리', '민중의 열망과 분노 소리'이다. 또 한편 본문에서 광야는 여리고 언저리의 요단골짜기가 분명할 터인데, 이는 이집트의 노예였던 히브리들을 이끌어내셔서 가나안으로 인도하시는 야훼 하나님의 해방과 구원의 활동을 암시한다.

그렇다면, 그 해방과 구원의 하나님이 오시는 길은 어디일까? 하나님의 해방과 구원복음은 고난당하는 민중의 아픔과 슬픔, 분노와 열망으로 다져지고 손질된 광야의 작은 오솔길들을 통하여 온다. 넓고 곧은 '왕의 대로'로, '제국의 대로'로 오는 자들은 제국의 군대와 대상인들이다. 그들이 오는 목적은 오직 죽이고 빼앗고 파괴하려는 것이다.


### 마가복음 저자는 왜 '예수의 복음' 이야기에 세례요한을 끌어들였을까?

본문에서 묘사하고 있는 세례요한 모습은 전형적인 북이스라엘의 민중예언자 엘리야의 모습 그대로이다. 열왕기하1:8 구약성서는 민중예언자 엘리야가 죽지 않고 승천했다고 증언한다. 따라서 북이스라엘 민중 사이에서는 이 엘리야가 세상 끝에 다시 세상에 오리라는 믿음이 있었다. 말라기3:23~24 그러면서 유대민중 사이에는 '요한'이 하늘에서 내려온 엘리야라는 유언비어가 나돌았다. 마가9:13 실제로 요한은 광야에서 유목민처럼 입고 먹고 살았다. 요한이 떡도 먹지 않고 포도주도 마시지 않았음으로 유대 지배계층은 그를 미친 사람으로 취급했다. 마태11:8, 누가7:33 그러나 유대민중들은 요한에게서 새로운 민중 메시야의 그림자를 발견했고 그를 열렬히 추종했다.

본문에 의하면 그가 세례요한이라고 불린 것은 그의 활동 중에 두드러진 '죄 탕감을 위한 회개의 세례' 때문이었다. 이것으로써 요한은 일약 유대민중의 절대적 환호를 받는 민중예언자가 되었다. 하지만 요한의 세례는 온 유대사회에 엄청난 파장을 불러 일으켰다. 왜냐하면 요한의 '죄 탕감을 위한 회개의 세례'가 유대종교·사회공동체의 핵심인 '성전과 율법체제'에 대한 중대한 도전이었기 때문이다.

이와 관련하여 유대인들에게 '죄'란 '하나님께 등을 돌리는 것'이다. 또한 '회개'란 하나님께 등을 돌린 죄를 지은 이들이 다시 '하나님께로 돌아가려는 것'이다. 그런데 이것은 유대종교·사회공동체의 핵심인 '성전과 율법체제'와 뗄 레야 뗄 수 없는 관계에 있다. 성전은 유대인들에게는 거룩한 하나님을 가까이 할 수 있는 유일무이한 장소이며, 또한 반드시 성전제사를 통해서라야만 '죄사함'을 요청하고 경험할 수 있기 때문이다.

또 한편 유대인들에게 '율법'은 유대인들의 모든 삶을 규정하고 이끄는 유일무이한 하나님의 계시이다. 오직 율법만이 '하나님께 대한 인간의 죄'를 규정하고 판단하며 심판할 수 있다. 이러한 율법은 본래 구약성서의 '모세오경'을 이르는 것이었는데 히브리어로는 '토라'교훈라고 했다. 그런데 바벨론포로기에 율법이라는 개념이 구약성서 전체에까지 확대되었다.'율법과 선지자' 마태5:17, 로마3:19 이어서 신약시대에 이르러는 할례, 안식일, 정결규정 등 총 613개 조항으로 성문화 된 율법이 존재하게 되었다. 이로써 율법은 유대인들의 삶 전체를 하나하나 규정하고 지배하는 유일무이한 생활법전이 되었다.

이러한 예수시대의 '성전과 율법체제'는 부득불 유대종교·사회공동체 안에 기득권계층과 왕따 계층을 낳을 수밖에 없었다. 실제로 거룩한 하나님이 계시는 성전에 나아가려는 사람이라면 반드시 정결함과 의로움을 유지해야만 했다. 따라서 율법은 정결과 의로움에 대한 구체적이고 세세한 규정을 만들어내야만 했고, 또한 이를 통하여 '성전과 율법체제'에 걸 맞는 배타적이고 독점적인 '의인' 집단이 양성되었다. 그리고 그들은 유대인들의 독특한 신정일체 공동체 안에서 강고한 기득권집단으로 자리 잡았다.

그 첫 번째 기득권집단은 '예루살렘 성전체제'를 중심으로 강력한 기득권을 형성했던 '사두개파'이다. 사두개파라는 이름은 솔로몬의 예루살렘성전 우두머리 사독에서 유래된 것인데,<sup>사무엘하8:17,열왕기상2:35</sup> 주요 구성원들은 유력한 예루살렘 제사장가문과 세속귀족들이다. 예수시대에 이르러 이들은 자신들의 기득권을 지키기 위하여 로마제국 권력자들에게 줄을 대고 청탁을 일삼았다. 그러면서 이들은 로마제국 식민지 지배계층으로서의 종교·정치·사회적인 당파성을 갖게 되었으며 민중들에게는 매국노집단으로 비쳐지기도 했다.

두 번째 기득권집단은 서기관 또는 율법사로 대표되는 '바리새파'이다. 본래 서기관들은 이스라엘 왕조시대의 학자이거나 관리들이었다. 그러다가 바벨론포로기에 예루살렘성전이 파괴되고 율법이 유대인의 생활지주가 되면서 전문적인 종교학자 또는 율법전문가로 행세했다. 이들은 촘촘하고 유기적인 율법규정들을 만들어 민중들의 종교 및 생활을 지배함으로써 기득권을 유지했다. 나아가 일부 바리새인들은 사두개파가 힘을 합쳐 로마제국 식민지의 정치·종교·사법기능을 수행하는 '산헤드린'<sup>식민지의회</sup>을 구성하기도 했다.

그러나 반면에 대부분의 유대민중은 '성전과 율법체제'에 왕따를 당하며 기득권집단의 종교사회적 착취의 대상으로 전락했다. 사두개파와 서기관 바리새인들은 '성전과 율법체제'를 통하여 가난하고 힘없는 유대민중을 왕따시킴으로써 그들의 기득권을 유지하려고 했다. 이렇게 유대종교·사회공동체의 핵심인 '성전과 율법체제'<sup>율법→의인/율법→죄인→성전제사→죄사함</sup>에서 배제된 유대민중은 '하나님의 날'<sup>심판과 구원의 날 예레미야51:47,이사야26:1,27:1</sup>에 이방인들과 다름없이 멸망의 나락으로 떨어져야만 한다. 참으로 유대인으로서 '성전과 율법체제'로부터 죄인이라는 낙인이 찍힌 채, 종교·사회공동체에 왕따를 당하며 절망의 삶을 살아가야만 하는 것은 비극 중에 비극이다.

그 대표적인 왕따 그룹은 구약성서에서 '그 땅의 사람들'이라고 불리던 유대 하층민들이다. 신약성서는 이들을 '군중'<sup>오클로스 ὄχλος</sup>이라고 불렀다. 이들은 '하루벌이 농업노동자', '천대받는 직업에 종사하는 사람들'<sup>짐승몰이꾼/목부/푸주간주인/무두장이/분뇨수거자 등</sup>, '구호금으로 살아가는 빈민들'<sup>과부와 고아 등</sup>, '유다인 노예들' 등이다.

또한 "유대종교·사회공동체에서 배제되는 사람들"<sup>사생아/장애인/난치성질환자, 세리, 창녀 등</sup>은 아예 예루살렘 성전출입 자체가 자유롭지 못했다. 그리고 '유대인으로서의 순수한 혈통을 의심받는 사람들'도 유대종교·사회공동체의 중요한 왕따 그룹 중 하나였다. 실제로 유대인들에게는 "의인은 혈통을 따라서 난다"는 관념이 있었다. 예수의 추종자들이 끊임없이 예수를 다윗의 혈통에 넣으려고 시도하는 것도 이러한 관념 때문이다.<sup>마가12:35</sup> 무엇보다도 예수시대에는 오랜 포로생활 속에서 순수한 혈통이 중요했고, 늘 문제가 되었다. 그래서 유대교 랍비들은 "의인 혈통에서 난 의인의 기도가 불의한 혈통에서 난 아들들이 기도보다 낫다"라고 가르치기도 했다.

이렇게 열거한 유대민중들은 유대종교·사회공동체의 핵심인 '성전과 율법체제'의 피해자들로서 철저한 차별과 왕따를 당했다. 그러므로 시대 끝에 오는 '하나님의 날'마저 1%의 기득권 계층에게는 '하나님의 은총'일 수 있겠지만 그 밖의 99%의 유대민중에게는 '심판의 날'로써 공포와 절망일 수밖에 없었다.

그런데 어느 날, 유대광야에서 유대민중에게 놀랍고 새로운 '복음'이 들려왔다. 바로 요한의 '죄 탕감을 위한 회개의 세례' 선포였다. 이 선포는 유대종교·사회공동체의 기득권을 한순간에 무너뜨렸다. 요한의 '죄 탕감을 위한 회개의 세례' 선포가 유대종교·사회공동체의 핵심인 '성전과 율법체제'를 무용지물로 만들어 해체했기 때문이다. 그러나 요한의 선포에 힘입어 '자신들의 죄를 고백하고 세례를 받음으로써 죄에서 의롭게 되고 정결하게 된 유대민중'은 환호했다. 그것은 지금까지와는 전혀 다른 새로운 '민중 메시야운동의 태동'이었다.

마가복음 저자는 이러한 세례요한의 활동과 민중들의 호응을 매우 긍정적으로 바라보았다. 요한을 예수의 선구자로 보는 것에 대하여도 주저하지 않았다. 물론, 예수와 몇몇 제자들도 세례요한 공동체의 일원이었을 것이 분명하다. 실제로 1C 예수공동체와 요한공동체 사이에는 약간의 갈등과 대립이 있었다. 그것은 예수공동체가 요한공동체에 대한 우월성을 주장하면서 생겨난 것이었다.사도행전19:1-7 이렇게 마가복음 저자는 예수공동체와 세례 요한공동체와의 관계성을 주장함으로써, 예수공동체가 세례 요한공동체의 민중 메시아운동의 발단과 전개 및 성취를 승계하고 있음을 확실히 한다.


### 예수는 갈릴리 민중의 아들 나사렛사람이다.

본문은 예수가 요한에게 세례를 받기 위하여 "갈릴리 나사렛으로부터 왔다"고 한다. 한마디로 "예수는 갈릴리 나사렛사람이다"라는 것이다. 그런데 '갈릴리 나사렛'은 예수시대의 유대종교·사회공동체에서 멸시와 천대의 땅이었다. 구약성서는 일찍부터 갈릴리 지역을 '이방인들의 땅'미가5:15이라고 멸시했다. 나아가 '나사렛'은 유대인들의 수많은 종교·역사문서 어디에도 나타나지 않는 외지이고 궁벽한 산골마을이다. 그래서 사람들은 "나사렛에서 무슨 좋은 것이 나올 수 있겠냐"라고 반문한다.

실제로 갈릴리는 히브리 평등사회 건설시기사사기 참조부터 끊임없이 이방민족들의 침략을 받았고, 혈통으로도 불분명해졌다. 그럼에도 불구하고 갈릴리는 농사짓기에 좋은 기름진 땅들이 많았고, 천혜의 어족자원을 가진 갈릴리 호수도 있었다. 따라서 헬라시대 말기 기원전 165년경에 성립된 유대 '마카비아왕조'마지막왕조는 다시 갈릴리지역을 회복하고 혈통세탁을 한 후 영토에 포함시켰다.

그러한 유대역사와 정치상황 속에서 갈릴리는 피라미드 사회계층구조가 뚜렷했다. 최상층부에는 극소수의 대지주왕과 귀족의 영지와 대상인무역거래이 있었다. 중간층에는 최상층에 봉사하는 세리와 하급관리, 또는 마름들이 있었다. 그리고 소규모 자영농부, 어부, 수공업자들도 있었다. 최하층에는 한해살이 소작농, 농노와 천민, 하루벌이 노동자, 등 대다수의 민중이 자리 잡고 있었다.

그러나 한편, 갈릴리는 유대인들의 종교·정치·사회적 저항운동의 산실이었다. 기원전 63년 로마제국 폼페이우스의 갈릴리 침공이후, AD 132년 '바코흐바' 독립전쟁까지 갈릴리는 유대인들의 모든 민중봉기의 시발점이었다. 헬라시대 이후 로마제국의 식민통치에 대하여 폭력항쟁으로 맞설 것을 주장했던 젤롯당Zealot, 또는 열심당과 자객암살단σικάριοι의 활동무대이었다. 실제로 요세푸스의 유대전쟁사에 의하면 기원전 47년 이방인 헤롯대왕이 유대의 왕이 되었을 때, 그리고 기원전 4년 그가 죽었을 때, AD 66-70년 유대 독립전쟁 때에도 갈릴리로부터 저항의 봉화가 타올랐다. 예수는 바로 이러한 갈릴리 민중의 아들로 태어나 짧은 생애를 사는 동안 '갈릴리 나사렛사람'이라고 불렸다.

## 민중의 하늘이 열리다.

예수가 세례를 받을 때에, 하늘이 열리고, 영이 자신에게 내려오는 것을 보며, 하늘의 소리를 들었을까?

역사에 대한 과학실증주의 편집증이 아니라면, 그것은 진실이다. 마가복음 저자는 장엄하게 이 사건을 묘사하고 있다. '하늘이 열렸다. 그리고 하나님의 영이 비둘기처럼 나사렛 사람 예수에게 내려왔다.' 하늘 위에 계신 하나님과 땅을 딛고 사는 사람이 서로 상통하게 된 것이다. 예수는 분명히 하늘이 열리고, 자신에게 하나님의 영이 내려오는 것을 보며, 하나님이 말씀하시는 것을 들었을 것이다. 그것은 예수의 분명한 체험이었다. 이때의 체험이 예수에게 강한 소명의식을 일깨웠을 것이다. 그 이후 예수는 가족과 친척, 그리고 직업마저 버리고 이 땅의 하나님 나라하나님이 오심를 선포했으며, 그 일에 헌신하는 삶을 살았다. 예수는 하나님나라를 위하여 죽음도 마다하지 않았다. 나아가 실제로 예수는 하나님을 '아빠'라고 불렀고, 사람들에게도 가르쳤으며 그렇게 부르라고 요청했다.

그런데 여기서, 구약성서의 우주관에 의하면 하늘은 판판하고 얇고 둥근 금속판창세기1:7-8,말라기3:10으로써 사람땅과 하늘 세계를 나누고 있었다. 고대 지중해지역의 신학에서 하나님은 절대타자로 계셔야만 했고, 그 하나님의 유배의 자리가 곧 하늘이었다. 따라서 하나님은 때때로 하늘 문을 열어서 땅을 간섭하셔야 했는데, 대부분은 심판을 통한 간섭이었다.

하지만 본문에서 마가복음 저자는 하늘이 '열리고' 하나님의영이 비둘기처럼 예수에게 내려왔다고 보고한다. 저자는 이때의 놀라운 광경을 '하늘이 열리면서'라고 표현 했는데, 문자적으로는 '찢다'이다. 하나님이 하늘을 찢으셨다. 하나님은 찢어진 하늘을 수리 할 생각이 전혀 없으시다. 하나님은 그 찢어진 하늘, 절대타자의 유배지에서 탈출하여 사람들의 삶 속으로 오셨다. 특별히 갈릴리 민중의 아들 나사렛사람 예수의 인생 속으로 오셨다. 그 예수를 통하여 이 땅 민중의 하나님이 되신 것이다. 이제 하나님은 예수를 통하여 오늘 이 땅의 민중의 삶의 자리에 오시고, 민중과 함께 사신다. 누구든지 하나님의 영의 은총을 거부하지 않는 사람이라면 이 땅에서 하나님의 영의 사람으로 살 수 있게 된 것이다.

또한 본문에 의하면 "너는 나의 사랑하는 아들이다. 내가 너를 어여삐 여겼노라!"라는 하나님의 말씀이 있었다. 실제로 유대종교·사회공동체 전통에는 하나님의 예언자가 새로운 왕에게 기름을 붓고 '너는 내 아들이다'라고 선포하곤 했다.시편2:7 그런데 본문에서는 하나님께서 친히 갈릴리 민중의 아들 나사렛사람 예수에게 오셔서 "너는 나의 사랑하는 아들이다"라고 말씀하신다. 하나님이 갈릴리 민중의 아들 나사렛 사람 예수에게 "너와 나는 부자지간이며 너는 양자가 아니라 내 사랑하는 아들이다"라고 소리치신 것이다. 이로써 예수는 평생 하나님을 아빠라고 부르며, 누구에게나 그렇게 가르치고, 그렇게 부르라고 요청했다.

더불어 하나님은 예수에게 "내가 너를 어여삐 여겼노라"라고 외치신다. 하나님께서 특별한 일을 맡기시려고 갈릴리 민중의 아들 나사렛예수를 선택했다는 의미이다. 그런데 여기서 마가복음 저자는 "어여삐 여겼노라"는 하나님의 말씀을 이사야 42:1에서 인용한다. 이로써 저자는 하나님이 예수에게 맡긴 역할을 '야훼의 종'하나님의 종으로 강조한다. 예수가 하나님의 종으로서 이 땅의 민중을 위하여 보냄 받은 '고난 받는 종'이라는 것이다.

그렇다면 '하나님의 종의 고난'은 무엇일까? 그것은 '시대마다 하나님의 정의를 세우기 위하여 당하는 민중의 고난'이다. 민중의 고난은 하나님이 위기에 처한 시대의 민중을 붙잡아 지키시고 가르쳐 기르시며 다시 세우시는 과정이다. 그것은 시대의 민중을 위한 하나님의 전인적이고 포괄적인 삶의 해방이며 구원이다. 하나님의 종은 하나님으로부터 받은 이러한 시대적 사명을 실천하느라 고난을 받는다. 무엇보다도 하나님의 정의를 무시하는 시대의 종교·정치·사회 기득권 계층들로부터 채찍을 맞고, 찔림을 당하며, 억울한 죄를 뒤집어쓰게 된다.

그러므로 시대의 하나님의 종의 고난은 시대의 억압과 폭력, 불의와 불평등, 모순과 위기를 드러낸다. 그러하기에 하나님의 종의 고난은 그 시대의 민중의 고난과 하나이다. 하나님의 종은 그 시대의 민중의 고난을 몸으로 대변한다. 그럼으로써 그 시대의 민중에게 하나님의 생명과 평화, 정의와 평등, 하나님의 샬롬 세상에 대한 열망을 증폭한다. 그렇게 하나님의 종의 고난은 세상을 변혁하고 새로운 민중의 삶의 자리를 열어가는 출발점이다.

그렇다고 한다면, 갈릴리 민중의 아들 나사렛사람 예수의 '민중의 하늘이 열리는 영적체험'은 결코 그 만의 것일 수 없다. 그것은 예수의 제자들의 체험이었고, 나아가 마가복음 저자와 예수 신앙공동체의 체험이었다. 또한 오늘날 21C 한국 민중의 삶의 체험이다. 실제로 예수의 제자들은 예수의 선포와 행동과 그의 삶을 통하여 예수의 체험에 동참할 수 있었다. 또한 예수의 죽음과 부활에 대한 제자들의 체험을 통해서 예수가 '하나님 영의 사람'이며 '하나님의 아들'이라는 것을 확신하였다. 그리고 1C 예수공동체는 예수의 제자들로부터 '하나님 영의 사람'이며 '하나님의 아들'이었던 예수를 전수받았다. 그러므로 오늘 우리도 본문을 통하여 하나님 영의 사람, 하나님이 어여삐 여기고 사랑하는 아들이었던 예수를 체험 할 수 있다. 나아가 오늘의 우리의 신앙 삶을 통하여 그 예수를 미래로 전수 할 수 있을 것이다.

# 2. 생명바람, 성령바람, 하나님 영의 사람 예수

## 읽기

땅은 모양도 없었고, 아무것도 생겨나지 않았으며, 깊음의 물위에 깜깜한 어둠만 있었다. 하나님의 '생명 기운'이 그 위를 휘돌고 있었다.

창세기 1:2

그때 야훼 하나님이 진흙으로 사람을 빚으셨다. 그리고는 그의 코에 살아있는 하나님의 숨을 불어넣으셨다. 그래서 사람이 살아있는 생명이 되었다.

창세기 2:7

마침내 높은 곳으로부터 영이 우리 위에 부어질 것이다. 그리하여 광야는 과수원정원이 되고, 과수원은 가시덤불로 간주될 것이다. 그러므로 광야에는 법이 머무르고, 과수원에는 정의가 거주할 것이다. 그 정의를 행하는 것이 평화이고, 그 정의의 결실은 영원한 평강과 안전이다.

이사야 32 : 15−17

그런데 예수가 물에서 나아오자, 곧바로 하늘이 열리면서 영이 비둘기처럼 자신에게 내려오는 것을 보았다. 그러면서 하늘로부터 소리가 있었다. "너는 나의 사랑하는 아들이다. 내가 너를 어여삐 여겼노라!"

마가복음 1:10-11


주님의 영이 내게 내리셨다.
이는, 주님이 내게 기름을 부으셨기 때문이다.
주님이 나를 보내셨다.
가난한 자에게 복음을 전하라고
포로 된 자에게 해방을 선포하라고
또한 눈먼 자들에게 다시 봄을 선포하라고
억눌린 자들을 해방하여 보내라고
주님의 은혜의 해를 선포하라고.

누가복음 4:18


## 들어가는 말

세계 기독교회 역사상 지금의 한국 기독교회처럼 이단이 많은 나라는 별로 많지 않을 것이다. 요즈음 많은 기독교회들이 무서워하고 떠는 이단이 있는데 바로 신천지이다. 그 이외도 신사도운동, 빈야드 은사운동토론토 빈야드교회, 백투더 예루살렘운동 등, 수많은 이단들이 이야기 되고 있다.

특별히, 신천지 이단에 대한 교회들의 반응을 살펴보면 거의 히스테리 증상에 가깝다. 두려움과 공포, 절망과 분노, 저주와 폭력을 동반한 구호와 행동들이 표출하고 있다. 한마디로 종교 공황장애를 드러내고 있는 것이다. 그런데 한국교회에서 회자되고 있는 이단들에 대한 핵심논란은 영, 또는 성령에 대한 이해와 경험과 해석의 문제이다. 이단이나 전통교회들을 막론하고 한결같이 성령에 대한 미신적이고, 광적이며, 사이비한 열망을 가지고 있다. 성령에 대한 터무니없는 오해와 편견에 휩싸여 교회와 교우들을 힘들게 하고 있는 것이다. 한마디로 성령을 사익과 탐욕을 위한 힘과 헤게모니의 도구로 삼아 아귀다툼을 벌이고 있는 상황이다. 따라서 본문에 기대어 "성령이란 무엇인가?" "성령의 역할과 사역은 무엇인가?" "하나님 영의 사람은 무엇인가?" 등을 살펴보고자 한다.

## 이끄는 말

그렇다면 하나님 영, 성령이란 무엇일까? 우리말 성서에서 영, 또는 성령으로 옮겨진 구약성서의 히브리어 낱말은 '루아흐'이다. 신약성서 헬라어로는 '프뉴마'πνεῦμα라고 한다. 문자적으로는 '바람, 숨'을 뜻한다. 특별히 본문 창세기 1:2에서는 '하나님의 생명바람, 또는 생명기운'이다. 창세기 2:7에서는 '살아있는 하나님의 숨'이기도 하다. 성서는 하나님의 창조활동을 보고하면서 태초에 생명의 가능성마저도 전혀 발견 할 수 없는 반생명의 '깜깜함'만이 있었다고 진술한다. 이 깜깜함을 히브리어로 '호쉐크'라고 하는데 생명 기운을 전혀 느낄 수 없는 깜깜한 어둠을 의미한다. 성서는 이 깜깜한 어둠이 넘실거리는 '깊음의 물' 위를 짓누르고 있었다고 표현한다. 그러면서 하나님의 생명기운, 생명바람이 그 모든 것들의 위를 휘돌고 있었다고 보고한다.

성서는 하나님께서 당신의 생명 바람힘으로 반생명의 깜깜함과 넘실대는 깊음의 물들을 몰아내고 하늘과 땅, 천지만물을 창조하셨다고 보고한다. 이어서 하나님은 진흙으로 사람을 빚으신 후, 코에 '살아있는 하나님의 숨 – 니쉐마트 하이임'을 불어넣으신다. 이로써 사람이 '살아있는 생명체 – 네페쉬 하이야'가 되었다고 한다. 여기서 히브리어 '네쉐마'는 숨, 호흡을 의미한다. 또한 '네페쉬'는 문자적으로 목구멍인데 곧 '네페쉬 하이야' – 생명이 된다.

이로써 하나님의 창조사건의 도드라지는 참뜻은 '생명'이다. 나아가 하나님의 영, 성령은 하나님의 생명바람이며 생명의 숨이다. 하나님은 자신의 생명바람을 사람에게 주셨고, 이로 인해 사람은 살아있는 생명이 되었다. 사람의 생명은 자연으로부터가 아니라, 살아있는 하나님의 생명의 바람, 생명의 숨을 빌려서 얻은 것이다. 사람이 하나님의 생명바람, 살아있는 하나님의 숨을 힘입어서 '생명'이 되었다는 것은 곧, 하나님과 사람이 더불어 하나의 생명공동체가 되었다는 말이다.

이러한 성서의 진리를 헬라적 사고의 틀 속에서 이원론적으로 '육체/영혼'으로 구분하여 이해하는 것은 큰 오해이다. 아시다시피 고대 헬라의 사고와 철학은 '이데아'라는 본질의 세계와 무가치하고 악한 현상의 '세계'가 철저하게 단절되어 있다는 세계관을 가지고 있다. 이러한 세계관은 로마제국을 거쳐 오늘날 서구문명의 토대가 되었다. 물론, 현대에 이르러는 온 지구촌이 서구문명의 영향 하에 있다. 사람을 육과 영으로 구분하여 이해하는 것이 자연스러울 수 있는 것이다. 그러나 그렇다할지라도 육과 영은 따로따로가 아니다. 사람은 하나님의 생명바람, 생명의 숨으로 인한 온전한 생명체이기 때문이다.

따라서 오늘날 한국교회가 하나님의 영, 성령을 사람의 몸에서 떼어냄으로써, 사이비한 마술의 도구로 만들어, 사익을 위한 돈벌이로 사용하는 행태는 죄악이다. 또한 교회지도자들이 하나님의 영을 특별하고 사적인 종교적 카리스마로 은폐하는 것은 하나님의 뜻이 전혀 아니다. 그렇게 성령을 사람의 몸에서 떼어내어 사익과 욕망의 도구로 강조하고, 특별하고 사적인 카리스마로 은폐하는 것은, 종교 사기이며, 사이비 종교행태에 불과하다.

그러므로 성서의 가르침대로 하나님의 영, 성령은 생명바람, 생명의 숨으로써 사람의 생명의 근거이고 실체이다. 하나님과 사람과 자연, 하나님의 창조생명공동체 생명평화의 토대이다. 사람은 아주 자연스럽게 성령의 역할과 활동을 통하여 하나님의 거룩한 성령을 체험하고 분별할 수 있을 뿐이다.

그렇다면 하나님의 생명바람, 생명의 숨으로써 성령은 하나님의 생명공동체 안에서 어떠한 역할을 할까?

성서는 하나님의 영이 어떤 사람에게 또는 공동체에게 강력하고 특별한 영향을 미치기도 한다고 보고한다. 본문 이사야서에서는 강대국 아시리아의 침략으로 인해 절망과 죽음의 나락으로 떨어진 사람들에게 하나님의 영이 부어질 것이라고 한다. 그럼으로써 광야와 같은 절망과 죽음의 삶의 자리가 상록수가 우거진 정원처럼, 과수원처럼 변할 것이라고 한다. 또한 도리어 전쟁과 죽임으로 약탈한 제국의 과수원은 가시덤불로 여겨질 것이라고 한다. 한마디로 하나님의 영은 사람들의 절망과 죽음의 삶의 자리에서 놀라운 삶의 변혁운동을 일으킨다. 이사야 본문에서처럼 아시리아제국의 피와 전쟁과 죽음, 절망과 공포에 저항하는 생명평화세상을 꿈꾸게 한다. 아시리아제국에 기대어 사익과 탐욕을 추구하던 삶을 청산하고 정의와 평등세상으로 나아가게 한다.

그러므로 오늘날에도, 하나님의 영의 역할은 무슨 몹쓸 병이나 고쳐주고 헌금이나 챙기려는 산속 기도원의 마술이 아니다. 또한 무슨 요란한 방언이나 보철한 이빨을 금이빨로 바꿔주는 기적이나 일으키면서, 교회를 부흥시키려는 대형교회의 전도 사기술도 아니다. 물론, 중한 질병을 앓으며 절망에 빠진 사람들이 성령의 은총에 힙 입어 건강을 되찾기도 한다. 하지만 그것은 하나님의 정의, 생명평화가 위협당하는 오늘의 맘몬 자본세상에서 하나님 영의 본질적이고 순수한 역할이 아니다. 하나님은 하나님 없는 세상, 맘몬·자본의 질서와 가치가 지배하는 세상을 하나님의 생명평화세상으로 변혁하기를 원하신다. 하나님의 영으로 충만한 이들의 참된 신앙실천행동을 통하여 이 땅의 하나님나라를 이루어가기를 바라신다. 이러한 신앙실천행동을 통하여 하나님의 정의와 평등, 생명과 평화가 넘치는 하나님의 창조생명공동체를 회복하라고 요청하신다.

이렇게, 하나님의 영으로 충만한 이들의 맘몬자본 세상에 대한 저항과 정의·평등 실천행동이야말로 이 땅에서 하나님의 생명평화세상을 여는 지름길이다. 참으로, 하나님은 하나님의 영으로 충만한 이들과 함께 맘몬·자본세상에 대한 저항과 신앙실천행동을 통하여 이 땅의 하나님나라를 건설해 나가신다.

그러한 점에서 우리는 이렇게 하나님의 영으로 충만하신 분을 잘 안다. 그분은 바로 '갈릴리 민중의 아들 나사렛사람 예수'다. 우리는 그 예수의 제자임을 자처한다. 우리는 예수를 우리 삶의 동지로, 스승으로, 주님으로 모시고 살아간다. 2000년 전, 하나님께서 갈릴리 민중의 아들 나사렛사람 예수의 인생 속으로 오셨다. 하나님은 하나님의 영의 사람 갈릴리 나사렛 예수를 통하여 이 땅의 민중들의 삶의 자리에 함께하시는 하나님을 계시하셨다. 이제, 하나님은 하나님의 영의 사람 예수를 통하여 오늘 이 땅의 민중의 삶의 자리에 오신다. 오늘 이 땅의 민중들과 함께 사신다. 누구든지 하나님의 영의 은총을 거부하지 않는다면 이 땅에서 하나님의 영의 사람으로 살 수 있게 된 것이다.

본문에서 하나님은 하나님의 영의 사람 예수에게 "너는 나의 사랑하는 아들이다. 내가 너를 어여삐 여겼노라!"라는 말씀하신다. 실제로, 구약성서에서는 하나님의 예언자가 새로운 왕에게 하나님의 이름으로 기름을 붓고 "너는 내 아들이다"라고 선포하곤 했다. 이로써 이스라엘 백성에게 새로

운 왕이 하나님의 양자임을 강조했던 것이다.시편2:7

그러나 오늘 본문에서는 하나님께서 친히 갈릴리 민중의 아들 나사렛사람 예수에게 오셔서 "너는 나의 사랑하는 아들이다"라고 말씀하신다. 하나님은 왕이 아니라, '갈릴리 민중의 아들 나사렛예수'에게 "너는 양자가 아니라 내 사랑하는 아들이다"라고 선포하신 것이다. 이로써 예수는 평생토록 하나님을 '아빠'라고 부르셨다. 누구에게나 그렇게 가르치셨다. 또한 그렇게 부르라고 요청하셨다.

더불어 하나님은 하나님의 영의 사람 예수를 그 시대의 민중을 위한 '고난 받는 하나님의 종'으로 보내셨다. 그럼으로 오늘 본문에서 하나님의 영의 사람 예수는 로마제국과 유대종교 기득권자들을 향하여 이렇게 출사표를 던지신다.

주님의 영이 내게 내리셨다.
이는, 주님이 내게 기름을 부으셨기 때문이다.
주님이 나를 보내셨다.
가난한 자에게 복음을 전하라고
포로 된 자에게 해방을 선포하라고
또한 눈먼 자들에게 다시 봄을 선포하라고
억눌린 자들을 해방하여 보내라고.

시대의 하나님의 영의 사람이 그 시대의 불의와 죄악으로부터 고난을 당하는 것은 어쩌면 당연한 일이다. 하나님의 영의 사람이 당하는 고난이 그 시대의 억압과 폭력, 불의와 불평등, 모순과 위기를 만천하에 드러내기 때문이다. 그러하기에 하나님의 영의 사람이 당하는 고난은 그 시대의 민중들의 고난과 하나이다. 하나님의 영의 사람은 그 시대의 민중의 고난을 온몸으로 대변한다. 그럼으로써 그 시대의 민중에게 하나님의 생명과 평화, 정의와 평등, 그 땅의 하나님나라에 대한 열망을 증폭시킨다. 그렇게 하나님의 영의 사람이 받는 고난은 세상을 변혁하고, 새로운 민중의 삶의 자리를 열어가는 출발점이다.

## 맺는 말

21C 우리는 예수신앙인으로써 '하나님의 영의 사람'이며 '하나님의 아들'이었던 예수를 전수받았다. 오늘 우리는 하나님의 영의 사람, 갈릴리민중의 아들 나사렛사람 예수의 제자이다. 하나님의 영의 사람 예수는 우리의 삶의 동지이고, 스승이시며, 주님이시다. 더불어 하나님의 영의 사람, 갈릴리민중의 아들 나사렛사람 예수의 고난과 삶과 십자가는 오늘 우리의 고난이고, 삶이며, 십자가이다.

나아가 오늘 우리는 우리시대의 하나님의 영의 사람으로서, 우리의 삶의 동지이고 스승이시며 주님이신 예수를 미래로 전수해야 한다. 오늘 우리는 우리시대의 맘몬자본의 질서와 가치에 저항하고 정의와 평등, 생명 평화세상을 이루어가는 예수신앙 실청행동을 통하여 이 사명을 감당해 나가야 한다.

# 3. 민중예수, 하나님 나라를 선포하다

**마가복음** 1:14-15

## 읽기

요한이 체포된 후에

예수가 하나님의 복음을 선포하며 갈릴리로 갔다.

예수가 말하기를

이미 때가 채워졌소!

이미 하나님나라가 가까이 왔소!

여러분! 회개하시오.

여러분! 복음을 신앙하시오.

## 예수의 복음 선포, 유대광야로부터 갈릴리로, 그리고 또 어디로?

누가복음에 의하면 세례요한은 로마제국 '티베리오 황제' 15년에 활동을 시작했다고 한다.<sup>누가3:1</sup> 서기로 계산하면 27-28년이다. 그런데 유대민중은 세례요한을 메시야로 기대하기도 했고, 또 그렇게 여기기도 했던 것 같다.<sup>요</sup>

한1:19-20 왜냐하면 세례요한이 유대종교·사회공동체의 기득권집단과 로마 제국을 비판하고 적대적인 행동을 일삼았기 때문이다. 특별히 세례요한은 로마제국의 갈릴리 분봉왕 '헤롯 안티파스'에게 정치.사회·종교·윤리적인 비난을 퍼부었다. 그로 인해 헤롯 안티파스는 세례요한을 눈엣가시처럼 여겼다. 그리고 마침내 세례요한을 체포해서 사해 동쪽의 마켈루스 요새에 가두어 두었다가, 끝내는 처형하였다. 마가6:17-29, 요세푸스 『유대고대사』

이와 관련하여 마가복음 저자는 "세례요한이 체포되어 옥에 갇힌 이후에야 예수의 공식 활동이 시작되었다"라고 보고한다. 이것은 아마도 예수와 세례요한 공동체와의 관계로 인한 것일 터인데, 이로써 마가복음 저자는 예수공동체가 세례요한 공동체운동을 승계하고 있음을 분명히 한다.요한복음1:36-42 따라서 예수의 추종자들 중에는 예수가 세례요한의 환생인줄로 착각하는 이들도 있었다. 마가6:14,8:28 그러나 세례요한의 세례운동과 예수의 하나님나라복음활동에는 너무도 확연한 차이가 있었다.

먼저, 장소의 차이이다. 세례요한은 예루살렘과 멀지 않은 유대광야를 활동무대로 삼았다. 또한 세례요한의 '죄 탕감을 위한 회개의 세례' 선포대상은 전적으로 유대민중이다. 한마디로 세례요한의 세례운동은 예루살렘성전에서 유대광야로의 이동이었다. 반면 예수는 이스라엘 최 변방 갈릴리를 복음 선포하나님나라 활동의 무대로 삼았다. 예수는 갈릴리 민중의 아들로서, 유대종교·사회공동체의 일원이라는 자긍심마저 가질 수 없었던 갈릴리 하층민에게 하나님나라를 선포했다. 따라서 예수의 하나님나라운동은 유대광야에서 이스라엘 최 변방 갈릴리로의 이동이었다. 즉, 하나님나라가 정통 유대인들로부터 유대인의 정체성마저 모호한 변방인들에게 확산 되어 나간 것이다. 나아가 예수의 죽음과 부활이후 1C 예수공동체운동은 갈릴리를 넘어 이방세계로 확산되었다. 더 나아가 예수의 하나님나라운동은 세대를 넘어 2000년 하나님나라 운동역사 속에서 전 지구촌의 민중들에게로, 마침내는 21C 한국 민중에게로 까지 전수 되었다.

그렇다면 1C 예수공동체의 땅 끝까지 내달리려는 예수의 복음운동의 기세에 비유하여 오늘날 '복음의 땅 끝'은 어디일까? 그것은 분명히 인종을 넘어, 국가와 민족을 넘어, 문화와 세대의 차이를 넘어, '민중의 고통과 억압이 있는 곳'임이 틀림없다.

두 번째, 세례요한의 세례운동과 예수 복음운동의 차이점은 장소뿐만이 아니라, 내용에서도 현격한 차이가 있다. 세례요한은 '죄 탕감을 위한 회개의 세례'를 선포함으로써 유대종교·사회공동체의 핵심인 율법과 성전체제의 억압과 착취로부터 유대 민중을 해방시켰다. 나아가 세례요한은 다가오는 '하나님의 날'을 예감하고 유대 민중들에게 "회개하라"고 요구했다. 그렇다면 세례요한에게 있어서 '하나님의 날'은 무엇일까? 그것은 '하나님의 심판'이다. 세례요한에게 하나님의 날은 '하나님이 친히 세상을 심판하러 오시는 날'이다. [마태3:10-12] 그러므로 세례요한이 보기에는 '하나님께 멀리 돌아서 있는 유대민중들은 속히 하나님께로 돌아서야' 했다. 그러면서도, 세례요한은 '유대종교·사회공동체 기득권집단들이 심판을 면할 수 없다는 것'을 확실히 했다. [마태3:7-8,누가3:7-9] 나아가 세례요한은 유대민중에게 '각자의 신분에 맞는 회개의 열매'를 촉구했다. 세례요한은 유대군중들에게는 나눔을, 관료나 세관원에게는 정직을, 군인들[로마제국 분봉왕 헤롯안티파스의 군인]에게는 약탈금지를 요청한다. [누가3:10-14]

그러나 예수에게는 명백하게 '가까이 와 있는 하나님의 날이야말로 죄인에 대한 심판이 아니라, 하나님의 절대적 사랑과 용서'이다. 그러므로 예수의 '하나님의 날'은 '유대민중들에게 뿐만 아니라, 온 인류에게 미치는 큰 기쁨의 좋은 소식'이다. 물론 그것은 분명하게, 로마제국이나 유대종교·사회공동체 기득권집단의 범죄행위에 대한 시대적이고 현실적인 징벌이기도 하다. 왜냐하면 예수의 하나님나라는 그들의 제국주의적 약탈과 독점과 사익의 토대를 해체하는 것이기 때문이다. 그렇더라도 예수의 하나님나라의 근본적 내용은 '하나님의 자비와 사랑과 용서의 통치'이다. 하나님의 자비와 사랑과 용서의 통치는 결코 심판일 수 없다. 그것은 오직 사랑이다. 혹여 그것이 징벌로 보일지라도 궁극적으로는 자비와 용서와 사랑일 뿐이다. 왜냐하면 예수의 하나님나라 운동의 구체적인 표현과 실천행동이 연대와 참여, 자유와 평등, 정의와 평화이기 때문이다. 한마디로 예수의 하나님나라는 '하나님의 살롬 세상'이다.

그럼에도 불구하고 다만, 제국주의 약탈과 독점과 사익에 목말라 있는 자들에게는 공동체적 나눔과 평등이 한없이 불편할 수도 있을 것이다.

세 번째, 세례요한의 세례운동과 예수 복음운동의 차이점은 내용에서뿐만이 아니라, 실천적인 삶의 마당에서도 현격한 차이가 있다. 세례요한은 유대민중에게 설교를 했다. 세례요한은 유대민중에게 '죄 탕감을 위한 회개의 세례'를 선포 했지만, 정작 유대민중이 그와 가까이 하기에는 거리가 있었던 것 같다.마가1:4,6 그러나 예수의 하나님나라는 설교가 아니었다. 예수의 하나님나라는 실천의 영역으로써 구체적이고 현실적인 삶의 문제점였다. 곧 예수의 하나님나라는 '실천적인 민중의 삶의 마당'이었던 것이다.

이를 위해 예수는 갈릴리 민중들과 하나가 되었다. 예수는 유대종교·사회공동체의 죄인, 세리, 창녀들과 함께 공동밥상을 차리는 것을 꺼려하지 않았다. 사실 고대 지중해세계에서, 특별히 피라미드식 제국주의 신분계층 사회구조에서 공동밥상은 아주 친밀한 형태의 사귐이다. 따라서 상류층은 상류층끼리, 중산층은 중산층끼리, 하층민은 하층민 끼리, 끼리끼리의 밥상공동체가 이루어질 수밖에 없었다. 물론 하층민일지라도 죄인들과 창녀들과는 밥상을 함께 할 수 없는 일이었다. 따라서 예수가 죄인들과 창녀들과 어울려 공동밥상을 차린 것은 유대종교·사회공동체 안에서 일대 '스캔들'이었다. 또한 더불어 그것은 유대종교·사회공동체 안에서 가난하고 억눌린 사람들에게 일말의 기적과 같은 것이었다.

이처럼, 예수는 먹보요 술꾼이라는 놀림에다가 세리와 죄인과 창녀의 친구라는 비난을 당하면서까지 갈릴리 민중들과의 공동밥상을 실천했다.마태11:19,누가7:34 그럼으로써 예수는 그들의 고단한 삶의 마당에서 그들과 친구이었고, 이웃이었으며, 동지이었다. 그렇게 예수는 그들과 어울려 그들에게 씌워진 죄인이라는 멍에를 벗기고, 낙인을 지우며, 그들을 하나님나라 일꾼으로 일으켜 세웠다. 나아가 그들 스스로가 하나님 나라의 일꾼임을 자임하게 했다. 그렇게 예수는 그들을 로마제국과 유대종교·사회공동체 기득권집단의 노예적 삶에서 해방하고 구원해 냈던 것이다.

그러므로 갈릴리 민중의 아들 예수가 갈릴리 민중과 함께 먹고 마시고 함께 삶을 나누는 하나님나라 실천운동은 참으로 유쾌하다. 또한 갈릴리 민중의 삶의 마당에서의 예수의 하나님나라 실천운동은 놀라운 전염성과 유전성이 있다. 실제로 예수의 하나님 나라 실천운동은 인종과 세대와 문화와 역사를 넘어 오늘 21C 한국 민중에게 까지 전염되고 있다. 이점에서 21C 한국교회는 서구 제국주의 종교이데올로기와 신자유주의 맘몬·자본 세상의 슬픔과 절망과 단절의 사회구조 모순을 깨부수고 민중들의 삶의 마당으로 뛰쳐나와야 한다. 그럼으로써 21C 한국 민중의 삶의 마당에 연대하고 참여하며 소통하는 예수의 하나님나라 실천운동에 적극 나서야 한다. 이제 21C 한국교회가 민중과 함께 한판 큰 삶의 대동잔치를 벌여야 할 때가 가까이 다가오고 있다.

### '카이로스', 민중의 때가 이르렀다.

유대인들의 시간개념, 특별히 성서의 시간개념은 서구인들의 직선적이고 물리적인 시간개념과 전혀 다르다. 물론, 오늘에 이르러 서구인들뿐만 아니라 모든 현대인들에게 현실 시간개념은 달력에 표시할 수 있고 계산해 볼 수도 있는 물리적 시간이다. 하지만 성서의 시간은 물리적인 것이 아니라 '삶'이다. 즉 '사건의 시간'이다. 성서의 시간은 하나님<sup>무한</sup>과 사람<sup>유한</sup>이 함께하는 활동의 여부, 또는 '그 여지'이다. 더 구체적으로는 하나님과 사람이 함께 하는 삶의 활동 무대와 장소이기도 하다. 이점에서 성서의 시간은 윤회적 이라고 할 수 도 있지만, 그러기에는 또한 전혀 새롭다. 한마디로 성서의 시간은 하나님의 새로운 사건에 대한 기대와 하나님이 새로운 사건을 일으키신다는 믿음 때문에 전혀 윤회적 이지 않다. 창세기1:1,6:1,9:20

신약성서는 이러한 삶의 시간, 사건의 시간 개념을 표시하는 용어로 '카이로스'<sup>καιρός</sup>라는 낱말을 사용한다. 또한 일정한 기간이나 한정된 시간을 표시하는 것으로써 '호라'<sup>ὥρα</sup>라는 낱말을 사용한다. 마가14:37,요2:4 그리고 일반적인 시간과 연대를 표시하는 것으로써 '크로노스'<sup>χρόνος</sup>라는 낱말을 사용한다. 마태2:7,히브리서11:32

여기서 본문의 '카이로스'는 바야흐로 무르익은 하나님의 사건으로써 '하나님나라의 때'이다. 그런데 이것은 시간이 흘러서, 세대가 지나서, 윤회적인 경과로, 또는 물리적 순차를 따라 오는 것이 아니다. 바야흐로 하나님나라의 때는 하나님께서 일을 벌이실 기회가 무르익었고, 마침내 시대의 상황이 맞아 떨어졌기 때문이다. 그러므로 예수의 하나님나라는 이미 예수의 복음 선포와 그의 행동과 삶의 현실 안에서 그 기운이 차고 충만한 상태라서 도저히 가릴 수도, 감출수도, 억제할 수도 없게 된 것이다.

물론 이러한 '때'에 대한 예감은 유대종교·사회공동체 안에서의 다양한 묵시문학에서도 엿볼 수 있다. 묵시문학은 헬라의 통일된 세계문화의 영향에서 비롯되었다. 헬라시대에는 하나의 문화, 하나의 인류라는 인식이 팽배했다. 그래서 인류의 모든 진보의 목표가 이제 곧 드러날 것처럼 보였다. 그러나 유대종교·사회공동체의 역사인식 안에서 궁극적 역사의 완성은 유대종교·사회공동체가 이미 알고 있고, 경험해오고 있는 하나님만이 해낼 수 있는 것이었다. 그 점에서 현 세계가 어떻게 진보되어가든, 어떠한 상황에 처해지든 그것은 유대종교·사회공동체의 하나님과는 무관한 일이었다. 현 세계는 하나님을 모를 뿐만 아니라, 그 하나님을 떠나 있으면서 스스로를 신의 세계라고 여기는 오만과 불신으로 가득 차 있기 때문이다. 그러므로 현 세계는 내적인 모순과 비 신앙, 그로 이한 비인간성 때문에 스스로 멸망하게 될 것이 분명하다고 생각했다.

그 점에서 이 세계는 이미 지나간 세계이다. 이제 묵시론 자들은 묵은 이 시대가 가고 하나님의 뜻을 쫓아 살아온 사람들만이 들어 갈수 있는 새 시대를 기대한다. 여기서 유대종교·사회공동체의 미래를 예견하는 묵시론 자들은 새 시대의 '은밀한 것을 나타내시는' 하나님을 통하여 미래를 전망했다.다니엘2장,7-12장 그런데 묵시론자들은 그들만의 신화와 암호와 상징들로 새 시대의 구원의 희망을 표현함으로 인해 일반인들에게 매우 낯설고 괴기스럽기까지 하다. 또한 묵시론 자들은 그들이 경험한 묵시를 통하여 세상의 종말파멸을 시대의 종말심판과 하나로 보려는 유혹에 빠진다. 하지만 세상의 종말이 묵시론자들의 기대에 어긋나면 곧 세상과 묵시는 다시 분리되곤 한다.

그러나 예수의 하나님 나라의 때는 종말적 심판의 때가 아니다. 묵시론 자들의 배타적이고 독점적이며 우주적인 권리와 보상과 기득권도 아니다. 물론 그것은 우주적 쇼를 통한 세상의 멸망과 종말 이후에 열리는 새로운 시대도 아니다. 예수의 하나님 나라의 때는 안으로부터의 충실 이고, 아래로부터의 성장이며, 과거로부터 현재에 미치는 충만 이다. 동시에 그것은 위로부터 쏟아져 들어오는 간섭이며 미래로부터 가까이 달려오는 침투이다.

그러므로 '마침내 이미 때가 채워졌다' 이제, 갈릴리 민중예수는 21C 한국 민중에게도 하나님나라가 "이미 가까이 왔다"라고 선포하신다. 지금, 여기, 이곳에 하나님나라가 우리 손에 잡힐 듯이 우리의 면전으로 짖쳐들 어오고 있다. 해방과 구원, 생명과 평화의 하나님이 우리를 찾아 오셔서 우리에게 손짓하신다. 이제 두말 할 필요도 없이, 한국교회는 신자유주의 맘몬·자본 세상의 노예 사슬을 벗어 던지고, 두 팔 벌려 예수의 하나님나라를 맞이해야 한다. 예수의 하나님나라를 영접하고 받아들여서 힘차게 신앙실천행동 하는 일만 남아 있을 뿐이다.

### 예수의 하나님나라, 그것은 바로 민중의 나라이다.

'하나님나라'는 문자적으로 하면 '하나님의 통치'이다. 사실, 하나님은 언제나 당신의 창조세계의 임금님이시다.시47:2,93:1 하나님은 왕으로서 우주와 인류역사를 주관하신다. 특별히 히브리들의 역사를 다스려 오셨다. 물론 이것은 시대에 따라 제한적이고 잠정적이며 때로는 은밀한 통치이기도다. 하지만 하나님은 그 옛날 이집트제국 파라오의 노예였던 히브리들을 해방하고 구원하셨다. 나아가 그 히브리들을 통하여 이 땅위에서 생명과 평화가 넘치는 평등사회건설을 도모 하셨다. 마찬가지로 하나님께서는 때가 차면 언제든지 드러내 놓고, 공공연하게 당신의 생명평화 세상을 여실 것이다. 그리고 친히, 다스리실 것이다. 따라서 마땅히 하나님의 다스리심은 온 누리에 미치는 것으로써 누구에게나 명명백백하게 드러나게 될 것이다.시103:19-22 이것은 고대로부터 파라오의 노예였던 히브리들의 열망이었고, 특별히 예수시대의 유대민중들이 학수고대해 왔던 것이다.

이와 관련하여 예수는 본문에서 "이미 때가 찼고 하나님나라가 가까이 왔다"라고 선포한다. 하나님의 직접적이고 공공연하신 다스림이 눈에 보이게, 손에 잡힐 듯이 사람들의 삶의 마당에 침투해 들어왔다는 것이다. 나아가 하나님 영의 사람으로서 예수의 자의식속에는 이미 하나님나라가 실현되고 있었다. 예수는 하나님께서 자신의 선포와 신앙실천행동을 통해 은연중에 하나님의 통치를 실현하고 계심을 깨달았다. 또한 머잖아 그 궁극적인 하나님의 통치가 온전하게 실현 될 것을 기대했다.마태12:28누가11:20

그런데 여기서 예수의 하나님나라는 유대종교·사회공동체의 기득권집단들의 바람과는 전혀 다른 것이었다.

먼저, 예수의 하나님나라는 유대종교·사회공동체의 기득권집단들이 바라던 소 제국주의적이고 정치적인 다윗왕조의 회복이 아니다. 사실, 유대종교·사회공동체의 기득권집단들은 다윗왕조 혈통에서 메시아가 나타나기를 기대했다. 그들은 과거왕조시대로부터 자신들의 종교·사회기득권을 보장해 주었던 다윗왕조가 마지막 시대의 주인공이 될 것이며, 새롭고 완전한 제국으로 다시 태어나게 되리라고 믿었다.이사야9:2-7,11:1-10 그러나 예수의 하나님나라는 유대종교·사회공동체 기득권집단들의 소제국주의 열망과 전혀 다르다. 도리어 시대 민중들의 아주 현실적이고 구체적인 삶의 문제에 대한 하나님의 관심과 연대와 참여이다. 따라서 그것은 시대의 민중들의 삶의 마당에서 실천적으로 경험하며 누릴 수 있는 것이어야만 했다. 그것은 결코 다윗왕조의 소제국주의 통치이데올로기 일 수 없는 것이었다.

그러므로 예수의 하나님나라는 하나님의 직접통치일 수밖에 없다. 하나님은 해방노예인 히브리들이 하나님의 직접통치를 저버리고 왕조를 건설한 후, 소제국주의 길로 달려가는 것을 매우 못마땅하게 여기셨다.사사8:23사무엘하8장 하물며 예수의 하나님 나라가 '하나님이 이 땅에 오심'이고, 나아가 '하나님의 궁극적인 통치의 출발' 일진대, 이를 다윗왕조의 소제국주의 통치이데올로기와 연관 짓는 것은 참으로 어불성설이다.

이점에서 예수의 하나님나라는 결코 영토와 경계가 아니다. 통치기구로서의 국가도 아니다. 그리고 무엇보다도 예수의 하나님나라는 죽어서 가는 저 세상나라<sup>천당</sup>가 결코 아니다. 이와 관련하여 유대인 예수공동체들은 자신들의 관습에 따라 예수의 하나님나라를 '하늘나라'라고 불렀다. 그렇더라도 유대인 예수공동체들의 '하늘나라'는 하늘에 있는 국가를 의미하지 않는다. 유대인들은 하나님의 이름에 대한 경외심이 지나쳐 '하늘나라'라고 표현했을 뿐이다.

두 번째, 예수의 하나님나라는 세례요한의 경우에서처럼, 특별히 유대 묵시론 자들이 기대한 바대로 "의인들에 대한 보상"이거나 "죄인들에 대한 심판"이 아니다. 또한 묵시론 자들의 신비체험 속에서처럼 우주적 쇼로 나타나는 '지구의 종말'도 아니다. 나아가 예수의 하나님나라는 유대종교·사회공동체의 기득권 집단들의 요구처럼 '배타적이고 독점적이며 우주적인 권리와 보상과 기득권'도 아니다.

그렇다면, 예수의 하나님나라는 무엇일까? 그것은 바로 '예수의 말씀과 예수의 삶과 예수의 신앙행동 속에서 드러나는 하나님의 뜻'이다. 예수의 선포와 예수의 말과 행동 속에서 드러나는 '하나님 아빠의 사랑과 은총'이다. 그것은 곧 '가난하고 굶주리며 목마른 사람들이 배부르게 되는 세상, 평화를 사랑하고 정의를 위해 박해받는 사람들의 새 세상'으로써 민중의 나라이다.<sup>마태5:3-12</sup> 그것은 바로 '가난한 이들에게 복음이 전파되고, 포로에게 해방이 선포되고, 눈먼 사람이 다시 보게 되고, 억압받는 이들이 해방되는' 하나님의 희년의 나라이다.<sup>누가4:18</sup>

이렇듯이 하나님은 시대의 죄인들을 심판하고 멸망시키시기보다 그들의 구원을 바라신다. 특별히 하나님은 버림받은 이들과 억압당하는 이들의 해방과 구원을 열망하신다. 따라서 하나님의 영의 사람으로서 갈릴리 민중의 아들인 나사렛사람 예수야말로 민중의 친구일 수밖에 없다. 하나님의 영의 사람 예수의 하나님나라는 곧 '하나님 자신'이다. 예수의 하나님나라가 도래한다는 것은 바로 '이 땅에 민중들에게로 하나님이 오신다는 것'이다. 그 점에서 예수의 하나님 나라는 시대와 때에 따라 잠정적이며 은밀하게 '두 세 사람만으로도 족한 나라'이다. 나아가 하나님의 뜻과 때를 좇아, 화산맥 같이 분출하는 민중의 열망과 의지와 봉기를 통하여, 지구촌사회의 다양한 민족과 문화와 역사를 넘어, 수천수만 수억의 '민중네트워크의 나라'가 되기도 할 것이다.

그러므로 예수의 하나님 나라는 지금, 여기, 나의 삶의 마당에서 시작되는 나라이다. 무엇보다도 예루살렘이 아니라 갈릴리에서 선포되는 나라이다. 나아가 예수의 하나님 나라는 보상을 바랄 바 전혀 없는 나로부터 시작하는 나라로써, 오로지 하나님의 은총의 나라이다. 보상이 아니기 때문에 가져올 수도, 상속할 수도, 매매할 수도, 억지로 들어갈 수도 없다. 그저 겸손히 영접할 밖에 없는 나라이다. 그러기에 누구도 차별을 요청할 수 없는 만인의 나라, 민중의 나라이다.

그렇다고 한다면 예수의 하나님 나라는 21C 한국 민중이 바라는 유일한 희망의 나라일 수밖에 없다. 예수의 하나님 나라는 시대와 역사와 문화를 넘어 21C 한국 민중의 희망의 나라이며, 또한 예수의 하나님 아빠는 지구촌 민중들의 희망의 빛이다. 이러한 사실은 이미 고대 구약성서 시대와 신약성서 시대에 명명백백하게 밝혀져 있는 진리이었는데, 서구교회 제국주의 신학이 이 진리를 심각하게 왜곡시켜 왔다. 구약성서는 창조신앙을 통해서 죽음의 세계를 몰아내고 생명의 세계를 여시는 야훼 하나님을 인류에게 소개하고 있다. 또한 히브리들의 평등 공동체신앙을 통하여 약탈과 전쟁과 착취의 제국주의 노예들을 해방하시고 구원하시는 야훼 하나님을 증언한다. 나아가 시대마다 고통 받는 민중들이 하나님의 해방과 구원, 생명평화 세상의 도래를 염원하는 요구와 희망들을 소개한다.

하지만 시대의 민중의 유일무이한 희망일지라도 탐욕이 끼어들면 희망은 언제든 우상이 된다. 그것은 2000년 기독교회사에서 로마제국 종교로 전락한, 근대 식민 제국주의 종교로 타락한 서구교회의 정복신앙이 여실히 증명하고 있는 사실이다. 이점에서 굳이 심판이 있다면 제국주의 종교로, 억압과 착취의 종교로 타락한 정복신앙 범죄와 그 종말일 터인데, 그러한 제국주의 정복신앙은 머잖아 스스로 망해서 종말을 고하게 될 것이다.욥22:16 나아가 '악인은 바람에 나는 겨와 같아서 그 행사가 허망하다'는 시인의 노래처럼, 제국주의 정복신앙은 인류사에서 그 과정뿐만 아니라 그 찬란한 업적 자체가 심판이다. 결국 그것은 오만과 허영으로 스스로를 좀먹어 꺼풀만 남는다. 그리고 이제 그 꺼풀마저 이 시대의 하나님나라, 21C 지구촌의 민중의 나라의 도래와 함께 불타 사라지게 될 것이다.

### 회개하라! 그리고 복음을 신앙하라!

전통적인 기독교회 사상에서 '회개'란, 하나님께 등을 돌리는 죄를 범한 사람이 다시 하나님께로 돌아서는 것이다. 이로써 회개를 통하여 하나님께 돌아선 사람은 하나님으로부터 죄 탕감을 받고 하나님과의 관계가 정상화된다.

구약성서는 이러한 회개의 개념을 드러내는 히브리어 용어로 '니함'이라는 동사를 사용하는데 문자적 의미는 '마음 또는 뜻을 바꾸다'이다.욥42:6, 예레미야31:19 마찬가지로 신약성서에서도 '회개하다'라는 동사를 사용하는데, 이 헬라어 동사는 '회개'메타노이아 μεταάνοια라는 명사에서 왔다. 즉 신약성서 헬라어의 '회개'라는 낱말의 문자적 의미도 '생각 또는 뜻을 바꿈'이다.

그런데 오늘날 기독교회에서 '회개의 의미'는 아주 무미건조한 종교의식과 의례로 굳어져 있다. 설사 무슨 흥취가 있다 해도 그것은 삶과 전혀 동떨어진 종교 관념과 개인 감성의 문제일 뿐이다. 하나님 앞에 잘못을 인정하고, 그것을 애통해 하며, 하나님께 용서해달라고 간구하는 종교 관념과 감정적인 통과 의례가 된 것이다. 이것은 예수의 하나님 나라 운동에 따르는 실천행동으로써 '회개'가 서구교회의 식민제국주의 종교화 과정에서 종교 의례와 관례로 퇴행한 것이다. '회개'가 종교입문을 위한 세례의 전 단계로 써 교회의 입문의식을 준비하는 과정으로 전락되었다. 한마디로 '회개'는 기독교라는 제국주의 종교에 입문하는 세례의식을 치르기 위한 '속죄의식' 이 되었다.

그렇게 회개가 예수의 하나님 나라의 실천행동이 아니라, 종교에 입교하 는 세례의식을 위한 고백과 넋두리로 전락함으로써, 회개의 역동성과 삶의 변혁능력이 상실되는 폐해가 양산되었다. 그 폐해의 결과, 오늘 21C 한국 교회에서는 터무니없는 자기비하와 말초적이고 감상적이며 미신적인 '회 개 기도문'과 '회개 찬양'이 난무한다. 대형 교회들의 새벽예배에서 작은 기 도원의 철야예배에서 올바른 삶의 성찰과 반성이 무시된 채, 과대망상 자의 식과 피해의식, 몰상식하고 비이성적인 신앙자해가 열광적으로 자행된다. 그리고 그것들이 회개라는 포장을 뒤집어쓰고 점점 더 강렬한 중독성으로 무장한 채 치명적 영적자해로 몰두해 들어간다.

그렇다고 한다면 도대체 참된 회개란 무엇인가? 한마디로 생명과 평화 의 하나님을 저버리고 제국주의 노예로 전락한 시대의 민중이 다시 해방과 구원의 하나님께로 돌아서는 것이다. 곧 회개란, 시대의 제국주의를 추종 하던 민중이 자신의 삶의 마당에 대하여 '메타노에오'하는 것이다. 민중 스 스로 자신의 삶의 마당을 뒤집어 성찰하고 반성하는 것이다. 그럼으로써, 오늘 제국주의 노예로서의 마음과 생각을 바꾸는 것이다.

이점에서 예수는 갈릴리 민중에게 "여러분! 회개하시오"라고 명령조로 선포한다. 오늘 21C 한국 민중으로써 이 예수의 회개의 명령을 진지하게 듣 는다면 오늘 맘몬·자본을 숭배하는 우리의 노예적 삶의 마당을 박차고 일 어나야 마땅하다. 나아가 자유와 평등과 생명과 평화의 민중나라, 예수의 하나님 나라를 향하여 행진해 나가야 한다. 이에 대한 적절한 용어가 바로 구약성서 히브리어 낱말 '쑤브'이다. 이 낱말의 문자적 의미는 '길을 돌이키는 것, 또는 원위치로 돌아가는 것'이다.에스겔3:18-21,33:11-20,아모스4:6-11 곧 하나님 없는 제국주의 노예의 길에서 돌이켜 해방과 구원의 하나님께로 돌아오는 것이다. 이것이 바로 본문의 "회개하라!"라는 예수의 명령의 진실한 의미이다. 따라서 회개란 그저 생각과 뜻을 바꾸는 것으로는 모자란다. 그것은 예수의 하나님나라에 대한 신앙실천행동이다. 회개는 민중의 노예적 삶의 마당을 바꾸는 것으로써 예수의 하나님 나라로 돌진해 들어가 새로운 삶의 마당을 펴는 것이다.

또 하나, 본문에서 예수는 "여러분, 복음을 신앙信仰하시오"라고 명령조로 선포한다. 그런데 여기서, 우리말 성서는 영어의 번역을 따라 "복음을 믿어라"believe라고 번역했다. 하지만 이러한 번역으로는 예수의 명령 선포를 제대로 전달 할 수 없다. 본문에서 '믿다'라는 것은 무엇일까? 만약 '믿다'라는 것이 어떤 대상이나 사실에 대하여 인정하고 고개를 끄떡이는 것이라고 한다면, 본문에서 예수의 명령 선포를 크게 오해한 것이다.

사실, 지금까지 한국교회는 교인들이 자신들의 삶의 마당에서 예수 신앙인으로서의 삶의 질문을 던지는 것을 방해해 왔다. 교인들이 자신들의 신앙 삶 자리에서 주체적이고 구체적이며 실천적인 신앙행동을 이끌어 내지 못하도록 막아 왔다. 그저 서구교회의 제국주의 교리를 일방적으로 교육하고 주입하는 것으로써 21C 한국 민중의 신앙과 삶의 질문과 고민들을 묻어버리려고 애쓴다. 하지만 국민 80% 이상이 대학교육을 받는 한국사회에서, 서구교회의 일방적인 교리신학은 너무나 단순하고 몰상식하며 몰이성적인 낡아빠진 제국주의 종교 패러다임일 뿐이다. 그럼에도 불구하고 한국교회의 대다수 목회자들이 서구교회의 비인격적이고 낡아빠진 교리신학을 통하여 "믿을 수 없는 것을 믿는 것이 참 믿음"이라고 교우들을 윽박지르고 있다. 참으로 안타깝게도 오늘날 한국교회에는 21C 한국 민중이 처한 절박한 신앙과 삶의 마당에 대한 신앙 고뇌와 성찰이 전무하다.

그러나 본문에서 예수의 "복음을 신앙하라!"라는 명령 선포는 복음에 대한 단순한 동의나 억지 고개 끄덕임이 아니다. 그것은 복음에 대하여 나의 삶과 인생을 거는 것이다. 이와 관련하여 신약성서 헬라어의 피스튜오 πιστεύω 내가 신앙 한다라는 것은 '내가 복음에 대하여 설복당하는 것'이다. 따라서 나는 나를 설복시키고, 나로 하여금 신앙하게 하는 복음에 대하여 나의 모든 것을 걸게 되는 것이다. 그렇게 되는 이유는 복음이 '신실한' 것을 깨닫고 복음을 '신뢰'하기 때문이다. 그래서 '신앙'信仰이라는 말을 사용하는 것이고, 신앙信仰은 '받들어 우러르는 것'이다. 그런데 신실하다는 것은 실체적이고 구체적이라는 말이다. 그래야 걸 수 있기 때문이다.

그러므로 21C 한국 민중의 삶의 마당에서 추상적이고 관념적인 서구 제국주의 종교문화와 정복신앙 교리를 신앙의 대상이라고 부추기는 것은 종교사기이다. 예수의 '하나님 나라 복음 선포'를 추상과 관념으로, 제국주의 맘몬·자본 성공신화로 포장하여 '믿음을 강요하는 행위'는 믿음의 오용이고 오류이며 종교마약이다. 나아가 예수의 하나님 나라를 맘몬·자본 숭배와 번영신앙의 사익私益추구로 얼버무리는 행태는 종교타락이다.

# 4. 하나님나라는 잡초처럼

**마태복음** 13:31-32

## 읽기

예수께서 또 다른 비유를 들어 그들에게 말씀하셨다.

하늘나라는 겨자씨앗과 비슷하다. 어떤 사람이 그것을 받아다가 자기 밭에 뿌렸다. 참으로 겨자씨앗은 모든 씨앗들 중에 가장 작다. 그러나 만약 그것이 자라나게 될 때에는 푸성귀들 보다 더 커져서 나무가 된다. 그래서 하늘의 새들이 와서 그 가지에 깃들이게 된다.

## 들어가는 말

만약 누군가가 눈에 보이지 않는 크고 아름답고 위대한 세상을 현실세계의 사물에 비유하려고 한다고 하자. 그렇다고 하면 가장 크고 멋있는 사물들과 비교하는 것이 마땅하다. 예를 들면, 이렇게 말할 수 있겠다. "우리가 꿈꾸는 생명 평화세상은 동구 밖에 있는 큰 느티나무와 같다. 동구 밖 느티나무는 수백 년을 살아오면서 그 줄기가 어른 세 아름이나 된다. 여름이면 그늘에 우리 마을 사람들이 다 들어가서 쉴 수 있다. 우리가 꿈꾸는 생명 평화 세상은 그렇게 크고 넓고 넉넉하다"

그런데 오늘 본문에서 예수는 인류 역사상 한 번도 그 실체를 드러내지 않았던, 그래서 지구상의 모든 종교가 오매불망 꿈에 그리며 소망해 왔던 하나님나라를 비유하면서, "하나님 나라는 겨자씨앗우리말로 하면 잡초와 같다"라고 말씀하신다. 한마디로 예수의 이 비유 말씀은 하나님 나라에 대한 불경, 불신앙의 행태로 읽혀지기까지 한다.

그런 점에서 초대교회와 복음서 저자들, 그리고 2000년 역사의 서구 기독교회는 하나님 나라에 대한 예수의 이 겨자씨비유 해석에 갈팡질팡해 왔다. 초대교회와 서구기독교회는 이 겨자씨비유를 오매불망 교회의 성공과 번영에 대한 비유로 해석하려고 노력해 왔다. 세상에서 가장 작은 겨자씨가 자라서 나무가 되고 새들이 깃들이게 되는 것처럼, 이 세상 속에서의 하나님 나라인 교회가 온 세계를 지배하는 성공과 번영을 누리게 될 것이라고 믿어 왔다.

나아가 우리시대에 이르러 교회는 이 겨자씨비유를 화려한 자본주의 성공신화로 해석하기를 주저하지 않고 있다. 모든 씨앗 가운데 가장 작은 겨자씨가 나물보다 커서 나무가 되는 것처럼 예수만 믿으면 위대한 성공이 보장된다는 것이다. 이 성공은 하나님이 하시는 일이기에 결과는 이미 보장되어 있다는 것이다. 우리 시대의 신자유주의 시장경쟁 체제에 매몰 된 모든 성공 지향적 목회자들은 이렇게 외친다. "여러분! 겨자씨만한 아주 작은 믿음. 그 믿음만 있다면 여러분이나 저나 위대한 성공신화의 주인공이 될 수 있습니다. 여러분이나 저나 그 정도의 작은 믿음은 가져볼만 하지 않습니까?"

그렇다면 과연, 예수의 겨자씨 비유야말로 우리 시대의 신자유주의 시장경쟁체제의 위대한 성공을 여는 마술열쇠와 같은 것일까? 아니면, 도대체 예수는 이 겨자씨 비유를 통하여 무엇을 말씀하려는 걸까?

## 이끄는 말

오늘 본문을 보면 어떤 농부가 겨자씨를 구해다가 자기 밭에 심었다고 한다. 그러면서 이 겨자씨는 모든 씨앗 가운데서 가장 작은 씨앗이라고 한다. 그런데, 성지순례자들이 기념으로 가져오는 겨자씨를 보면, 좁쌀보다도 훨씬 더 크다. 그저 유대인들의 관념에 따라 겨자씨야말로 모든 씨앗들 가운데 가장 작은 씨앗이라고 표현했을 뿐이다. 그렇다면 그렇게 작은 씨앗이 발아되고 자라서 드러나지는 겨자나무란, 도대체 어떤 식물일까?

겨자는 유대인들의 경작지에서 아주 지독한 잡초일 뿐이다. 언제 어디서라도 보이는 대로 뽑아서 불태우고 박멸해야만 하는 지독한 잡초이다. 만약 조금이라도 소홀히 하면 작은 씨앗이 사방으로 흩어져 모든 농경지를 뒤덮어버릴 만큼 번식력이 강하기 때문이다. 오죽하면 유대교 율법에서조차 겨자를 제거하지 않는 것을 범죄로 규정했겠는가? 이렇게 모든 유대인들이 다 자라기도 전에 보이는대로 족족 겨자를 제거하다 보니 다 자란 겨자의 본래 모습을 잘 알지 못했다. 실제로 다 자란 겨자는 다른 풀보다 크고, 가지도 많고 잎도 무성하다고 한다. 그렇다고 해보아야 키가 5-60cm 불과한 잡초덤불일 뿐이다.

예수는 이 지독하고 해악한 잡초에 하나님 나라를 비유하셨다. 도대체 예수는 무엇을 전하려고 이 겨자씨 비유를 말씀하셨을까?

예수의 이 겨자씨 비유를 읽으면서 예수의 하나님 나라에 대한 세 가지 의미 강조점을 발견한다. 첫째, 예수의 하나님 나라가 '잡초 같은 인생들의 나라'라는 것이다. 둘째, 머잖아 잡초가 자라듯이 예수의 하나님 나라가 온 세상을 점령할 것이라는 점이다. 셋째, 예수의 하나님 나라야말로 '잡초 같은 인생들의 새로운 삶의 가치가 구현되는 나라'라는 점이다.

이점에서 만약 예수의 하나님나라가 유대인의 전통을 따라 의롭고 잘난

이들의 나라이고, 예수시대의 로마제국의 질서를 따라 힘과 지식과 부와 능력을 겸비하고 성공한 자들의 나라라면, 예수는 마땅히 구약성서에서 수없이 언급되어 있는 것처럼 "하나님 나라는 백향목과 같다"라고 표현하는 것이 옳을 것이다.

이와 관련하여 구약성서는 굵고 곧고 높게 뻗은, 그래서 하나님의 성전과 솔로몬왕의 궁정을 치장하고 꾸미는데 쓰여 진 레바논 산 백향목에 대한 찬사가 넘쳐난다. 어떻게 감히 해악뿐인 잡초, 겨자씨가 하나님나라를 비유할 수 있겠는가?

그럼에도 불구하고 예수는 "하나님나라는 겨자씨와 같다"라고 말씀하셨다. 그것은 너무도 분명하게 예수의 하나님 나라의 주인이 잡초와 같은 인생들 이라는 강조이다. 예수가 이 겨자씨 비유에서 말하려고 하는 가장 큰 강조점이야말로 '예수의 하나님 나라가 가난한자, 고난 받는 자, 억압당하는 자, 죄인으로 낙인찍힌 자들의 나라'라는 것이다. 예수의 겨자씨 비유의 두 번째 강조점은 예수의 하나님 나라가 발아되고 뿌리내리기 시작한다면 머잖아 온 세상을 뒤덮게 되리라는 것이다. 이점에서 예수는 겨자의 가장 작은 씨앗의 이미지와 푸성귀보다 더 크게 자라나는 나무의 이미지를 대비한다. 그 겨자나무에는 아주 작은 새들도 깃들일 수 있을 것이다. 이로써 예수의 하나님나라는 쓸모없고 해악이라고 여겨지는 잡초 인생들의 나라로써, 순식간에 온 세상을 점령하고, 마침내 꾀죄죄한 작은 인생들이 마음 놓고 삶의 터전을 펴는 세상이 될 것이라는 강조이다.

예수의 겨자씨비유의 세 번째 강조점은 하나님 나라의 잡초인생들의 삶 속에서 새로운 삶의 가치를 발견해야 한다는 것이다. 이와 관련하여 오늘 본문비유에서 농부는 애써서 겨자씨를 받아낸다.그리고 몰래 자기 밭에, 땅에, 정원에 이 겨자씨를 심는다. 우연히 농부의 밭에 겨자라는 잡초가 자라난 것이 아니다. 물론, 그렇더라도 율법에 따라 얼른 뽑아서 불태워 버려야 마땅하다. 그럼에도 불구하고 농부는 왜? 마땅히 박멸해야할 이 겨자를 자기 밭에다 몰래 심어야만 했을까?

6-70년대까지만 해도 우리의 농촌에서는 집집마다 몰래 한 두 포기의 양귀비를 재배했다. 양귀비가 마약으로써 해롭고 불법적인 것이긴 하지만 전혀 의료혜택을 받을 수 없었던 가난한 시절, 농촌에서는 위급한 생명을 구할 수 있을 만큼 효용성이 크고 가치 있는 비상약이었기 때문이다. 그렇다고 한다면, 유대농부 역시 이 해롭고 불법적인 겨자에서 지금까지는 무시되었거나 잘 알지 못했던 무언가 새로운 가치를 발견하지 않았을까? 그렇지 않고서야 유대인으로써 율법을 어겨가면서까지 자기 밭에다 이 겨자를 재배할 까닭이 없지 않은가?

이와 관련하여, 예수시대의 갈릴리 분봉왕은 '필립 안티파스'라는 사람이었다. 그는 옛 수도였던 '세포리스'를 버리고 갈릴리 해변에 '디베랴'를 건설했다. 그리고 가까이에 있는'막달라'라는 도시에 대규모 물고기 염장시설을 설치했다, 갈릴리 바다에서 잡히는 모든 물고기 염장업을 독점하기 위해서였다. 실제로, 성서 주변의 자료에 의하면 소금에 절인 갈릴리 물고기들은 지중해 해상무역을 통하여 멀리 스페인 지방에까지 수출되던 무역상품이었다.

그래서 갈릴리 어부들은 심각한 생존의 위기를 겪게 되었다. 갈릴리 어부들은 더 이상 소규모 물고기 염장업을 할 수 없었을 뿐만 아니라, 애써 잡아온 물고기마저 헐값에 강제수매 당해야만 했다. 그러므로 갈릴리 어부들은 이러한 생존의 위기로부터 자구책을 마련해야만 했다. 그것은 바로 생물 고기를 판매하는 것이었다. 그러는 통에 갈릴리 주민들도 생물 고기를 즉시 요리해 먹어야만 했다. 그런데 문제가 생겼다. 생물고기의 비린내를 없애줄 향신료가 마땅치 않았던 것이다. 이 때, 갈릴리 어부들과 주민들이 찾아낸 것이 바로 겨자이다. 갈릴리 사람들은 생존의 위기를 맞아 겨자의 새로운 효용성과 가치를 찾아 낼 수 있었던 것이다.

　실제로. 갈릴리 분봉왕의 물고기 염장업 독점은 갈릴리 어부들을 생존 위기로 몰아넣었다. 이러한 위기상황에서 갈릴리 어부들과 주민들은 겨자의 새로운 효용성과 가치를 발견하게 되었다. 지금까지 보이는 대로 뽑아 박멸해야 마땅했던 겨자가 비로소 위기의 갈릴리 어부들과 주민들에게 새 길 새 희망으로 재발견 된 것이다.

　21C 우리의 삶의 상황은 어떨까? 이 시대를 사는 우리의 삶의 위기는 무엇일까? 지금 우리사회는 생명과 먹거리 위기, 자연과 생태계 파괴 위기, 빈곤층 생계위기, 노동과 소득과 교육 양극화 등 심각한 사회위기 상황에 직면해 있다. 개인주의, 학벌주의, 엘리트주의, 돈과 힘과 상업 과학기술 숭배주의 등등. 무한경쟁, 무한독점, 무한소비라는 신자유주의 시장경쟁 체제의 수많은 위기들이 우리의 생존을 위협하고 있다.

　그러나 한편으로 우리는 이러한 위기상황 속에서 그동안 잊었거나 쓸모 없다고 내팽개쳤던 것들로부터 새로운 가치들을 찾아 낼 수 있다. 서로 돕고 나누는 상부상조의 정신, 서로 믿고 신뢰하는 관계성 회복, 더불어 살아가는 공동체의 삶 등, 오늘의 위기 속에서 새로운 삶의 가치들을 찾아내고 소중히 그 씨앗을 심고 가꾸며 실천하려는 노력들이 끊임없이 이어지고 있다.

　그러므로 본문의 겨자씨비유는 우리 시대의 신자유주의 시장경쟁 체제의 위대하고 화려한 성공신화와는 아무런 상관이 없다. 도리어 이 겨자씨 비유는 예수의 하나님 나라가 아무짝에도 쓸모없고 해가 되는 것으로 여겨지는 우리 시대의 잡초 인생들이 주인이 되는 세상이라고 한다. 이러한 예수의 하나님 나라가 마침내 발아되고 자라나는 때에는 순식간에 온 세상을 뒤덮어 버릴 것이라고 한다. 그래서 지금까지는 아무짝에도 쓸모가 없을 뿐만 아니라 해롭다고 여겨지던 겨자로부터 새로운 가치와 새로운 희망을 찾아내듯이, 잡초 인생들의 삶의 태도가 새롭게 평가된다. 상부상조, 서로 돕고 나누는 대동세상이 될 것이다.

## 맺는말

산과 들에 아무렇게나 자라나 온 들판을 뒤덮을 잡초들을 상상해 보라. 모진 비바람에 꺾이고 사람들의 발길에 밟히고도 살아 남아서 저마다 제 생긴 모양대로 자라나지 않겠는가? 때가 되면 저만의 고운 꽃을 피워내지 않는가? 그 모습이 얼마나 당당한지? 그 꽃들이 얼마나 아름다운지?

본문의 겨자씨 비유는 작고 보잘것없으며 거추장스럽고 쓸모없는 것들을 통하여 거부할 수 없는 현실로 다가오는 하나님 나라의 비밀을 은유하고 있다 예수는 '갈릴리의 가난한 사람들, 과부와 고아들, 창녀와 세리 등' 온 갖 멸시와 천대 속에서 죄인이라고 손가락질 받는 이들의 벗이며 삶의 동반 자이었다. 그런데 놀랍게도 그 예수님의 말씀과 행동과 십자가, 그리고 그 예수와 함께하는 갈릴리 민중공동체를 통하여 이미 하나님 나라가 시작되고 있었다. 지금, 예수의 하나님나라는 겨자씨처럼 작고 미약해서 세상에 잘 드러나지 않는다. 그러나 시간이 지나고 때가 이르면 예수의 하나님 나라가 마침내 온 세상을 구원하는 참 생명공동체임이 드러날 것이다. 이것이 바로 겨자씨비유의 참된 뜻이다.

# 5. 갈등하라! 분열하라!

**누가복음** 12:49-53

## 읽기

나는 세상에 불을 던지러 왔다. 그러나 만약 이미 불이 붙여졌다면 내가 무엇을 더 바라겠는가? 내가 받도록 되어 진 세례가 있다. 그것이 이루어지까지 내 답답함이 어떠하겠는가? 여러분은, 내가 세상에 평화를 주러 곁에 왔다고 생각하는가? 아니다. 내가 여러분에게 말한다. 도리어 분열을 주러 곁에 왔다.

참으로, 지금부터는 다섯 식구 한 가정 안에서 세 사람이 두 사람과, 두 사람이 세 사람과, 나뉘는 일들이 있을 것이다. 아버지가 아들과, 아들이 아버지와, 어머니가 딸에 대하여, 딸이 어머니에 대하여, 시어머니가 며느리에 대하여, 며느리가 시어머니에 대하여, 나뉘게 될 것이다.

## 들어가는 말

예수는 무엇일까? 기독교 교리적 관점에서 이야기한다면, 예수는 이 땅에 오신 하나님 아들이시다. 이 땅의 죄인들을 위한 하나님의 어린양 제물이시며 구세주이시다. 한마디로 예수는 그리스도이시며 주님이시다..

또 한편 예수의 말씀과 행동과 삶으로 보면, 예수는 지배체제 변혁적 혁명가이다. 예수는 로마제국의 억압과 착취, 폭력과 전쟁, 죽음의 체제와 갈등하고 분열하다가 끝내 십자가에 처형을 당했다. 로마제국 체제와 거기에 기생하는 예루살렘 성전제사종교 및 율법체제에 대한 대안세상으로써, 하나님나라를 주창했다. 예수는 하나님 나라 실천 운동가였다. 한마디로 예수는 제국주의 지배체제를 변혁하는 하나님나라 운동 안에서 민중들의 스승이고, 친구이시며, 주님이시다.

그점에서 예수가 주창한 하나님나라는 예수시대의 로마제국 체제와 거기에 기생하는 예루살렘 성전제사 종교체제와 공존이 불가능한 것이었다. 예수는 어물쩍 서로의 지배체제를 인정하고 야합해서 그럭저럭 생존을 도모하려고 시도하지 않았다. 왜냐하면 예수의 하나님나라는 로마제국의 억압과 폭력과 착취와 쌓음, 예루살렘 성전제사종교의 편 가름과 차별과 배제와 종교·사회적 낙인에 대항하는 새로운 세상이었기 때문이다. 한마디로 예수의 하나님 나라는 내어줌과 돌봄과 배려가 상호 순환하는 공동체 나라였다. 로마제국의 억압과 착취, 폭력과 전쟁 체제와는 전혀 어울릴 수 없었다. 로마제국에 기생해서 기득권과 특권을 누려온 예루살렘 성전제사 종교체제와는 결코 손잡을 수 없었다.

그래서 예수의 하나님 나라운동은 로마제국 지배체제와 갈등하고 분열을 야기할 수밖에 없었다. 로마제국 지배체제의 억압과 폭력과 착취와 쌓음의 경제와 갈등하고 분열하지 않고서는, 예수의 하나님 나라 호의경제를 실현할 수 없다. 나아가 로마제국 체제에 기생하여 민중들을 편 가르고 차별하며 배제하는 예루살렘 성전제사 종교체제와 갈등하고 분열하지 않고서는, 내어줌과 돌봄과 배려가 상호 순환하는 하나님 나라의 은총을 함께 누릴 수 없다. 특별히 예수시대의 가난한 자들과 고아와 과부, 세리와 죄인들, 심지어는 창녀들까지 함께 어우러지는 공동체 나라를 이룰 수가 없었다.

그러므로 오늘 본문에서 예수는 우리에게, 우리시대의 지배체제와 갈등하라! 분열하라! 라고 요청하신다.

## 이끄는 말

본문에서 예수는 "나는 세상에 불을 던지러 왔다. 그러나 만약 이미 불이 붙여졌다면 내가 무엇을 더 바라겠는가?" 라고 말씀한다. 여기서 불은 무엇을 의미할까? 사실 본문에서 '불'에 대한 전승과 그 의미를 밝히기는 쉽지 않다. 하지만 구약성서의 그림 언어에서 불은, 종말적으로 하나님의 백성들을 깨끗하게 하고 새롭게 하는 수단이다. 또한 구약성서의 상징어로써 불은, 하나님의 말씀이다. 이러한 관점에서 불은, 불의한 시대를 향한 예언자들의 외침으로써, 하나님의 말씀의 정화 능력을 표상한다. 그래서 구약성서는 엘리야, 예레미야 등 예언자들의 입을 통한 하나님의 말씀을 '불'이라고 했다.

이처럼 예수께서도 자신의 하나님 나라 선포를 '불'이라고 하셨을 것이다. 지금, 여기, 이 땅위에 도래하는 예수의 하나님 나라 선포에서 이 '불'이 타오른다. 예수는 이 세상에 하나님나라를 선포하러 오셨고, 그 하나님 나라 선포가 이 땅위에서 불타오르기를 열망하셨다. 이렇게 하나님 나라가 이 땅에서 불붙기 위해서는 예수가 꼭 해야만 할 일이 있었다. 그것은 바로 하나님의 뜻을 따라 십자가 죽음의 세례를 짊어지는 것이었다.

본문에서 예수는 "내가 받도록 되어 진 세례가 있다. 그것이 이루어지까지 내 답답함이 어떠하겠는가?" 라고 실토한다. 예수는 자신의 십자가 죽음의 세례를 예감하고 이를 선언했다. 예수는 자신의 십자가 죽음의 세례를 앞에 두고 매우 초조해 하셨다. 참으로, 예수의 인간적인 모습이 완연하게 전해지는 대목이다.

그런데 여기서 중요한 것은, 예수의 제자 된 이들도 예수의 십자가를 따라야 한다는 사실이다. 그렇다면, 본문에서 예수의 제자들에게 요구되는 '예수를 따름의 구체적인 내용'은 무엇일까? 그것은 바로 예수가 이 세상에 던지는 불, 곧 예수가 이 땅에 가져오는 하나님 나라에 자신을 내맡기는 것이다. 한마디로 예수를 쫓아서, 예수의 고난, 십자가 죽음의 세례를 기피하지 않는 것이다. 이와 관련하여 도마복음서에 나오는 예수의 말씀은 이렇다. "누구든지 내게 가까이 있는 자는 불에 가까이 있고, 내게서 멀리 있는 자는 그 나라로부터 멀리 있다."

그렇다면 예수를 따르는 제자들에게 닥치는 현실적인 고난의 세례는 무엇일까? 그것은 바로 그 시대의 지배체제와 겪는 갈등과 분열의 고난이다. 본문에서 예수는 분명하게 밝힌다. "여러분은, 내가 세상에 평화를 주러 곁에 왔다고 생각하는가? 아니다. 내가 여러분에게 말한다. 도리어 분열을 주러 곁에 왔다." 예수를 쫓아 예수의 하나님 나라를 받아들이려는 사람은 로마제국의 억압과 착취, 폭력과 전쟁, 죽음의 체제와 평화로울 수 없다. 도리어 로마제국 체제와 갈등하고 그 체제로부터 분열하는 수밖에 없다. 실제로 초대교회 예수의 제자들은 로마제국 체제와 갈등하며 분열했다. 초대교회 예수의 제자들은 로마제국으로부터 말로 다 할 수 없는 박해를 받았다.

로마제국의 초대교회에 대한 대대적인 박해는 1C 네로황제로 시작해서 3C 갈레리우스 황제 때까지 10여 차례 이상 이어졌다. 로마제국은 초대교회를 반 제국 이적 집단으로 여겼다. 그래서 로마제국은 초대교회에 조직적이고 무자비한 박해를 퍼부었다. 예수의 제자들 중 어떤 이들은 사자와 맹견, 맹수들의 먹이가 되었다. 온갖 고문을 당한 후 십자가에 처형되었다.

베드로는 십자가에 거꾸로 매달려 처형되기를 자청했다고 한다. 어떤 이들은 고문을 이기지 못하고 죽었다. 채찍에 맞아 죽은 이도 있었다. 화형을 당하거나 톱에 켜져서 죽은 이도 있었다고 한다.

마찬가지로, 예수의 하나님나라 공동체의 일원이 되려는 이들은 예루살렘성전 제사종교와 율법체제와 평화로울 수 없었다. 도리어 예루살렘 성전 제사종교와 율법체제에 저항하고 갈등하며 분열하는 수밖에 없었다. 예수 자신도 이 땅에 계시는 동안 하나님나라 운동을 통하여 끊임없이 예루살렘 성전제사종교와 율법체제와 갈등하고 분열했다. 그러다가 끝내는 유대 제사장들과 유대종교 엘리트들의 음모로 인해 십자가 처형을 당했다.

초대 예루살렘교회의 예수제자들도 예루살렘 성전제사종교와 유대 율법체제로부터 박해를 받았다. 예루살렘성전과 유대회당으로부터 쫓겨나야 했다. 초대 예루살렘교회 지도자였던 야고보는 성전 꼭대기에서 떠밀려서 땅바닥으로 떨어져 온 몸이 상한 후에, 제사장의 곤봉에 머리를 맞아 죽었다. 초대 예루살렘교회 스데반 집사는 유대인들의 돌에 맞아 죽었다. 초대 예루살렘교회 예수의 제자들은 옥에 갇히기도 하고, 매를 맞기도 하며, 고문을 당하기도 했다.

그러므로 오늘 이 땅의 예수의 제자 된 이들도 우리시대의 맘몬·자본 지배체제와 결코 평화로울 수 없다. 맘몬·자본에 사로잡힌 오늘 우리시대의 사회구조와 체제들과 갈등하고 분열할 수밖에 없다. 오늘 예수 신앙인들이라면, 맘몬·자본에 점령당한 우리시대의 정치권력, 국가, 정부, 문화, 교육, 종교 등 모든 사회부분과 갈등하고 분열해야 마땅하다.

왜냐하면 예수의 하나님나라는 결코 우리시대의 맘몬·자본 지배체제와 평화로울 수 없기 때문이다. 억압과 폭력, 착취와 쌓음의 맘몬·자본 지배체제는 예수의 하나님 나라의 내어줌과 돌봄과 배려가 상호 순환하는 공동체 나라와 공존할 수 없다. 맘몬·자본 지배체제의 억압과 폭력, 착취와 쌓음의 경제와 갈등하고 분열하며 싸우지 않고서는, 예수의 하나님나라의 상호 의존을 누릴 수 없다. 나아가 맘몬·자본 지배체제에 기생하여 민중들을 편 가르고 차별하며 배제하는 모든 자본주의 종교체제와 갈등하고 분열하며 저항하지 않고서는, 내어줌과 돌봄과 배려가 상호 순환하는 하나님나라의 은총을 함께 누릴 수 없다. 특별히 우리사회에 만연한 비정규직 노동자, 정 리해고자, 무직자, 과중 채무자, 하우스푸어 등 모두가 함께 어우러지는 공 동체나라를 이룰 수가 없다.

이제, 우리는 본문을 통하여 깨닫고 헤아려야 한다. "맘몬·자본 지배체 제와 갈등하라! 분열하라!"라고 외치는 예수의 육성을 겸허히 경청해야 한 다.

## 맺는말

우리는 우리시대의 맘몬·자본 지배체제와 갈등하고 분열하며 싸워야 한다. 그런데 지금, 우리사회에서 맘몬·자본 지배체제와 가장 신랄하고 격 렬하게 갈등하고 분열하며 싸우는 이들은 세월호참사 유가족이다. 세월호 유가족은 세월호참사에 대한 철저한 진상조사와 이를 토대로 한 새로운 국 가·사회변혁을 바라고 있다. 세월호 사건 이전의 우리 국가 사회와 사건 이 후의 우리 국가·사회가 분명하게 달라져야 한다는 것이다. 생명의 가치보 다 이윤을 추구하고, 더불어 사는 공동체 삶 보다 경쟁과 차별과 배제를 앞 세우는 국가·사회·경제 체제의 변혁이야말로, 미래세대에 대한 우리의 마 땅한 책임이라는 것이다.

이제, 시간이 흘러 올해는 세월호참사 3주기다. 그런데도 우리사회는 세 월호 참사로부터 아무런 변혁도 이끌어내지 못하고 있다. 오래전부터 맘 몬·자본 권력의 하수인으로 전락한 정치와 정권과 언론과 문화와 종교계 등 엘리트 기득권층들은 유가족의 바람과 외침을 모욕하고 조롱하고 있다. 그들은 세월호 참사 진상조사가 자신들의 불법과 불의를 적발해내고 치부를 들춰내지 않을까 두려워하며 떨고 있다. 자신들만이 독점하고 누려오던 불법 불의한 특권과 기득권을 빼앗길까 노심초사 한다.

이제, 교회는 세월호 참사 유가족의 고통과 절망에 참여하고, 그들의 절박한 외침에 귀 기울여야 한다. 교회는 생명보다 이익을 우선시하는 맘몬·자본 권력과 싸우는 유가족과 적극 연대해야 한다. 나아가 어떤 이들은 환경파괴, 공동체파괴, 생명평화 말살 정책을 남발하는 신자유주의 정부와 싸운다. 맘몬·자본과 결탁해 온 정치권력, 사법권력, 종교권력, 언론권력, 문화권력 등 기득권 계층과 싸우고 있다. 교회는 마땅히 이런 이들과 연대하고 연합해야 한다.

# 6. 예수의 하나님나라 갈라치기, 민중들의 반란을 선동하다!

**마가복음** 12:13-17

## 읽기

그래서 그들은 '말로 예수를 옭아매기 위하여' 바리새파 사람들과 헤롯당 사람들 중 몇몇을 예수에게 보냈다. 그들이 와서 예수에게 말했다.

"선생님! 우리는 '당신이 진실하시고 어느 누구라도 당신에게 거리낌이 되지 않는다는 것'을 잘 알고 있습니다. 왜냐하면, 당신이 사람의 겉모양을 보지 않으시고, 오직 진리 위에서 하나님의 길을 가르치시기 때문입니다. 카이사르황제에게 인두세를 바치는 것이 합당합니까, 아니면 합당하지 않습니까? 우리가 바쳤어야 했을까요, 아니면 바치지 말았어야 했을까요?"

그러나 예수께서는 이미 그들의 음모를 알아채신 후, 그들에게 말씀하셨다.

"무엇 때문에, 너희가 나를 시험하느냐? 너희는 내가 볼 수 있도록 데나리온 한 잎을 나에게 가져오라!"

곧바로 그들이 가져왔고, 예수께서는 그들에게 질문하셨다.

"이 초상과 새긴 글자가 누구의 것이냐?"

그러자 그들이 예수께 대답했다.

"카이사르황제의 것입니다."

되받아, 예수께서 그들에게 말씀하셨다.

"너희는 카이사르의 것들을 카이사르에게 돌려주어라! 그러나 너희가 하나님의 것들을 하나님께 돌려드려라!"

그래서 그들은 예수 때문에 깜짝 놀랐다.

## 시작하는 말

21C 우리시대의 맘몬·재벌권력 지배체제에 대하여 사람들이 느끼는 정서는 무엇일까? 분노와 저항, 해방과 자유에 대한 갈망, 반란일까? 아니다. 맘몬·재벌권력 지배체제에 대한 우리의 정서는 경외와 숭배, 순종과 욕망이다. 실제로 21C 대한민국의 모든 청소년들은 초등학교부터 대학 때까지 맘몬·재벌권력에 대한 순응, 순종, 욕망을 학습한다. 맘몬·재벌권력 지배체제의 질서와 이데올로기를 배우고 익힌다. 온 몸과 마음으로 철저하게 맘몬·재벌권력 지배체제에 순응하는 삶을 훈련하지 않으면 미래가 없다. 학교를 나와서는 일생동안 단 한 번의 쉼도 없이 무한경쟁, 무한독점, 무한축적, 무한소비의 싸움터를 배회한다. 경쟁에서 지면 안 된다. 지면 끝장이고 죽음이다. 그러다보니 모두 다 지는 싸움을 하면서도, 자신이 지고 있다는 사실자체를 인정하지 않는다. 피투성이로 눕고, 피투성이로 일어나, 피투성이가 되도록 싸운다. 하나같이 맘몬·재벌권력 지배체제의 좀비들이다.

실제로 솔직하게 대한민국 맘몬·재벌권력 지배체제 피라미드를 그려보자. 우리의 위치와 지위는 어디쯤인가? 맨 꼭대기에 1% 부자들이 있다. 실제로는 0.1% 재벌들이 군림한다. 이번 박근혜·최순실 특검의 삼성수사에서 보듯이 재벌들은 사람과 노동, 사회와 인간관계에 대한 이해도가 인터넷 네트워크 수준만도 못하다. 그들에게 사람이나 노동은 돈 주고 얼마든지 사면되는 것이고, 언제든 사서 부리다 아무렇게나 버리면 그만이다.

그 재벌과 부자들 밑으로 2% 맘몬·재벌권력 지배체제 내부자들이 재벌을 대리해서 민중들에게 위세를 부린다. 고급관료들이 맨 앞잡이로 나서고, 종교·정치·사법·언론·교육·문화 등 우리사회 엘리트·기득권 세력들이 뒤이어 맘몬·재벌권력에 대한 충성경쟁을 벌인다. 그들은 소수이지만 대한민국 사회의 주류 핵심세력이다. 맘몬·재벌권력 지배체제 지시를 받들어 권력을 행사하는 공적·사적 도구들이다. 오직 그들은 맘몬·재벌권력 지배체제에게만 책임과 충성을 다할 뿐이다. 맘몬·재벌권력 지배체제의 폐해와 무거운 짐과 고된 노동은 모두 민중들에게 떠넘긴다. 그들은 룸살롱이나 고급식당, 또는 골프장을 드나들며 맘몬·재벌권력 지배체제를 위해 민중을 억압하고 착취하려는 음습한 음모와 술수를 논의한다. 맘몬·재벌권력 지배체제를 위해 여론과 시류를 조작한다. 정부와 공공기관 등 모든 권력체계를 통하여 조작된 여론과 시류를 민중들에게 전파하고 확대한다.

그 고급관료들과 사회엘리트·기득권세력 밑으로 10% 남짓, 고액 임금 노예이거나 소액자산가들이 좋은 때를 만난 듯 여유롭다. 대기업 정규직 노동자이거나 전문직업인, 또는 성공한 자영업자들이다. 그들은 맘몬·재벌권력 지배체제의 외부 수혜자들로써 지배체제에 의해 조작된 여론과 시류에 맹종한다. 양극화와 불평등의 고통을 온몸으로 받아내야만 하는 민중들 위에서 자기들의 운運 때를 자랑하고 즐거워한다. 그들은 시나브로 맘몬·재벌권력 지배이데올로기에 순응해온 자신들의 삶에 큰 자부심을 느낀다. 언제든, 어디서든 지배체제가 퍼트리는 여론과 시류에 편승하고 반인륜적이고 반사회적이고 삶의 행동을 서슴지 않는다.

마지막, 맘몬·재벌권력 지배체제 외부 수혜자 밑으로 90% 나머지 사람들이다. 너나 나나 그저 그렇고 그런 무지렁이들이다. 맘몬·재벌권력 지배체제 피라미드에서 자신의 위치나 지위를 재보고 따질 것도 없는 소시민들이다. 그래서 다 같이 맘몬·재벌권력 지배체제 내부자들로부터 개·돼지 취급을 받는 민중들이다. 그럼에도 불구하고 민중들은 제 앞에 놓인 작은 이익과 권리를 쫓아 서로 간에 피투성이 싸움을 멈추지 못한다. 맘몬·재벌권력 지배체제가 던져주는 떡 한 덩이, 고기 한 점을 따라 이리저리로 날뛰다가 기진맥진하기 일쑤다. 아무도 맘몬·재벌권력 지배체제에 대해 의심하거나 따지지 않는다. 맘몬·재벌권력 지배체제의 억압과 착취, 음모와 술수가 명백히 드러난 상황에서도 감히 분노하지 못한다. 언감생심 저항과 반란을 꿈꾸지도 못한다.

그러다보니 민중들은 맘몬·재벌권력 지배체제 내부자들로부터 개·돼지 취급을 받으면서 속으로 절망하고 낙담할 뿐이다. 화병으로 한이 맺힐 뿐이다. 그러다가 죽을 자리에 이르러서야 비로써 개인적인 일탈과 폭력으로 스스로를 학대한다. 누구는 도가 지나쳐 자신과 가족, 또는 이웃들의 생명을 해치기도 한다. 온 가족동반 자살, 묻지 마 칼부림, 사회적 약자를 대상으로 왕따·희생양 만들기 등, 자신과 사회공동체에 대한 자해행위를 서슴지 않는다.

이러한 우리시대 상황에서 본문의 예수는 우리에게 하나님나라 갈라치기, 민중들의 반란을 선동한다. 로마제국 지배체제 기득권 세력 내부자들과 예루살렘 민중들 사이를 하나님 나라로 갈라치기하는 맹렬 예수의 모습을 적나라하게 보여준다. 본문은 하나님나라 갈라치기, 예루살렘 민중의 반란을 선동하는 예수의 육성을 생생하게 들려준다.

## 이끄는 말

본문 서두에서 언급하는 '그들은' 누구일까? 바로 11장 27절의 '대제사장들과 서기관들과 장로들'이다. 그들은 언제 어디서든 한통속으로 묶여도 아무런 이의를 달 필요가 없는 유대종교·사회의 핵심기득권세력이다. 예수시대의 대제사장들은 두말할 것도 없이 로마제국 지배체제의 내부자이다. 서기관들도 로마제국 지배체제에 기생하며 기득권을 누려온 예루살렘 성전제사종교의 주요 기득권세력이다. 이들은 로마제국 지배체제 안에서 예루살렘 성전제사종교의 수호자들이다. 이들은 예수시대 유대교 율법학자로 관료로 행세했다. 장로들도 로마제국 지배체제 안에서 유력한 유대가문의 가부장들로서 대 토지주 들이었다. 성서는 '그들이 예루살렘 성전제사종교 체제의 주요 기득권 세력들이라는 것'을 누누이 강조한다.

그런데 본문은 예수시대에 서로 적대적인 두 당파 이름을 한 패거리로 언급하고 있다. 먼저는, 바리새파인데 '구별된 자들'이라는 뜻을 가지고 있다. 이들은 바벨론제국에 의해 유대왕국이 멸망한 이후, 율법과 전통을 굳게 지켜 나가고자 하는 유대교 신앙결사체였다. 이들은 자신들의 일상생활에서 율법과 전통을 철저히 지키고 계승하려고 노력했다. 일주일에 두 번 금식하고 철저하게 안식일을 지키며 십일조를 바쳤다. 그러기에 이들 공동체 일원이 되려는 사람들은 일정한 시험기간을 거쳐야만 했다. 이후 율법과 전통을 지키기로 맹세해야만 그들의 공동체일원으로 받아들여졌다.

그러다보니 바리새파 사람들은 외세에 대하여 적극적인 저항과 투쟁을 벌여 왔다. 이들의 신앙열정과 전투력에 힘입어 기원전 164년부터 63년까지 100년간 유대인들의 마지막 왕조<sup>마카비왕조</sup>가 건설되기도 했다. 예수시대에 이르러 이들은 유대민족 안에서 2%정도 소수이지만 모든 유대인들에게 존경받는 집단이었다. 나아가 이들 바리새파로부터 유명한 율법사나 랍비들이 배출되기도 했다.

그러나 반대로 본문에서 언급되는 헤롯당은 유대민족의 매국노집단이다. 헤롯당은 로마제국에 빌붙어 권력을 쟁취한 헤롯 왕가와 더불어 이익을 공유하는 집단이다. 헤롯 왕가에서 밥벌이를 하는 사람들을 말한다. 그런데 예수가 탄생하던 무렵에 헤롯대왕이 죽고 그의 큰아들 '헤롯 아켈라오'가 유대와 사마리아를 통치했다. 그러나 헤롯 아켈라오는 폭정으로 민심을 잃었고, 로마제국에 의해 왕권을 박탈당했다. 이후 유대지역은 로마 총독의 관할 하에 편입되었다

예수가 활동하던 시기에는 갈릴리와 베레아 지역을 통치하던 '헤롯 안티파스'만 왕권을 유지했다. 헤롯 안티파스는 자신의 왕권의 안정을 위해 팔레스타인 전역에 헤롯당을 파견하여 정치·종교·사회소요를 진압하는 일에 앞장섰다. 혹시라도 팔레스타인지역에 민란이 일어나 로마군대가 개입하게 되면, 자신의 왕권마저 잃게 될까 두려웠기 때문이다.

그런데 놀라운 것은 본문에서 유대인들의 존경과 지지를 받고 있던 바리새파와 헤롯당이 손을 잡았다는 사실이다. 그들이 함께 예수의 말꼬리를 트집 잡아 예수를 함정에 빠뜨리려는 음모를 꾸몄다. 도대체, 바리새파 사람들은 무엇 때문에 민족 반역자 집단인 헤롯당과 손을 잡았을까? 예수에게 어떤 잘못이 있어서, 바리새파 사람들로 하여금 민족 반역자 헤롯당과 손을 잡게 만들었을까?

그것은 바로 예수의 하나님나라 운동이다. 예수의 하나님나라가 가난하고 나약한 이들, 과부와 고아, 억압받고 고난당하는 이들을 위한 나라이기 때문이다. 예수는 심지어 유대종교·사회에서 죄인이라고 낙인찍혀 아무도 상대조차 해주지 않는 세리와 창녀들까지 하나님나라의 일원으로 받아들였다. 이렇듯 예수의 하나님나라는 로마제국 지배체제에 기생하며 특권·기득권을 누려온 예루살렘 성전제사종교는 물론, 전통 유대종교를 뿌리부

터 해체하게 될 것이 불을 보듯 빤했다.

이와 관련하여 예수는 갈릴리 나사렛사람으로써 갈릴리 지역에서 하나님나라 운동을 벌여 왔다. 이제 예수는 자신의 하나님나라 운동의 정점을 찍는 사역으로 예루살렘 입성을 결행했다. 그것은 곧 예수의 로마제국 십자가처형을 의미하는 것이다. 이렇게 예수의 예루살렘 입성으로 인해 예루살렘 도성 전체가 큰 소용돌이에 휩싸였다. 복음서들은 이러한 예수의 예루살렘 입성장면을 열광적이며 소란스러운 민중들의 외침으로 서술하고 있다. 복음서들의 보도에 따르면 예수님은 감람산 베다니를 출발해서 예루살렘성전 문을 통하여 예루살렘에 입성하셨다고 한다. 그 행진 대열에서 민중들의 열광적인 환호와 갈채가 있었다. 수많은 민중들이 예수의 가시는 길 앞에 자신들의 겉옷을 벗어서 펼쳤다. 어떤 이들은 나뭇가지를 꺾어 길에 깔았고, 어떤 이들은 종려나무 가지를 꺾어서 흔들며 소리를 질러댔다. 민중들이 한 목소리로 "다윗의 자손이여! 우리를 구원하소서! 주님의 이름으로 오시는 이여 축복받으소서!"라고 외쳤다.

이렇게, 예수가 예루살렘에 입성하던 때가 유대민족의 가장 큰 명절인 유월절이었다. 예루살렘 도성은 지중해세계 전 지역에서 순례를 온 유대인 디아스포라로 넘쳐났다. 온 도시가 들떠서 "이분이 누구냐?"라고 물었다. 또 온 도시 안에 "이분은 갈릴리 나사렛 출신 예언자 예수다"라고 소문이 났다.

그런데 이 갈릴리 나사렛 출신 예언자 예수는 예루살렘 기득권자들 그 누구로부터도 환영 받지 못했다. 도리어 환영받기는커녕, 처음부터 예수는 예루살렘 기득권계층으로부터 살해위협에 시달려야 했다. 예루살렘 최고 종교지도자 대제사장 가야바는 예루살렘 기득권 계층들의 집회석상에서 "예수를 그대로 두면 예루살렘 온 민중들이 예수를 따를 것이다. 그렇게 되어 로마제국 군대가 예루살렘에 투입되면 우리가 망하게 될 것이다. 그러니 예수 한 사람을 죽이면 유대민족도 살고 너희에게도 유익이 되지 않겠느냐!"라고 주장하기도 했다.

그렇다면 예루살렘 종교·정치·사회·경제 기득권자들은 왜 이토록 예수를 죽이려고 안달을 했을까? 예수시대의 예루살렘 종교·사회 엘리트이며 민족 지도자들이었던 바리새파가 매국노집단 헤롯당과 손을 잡고 예수를 함정에 빠뜨리려고 음모를 꾸며야 했던 이유를 찾아가 보자.

복음서들은 예수의 말씀과 행동과 십자가 사건을 통하여 그 이유를 명확히 밝혀 놓고 있다. 바로 예수의 하나님나라 운동의 두 가지 성격 때문이다. 먼저, 예수의 하나님나라 운동은 로마제국 지배체제에 대한 저항운동이다. 본문 사건 역시 로마제국의 폭력과 전쟁, 피와 죽음, 약탈과 착취와 억압에 대한 분명한 저항을 표현한다. 이렇게 예수의 하나님나라 운동은 비폭력저항을 통하여 대안세상을 지향함으로써, 로마제국 지배체제를 전면적으로 부정하는 급진적 사회 변혁운동의 성격을 가지고 있었다.

이점에서 예수의 하나님나라는 로마군대의 폭력과 전쟁, 피와 죽음으로 이룩한 팍스로마나로마제국의 평화를 인정하지 않는다. 로마제국의 약탈과 착취와 억압의 독점경제를 따르지 않는다. 맨 밑바닥에는 노예와 농노, 소작농, 하층민이 있고 맨 꼭대기 층에 황제와 극소수 기득권계층이 군림하는 피라미드식 빨대 경제를 용납하지 않았다. 예수의 하나님나라는 거대한 피라미드 기계구조와 같은 제국주의 사회구조를 그 토대로부터 부정한다. 또 하나, 예수의 하나님나라 운동은 예루살렘 성전제사 종교의 기득권체제에 대한 저항운동이었다. 로마제국에 빌붙어 민중들의 진액을 빨아먹고 생존하는 예루살렘 성전제사 종교권력에 대한 거부이다. 예수의 하나님 나라는 로마제국 권력과 힘과 부에 빌붙어 있는 예루살렘 종교 기득권계층들의 모든 사익을 부정한다.

제사장들과 바리새파 사람들이 가난한 민중들에게 종교적 죄의식을 쇠뇌하고 가난한 자들을 착취하는 종교행태를 맹렬하게 규탄한다. 부자들이 로마제국 군대의 힘을 빌려서 가난한 농노들과 소작인들을 착취하고 약탈하는 것을 죄악이라고 성토한다. 예수의 하나님나라 운동은 예전의 유대 민중항쟁처럼 지금 당장 피와 죽음과 전쟁을 불러오지는 않을 것이다. 그러나 끝내는 예루살렘 성전제사종교 기득권체제의 토대를 흔적도 없이 무너트리게 될 것이 빤한 일이었다.

무엇보다도 예수는 제자들에게 율법학자와 서기관, 사두개파와 바리새파 사람들의 위선과 오만을 경계하셨다. "바리새인들의 행실을 따라하지 마라. 그들은 말만하고 행하지는 않는다. 그들은 무거운 종교적 짐들을 꾸려서 가난한 민중들의 어깨에 메운다. 그러고도 자기들은 그것들에 대해 손가락 하나도 움직이려 하지 않는다." 이점에서 사실, 바리새파 사람들은 유대민중들과 자신들 사이에 넘을 수 없는 벽을 쌓고 차별지음으로써 종교·사회·정치적 권위와 경제적 이득을 누릴 수 있었다.

그러나 예수의 하나님나라는 오직 가난한 민중들을 위한 것이었다. 예수의 하나님나라는 굶주리고 목마른 사람들이 배부르게 되는 세상이고, 슬퍼하는 사람들이 위로를 받는 세상이며, 박해받는 사람들이 해방과 자유와 구원을 얻는 세상이다. 따라서 예수는 이 땅의 하나님나라 운동의 출사표를 던지면서 이렇게 선포하셨다. "주님의 영이 내게 내리셨다. 이는 주님이 내게 기름을 부으셨기 때문이다. 주님이 나를 보내셨다. 가난한 자에게 복음을 전하라고, 포로 된 자에게 해방을 선포하라고, 또한 눈먼 자들에게 다시 봄을 선포하라고, 억눌린 이들을 해방하여 보내라고, 주님의 은혜의 해를 선포하라고."

이러한 예수시대의 상황 속에서, 예수의 예루살렘 입성과 민중들의 열광과 동요는 로마제국 당국자들뿐만 아니라, 로마제국에 빌붙어 살아온 예루살렘 종교기득권 계층들에게도 매우 큰 위협으로 다가 왔다. 나아가 유대인들의 존경과 흠모를 한 몸에 받고 있던 바리새파 사람들마저도 유대민중들 사이에서 자기들의 종교·사회적 권위와 경제적 이익을 상실할까 두려워했다.

그래서 그들은 아무런 양심의 가책과 거리낌 없이 매국노집단인 헤롯당과 손을 잡고 예수를 함정에 빠뜨릴 음모를 꾸몄다. 그들은 예수께 로마황제에게 인두세를 바치는 것이 합당 하냐, 아니냐? 라는 질문을 던져 예수를 로마제국의 반역자로 만들려고 획책한다. 그들은 공공장소에서, 예수가 대중 집회를 이끌고 있을 때, 많은 청중들의 면전에서 이 질문을 던진다. 만약, 예수가 '로마황제에게 인두세를 바치는 것이 합당하다'라고 말한다면 예수는 유대 민중들에게 돌을 맞을 것이다. 또 만약, '로마황제에게 인두세를 바치는 것이 합당하지 않다'라고 말한다면, 예수는 그 즉시 로마제국의 반역자가 되어 죽은 목숨이나 다름없게 될 것이다.

이처럼, 바리새파 사람들과 헤롯당은 예수의 목에 건 올무를 더 단단하게 옥조이기 위해 예수를 다그치는 질문 한 가지를 더 보탠다. "우리가 바쳤어야 했을까요, 아니면 바치지 말았어야 했을까요?" 여기서 사용된 동사 도멘은 과거가정법 동사이다. 우리말 성서는 이 문장을 현재형으로 해석했다. "우리가 바칠까요, 말까요?" 그러나 이 문장을 그대로 과거 시상에 따라 번역해야 한다면 "우리가 바쳤어야 했을까요, 아니면 바치지 말았어야 했을까요?"이다. 이제 문제는 과거와 지금, 그리고 미래에까지 통틀어 '로마제국 황제에게 인두세를 바쳐야 하느냐 말아야 하느냐'의 문제로 확대 되었다.

이제 예수는 빼도 박도 못하고, 어디로도 도망가지 못하는 진퇴양난에 처하게 되었다. 바리새파 사람들과 헤롯당과 예수의 청중들마저 모두 숨을 죽이고 예수의 입만 바라보았다. 지금 예수는 바리새파 사람들과 헤롯당의 사악한 음모에 걸려들고 말았다. 바리새파 사람들과 헤롯당이 예수께 늘어놓은 찬사들을 보면 그들이 정말 악랄하고 사악하다는 것을 잘 알 수 있다. 그들은 그 어떤 예수의 추종자들보다 더욱더 예수를 찬양한다.

"선생님! 우리는 '당신이 진실하시고 어느 누구라도 당신에게 거리낌이 되지 않는 다는 것'을 잘 알고 있습니다. 왜냐하면, 당신이 사람의 겉모양을 보지 않으시고, 오직 진리 위에서 하나님의 길을 가르치기 때문입니다." 참으로, 두말할 필요 없는 진지하고 멋있는 예수신앙고백이다. 바리새파 사람들의 이러한 음모와 술수는 평소에 바리새파 사람들이 가지고 있었던 위선과 오만을 그대로 증언해 주고 있다. 그들은 어떻게든 예수를 함정에 몰아넣고 로마제국의 반역자라는 올가미를 씌워 예수를 처단하려는 음모와 술수를 가지고 예수에게 왔다. 그들은 음모와 술수를 감쪽같이 숨긴 채 낮간지러운 예수찬양을 늘어놓았다.

그러나 예수께서는 그들의 음모와 술수를 알아채셨다. 이와 관련하여 본문은 바리새파 사람들과 헤롯당들의 음모를 '휘파크리신'이라고 표현한다. 그리스 전통에서 이 낱말은 '무대 위에서 배우들이 대사를 읽는 것'이다. 그런데 예수시대에 이르러 이 낱말은 '가식과 위선으로 가득한 사람들을 욕하는 용어'로 굳어졌다. 따라서 이 낱말로부터 '연극하다'라는 동사가 나왔다. 어떻게든 이 땅의 하나님나라 운동의 기수, 시대의 진리와 진실의 사람 예수를 사냥하려는 유대 성전제사종교 권력·기득권계층의 사악함이 절절하게 묻어나는 대목이다.

사실, 이러한 종교권력의 사악함은 예수시대 뿐만은 아니었다. 인류 종교역사 안에서 쉼없이 줄곧 있어왔던 일이다. 또한 오늘 21C 한국 기독교회와 여타 유수한 종교들 안에서도 일상적으로 벌어지는 일들이다. 21C 종교 엘리트 기득권세력은 맘몬·재벌권력 지배체제의 가장 효율적이고 유능한 지배도구이다.

그러나 예수는 바리새파 사람들과 헤롯 당원들에게 엉뚱한 것을 요구하신다. "무엇 때문에, 너희가 나를 시험하느냐? 너희는 내가 볼 수 있도록 데나리온 한 잎을 나에게 가져오라!" 그러자 곧바로 그들이 로마제국 화폐 한 데나리온을 가져와 예수께 내밀었다. 유대민중들이 온갖 고생 끝에 손에 넣은 후, 치를 떨며 로마제국 황제에게 인두세로 바쳐야만 했을 로마제국 화폐가 바로 데나리온이었다. 아마도 헤롯당 사람들은 일상적으로 이 로마제국의 화폐를 사용했을 것이다. 그러기에 그들은 곧바로 그들의 전대에서 한 데나리온을 꺼내 예수께 내밀 수 있었다.

그러자 대뜸 예수가 그들에게 물었다. "이 초상과 새긴 글자가 누구의 것이냐?" 그들이 예수께 대답했다. "카이사르황제의 것입니다."

'데나리온'은 로마제국 지배체제의 화폐이다. 당연히 로마황제가 발행한다. 거기에는 황제의 초상과 황제를 찬양하는 글들이 새겨져 있다. 예수 시대 로마황제 티베리우스의 데나리온 한쪽 면에는 황제의 흉상과 '티베리우스 황제, 지존한 신의 지존한 아들'이라고 새겨져 있었다. 또 다른 면에는 황제의 또 다른 존칭인 '대제관'이라는 명문과 함께 황제의 모친 '리비아'의 좌상을 새겼다.

이렇듯 예수는 로마황제의 데나리온을 들이대며, 바리새파 사람들과 헤롯 당원들, 나아가 유대인 청중들을 향하여 일갈한다. "너희는 카이사르의 것들을 카이사르에게 돌려주어라! 그러나 너희가 하나님의 것들을 하나님께 돌려드려라!"

예수는 바리새파 사람들과 헤롯당의 사악한 음모를 파악하시고 도리어 그들을 궁지에 몰아넣으신다. 예수는 자신을 함정에 빠뜨려 로마제국의 반역자라는 올무를 씌우려고 몰려온 바리새파 사람들과 헤롯당, 그리고 예수의 청중사이를 '하나님나라로 갈라치기'하셨다. 그럼으로써 예수는 예루살렘 민중들에게 지배체제에 대한 반란을 선동한다. 바리새파 사람들과 헤롯당원들은 꿀 먹은 벙어리가 되었다. 로마제국 지배체제에 기생하며 기득권을 누려온 자신들과 예루살렘 민중들 사이를 '하나님나라로 갈라치기 하는 예수의 선동으로 인해 그들은 깜짝 놀랄 수밖에 없었다.

그러나 참으로, 교회들은 본문의 이 장면을 너무나 엉터리로, 너무나 엉뚱하게 해석한다. '예수께서 지혜롭고 재치 있는 답변으로 위기를 모면하셨다'라고 찬양 한다. 사실 이런 엉터리 해석은 서구 기독교회의 왜곡된 예수 신앙에서 기인한다. 서구기독교회는 본문을 '교회가 세속정치·경제 권력과 어떻게 조화를 이루고 어떠한 관계를 맺어야 하는지'에 대한 '가장 좋은 답'이라고 믿어왔다. 더 말할 것도 없이 오늘 한국 기독교회도 본문을 '교회가 시대의 사회·정치·경제의 구조적 모순과 불의에 침묵하도록 강요하는 근거'로 오용하고 있다.

참으로, 본문에 대한 이러한 해석이 참일까? 아니다. 본문에서 예수는 바리새파 사람들과 헤롯당의 음모를 눈치 채시고도 전혀 동요하거나 고민하지 않는다. 어떻게 위기를 벗어나볼까 머리를 쓰거나 몸 달아 하지도 않는다. 도리어 예수는 바리새파 사람들과 헤롯 당원들의 사악한 음모를 꿰뚫어보시고, 그들과 부화뇌동하는 유대청중들을 꾸짖으신다. "너희는 카이사르의 것들을 카이사르에게 돌려주어라! 그러나 너희가 하나님의 것들을 하나님께 돌려드려라!"

이제 예수는 바리새파 사람들과 헤롯당조차 아예 도외시 해버린다. 예수는 '하나님나라와 로마제국 지배체제를 갈라치기'하신다. 그럼으로써 예수는 예루살렘 민중들에게 로마제국 지배체제에 대한 반란을 선동한다. 예수는 하나님나라와 로마제국 지배체제를 적당히 얼버무려 살면서 제국주의 욕망을 추구하는 예루살렘 유대인 청중들을 소리 높여 야단치신다. 예루살렘 유대인 청중들에게 '하나님나라냐, 로마제국이냐' 선택하라고 윽박지르신다.

그럼으로써 예수는 스스로 '하나님의 구별된 자들'이라고 떠들어 대면서 로마제국의 지배체제에 휘둘려 살아가고 있는 바리새파 사람들을 비난한다. 아니, 조롱하신다. 바리새파 사람들처럼, 실제로는 로마제국 지배체제의 포악무도한 통치를 받아들이면서, 하나님나라에 대한 성찰과 결단을 적절한 수준으로 맞추는 것은 사이비한 신앙 카타르시스에 지나지 않는다.

이와 관련하여 우리말 성서는 본문을 심각하게 왜곡했다. 우리말 성서는 "가이사의 것은 가이사에게, 하나님의 것은 하나님에게 바치라"라고 번역했다. 문장에서 주어를 빼버린 것이다. 그러고는 '가이사의 것들'이라는 목적어를 주어로 치환했다. 그렇게 함으로써 '하나님나라 갈라치기'로 예루살렘 민중들에게 반란을 선동하는 열혈 예수를 본문에서 지워버렸다. '로마제국 황제의 통치를 받아드릴 것이냐, 하나님나라를 살 것이냐' 결단하고 행동해야 할 주체를 삭제해 버린 것이다.

그렇다면 본문에서 우리가 하나님께 되돌려야 드려야 하는 '하나님의 것들'은 무엇일까? '우리의 필요와 쓰임'에 넘치게 끌어 모은 우리의 '부'이다. 왜냐하면, '우리의 필요와 쓰임'에 넘치게 끌어 모은 우리의 '부'는 다른 이들의 '쓰임과 필요'를 빼앗아 온 것이나 마찬가지이기 때문이다. 따라서 본문을 '맘몬·재벌권력 지배체제를 살아가는 약삭빠른 처세술'로 해석하는 것은 가당치도 않은 일이다.

무엇보다, 예수는 하나님 나라 순교자의 각오로 예루살렘에 입성하셨다. 예수는 로마제국 지배체제의 반란자로 몰리는 것을 두려워하지 않으셨다. 로마제국 지배체제에 기생하는 예루살렘 성전제사종교 기득권세력의 모함으로 십자가 처형을 당할 각오가 되어 있었다. 그래서 예수는 바리새파 사람들과 헤롯 당원들이 작당하여 예수를 함정에 빠트리고 로마제국의 반역자라는 올가미를 씌우려는 음모 앞에서 당당하셨다.

도리어 예수는 이들의 음모를 통하여 로마제국 지배체제와 예수의 하나님나라를 갈라치기 하셨다. 그럼으로써 예루살렘 히브리 민중들의 삶의 반란을 선동하신다. 너희는 로마제국 지배체제에 빌붙어 얻은 모든 이익과 기득권들을 로마황제에게 되돌려 주어라! 로마제국의 피와 죽음과 전쟁, 약탈과 착취와 독점 지배체제에 대하여 과감하게 반란하라! 그리고 하나님나라의 해방과 자유, 정의와 평등, 생명·평화 세상으로 탈출하라! 이것이 예루살렘 유대민중들에 대한 예수의 강력한 요청이다. 그러므로 바리새파 사람들과 헤롯당은 예수의 하나님나라 갈라치기, 예루살렘 민중들에 대한 반란선동에 깜짝 놀라 자빠지게 되고 말았던 것이다. 그런데 여기서 '깜짝 놀라다'라는 헬라어 동사는 '에크세타우마존'이라는 미완료동사이다. 바리새파 사람들과 헤롯당의 '놀람'은 잠시잠깐으로 끝나지 않았다. 그 놀람의 여진이 그들의 삶으로 전이되었다. 그들은 예수에게 '로마제국 반역자' 죄목을 뒤집어 씌워 십자가에 못 박아 처형한 이후에도 여전히 안절부절 이었다. 왜냐하면 예수의 유대민중들을 향한 '로마제국과 하나님나라 갈라치기'는 예루살렘 모든 기득권자들의 사익을 끝장내는 위험 요소이기 때문이었다.


## 맺는말


21C, 대한민국의 맘몬·재벌권력 지배체제 내부자들, 사회엘리트 기득권세력들은 사익과 시류를 따라 언제라도 불의와 불법을 망설이지 않는다. 이러한 세태야말로 맘몬·재벌 지배체제 사이비似而非권력들이 제 세상인양 나댈 수 있는 토대이다. 맘몬·자본 지배체제 내부자들에게는 믿는 구석이 있다. 우리사회 구성원들이 사익과 시류 앞에서 언제든 불의와 불법에 부화뇌동해 왔다는 것이 그들의 사회적 경험이다.

참으로 사람은 연약한 존재이다. 주어진 환경에 순응하고 복종하며 지배체제가 조작하는 여론과 시류를 옳다고 인정하려는 경향이 있다. 더구나 21C 모든 사람들이 맘몬·재벌권력 지배체제 생활 이데올로기를 일방적으로 학습할 수밖에 없는 상황에서, 지배체제의 불의와 불법을 분별하는 것은 불가능하다. 도리어 맘몬·재벌권력 지배체제의 반사회적이고 반인간적인 여론조작을 아무생각도 없이 곧이곧대로 받아들이게 된다. 참으로 우리는 시나브로 맘몬·재벌권력 지배체제의 노예기계로 화석화해 가고 있다. 맘몬·재벌권력 지배체제의 사회구조에 의지하여 불의와·불법을 통한 성공신화를 욕망한다. 지배체제의 불의와 불법에 부화뇌동하는 것이 인간적인 동료애와 사회성으로 호도되는 시대를 살아가고 있다. 그러니 누구도 맘몬·재벌권력 지배체제의 구조적 모순과 억압과 착취에 저항하고 맞서서 반란을 꿈꾸지 못한다. 도리어 그것은 매우 불순하다.

그러나 이러한 시대상황에서, 우리는 시대의 진리와 진실을 그냥 덮어두고 외면할 수 없다. 시대의 진리와 진실 앞에서 여실히 자신의 뜻과 의지를 표명하고 물러서거나 타협하지 않은 것이 참된 예수신앙인의 숙명이다. 시대의 진리와 진실 앞에서 물러서거나 불의와 불법에 부화뇌동하는 사람은 진리와 진실 앞에 서있는 참된 예수신앙인이 아니다. 시대의 진리와 진실 앞에 선 신앙인들이 진리와 진실을 외면하거나, 그 앞에서 물러서거나, 뒤돌아 불의와 불법에 부화뇌동하는 행태는, 진리와 진실에 대한 신앙 도적질이다.

# 7. 오병이어 밥상공동체, 복음의 사회적 책임을 다하라!

**마가복음** 6:30-44

## 읽기

사도들이 예수께로 함께 모여 나와, 그들이 행하고 가르친 모든 것들을 예수께 보고했다. 그러자 예수께서 그들에게 말씀하셨다.

"여러분, 이리 오시오. 여러분은 따로 외딴 곳에서 잠간 쉬시오."

왜냐하면, 많은 사람들이 오고가고 있었기 때문에, 그들이 밥 먹을 겨를조차 없었던 것이다. 그래서 그들은 배를 타고 따로 외딴 곳으로 떠나갔다. 그런데 사람들이 그들이 가는 것을 보았고, 많은 사람들이 가는 곳을 알아차렸다. 사람들이 모든 도시들로부터 도보로 그곳에 함께 달려가 예수일행보다 먼저 갔다.

그 때, 예수께서 배에서 내리시면서 많은 군중들을 보셨다. 예수께서는 목자 없는 양떼와 같았던 그들 때문에 애간장이 녹아내렸다. 그래서 예수께서는 그들에게 많은 것들을 가르치기 시작하셨다.

그렇게, 많은 시간이 지나고 나서 예수의 제자들은 예수께 가까이 다가가서 귀띔했다 이곳이 빈들광야이고 이미 많은 시간이 흘렀다는 것을.

"사람들을 해산하세요. 사람들이 주변 농장들과 마을들로 가서 각자 스스로 먹을 것을 사게 하세요."

그러나 예수께서 제자들에게 대답하여 말씀하셨다.

"여러분이 사람들에게 먹을 것을 주시오."

그러자 제자들이 예수께 항변했다.

"우리가 가서 200데나리온 어치 떡을 사다가 사람들에게 먹도록 주라는 말씀입니까?"

예수께서 제자들에게 지시하셨다.

"여러분은 떡들을 얼마나 가지고 있소? 가서 알아보시오.

그래서 제자들이 알아보고 보고했다.

"떡 다섯 개와 물고기 두 마리입니다."

예수께서 제자들에게 모든 사람들을 떼 지어 푸른 풀밭 위에 자리 잡도록 지시하셨다. 그렇게 해서 사람들이 백 명씩, 오십 명씩 무리지어 앉았다. 그런 후에 예수께서 떡 다섯 개와 물고기 두 마리를 받으시고 하늘을 우러러 감사하셨다. 그리고는 떡들을 떼어서 사람들에게 나누어주도록 당신의 제자들에게 주셨다. 이어서 물고기 두 마리도 모든 사람들과 함께 나누셨다.

그리하여 모든 사람들이 먹고 배부르게 되었다. 그러고도 사람들이 부스러기 떡들과 물고기들로부터 12광주리에 가득 차게 거두었다. 그런데 떡을 먹은 이들이 어른남자 오천 명이었다.


## 들어가는 말

한국교회의 대중적인 복음전도의 구호는 '성공하는 삶'이다. 한마디로 '예수 믿고 성공해서 부유하게 잘살아보자'는 것이다. 이와 관련하여 기독교서점에는 '기독교자본주의 성공신화'로 넘쳐난다. 교회들마다 무한경쟁에서 이기고, 무한독점하며, 무한 소비를 누리는 것을 찬양하고 축복하는 맘몬·자본신앙이 난무한다.

또 다른 전통적인 구호도 있다. 바로 '예수천당 불신지옥'이다. 한마디로 이러한 구호는 비인격적이고, 비평화적이며, 비공동체적인 독선이다. 이로 인해 예수께서 선포하시고, 삶으로 실천하시며, 당신의 십자가를 통하여 이루신 '하나님나라'가 우리시대의 교회에서, 이 땅의 신앙인들의 삶 속에서, 흔적도 없이 사라지고 있다.

나아가, 건전한 복음주의 신앙관을 가진 교우들은 복음전도의 의미를 '개인영혼구원'에 두고 있다. 이러한 교우들 대부분은 '개인 영혼구원'만이 참된 복음전도라는 편협한 생각을 가지고 있다. 한마디로 교회와 세상을 철저히 구분하여 '개인 영혼구원'만이 참이고 나머지는 부수적인 것이라 여기는 이원론적 관념이다.

그러나 오늘날 개인 영혼구원에만 몰입하는 복음전도는 예수의 '하나님나라 선교'에 크게 어긋나는 것이다. 도대체, 어떻게, 어떤 방법으로, 하나님의 형상과 생명을 물려받은 사람에게서 '몸과 영혼과 생명'을 따로따로 찢어낼 수 있을까? 사람의 몸과 영혼과 생명, 이 모든 것은 하나이다. 나아가 모든 기독교신앙인은 지금 여기 우리의 삶의 자리에 우리와 함께하시는 하나님과 한 생명, 한 삶의 공동체이다.

이점에서 오늘 본문의 오병이어 기적이야기는 우리시대의 하나님나라 복음전도에 관한 올바른 의미와 방법을 우리에게 가르쳐주고 있다. 이제 그 내용들을 함께 살펴보기로 하겠다.

## 이끄는 말

오병이어 사건은 4복음서에 모두 기록되어 있다. '오병이어 사건'이야말로 예수시대의 모든 갈릴리민중들에게 깊이 각인되어 있었던 가장 중요한 사건이었기 때문이다. 이와 관련하여 오병이어 사건 전, 예수는 제자들을 두 명씩 짝 지워 복음전도여행을 보냈다. 제자들은 갈릴리 전 지역으로 흩어져 복음전도여행을 했다. 가버나움, 고라신, 벳세다, 게네사렛, 막달라 등등. 그리고 제자들은 놀라운 복음전도의 성과를 올렸다. 제자들은 각자 자신들의 복음전도 성과를 자랑스레 예수께 보고했다.

실제로 예수의 복음전도자들은 갈릴리 민초들에게 예수의 하나님나라 복음을 전하면서 병을 고치고 귀신을 몰아내는 등, 여러 가지 기적을 행하였다. 이렇게, 이들을 통하여 예수의 하나님나라 복음이 갈릴리 온 땅에 전파되었다. 온 갈릴리사람들이 예수의 복음으로 흥분하고 들썩였다. 오죽하면 갈릴리의 통치자인 '헤롯 안티파스'마저 놀라서 외쳤다. "혹시 이 예수야말로 내가 목 베어 죽인 요한 그 사람이 다시 살아난 것 아니냐?"

그래서 예수의 복음전도자들이 예수께 귀환 했을 때 수많은 민초들이 그들을 쫓아 예수께로 몰려 왔다. 이와 관련하여 오늘 본문은 예수와 제자들이 밀려드는 민초들로 인해 밥 먹을 시간마저 없었다고 보고한다. 예수와 제자들은 끝없이 밀려드는 군중들에게 지쳐서 잠시 한적한 곳에서 쉬려고 배를 탔다. 그런데 군중들이 그것을 알아채고 걷거나 뛰어서 예수일행보다 먼저 예수가 도착할 만한 곳으로 가서 모였다. 이처럼, 예수의 제자들의 복음전도여행은 대성공이었다. 한마디로 전도대박을 터트린 것이다. 오늘날 한국교회 현실로 이야기 하면 온 교회가 공들여 준비한 대형전도 이벤트가 대히트를 친 것과 같다. 그렇다면, 본문에서 예수의 복음전도자들의 전도대박의 요인은 무엇이었을까?

역사적으로 예수시대의 갈릴리는 온갖 정치적 억압과 차별, 그리고 사회·종교·경제적인 양극화가 극심했던 곳이다. 특별히 갈릴리지역은 헤롯 왕가의 강압적이고 폭력적인 통치를 받고 있었다. 또한 소수의 이방인 대지주나 대상인들로부터 경제적 착취에 시달리고 있었다. 무엇보다도 종교적으로 멸시와 천대를 받는 곳이었다. 일례로 예루살렘의 종교 지도자들은 갈릴리지역을 '이방의 갈릴리'라고 불렀다. 심지어는 "나사렛 같은 곳에서 무슨 선한 것이 나겠느냐"라고 예수의 하나님나라 복음사역을 멸시하기도 했다.

이러한 갈릴리 민중의 삶의 자리에서 예수의 하나님나라 복음운동이야말로 새로운 희망이며 구원이었다. 예수는 갈릴리 민중들에게 이렇게 외쳤다. "가난한 사람은 복이 있다. 주린 사람은 배부를 것이다. 억울하고 애통한 마음이 있는 사람은 하나님의 위로를 받을 것이다. 억압당하고 고난당하는 사람은 하나님의 해방과 구원을 받게 될 것이다. 하나님나라는 이런 사람들의 것이다" 따라서 갈릴리 구석구석 마을들을 찾아 나선 예수 제자들의 복음전도여행은 모든 갈릴리 민초들을 들뜨게 했다. 열화와 같은 환호를 받을 수밖에 없었다.

사실, 한국의 복음전도 역사도 이와 같았다. 오랜 양반들의 억압과 차별 속에서, 이어지는 일제 식민지인의 삶 속에서, 기독교회의 하나님나라 복음이야말로 한국 민초들의 새로운 소망이며, 해방이었다.

하지만 어느 때부터인가 한국교회의 복음전도가 변질되었다. 70-80년대 경제성장과 함께 '예수 믿으면 잘 산다'라는 것이 복음전도의 목표였다. 지금에 이르러는 '교회성장'이 복음전도의 가장 큰 목표이다. 더 크게 교세를 불리고, 더 큰 예배당을 짓고, 더 호화로운 이벤트성 예배를 드리기 위하여, 더 많은 돈이 필요해졌다. 이에 부응하여 전도에 사용되는 구호도 신자유주의 시장질서의 가치인 '기독교 자본주의 성공신화'로 바뀌었다. 여기에 더해 '예수천당 불신지옥'이라는 고전적 구호가 더해져 교우들을 협박하고 교우들의 호주머니를 털어낸다.

그러나, 우리는 '오병이어 기적이야기'를 통해서 복음전도의 참 뜻이 교회의 성장과 부흥에 있지 않다는 진리를 깨닫게 된다. 왜냐하면 참된 복음전도는 시대의 민초들의 아픔과 고통과 절망에 함께 참여하여 새로운 희망과 해방과 구원을 이루어내는 것이기 때문이다.

예수는 그렇게 몰려든 수많은 군중을 보고 그들을 불쌍히 여기셨다. 왜냐하면 그들이 목자 없는 양떼처럼 보였기 때문이다. 그래서 예수는 쉼을 포기하셔야만 했다. 예수는 군중들 속으로 들어가서 병자를 고치시고 약한 자를 돌보셨다. 이 땅의 가난한자 억압받는 자 소외된 자들을 위한 하나님나라를 선포하시고 군중들에게 그 나라에 대하여 가르쳤다. 이 예수의 측은지심과 관련하여 본문에서 사용한 헬라어 동사는 '에스플랑크니스테'라고 하는데 '애간장이 녹아 내렸다'라는 표현이다. 이러한 예수의 측은지심으로 군중을 바라보았을 때, 군중은 한마디로 목자 없는 양떼들이었다. 고통과 절망과 죽음의 광야를 목자 없이 홀로 떠도는 양떼들과 조우하게 된 예수. 그래서 예수는 스스로 그들의 목자가 되어 그들을 섬기고, 그들을 돕고, 그들과 함께 삶을 나누기를 자청하셨다. 예수는 주저 없이 군중 속으로 뛰어들어 그들의 질병과 상처와 약함을 치료하시고, 그들의 고통과 절망과 죽음을 나누어 지셨다. 그럼으로써 예수시대의 정치권력과 경제 권력과 종교권력들이 민초들에게 덧씌운 '죄'에서 민초들을 해방하고 구원하셨다. 예수는 민초들에게 새로운 희망과 기쁨과 행복이 넘치는 하나님나라를 선포하셨다.

이점에서 분명하게 신약성서는 '이 땅에 오신 예수'를 '임마누엘 – 하나님이 우리와 함께하심'이라고 말한다. 따라서 예수시대로부터 오늘에 이르기까지 도도한 기독교회의 신앙 역사 속에서 예수의 복음전도의 참된 의미는 오직 하나이다. 그것은 바로 '하나님이 우리와 함께하시고, 친히 우리를 다스리시는 하나님나라를 이 땅위에서 실천하고 누리는 것'이다. 그 하나님나라는 죽어서야 만이 가는 천당도 아니요, 이 세상에서 돈과 힘과 부귀영화를 마음껏 누리는 축복도 아니다. 그것은 바로 너와 나, 우리가 함께 하나님의 다스리심에 순복하고 하나님 안에서 생명과 평화와 평등을 누리는 것이다.

이와 관련하여 본문의 오병이어 기적은 예수의 복음전도의 참된 의미와 완성을 우리에게 가르쳐 주고 있다. 다시 본문으로 가자. 예수와 군중들의 만남과 어울림은 저녁때가 되도록 끝나지 않았다. 이쯤해서 제자들은 자신들의 쉼과 안식을 빼앗아간 군중들이 미워졌을 것이다. 오랜 복음전도 여행에서 돌아와 쉼과 안식을 학수고대하던 제자들인지라 저녁때가 되자 몹시 지쳤다. 제자들은 예수께서 얼른 군중들을 해산하고 자신들과 함께 쉼과 안식을 취하게 되기를 바랐다. 본문은 그 장면을 생생하게 기록했다.

"그렇게 많은 시간이 지나고 나서 예수의 제자들은 예수께 가까이 다가가서 귀띔했다. 이곳이 빈들광야이고 이미 많은 시간이 흘렀다는 것을. 사람들을 해산하세요. 사람들이 주변 농장들과 마을들로 가서 각자 스스로 먹을 것을 사게 하세요."

그런데 예수는 이러한 제자들의 짜증 섞인 요청을 들으신 후 제자들에게 엉뚱한 요구를 하신다. "여러분이 사람들에게 먹을 것을 주시오." 제자들은 어안이 벙벙해서 이렇게 항변한다. "우리가 가서 200데나리온 어치 떡을 사다가 사람들에게 먹도록 주라는 말씀입니까?"

여기서, 중요한 점은 제자들뿐만 아니라 먼 길을 걸어온 군중들도 매우 피곤하고 배고팠다는 사실이다. 예수는 그 사람들을 그냥 돌려보내실 수 없었다. 그런데도 제자들은 군중들의 가난과 배고픔에 대하여 아무런 동정과 위로도 안쓰러움도 없었다. 이때에, 예수는 제자들에게 복음전도의 참된 의미이며 완성인 '오병이어 밥상공동체'를 지시하신다. "여러분이 사람들에게 먹을 것을 주시오." 한마디로, 예수는 제자들에게 복음전도의 핵심이며 결실로써 복음의 사회적 책임을 제자들에게 요구하신 것이다.

제자들은 예수의 복음전도자들이었지만 자신들의 복음전도를 듣고 예수께로 나온 군중들에게 밥을 먹여야할 이유를 전혀 알지 못했다. 제자들은 예수로부터 파송을 받아 군중들에게 예수의 하나님나라 복음을 전파했지만, 군중을 생각하는 마음은 예수와 전혀 달랐다. 제자들은 군중들을 불쌍히 여기고, 그들의 삶의 자리에 동참하며, 그들과 함께 '오병이어 밥상공동체'를 이루려는 예수를 전혀 이해하지 못했다. 제자들에게 있어서 군중은 하나님나라 복음의 주체가 아니었다. 군중들은 그들에게 복음전도 대상일 뿐이었다. 그래서 도리어 제자들은 예수가 원망스러웠다.

그러나마나, 예수는 제자들의 항변에 대꾸조차 않으시고 그들에게 명령하신다. "여러분은 떡들을 얼마나 가지고 있소? 가서 알아보시오." 그래서 제자들이 부랴부랴 알아보고는 이렇게 보고한다. "떡 다섯 개와 물고기 두 마리입니다." 예수는 아무 말씀도 없이 제자들에게서 떡 다섯 개와 물고기 두 마리를 받아들고 하늘을 우러러 감사를 드렸다. 그리고 떡을 떼어 제자들에게 주시며 군중들에게 나누어 주도록 하셨다. 마찬가지로 물고기도 그렇게 군중들에게 나누어 주셨다. 그러자 놀라운 일이 벌어졌다. 제자들이 예수와 함께 한적한 곳에서 먹고 쉬기 위하여 준비한 떡 다섯 개와 물고기 두 마리로 남자어른 오천 명과 그 수를 알 수 없는 군중들이 모두 배불리 먹게 되는 기적이 일어난 것이다. 나아가 먹고 남아서 모은 것이 열두 광주리에 가득차고 넘쳤다.

여기서 분명한 것은, 예수의 제자들이 수많은 군중들을 끌어 모았다 하더라도, 아직 그들의 복음전도는 열매를 맺은 것이 아니라는 사실이다. 만약 예수의 제자들이 자신들의 복음전도를 통하여 끌어 모은 사람들의 삶속으로 들어가 그들과 하나가 되지 않는다면, 아직 그들의 복음전도사명은 끝나지 않았다. 복음전도자들과 군중들이 함께 하나의 밥상공동체를 이루지 못했다면, 아직 예수의 하나님나라와는 거리가 멀다.

이 점에서 오병이어 기적이 우리에게 전해 주는 참된 의미는 무엇일까? 그것은 바로, 예수의 하나님나라 복음전도의 마지막 완성은 '오병이어 밥상공동체'라는 사실이다. 따라서 예수의 복음전도자들의 전도열매는 복음을 듣고 받는 자들의 삶의 아픔과 고통에 동참하고, 그들과 함께 오병이어 밥상공동체를 이루는 것이다.

그런데 여기서 오병이어 밥상공동체의 기적을 이루는 주요한 요인이 있다. 첫째, "여러분이 사람들에게 먹을 것을 주시오"라는 예수복음 운동의 사회적 책임에 대하여 올바르고 진정성 있는 신앙고백을 드리는 것이다. 둘째, '지금 내가 가진 것이 무엇이며 얼마인가? 진솔하게 신앙성찰을 벌이는 것이다. 셋째, 내게 주어진 모든 것들에 감사하고 그것들을 하나님의 이웃사랑의 뜻에 따라 모두와 함께 나누는 것이다.

이러할 때, '나에게 떡 다섯 개와 물고기 두 마리가 있습니다'라고 고백하는 신앙태도야말로 이 땅의 하나님나라를 이끌어가는 올바른 토대며 신앙자산이다. 물론 때로, '나에게는 떡 다섯 개와 물고기 두 마리 밖에 없습니다'라는 볼멘소리를 할 수도 있다. 그렇더라도 가난하고 배고픈 군중들을 앞에 두고, 우리에게 주어진 것들을 살피고 성찰하는 것이야말로, 하나님나라의 신앙은총이며 신앙능력이다.

## 맺는 말

마가복음 저자는 오병이어 밥상공동체 이야기를 갈릴리의 통치자 헤롯 안티파스의 궁중잔치 이야기 바로 아래에 놓았다. 그 이유가 무엇일까? 헤롯왕의 궁중잔치와 오병이어 밥상공동체를 간접적으로 비교하기 위해서이다.

헤롯왕의 궁중잔치는 소수의 권력자들과 부유한 자들을 위한 잔치이다. 따라서 헤롯왕의 궁중잔치는 오병이어 밥상공동체와는 비교가 되지 않을 만큼 호화로운 것이었다. 그럼에도 불구하고 헤롯왕의 궁중잔치에는 평화가 없다. 평등이 없다, 자유가 없다. 만족이 없다. 생명이 없다. 도리어, 미움과 시기와 질투와 음모가 난무한다. 오로지 죽음만이 있다. 헤롯왕의 궁중잔치에서 세례요한의 목이 잘려나간다. 잘려진 모가지를 두고 그 시대의 지배계층들은 춤을 추고 노래를 부른다.

그러나 오병이어 밥상공동체에는 모든 가난하고 소외되고 억압받는 민중들이 다 함께 기뻐하고 즐거워한다. 모두가 행복하다. 그 곳에는 해방이 있다. 구원이 있다. 자유가 있다. 정의와 평등이 있다. 생명과 평화가 있다. 그것은 바로 이 땅에서의 하나님 나라이다.

21C 우리 모두는 예수의 제자이고 예수의 하나님나라 복음전도자들이다. 따라서 본문을 통하여 우리가 분명하게 깨달아야 할 것은 '우리의 하나님나라 복음전도의 참된 의미와 목적은 바로 오병이어 밥상공동체'라는 사실이다. 그러므로 오병이어 밥상공동체는 예수시대의 단 일회적 사건이 아니다. 오늘도 미래에도 계속해서 벌어져야 마땅한 하나님나라 복음실천운동의 사회적 책임이다.

# 8. 휘황찬란한 자본권력의 바깥,
## 그 어둠속으로 쫓겨나라!

**마태복음** 25:14-30

## 읽기

이로써 하늘나라는 어떤 사람이 여행을 떠나면서 자기 종들을 불러서 그들에게 자기 소유물들을 맡긴 것과 같다. 그는 각 사람에게 각자의 능력에 따라 한 종에게는 다섯 달란트를, 한 종에게는 두 달란트를, 한 종에게는 한 달란트를 주고 여행을 떠났다.

즉시, 다섯 달란트 받은 종이 가서 그것으로 장사를 해서 다섯 달란트를 더 벌었다. 마찬가지로 두 달란트 받은 종도 두 달란트를 더 벌었다. 그러나 한 달란트 받은 종은 물러나와 땅을 파고 자기 주인의 은화를 묻었다.

많은 시간 후에, 그 종들의 주인이 와서 그들과 함께 셈을 했다. 다섯 달란트 받았던 종이 나아와서 다섯 달란트를 더 내어놓고 말했다.

"주인님! 저에게 다섯 달란트를 맡기셨습니다. 그런데 보십시오. 제가 다섯 달란트를 더 벌었습니다."

그 종의 주인이 종에게 말했다.

"잘했다. 착하고 믿음직한 종아! 네가 작은 것들에 믿음직했으니, 내가 더 많은 것들 위에 너를 세우겠다. 네 주인의 기쁨에 참여하라!"

두 달란트 받았던 종도 나아와서 말했다.

"주인님! 당신이 저에게 두 달란트를 맡기셨습니다. 그런데 보십시오. 제가 두 달란트를 더 벌었습니다."

그 종의 주인이 종에게 말했다.

"잘했다! 착하고 믿음직한 종아! 네가 작은 것들에 믿음직했으니 내가 더 많은 것들 위에 너를 세우겠다. 네 주인의 기쁨에 참여하라!"

그러나 한 달란트 받았던 종은 나아와서 말했다.

"주인님! 나는 당신을 알고 있었습니다, 당신이 모진 사람이라는 것을. 당신은 씨 뿌리지 않은 곳에서도 추수하는 사람이고, 키질하지 않고서도 모으는 사람이라는 것을 알고 있었습니다.

그러므로 나는 두려워져서 물러나와 당신의 달란트를 땅에 묻었습니다. 보십시오, 당신은 당신의 것을 차지하셨습니다."

그러자 그의 주인이 그에게 대답하여 말했다.

"악하고 게으른 종아! 너는 내가 씨 뿌리지 않은 곳에서도 추수하고 내가 키질하지 않고서도 모은다는 것을 진즉 알고 있었느냐?

그렇다면, 너는 내 은화들을 은행가들에게 맡기는 것이 마땅했었다. 그랬더라면 내가 와서 은행가로부터 이자와 함께 나의 것을 돌려받게 되었을 것이다. 그러니 너희는 그로부터 달란트를 빼앗아 열 달란트 가진 자에게 주어라! 왜냐하면, 누구든지 가진 자에게는 더 많이 주어져서 넘쳐나게 될 것이기 때문이다. 그러나 가지지 못한 사람은, 그가 지금가지고 있는 것마저도, 빼앗기게 될 것이다.

그러므로 너희는 쓸모없는 종을 더 바깥 어둠 속으로 내어쫓아라. 거기서 울며 이를 악묾이 있을 것이다."

## 들어가는 말

돈이란 무엇일까? 교과서적으로 말하면 첫 번째 돈이란, 교환의 매개수단이다. 사람의 쓰임과 필요와 노동의 교환을 매개하는 기능을 수행하는 것이 돈이다. 두 번째, 돈은 사람의 쓰임과 필요와 노동의 가치를 평가하는 척도나 기준이 된다. 그런데, 돈은 사람의 쓰임과 필요와 노동의 거래가 이루어지는 곳에서만 가치가 있다. 한마디로 돈의 기능과 가치는 사람의 쓰임과 필요, 사람의 노동을 담보로 요구한다. 만약, 사람의 쓰임과 필요와 노동이 거래되지 않는 공동체사회가 있다면 돈은 아무것도 아니고 존재할 필요도 없다. 세 번째 돈은 축적蓄積의 수단이다. 만약 돈이 사람의 쓰임과 필요와 노동의 거래수단에만 머문다면 돈은 사람들의 삶에서 그렇게 큰 위력을 발휘하지 못할 것이다. 하지만 사람의 쓰임과 필요와 노동의 교환을 매개하는 수단으로 돈이 탄생되자마자, 돈은 인간생활의 모든 것을 지배하기 시작했다. 돈은 모든 사람들에게 일종의 마력을 드러냈다. 돈이 교환을 매개하는 수단이 아니라, 인간 삶 자체를 지배하는 권력으로 그 모습을 바꾼 것이다.

이러한 돈 세상 권력의 핵심은 바로 돈을 통하여 사람의 쓰임과 필요와 노동을 축적하는 것이다. 돈은 사람의 쓰임과 필요와 노동을 지배하고 축적자본화할 수 있는 유일한 수단이다. 본래, 사람의 쓰임과 필요와 노동은 축적자본화이 불가능한 것이었다. 그러나 이제 돈이 축적자본화의 도구로 변모되면서 사람의 쓰임과 필요와 노동에 대한 무한독점, 무한축적, 무한소비가 가능하게 된다. 한마디로 자본이 모든 사람의 쓰임과 필요와 노동을 자본의 권력구조체제 안으로 수렴할 수 있게 되었다는 말이다. 나아가 이제 돈은 스스로 축적자본화을 재구조화함으로써, 돈이 홀로 세상의 모든 재화를 생산하고 축적하는 무한축적, 무한증식의 괴물로 진화할 수 있게 되었다.

이제 돈은 단순하게 사람의 쓰임과 필요와 노동을 교환하기 위한 매개수단이 아니다. 돈은 우리의 삶이고 우리의 힘권력이며 우리의 인생목적이다. 또한 돈은 언제든지 우리의 삶과 인생을 폐기처분할 수 있는 죽음의 권력이다.

## 이끄는 말

예수는 본문비유를 통하여 이러한 돈의 무한약탈과 무한축적자본화과 무한증식의 폐해를 밝혀 놓으셨다. 예수는 돈자본세상의 해악을 폭로함으로써 하나님나라의 공동체적 실천행동과 그 역동성을 증언하려고 하신다. 예수는 본문비유를 통하여 로마제국 시대의 대자본가, 대상인, 대지주들의 횡포와 착취와 그들의 자본축적이 가져올 대 재난을 예언하신다. 자본의 무한축적과 무한증식이 일으키는 반 공동체적이고 반 생명·평화적인 요소를 적나라하게 드러내신다. 그럼으로써 예수는 비유의 청중들에게 하나님나라의 대안적 가치와 그에 따르는 실천행동을 선전선동 하신다.

그러나 2000년 기독교회 역사에서, 본문 비유해석은 예수의 하나님나라 진리와 동떨어지게 자본 친화적 윤리실천이라는 퇴행적 해석으로 일관되어 왔다. 사실, 애초부터 마태복음 저자가 자신의 신앙관과 윤리관에 맞추어 본문비유 내용을 상징과 추상으로 대폭 손질했다. 그로 인해 본래의 예수 비유의 본뜻을 해석해 내기가 매우 난처해 졌다. 이러한 상징과 추상, 그에 따른 현세적 윤리화에 따라 서구교회는 본문비유를 '종말에 대한 경고와 인자, 즉 재림예수의 오심'이라는 문맥 안에서 해석해왔다. 따라서 서구교회는 본문비유에 앞선 비유들을 '종말을 앞두고 깨어서 인자재림예수의 오심에 대하여 준비하라는 경고'로 이해한다. 이어서 본문비유의 내용은 '종말 때까지의 남은 시간을 슬기롭고 정직하게 살아갈 것을 요구 한다'라고 해석한다. 서구교회는 이러한 본문비유해석을 통하여 우리시대의 독자들에게도, 지금 당장 다섯 달란트 또는 두 달란트 받은 종들의 자본주의 행동양식을 본받으라고 떠들어 댄다.

그러나 이제, 이러한 어처구니없는 자본 친화적 윤리실천이라는 서구교회의 퇴행적 해석을 집어치워야 한다. 그럼으로써 우리시대의 독자들은 본문비유에서 '예수는 하나님나라의 어떤 성격을 천명하셨을까?' 철저하게 질문해야만 한다.

이렇게, 본문비유 말씀을 자세히 읽으면서 본문비유에 대한 서구교회의 해석이 참으로 터무니없다는 사실을 새록새록 깨닫게 된다. 지금부터 본문비유를 자세히 읽어 보겠다. "이로써 하늘나라는 어떤 사람이 여행을 떠나면서 자기 종들을 불러서 그들에게 자기 소유물들을 맡긴 것과 같다. 그는 각 사람에게 제 능력에 따라 한 종에게는 다섯 달란트를, 한 종에게는 두 달란트를, 한 종에게는 한 달란트를 주고 여행을 떠났다."

여기서 예수는 본문비유를 통하여 하나님나라의 성격을 분명하게 천명하려고 한다. 어떤 하나님나라일까? 지금까지 서구교회에서 해석해 온 대로라면 '하나님이 각자에게 주신 은총과 선물인 달란트재능을 크다 작다 불평하지 마라. 다만 맡은 일에 충성을 다하여 성공해라. 그러면 나중에 하나님께서 크게 보상해 주실 것이다'라고 할 수 있다. 그러나 이러한 해석은 엉터리이다.

오히려 예수는 본문비유를 통하여 로마제국의 중상주의 자본가들의 착취와 횡포와 권력남용을 철저하게 비판하신다. 그럼으로써, 대안적 하나님나라의 반 자본권력의 성격을 설파한다. 그 증거로 비유의 주인이 종들에게 맡기는 돈이 다섯 달란트, 두 달란트, 한 달란트 등 어마어마하다. 또한 본문비유의 내용에는 종들이 장사 하는 것, 엄청난 자본이익을 창출하는 것,

돈놀이 하는 은행가 등이 언급된다. 이러한 증거로 미루어보아 본문비유의 주인은 아마도 예루살렘의 첫째, 둘째가는 대상인이거나 대 자본주였던 것 같다.

일례로, 시리아와 팔레스타인 지역의 봉건 왕족들은 로마황제에게 왕으로 임명 받기위하여 로마로 가야야만 했던 정치·사회적 상황들이 있었다. 헤롯3세아켈라오도 예루살렘과 유대지역의 왕으로 승인 받으려고 로마를 방문했었다. 그때 예루살렘과 유대와 사마리아 지역대표들이 헤롯3세를 고발하기 위하여 동시에 로마를 방문했던 역사적 사실이 있다. 따라서 본문비유의 청중들은 예루살렘 지배계층의 다양한 여행에 대하여 직·간접 경험을 가지고 있었을 것이다.

그렇다면, 예수시대의 로마제국 식민지 예루살렘에도 대자본가들이 있었을까? 여러 성서학자들의 연구로는 예수시대의 예루살렘에도 크고 작은 자본가들이 있었다고 한다. 예루살렘은 로마제국의 매우 중요한 식민 지역인 이집트와 시리아를 잇는 가교지역이었다. 로마제국의 유수한 대자본가들이 예루살렘에 사업장을 두고 있었다. 예수시대의 예루살렘에는 대상인, 대토지 소유주, 세금청부업자, 은행업자 등 유수한 외부자본주들이 있었다. 이들은 수시로 제국의 여러 지역을 여행했다.

이들 외부자본가들은 자기들의 자본을 맡아 관리할 종들의 사업능력을 철저하게 분석해서 각자 능력에 따라 지분을 나누어 맡긴다. 본문비유는 '각자 능력에 따라'라는 문구를 통하여 이러한 정황을 증언한다. 마치, 우리나라의 삼성재벌이 경쟁과 차별을 통하여 노동자들을 다루는 상황과 흡사하다. 이어지는 본문비유 말씀을 살펴보자. "즉시, 다섯 달란트 받은 종이 가서 그것으로 장사를 해서 다섯 달란트를 더 벌었다. 마찬가지로 두 달란트 받은 종도 두 달란트를 더 벌었다. 그러나 한 달란트 받은 종은 물러나와 땅을 파고 자기 주인의 은화를 묻었다."

그렇게 주인의 돈을 나누어 맡은 종들 중 다섯 달란트와 두 달란트 맡은 종들은 즉시 가서 맡은 달란트로 장사를 한다. 평소에 이 두 종이 주인가까이에서 주인의 자본축적 활동을 열심히 돕고 배웠을까? 아니면 로마제국내의 주인의 영업망이 매우 튼튼하고 독점적이었을까? 잘 알 수는 없다. 하지만 두 종은 아무런 두려움도 거리낌도 없이 주인의 그 큰돈을 밑천으로 장사를 시작한다. 그리고 마침내 100% 이익을 창출해 낸다. 로마제국의 권력과 독점자본이 야합하여 약탈과 착취를 전개하지 않는 상황이라면 도저히 있을 수 없는 일이었다.

그러나 한 달란트 받은 종은 이 두 종과 전혀 다른 행동양식을 보여준다. 한 달란트 받은 종은 주인이 여행을 떠난 후 자신에게 맡겨진 주인의 은화 한 달란트를 땅을 파고 묻었다. 한마디로 대자본가인 주인의 자본증식과 축적의 욕망에 대해 정면으로 반기를 든 것이다.

이와 관련하여 예수시대로부터 현시대까지 자본은 무한증식을 추구했고, 그것은 언제나 가능한 일이었다. 로마제국의 대자본가들은 로마권력과 야합하여 얼마든지 식민지 주민들을 약탈하고 착취할 수 있었다. 뿐만 아니라, 로마제국에 빌붙어 이익을 추구하는 예루살렘의 소자본 가들에게도 무한이익 창출이 식은 죽 먹기 이었다. 역사적 기록들에 의하면 예루살렘성전에 바쳐질 희생동물들을 거래하는 일은 대제사장 가문의 독점사업이었다. 또한 성전 세를 내기 위한 성전화폐 교환사업도 독점사업이었다. 나아가 유대 식민지주민들에게 걷어야 하는 인두세 청부업도 예루살렘 소 자본가들의 독점사업 이었다.

이러한 본문비유 상황에서 돈을 땅에 묻어버리는 한 달란트 받은 종의 행동양식은 철저한 반 자본, 반 제국, 반체제 행동이다. 달란트를 땅에 묻는 행위야말로 자본권력의 무한착취, 무한축적, 무한증식의 욕망을 폐기처분하는 가장 실효적이고 강력한 방법이다. 이점에서 본문비유의 발단은 모질고 탐욕스러운 자본가인 대상인의 여행이다. 그는 먼 여행길을 떠나면서 그의 종들에게 각각 자신의 자본을 맡긴다. 자신이 없는 동안에도 소유한 자본이 묶이는 일이 없이 이익과 축적을 계속하도록 조처하려는 것이었다. 그런데 한 달란트 받은 종은 달란트를 땅에 묻어 버림으로써 주인의 이러한 의도를 묵살해 버린다.

여기서 한 달란트는 작은 돈이 아니다. 로마화폐로 6000데나리온인데, 예수시대에 숙련된 노동자의 하루 품삯이 한 데나리온마태20:2이었다. 한 노동자가 이십년 동안 한 푼도 쓰지 않고 벌어 모아야 만져 볼 수 있는 금액이다. 이 대목에서 예수의 청중들은 이 비유의 엄중함과 심각성을 실감 할 수 밖에 없었을 것이다. 무자비하고 탐욕스러운 주인이 그러한 거금을 종들에게 맡겨 많은 이익창출이 이어지도록 조처했다. 그러한 주인의 자본축적 욕망과 의도를 짓뭉개버린 한 달란트 받은 종의 행동양식이야말로, 예수의 비유를 듣는 청중들에게 말로는 다 표현할 수 없는 심리적 긴박감을 전달해 주었을 것이다. 이어지는 본문 비유를 보자.

많은 시간 후에, 그 종들의 주인이 와서 그들과 함께 셈을 했다. 다섯 달란트 받았던 종이 나아와서 다섯 달란트를 더 내어놓고 말했다. "주인님! 저에게 다섯 달란트를 맡기셨습니다. 그런데 보십시오. 제가 다섯 달란트를 더 벌었습니다." 그 종의 주인이 종에게 말했다. "잘했다. 착하고 믿음직한 종아! 네가 작은 것들에 믿음직했으니, 내가 더 많은 것들 위에 너를 세우겠다. 네 주인의 기쁨에 참여하라!" 두 달란트 받았던 종도 나아와서 말했다. "주인님! 당신이 저에게 두 달란트를 맡기셨습니다. 그런데 보십시오. 제가 두 달란트를 더 벌었습니다." 그 종의 주인이 종에게 말했다. "잘했다! 착하고 믿음직한 종아! 네가 작은 것들에 믿음직했으니 내가 더 많은 것들 위에 너를 세우겠다. 네 주인의 기쁨에 참여하라!"

'많은 시간 후'에 주인이 나타나는 본문 비유의 상황은 종종 예수의 재림으로 상징화되기 일쑤이다. 마태복음 저자는 본문 비유를 '열 처녀 비유'와 '최후의 심판' 비유 사이에 의도적으로 끼워 넣었다. 그럼으로써 언제일지 모르는 예수의 재림을 앞두고 깨어서 신실하게 일하라는 윤리 알레고리 화를 시도한다. 이러한 관점은 '주인이 돌아와서 셈 한다'는 점에서 더욱 분명해진다. 이점에서 다섯 달란트, 두 달란트를 받은 종들은 주인의 자본축적의 욕망과 의도를 온전히 충족시키는 믿음직함을 보인다. 그럼으로써 주인으로부터 칭찬을 듣고 더 많은 자본운용을 맡게 되는 보상을 얻는다. 또한 주인의 자본축적 욕망의 기쁨 안으로 들어가 함께 그 욕망을 누리게 된다.

그러나 한 달란트 받은 종의 행동은 주인의 자본축적 욕망과 심각한 갈등을 일으키게 된다. 한 달란트 받은 종은 주인이 맡긴 달란트가 드러내는 주인의 자본축적적 욕망과 의도를 전혀 헤아리거나 고려하지 않는다. 도리어 주인의 자본축적과 증식의 욕망을 폐기처분하는 과격한 실천행동으로써 자신에게 맡겨진 달란트를 땅에 묻어버린다. 도대체 한 달란트 받은 종의 이러한 행동양식은 무엇 때문이었을까? 본문비유의 다음 문장들을 읽어보자.

그러나 한 달란트 받았던 종은 나아와서 말했다. "주인님! 나는 당신을 알고 있었습니다, 당신이 모질은 사람이라는 것을. 당신은 씨 뿌리지 않은 곳에서도 추수하는 사람이고, 키질하지 않고서도 모으는 사람이라는 것을 알고 있었습니다. 그러므로 나는 두려워져서 물러나와 당신의 달란트를 땅에 묻었습니다. 보십시오, 당신은 당신의 것을 차지하셨습니다." 그러자 그의 주인이 그에게 대답하여 말했다. "악하고 게으른 종아! 너는 내가 씨 뿌리지 않은 곳에서도 추수하고, 내가 키질하지 않고서도 모은다는 것을 진작 알고 있었느냐? 그렇다면, 너는 내 은화들을 은행가들에게 맡기는 것이 마땅했었다. 그랬으면 내가 와서 이자와 함께 나의 것을 돌려받았을 것이다."

본문비유의 여러 가지 구성요소들은 실제로 한 달란트 받은 종과 대자본가인 주인과 셈하는 장면에 강조점을 두고 있다. 먼 여행을 떠나면서 종들에게 달란트를 맡기는 주인. 다섯 또는 두 달란트 받은 종들과 한 달란트 받은 종의 대조되는 행동양식. 주인과 종들의 셈하는 내용들과 보상. 이것들은 대자본가인 주인과 한 달란트 받은 종 사이의 '셈'을 선명하게 부각시키기 위한 장치에 불과하다.

이와 관련하여 본문비유는 대 자본가인 주인에 대한 한 달란트 받은 종의 실체적이고 신랄한 평가를 쏟아놓는다. 그럼으로써 한 달란트 받은 종의 반 자본, 반 제국, 반 체제의식에 따른 행동양식을 풀어낸다. 이렇게, 본문비유의 한 달란트 받은 종이 파악한 "씨 뿌리지 않은 곳에서도 추수하고, 키질하지 않고서도 모으는 사람"이라는 예수시대의 대자본가의 초상은, 21C 금융자본 경제체제 안에서 독점자본의 전형적인 모습 그대로이다.

하지만 대자본가인 주인은 한 달란트 받은 종의 이러한 평가에 대하여 전혀 변명하지 않는다. 도리어 주인은 한 달란트 받은 종에게 호통을 친다. "그렇구나! 너는 진즉부터 나의 무한 자본증식, 무한 자본축적 욕망을 알고 있었구나! 그래 그렇다면, 내 돈을 은행에 맡겼어야지, 그랬으면 내가 이자라도 챙겼을 것이 아니냐! 못된 종놈아!" 이어지는 한 달란트 받은 종에게 주인이 내리는 처벌을 살펴 보자.

"그러니 너희는 그로부터 달란트를 빼앗아라! 그래서 열 달란트 가진 사람에게 주어라! 참으로 가진 사람마다 더 많이 주어져 넘쳐지게 될 것이다. 그러나 가지지 못한 사람은, 그가 지금 가지고 있는 것마저 그로부터 빼앗기게 될 것이다. 그러므로 너희는 쓸모없는 종을 바깥 어둠 속으로 내어쫓아라. 거기에 울며 이를 악묾이 있을 것이다." 여기서 우리말 성서는 '너희는 ~에게서 빼앗아라!' / '너희는 ~에게 주어라'라는 문장에서 주어를 빼고 번역했다. "그에게서 그 한 달란트를 빼앗아 열 달란트 가진 자에게 주어라."

그런데 실제로 주어너희는를 살려서 번역하면 본문비유 안에 숨겨진 청중과 지금 예수의 비유를 듣고 있는 청중사이에 혼돈과 겹침의 모순이 발생한다. 따라서 '그러니 너희는 그로부터 달란트를 빼앗아 열 달란트 가진 자에게 주어라!' 라는 말은 본문비유 안에 숨겨진 청중을 향하여 이야기로 하는 말이 아니다. 도리어 지금 당장 예수의 비유를 듣고 있는 예루살렘 민중들을 향한 외침이다. 나아가 자본권력아래 억압당하는 오늘의 청중<sup>각 시대의 민</sup>중들을 향한 일종의 선전선동 언어이다. 예수 비유의 청중들의 마음에는 주인을 대신하는 예수의 외침에서 억압과 위축, 저항과 반발을 동시에 느끼게 될 것이다.

이점에서 예수의 본문비유의 실체적 의미는 대자본가인 주인의 자본축적과 증식의 욕망을 폐기처분하는 한 달란트 받은 종의 행동양식이다. 예수는 한 달란트 받은 종의 행동양식을 통하여 비유를 듣고 읽는 청중들에게, 하나님나라의 반 자본, 반 제국, 반 체제의식을 선동한다. 예수의 청중들에게 한 달란트 받은 종의 행동양식이야말로 예수시대의 하나님나라의 실천 행동양식임을 분명하게 선언한다.

바로 반 자본주의, 반 제국주의, 반체제, 반 언어, 유언비어 게릴라 행동양식이다. 이렇게 예수는 "너희는 그로부터 달란트를 빼앗아라! 그래서 열 달란트 가진 사람에게 주어라!" 라는 대 자본가인 주인의 한 달란트 받은 종에 대한 혹독한 앙갚음의 유언비어를 통하여 예루살렘 민중들을 선동하고 있다. "지금 로마제국 대자본의 약탈과 쌓음과 독점에 저항하라! 로마제국에 빌붙어 빈민들을 착취하고 압제하는 예루살렘 기득권 계층에게 저항하라" 라고 말이다.

그 점에서 본문비유는 "너희는 그로부터 달란트를 빼앗아라! 그래서 열 달란트 가진 사람에게 주어라" 라는 문장에서 끝났어야 했다. 그런데 마태복음 저자이거나 후대사람들에 의해 이후의 말들이 덧 붙여졌다. 29절의 헬라어 낱말 '가르'를 살려서번역하면 "참으로 가진 사람마다 <sup>더</sup> 많이 주어져 넘쳐지게 될 것이다. 그러나 가지지 못한 사람은, 그가 <sup>지금</sup> 가지고 있는 것마저 그로부터 빼앗기게 될 것이다"이다. 서구교회는 이 구절을 '영적인 풍요의 전형으로, 하나님의 보상의 전형적인 양태'로 해석하는 오류를 범하고 있다.

그러나 이 말은 예수시대의 부익부 빈익빈을 개탄하는 유행어일 뿐이다. 실제로 신약성서에는 이 유행어를 사용한 곳이 많이 있다.<sup>막4:25, 마13:12, 눅8:18</sup> 그래서 본문비유와 평행본문인 누가복음 저자는 이 구절에서 이렇게 의문을 드러낸다. "주인님, 그는 이미 열 므나를 가지고 있습니다."<sup>누가복음19:25</sup>

## 맺는 말

본문비유는 아주 특수한 '하나님 나라비유'이다. 약탈과 착취, 무한 축적과 무한증식과 무한독점의 제국주의 대자본의 모순과 죄악에 대한 대안 세상으로써 하나님나라의 분명한 성격을 천명한다. 그러면서 제국주의 대자본의 노예로 살고 있는 시대의 민중들에게 이렇게 선동한다. "달란트를 땅에 묻어라! 그래서 제국주의 대자본의 약탈과 착취, 무한 경쟁, 독점, 축적, 증식의 숨통을 끊어라! 이것이야말로 하나님나라의 가장 정당한 행동 양식이다."

# 9. 하나님나라 경제의 최저임금, 한 데나리온

마태복음 20:1-15

## 읽기

참으로, 하늘나라는 자기 포도원에서 일할 날품꾼들을 고용하러 이른 아침에 나간 집주인과 같다. 집주인은 날품꾼들과 더불어 하루 한 데나리온을 합의한 후 날품꾼들을 자기 포도원으로 보냈다. 그런데 집주인은 아홉시 경에 나가서도 일거리가 없어 인력시장에서 서성이는 다른 사람들을 보았다. 그래서 집주인이 그들에게 말했다.

"당신들도 포도원으로 가시오! 그러면 내가 당신들에게 정당한 것을 주겠소!"

그래서 그들이 갔다. 다시, 집주인이 열두시와 오후 세시 경에도 나가서, 그와 같이 했다. 그런데 또, 집주인은 오후 다섯 시경에 나가서 서성이는 다른 사람들을 찾았다. 그리고 집주인이 그들에게 말했다.

"일거리도 없는 당신들은 왜, 여기서 하루 온종일 서성이고 있소!?"

그들이 집주인에게 대답했다.

"웬걸요! 아무도 우리를 고용해주지 않습니다."

집주인이 그들에게 말했다.

"당신들도 포도원으로 가시오."

저녁때가 되어서, 포도원 주인이 그의 마름청지기에게 지시했다.

"날품꾼들을 불러서, 맨 나중사람들로부터 시작해서 맨 처음사람들까지 그들의 품삯을 주어라!"

그런데 오후 다섯 시 경에 온고용된 사람들이 나와서 한 데나리온씩 받았다. 그러자 맨 처음에 온 사람들이 나와서 '더 많이 받겠구나'라고 지레 집작했다. 그러나 그들도 각자 한 데나리온씩만 받았다. 그들은 품삯을 받고나서 집주인을 대항하여 불평을 늘어놓았다.

"맨 나중에 온 이 사람들은 한 시간만 일했잖소! 그런데 그들을 온종일 무거운 짐을 나르고 뙤약볕을 견뎌내며 일한 우리와 똑같이 대한단 말이오!"

그러나 집주인이 그들 중 한 사람에게 대답하여 말했다.

"친구여, 나는 그대를 부당하게 대하지 않았네! 그대는 나와 한 데나리온을 합의하지 않았나!? 그대는 그대 것이나 받아 가게! 그런데 나는 맨 나중에 온 이 사람들에게도 그대와 똑같이 주고 싶네! 내가 내 것으로 내가 하고 싶은 일을 하는 것이 나에게 합당치 않단 말인가? 혹시, 그대의 눈길이 험악한 것은 내가 선하기 때문인가?"


## 들어가는 말

IMF이후, 우리사회는 시간알바, 일용직, 비정규직이 계속해서 늘어나고 있다. 2017년 1월 통계에 의하면 우리나라 경제활동인구 2700만 명 중 고용율은 59%이다. 취업자 약 1926만 중 절반이상이 알바노동, 비정규직 노동자들이다. 정규직과 똑같이 일하면서도 급여는 정규직의 절반정도를 받는 것이 비정규직이다. 그런데다 언제 어떻게 해고될지 모르는 상황이라늘 불안 속에서 일을 해야 한다. 그러다보니 본인이나 가족 중 누구라도 중병이 걸리기라도 하면 그 즉시 빈곤층으로 전락할 수밖에 없다.

사실, 비정규직이라도 직장이 있는 사람들은 조금 나은 편이라고 할 수 있겠다. 아예 직장이 없는 하루벌이 날품팔이들에게는 하루하루를 살아가는 것이 고통의 연속일 뿐이다. 하루 생계비에도 못 미치는 일당. 하루하루 늘어만 가는 빚더미. 헤어날 길 없는 빈곤. 이것이 오늘, 신자유주의 독점 재벌·금융 자본경제가 만들어내는 우리사회의 실상이다.

한 달에 열흘 또는 보름밖에는 일거리가 없는 날품팔이들이 인력시장에 넘쳐나고 있다. 이렇게 자신과 가족의 하루생계를 걱정해야 하는 날품팔이들은 울며 겨자 먹기로 대부업체나 개인사채업자로부터 빚을 내게 된다. 그러고는 혹독한 불법채권추심을 당하면서 가정마저 파탄나기 일쑤이다. 지금 당장 교육비와 병원비 등 급한 생활비가 필요해서 사채업자를 찾을 수밖에 없는 저소득 금융소외계층이 830만 명에 이른다.

이러한 시대적 상황에서, 가장 급하고 필수적인 국가경제 정책은 무엇일까? 두말할 것도 없이 그것은 바로 생활임금또는 최저임금 1만원쟁취이다. 착취와 다름없는 최저임금을 사람다운 삶을 보장하는 '생활임금'으로 만들어야 한다. 지금, 지구촌 신자유주의 독점자본·독점기업 국가들에서조차 최저임금을 생활 임금화 하려는 사회운동이 들불처럼 번지고 있다. 오직, 대한민국정부와 재벌들만 모른 체 딴청을 부린다. 아무리 혹독한 독점자본·기업세상일지라도 자신의 노동만으로는 생계를 꾸릴 수 없어서 고리대금업자의 채무노예로 전락해야만 하는 사회는 사람 사는 세상이 아니다.

사람이 사람답게 사는 세상! 그것은 바로 이 땅의 하나님나라이다. 그래서 예수는 본문비유를 통하여 사람이 사람답게 살 수 있을 만큼의 '최저임금'이야말로 하늘 뜻이라고 선포하신다. 하루벌이 날품꾼들이 사람다운 삶을 누릴 수 있는 품삯을 받는 것이야말로 이 땅의 하나님나라 경제라고 선언하신다.

그러므로 개인의 능력, 학벌, 직업의 차별 없이 자신에게 주어진 하늘품 삯을 보장받는 세상이 하나님나라이다. 여럿이 함께 살맛나는 새로운 세상을 꿈꾸고 실천하며 만들어가는 것이야말로 예수의 이 땅의 하나님나라의 핵심이다. 이제, 본문비유를 통하여 우리에게 들려주시는 예수의 육성을 들어보자. 그러기 위해서 좀 더 자세히 본문의 비유말씀을 살펴보기로 한다.

## 이끄는 말

예수는 본문비유를 통하여 이 땅의 하나님나라를 선포한다. 예수는 본문비유에서 이 땅의 하나님나라의 실체적 성격을 증언하신다. 예수는 "참으로, 하늘나라는 자기 포도원에서 일할 날품꾼들을 고용하러 이른 아침에 나간 집주인과 같다"라고 말씀하신다. 한마디로 이 말씀은 예수의 하나님나라에 대한 현실 도피적이고, 관념적이며, 묵시적인 저 세상나라로의 환원을 거부한다.

본문비유에서 '집주인은 날품팔이들과 함께 하루 한 데나리온을 합의한 후' 그들을 자기 포도원으로 보낸다. 여기서 사용되는 헬라어 동사가 '쉼포네오'함께 소리 내어 떠들다이다. 이와 관련하여 우리나라에서도 산업화이후 IMF를 거치면서 대도시의 골목마다 성황을 이루고 있는 시장이 있다. 바로 날품팔이 인력시장이다. 날품팔이 시장은 이른 새벽부터 오전 내내, 때로는 오후에까지도 날품팔이를 고용하려는 이들과 날품팔이들 사이의 품삯 흥정으로 시끌벅적하다.

본문비유는 예수시대에도 날품팔이를 고용하려는 이들과 날품팔이들 사이에 거래가 이루어지는 인력시장이 있었다는 사실을 증언한다. 본문비유의 집주인은 포도원 일거리가 얼마나 급했던지? 이른 아침에 이어, 또 다시 오전 아홉시쯤에도 인력시장으로 나간다. 그리고는 "일거리가 없어 인력시장에서 서성이는 다른 날품팔이들"을 모아서 자기 포도원으로 보낸다. 그런데 집주인은 정오와 오후 세시쯤에 나가서도 똑 같은 일을 반복한다. 심지어 집주인은 하루의 노동을 마치기 1시간 전쯤인 오후 다섯 시에도 날품팔이 시장으로 나간다. 그래서 그 때까지도 장터를 배회하는 사람들을 찾아 낸 후, 포도원 하루 품꾼으로 고용한다. 참으로 예수의 비유에서 집주인은 이해 할 수 없는 고용주이다. 본문비유의 노동 상황에서 이와 같은 집주인의 포도원 날품팔이 고용은 미친 짓이다. 포도원의 필요한 일손 때문에 날품팔이들을 고용하는 것인지? 아니면 일거리가 없어 빌빌거리고 있는 날품팔이들에게 은혜를 베풀고 있는 것인지? 알 길이 없다.

도대체, 예수는 이 비유에서 집주인의 포도원 품꾼 고용을 통하여 무엇을 이야기하고 싶었을까? 그것은 한마디로 예수시대의 로마제국 사회·경제 체제에 대한 비판이다. 무엇보다도 유대 종교·사회의 허울뿐인 하나님나라의 허상을 폭로하는 것이다. 동시에 유대 종교·사회의 무너져 내린 야훼신앙에 대한 회복을 요구한다. 나아가 예수시대 로마제국 지배체제와 거기에 기생하는 유대 기득권계층에 대한 저항으로써, 하나님나라 경제의 최저임금을 제안한다.

본문비유의 인력시장 상황은 유대인들의 야훼신앙에 비추어 너무도 부끄러운 일이다. 야훼 하나님의 정의·평등사회에서 떠돌이 날품팔이들의 인력시장은 매우 낯선 현상이다. 그러나 예수시대 유대사회는 로마제국의 식민통치를 받고 있다. 로마제국의 식민지 수탈과 그로인한 경제 불황, 시시때때로 벌어지는 전쟁과 흉년 등으로 많은 사람들이 노예로 팔리거나, 하루벌이 날품팔이로 전락했다. 이 비유의 정황으로 보아 예수시대 예루살렘은 이미 하루살이 날품팔이들이 넘쳐나는 불평등사회로 전락 되었던 것

같다.

그렇더라도 유대인들은 그 옛날 이집트 파라오제국 히브리 해방노예의 후손들이다. 히브리들은 인류사에서 그 유래가 없는 해방노예들의 정의·평등사회를 실천해 왔다. 물론, 구약성서 히브리들의 이야기 사사기는 긴 긴 세월 이어지지 못했다. 하지만 엄연히 사사기는 해방노예 히브리들의 정의·평등사회 실천신앙기록이다. 따라서 신실한 야훼신앙인들에게 로마제국 지배체제와 거기에 기생하는 유대기득권 세력들로 인해 야기된 불평등이야말로 결코 용납할 수 없는 죄악이며 불신앙이었다.

그럼에도 불구하고 예수시대의 유대 사회상황은 정의·평등 야훼신앙과는 거리가 먼, 로마제국 지배체제에 순치 된 사회였다. 유대사회의 종교·정치·경제기득권세력들은 로마제국의 착취와 불평등 사회구조에 기생해서 자신들의 기득권을 강화하고 누려왔다. 그러므로 예수는 본문비유에서 로마제국 시대상황과 동떨어진 집주인의 비상식적이고 비현실적인 포도원 날품팔이 고용을 통하여 유대사회 상황을 신랄하게 비판한다. 나아가 본문비유의 집주인의 비상식적이고 비현실적인 포도원 날품팔이 고용의 행위를 '하나님나라'라고 선포함으로써, 새로운 대안세상의 실체를 제시한다. 그것은 바로 하나님나라 경제의 최저임금, '한 데나리온'이다.

그렇다면 '데나리온'δηναρίον 화폐의 의미는 무엇일까? 데나리온은 로마제국의 기본화폐로써 라틴어로는 '데나리우스'Denarius라고 한다. 데나리온은 기원전 211년 제2차 포에니 전쟁한니발전쟁 중에 로마 원로원에 의해 발행되기 시작했다. 이후, 로마제국이 건설되면서 지중해 세계 로마제국 전역에서 징세와 교역의 기준화폐가 되었다. 데나리온은 로마제국 전역에서 균일한 가치를 가지고 있었는데, 로마병사의 일일 급여와 자유노동자의 하루 품삯으로 통용되었다.

예수시대 예루살렘의 경우도 날품팔이들의 하루 품삯이 한 데나리온으로 알려져 왔다. 그러나 경기의 부침에 따라 일거리가 줄어들면 고용주들이 하루에 사분의 일 데나리온까지 품삯을 낮추기도 했다. 바벨론 탈무드에 의하면 "랍비 '힐렐'도 랍비 수업기간 동안 예루살렘에서 하루 이분의 일 데나리온을 받으며 날품팔이로 일했다"고 한다. 그러므로 예수는 본문비유를 통해서 비유의 청중들과 유대지배 계층에게 날품팔이 한 가정의 온전한 하루생계를 위한 한 데나리온의 품삯을 보장하라고 요구한다. 예루살렘 날품팔이 하루 이분의 일, 또는 사분의 일 데나리온 품삯은 한 가정의 아이들과 여성과 노인들의 굶주림을 의미하기 때문이다. 한마디로 오늘 우리의 최저임금 1만원보장 요구가 바로 그것이다.

그럼에도 불구하고 본문비유에는 오전 아홉시에도, 열두시에도, 심지어는 오후 세시에도, 오후 다섯 시까지도, '일거리가 없어 인력시장에서 서성이는 수많은 날품팔이들'이 보고되고 있다. 지금, 일거리가 없어 인력시장에서 서성이는 하루벌이 날품팔이들에게 일할 수 있는 기회가 찾아올까? 지금이 오전 아홉시인데, 아직은 열두시인데, 날품팔이에게 일말의 희망이라도 남아 있었을까? 이제 오후 세시가 되었는데, 아니 곧 하루 일과가 끝날 오후 5시인데, 배를 쫄쫄 졸여가면서까지 인력시장을 떠나지 못하는 날품팔이들의 절망과 고통이 이렇게 절절할 수 있을까? 오늘 하루 날품팔이를 공치고 꼼짝없이 굶주려할 자식들이 눈에 밟히는데 어쩌란 말이냐! 하루 온종일 자신을 기다렸을 아내와 늙은 부모에게는 무어라 할 것인가? 일거리가 없어 하루 온종일 인력시장을 서성일 수밖에 없었던 날품팔이들이 차마 인력시장을 떠나지 못하는 이유들이다.

도대체 왜, 한국교회는 이 날품팔이들의 처절한 절망과 고통을 읽어내지 못하는가? 그러면서도 제멋대로 본문비유 말씀을 통하여 예수의 하나님나라 의미를 현실 도피적이고, 관념적이며, 묵시적인 저 세상나라로 환원하는 저의가 무엇인가? 본문 비유말씀에서 '일거리가 없어 인력시장을 서성이는 날품팔이의 절망과 고통을 읽어내지 못하는 사람은 예수의 하나님나라에 속하지 않은 사람'이다. 예수가 선포한이 땅의 하나님나라를 신앙하지 않는 사람일뿐 아니라, 예수의 하나님나라를 훼방하고 거부하는 사람이다. 실제로 2000년 서구기독교회가 그렇게 해왔다.

이와 관련하여 종종 유대인들에게, '포도원'은 '하나님나라'에 대한 상징적이고 은유적인 표현이다. 그러나 본문비유에서 포도원은 날품팔이들의 고된 노동의 현장으로 생생하게 표현되고 있다. 그들의 고단한 포도원 노동을 일일이 들춰낸다. 본문비유에서 포도원에 들어온 날품팔이들은 '온종일 무거운 짐'을 날랐다. 그들은 '뙤약볕을 견뎌내며 온종일 일했다. 그러기에 이른 아침부터 포도원에 온 날품팔이들은 맨 나중에 온 날품팔이들을 향하여 분노를 쏟아냈던 것이다. "맨 나중에 온 이 사람들은 한 시간만 일했잖소! 그런데 그들을 온종일 무거운 짐을 나르고 뙤약볕을 견뎌내며 일한 우리와 똑같이 대한단 말이오!"

그러나 예수는 본문비유를 통하여 로마제국 사회·경제 지배체제에 대한 저항으로써 하나님나라 경제의 최저임금 한 데나리온을 제안한다. 예수는 오늘 본문비유의 핵심실천 행동으로써 하나님나라 경제의 생활임금인 한 데나리온을 선언하신다. 나아가 유대사회 안에서 속절없이 무너져 내린 야훼신앙, 정의·평등세상을 회복할 것을 요구한다. 참으로 이집트제국 히브리노예들의 후손으로써 자유·해방, 정의·평등, 생명·평화의 야훼신앙을 회복하고, 로마제국 지배체제의 불의와 불평등에 저항할 것을 촉구한다.

그런 의미에서 이제, 본문비유에서 '집 주인'은 '포도원 주인'으로 변신한다. 비유의 집주인이 자신의 포도원으로 날품팔이들을 모아들이는 '하나님나라의 주인'으로 변신한 것이다. 아홉시에도, 열두시에도, 오후 세시에도, 포도원 주인은 '일거리가 없어 인력시장에서 서성이는 날품팔이들'을 자신의 포도원으로 받아들인다. 그리고 끝내는 '일이 다 끝날 시간인 오후 다섯

시'가 되어서도 인력시장으로 나간다. 이제, 포도원 주인은 희망을 잃고 절망하는 날품팔이들을 찾아 나선다. 그리고 포도원 주인은 실의에 젖은 날품팔이들에게 따뜻한 공동체 소통과 연대의 말을 건넨다.

"일거리도 없는 당신들은 왜, 여기서 하루온종일 서성이고 있소? → 웬걸요! 아무도 우리를 고용해주지 않습니다. → 당신들도 포도원으로 가시오."

"일거리도 없는 당신들은 왜, 여기서 하루온종일 서성이고 있소?" 하릴없이 저녁이 되어서도 인력시장을 떠나지 못하는 날품팔이의 고통과 절망을 이해한다면, 포도원 주인의 이 물음은 게으르고 무능한 부랑아들을 나무라는 힐난이 아니다. 도리어 하루살이 날품팔이와 그의 가족들의 절망을 이해하고 위로함으로써, 그들의 삶의 자리에 연대하고 참여하려는 하나님나라 경제 실천의지이다.

이와 관련하여 포도원 주인은 날품팔이들에게 "정당한 것을 주겠다"고 약속한다. 어떻게, 얼마나, 정당하다는 것인가? 정의로운 것이 정당한 것이다. 하나님나라 경제의 최저임금은 마땅하고, 정의롭고, 평등한 것이어야 한다. 왜냐하면 '하나님나라 경제의 품삯은 능력이나 공로에 따르는 것이 아니라, 필요에 따르는 것'이기 때문이다. 따라서 예수는 이 비유를 '하나님나라' 비유라고 천명한다. 이 비유는 하나님나라 경제의 최저임금을 핵심메세지로 증언한다. 그 실체로써, 예수의 하나님나라는 '한 시간밖에 일할 수 없는 상황에서도 하루 날품팔이를 고용하는 포도원 주인'과 같다.

그렇더라도 포도원 주인은 왜, 맨 나중에 온 날품팔이들부터 품삯을 주기 시작했을까? 여기서 많은 해석자들이 으레 그래왔듯이 '마지막 심판 때에는 처음과 나중의 서열이 뒤바뀔 것이다'라는 구태의연한 해석을 따른다. 하지만 이러한 해석은 커다란 오류이다. 왜냐하면 이 비유에 나오는 다섯 날품팔이 그룹들 중 어느 누구도 자기의 하루 품삯을 빼앗기지 않았다.

물론, 맨 처음에 온 날품팔이들은 맨 나중에 온 날품팔이들의 품삯을 보고 자신들은 더 받겠거니 기대하다가 나중에 크게 실망한다. 그렇더라도 맨 나중에 와서 한 시간밖에 일하지 못한 날품팔이들이 아침 일찍부터 열심히 일한 사람들의 한 데나리온 품삯을 보면서, 불안과 절망감으로 자신들이 받게 될 품삯을 헤아리는 것보다야 낫지 않은가!

폐일언하고, 예수의 진짜 의도는 무엇이었을까? 예수는 본문비유 이야기 전개를 통하여 일부러 청중들의 마음에 갈등과 분노를 자극하지 않았을까? 예수는 로마제국 지배체제 하에서 착취와 억압, 불의와 불평등, 절망과 고통에 찌들어진 예루살렘 대중들의 삶을 깨우려했다. 로마제국 지배체제에 기생하며 종교·사회·경제 기득권을 누려온 유대 성전제사 종교 엘리트에 저항하는 예루살렘 민중들의 자각을 불러일으키려 했다. 자유와 해방, 정의와 평등, 생명과 평화, 히브리 노예들의 하나님 야훼신앙을 회복하고자 했다.

이와 관련하여, 예수 비유의 청중들은 지중해세계 로마제국의 상업주의와 자본주의 경제관습에 따라, 처음 온 날품팔이들이 나중 온 날품팔이들보다 더 나은 대우를 받아야 한다고 믿는다. 그리고 당연히 그렇게 되기를 기대한다. 그러나 예수는 유대인 청중들의 기대를 저버리고 '모두가 정당한 품삯을 받았다!'라고 선언한다. 이 부분에서 오늘날 기독교인들은 '하나님나라는 오직 은혜'라고 해석한다. 실제로, 본문비유의 의미가 '최후의 심판 때 믿음서열의 뒤바뀜'이 아니라는 전제에서, '하나님나라의 보상은 오직 은혜'라는 해석에는 나름 의미가 있다.

그러나 예수의 이 비유의 청중이었던 예루살렘의 유대인들은 '모든 사람에게 정당한 품삯이 지불되었다는 것'에 크게 놀라거나 시비를 걸지 않았을 것이다. 도리어 '맨 나중에 와서 한 시간만 일한 날품팔이들이 온전한 품삯을 받았다'는 것에 놀랐을 것이다. 더 나아가 '이렇게 불공평한 일이 있을 수 있단 말이야 하고 화가 났을 것이다.

이점에서 본문비유는 '공귀조'라는 헬라어 동사를 사용한다. 이 헬라어 동사는 의성어로써 '구시렁구시렁 거리며 불평불만을 토로하는 모양'을 나타낸다. 본분 비유이야기에서는 '비유속의 날품팔이들'과 '비유의 청중들'의 구시렁거리는 불평불만이 겹쳐서 들려진다. 예수의 비유의 청중들은 '이것은 매우 불공평한 처사가 아닌가?'라는 불평불만을 가졌을 것이다. 왜, 포도원 주인은 맨 나중에 와서 한 시간만 일한 사람들에게 조차 하루 품삯을 다 내준단 말이냐! 포도원 주인의 변덕스러운 과시욕 때문이었을까? 아니면 포도원 주인의 타고난 자비와 관용 때문이었을까? 이 비유에서 아침 일찍부터 포도원에 나와 일한 사람들의 불평불만은 탕자비유에서 큰아들의 항변을 생각나게 한다. 이점에서 두 비유는 다 같은 예수의 하나님나라의 비유로써 세상의 가치와 질서를 뒤집어 엎는 하나님나라 삶의 실천행동을 제안한다.

이와 관련하여 예수는 본문비유에서 '친구여'라는 불친절한 용어를 사용한다. 예수는 종종 말과 행동이 올바르지 않은 사람들을 이렇게 불렀다. 예수는 자신의 청중인 예루살렘 대중들이 오랜 로마제국 지배체제 식민지 주민으로 길들여지고 찌들어져 있다는 것을 잘 안다. 예수는 자유와 해방, 정의와 평등, 생명과 평화의 히브리 야훼신앙을 저버린 청중들을 향하여 '친구여'하고 비아냥거린다. 참으로 본문비유에서 예수의 어조가 신랄하다.

"친구여, 나는 그대를 부당하게 대하지 않았네! 그대는 나와 한 데나리온을 합의하지 않았나? 그대는 그대 것이나 받아 가게! 그런데 나는 맨 나중에 온 이 사람들에게도 그대와 똑같이 주고 싶네! 내가 내 것으로 내가 하고 싶은 일을 하는 것이 나에게 합당치 않단 말인가? 혹시, 그대의 눈길이 험악한 것은 내가 선하기 때문인가?" 여기서, 분명한 것은 아무도 하루살이에 필요한 것 이상을 받지 않았다는 점이다. 모두가 필요한 만큼의 정당한 생활비를 받을 수 있었다. 다만, 포도원 주인은 맨 나중에 와서 한 시간만 일한 사람들에게도 그와 그의 가족에게 꼭 필요한 하루살이 품삯을 아끼지 않았을 뿐이다.

예수의 이 비유는 포도원주인의 불공정한 행위, 또는 터무니없는 관대함을 강조하지 않는다. 이 비유는 가난하고 소외된 날품팔이들에 대한 연민을 통하여 그들의 삶의 상황에 연대하고 참여하려는 포도원주인의 결단과 그 실천행동을 돋보이려고 노력한다. 예수는 이 비유를 통하여 하나님께서도 이렇게 결단하시고 행동하신다고 선포한다. 그러므로 예수는 이 비유의 예루살렘 유대인 청중을 포함하여 오늘 이 비유를 읽는 모든 독자들에게도 그렇게 결단하고 행동하라고 촉구한다.

"그대의 눈길이 험악한 것은 내가 선하기 때문인가?" 오늘, 다른 사람의 착한 행동이 나를 화나게 하는가? 심사숙고 해볼 일이다.

## 맺는 말

예수는 누구에게, 왜, 이 비유를 이야기 했을까? 이와 관련하여 이 비유는 하나님나라 비유로써 두개의 주요점을 가지고 있다. 하나는, 집주인이 필요에 넘치도록 날품팔이들을 고용하는 것과 모두에게 절실한 하루살이 품삯을 지불하는 것이다. 또 하나는, 이로 인해 상대적으로 피해를 입었다고 생각하는 이들의 불평불만이다.

이 비유는 듣는 청중에 따라 전자나 후자 중 하나가 강조 될 수도 있고, 두개의 주요점이 하나로 연결 지어져 강조 될 수도 있을 것이다. 그런데 예수는 후자에 강조점을 두고 있다. 예수는 민중들을 향하여 하나님의 무조건적인 자비와 사랑을 선포하기 위하여 이 비유를 말씀하지 않는다. 예수는 이 땅의 하나님나라 경제의 최저임금인 한 데나리온을 헐뜯고 미워하며 깎아 내리려는 대지주, 장사치 등 로마제국 특권·기득권을 누리는 세력들을 향하여 이 비유를 이야기 한다. 예수의 하나님나라 복음과 예수의 갈릴리공동체를 배척하고 멸시하는 예루살렘의 종교지도자들과 기득권집단을 향하여 이 비유를 선포한다.

나아가 오늘도 예수는 우리시대의 가난하고 소외된 사람들을 멸시하고 죄인 취급하는 부유한 한국교회를 향하여 이 비유를 선포한다. 그리고 무한경쟁, 무한독점, 무한축적, 무한소비의 신자유주의 시장질서에서 지치고 소외된 사회적 약자들을 '도덕적해이자'라고 몰아붙이는 한국사회를 향하여 이 비유를 외친다. 그러므로 본문비유는 사람이 사람답게 사는 세상, 이 땅의 하나님나라를 훼방하고 짓밟는 세력들을 향한 예수의 심판의 말씀이다.

# 10. 예수의 십자가, 하나님의 아들딸들의 죽음

마가복음15:33-41-

## 읽기

그리고 열두시가 되어서 어둠이 몰려와 오후 세시까지 온 땅위를 덮었다. 그리고 오후 3시에, 예수께서 큰 소리로 외치셨다.

"엘로이 엘로이 레마 사바크타니"

이 말은 번역하면, "나의 하나님, 나의 하나님, 당신은 무엇 때문에 누구를 위하여 저를 버리셨습니까?"라는 뜻이다.

그러자 곁에 서있었던 사람들 중 어떤 자들이 듣고서 말했다.

"저것 봐! 저 자가 엘리야를 부르네."

그리고는 어떤 자가 뛰어가서 식초를 채운 내장주머니를 갈대막대기에 매달아서 예수께 마시게 하면서 말했다.

"자 여러분, 우리가 두고 지켜봅시다. 엘리야가 와서 저 자를 내려 주는지."

그러나 예수께서는 큰 소리를 내시고 숨을 거두셨다. 그리고 성전의 휘장이 위에서부터 아래까지 둘로 찢어졌다. 그런데 예수를 마주보고 서있었던 백부장이 그렇게 예수께서 숨을 거두시는 것을 보고 말했다.

"진실로, 이 사람은 하나님의 아들이었구나!"

한편 여자들도 멀리서 지켜보고 있었다. 그 여성들 중에는 막달라의 마리아, 작은 야고보와 요세의 어머니 마리아, 그리고 살로메가 있었다. 그 여성들은 예수께서 갈릴리에 계셨을 때 예수를 쫓았었고, 예수께 시중들었었다. 또한 예수와 함께 예루살렘으로 올라 왔던 다른 많은 여성들도 있었다.

## 들어가는 말

잔인한 계절 사월. 어렸을 때부터 입에 발린 말인데 어디서 왔는지 잘 몰랐다. 기독교의 고난주간에 연관된 것 같다고만 생각했는데, 영국의 시인 T.S. 엘리엇의 시 '황무지'의 구절이란다. 1차 세계대전 후, 유럽의 인간성과 문명의 황폐함을 생명이 움트는 봄에 비유해서 노래했다고 하는데 실제로 나는 그리 절절하지 않았다. 그저 매년 봄이 오면 입에 발려진 소리일 뿐이었다.

그러나 지금은 다르다. 매년 4월이면 여기 이 땅에서 참으로, 눈물과 절망으로 잔인한 달 4월을 보내고 있는 분들이 있다. 바로 4.16 세월호 참사 유가족들이다. 세월호 유가족들이 그토록 바라던 진상규명과 안전한 대한민국 건설을 위해서 아무것도 진척된 것이 없는 가운데 속절없이 세월호참사 3주기가 지났다.

그런데 이 잔인한 달 4월의 마지막 주에 마가복음15장 예수의 십자가의 죽음 사건을 읽는다. 읽으면서 본문의 제목을 '하나님의 아들딸들의 죽음'이라고 달았다.

## 이끄는 말

2000년 기독교역사 속에서 교회는 연연히 사순절만 되면 마치 무슨 큰 의무를 다하듯 '예수의 십자가죽음'을 묵상한다. 심지어 어떤 기독교 국가들에서는 신자들이 자신들의 몸에 상처를 내어 학대하며 예수의 십자가죽음을 기념한다고 야단법석을 떤다.

그렇다면 도대체 예수의 십자가죽음의 실체는 무엇이었을까? 이렇게 고민하며 질문할 때, 본문이야말로 예수의 십자가의 죽음의 역사적 실체와 의미에 다가가 볼 수 있는 유일한 본문이다.

"나의 하나님, 나의 하나님, 무엇 때문에누구를 위하여 저를 버리셨습니까?"

그런데 고난주간마다 연례적으로 예수의 십자가죽음을 묵상하면서 위 말씀의 울림이 우리를 매우 혼란스럽게 한다. '정말, 예수님이 저렇게 부르짖으셨을까?' 의아스럽기만 하다. 하나님의 아들이시며 온 우주와 인류의 구원자로써 예수의 이러한 외침은 참으로 마뜩찮다. 그래서 대부분의 기독교인들은 '예수님은 철저하게 하나님의 구원을 신뢰했기 때문에 저렇게 부르짖을 수 있었을 거야'라고 치부한다. 나아가 '나의 죄를 대신해서 예수님이 저토록 처절한 고난을 당하셨구나'라고 스스로의 묵상을 신비화하고 개인화하며 종교화하는 도구로 사용한다. 한마디로, 예수의 십자가 고난의 실체를 정면으로 바라보며 삶으로 되새기기를 거부하는 것이다.

이와 관련하여 예수의 십자가상의 이 외침은 시편 22:2절 말씀을 인용한 것이다. 그런데 이 시편에서 시인은 하나님의 은총과 구원에 대한 자신의 깊은 신뢰를 노래한다. 시인은 자신에게 불어 닥친 고난을 하나님께 탄원하고, 하나님의 은총과 구원을 갈망하며, 마침내 하나님의 은총과 구원을 확신한다. 이로써 시인은 자신의 미래를 전적으로 하나님께 의탁할 수 있게 된다.

그 점에서 예수는 이 시편 구절의 처음부터 끝까지를 모두 외치셨을 것으로 생각된다. 이와 같은 추측은 37절에서 "예수께서 큰소리를 내시고 숨을 거두셨다"라는 말씀에서 증언되고 있다. 그럼으로써 예수는 십자가의 죽음 순간까지 하나님에 대한 자신의 전폭적인 신뢰를 나타내 보이셨음이 틀림없다.

그럼에도 불구하고 예수의 십자가죽음에 대한 본문 묵상위로 내려앉는 이 말씀의 울림과 파장이 좀처럼 가시지를 않는다. 본문을 통하여 예수의 십자가죽음을 묵상할 때마다, 십자가상의 예수의 처절한 고독과 절망감을 좀처럼 털어내기 어렵다. 예수의 하나님나라 복음에 대한 세상 사람들의 터무니없는 오해와 편견과 모함. 그 앞에서 꽁지가 빠져라 도망간 제자들. 그로 인해 마침내 하나님에게까지 버림받은 것 같은 예수의 고독과 절망감. 그것들이 십자가상의 예수를 휘감고 있는 모습이 선하게 그려진다.

그렇다. 여기 십자가상의 예수는 세상 사람들로부터, 믿었던 제자들로부터, 아니 하나님에게서 마저 처절하게 버림받은 영혼의 고독과 절망으로 두려워 떨며 부르짖고 있다. 인생의 가장 깊은 절망. 그 어떤 사상으로도 신념으로도 다스려지지 않는 인간의 원초적 고독과 절망감. 오늘의 4.16 세월호 유가족들의 처한 상황이 그러하지 않을까?

여기 본문의 십자가상의 예수도 실제로 그랬을 것이다. 스스로 하나님을 '아빠'라고 부르고 제자들에게도 그렇게 부르라고 가르치시던 하나님의 아들 예수. 2000년 기독교역사 속에서 모든 교회와 신도들로부터 온 우주와 인류의 구원의 말씀으로 숭배 받아온 구세주 예수 그리스도. 오늘 본문에서는 그 예수가 너무도 터무니없고 낯설기만 한 죽음 앞에 서있다.

이제 여기, 십자가상의 예수는 지금 낯설고 고독하며 절망적인 십자가에서 속절없는 죽음을 맞이하고 있다. 그런데도 하나님은 침묵으로 일관하신다. 마냥 모른 체 하신다. 지금 여기, 십자가상의 예수에게는 십자가아래 사람들의 조롱과 수군거림도 들려오지 않는다. 물과 피가 쏟아져 내리는 육체의 고통도 느껴지지 않는다. 다만 십자가상의 예수의 입에서는 "엘리 엘리 라마 사박타니" 나의 하나님, 나의 하나님, 당신은 무엇 때문에 저를 버리셨습니까? 라는 외침만이 터져 나올 뿐이다.

그런데, 지금도 여기 이 땅에서도 십자가상의 예수의 낯설고 고독하며 절망스러운 외침이 계속되고 있다. 그 누구도 그 무엇도 그 어떤 위로도 없다. 지금 여기 십자가상의 예수의 처절한 고독과 절망의 외침은 다만 들을 수만 있을 뿐이다. 마음과 영혼으로 이 예수의 고독과 절망의 외침을 듣는 이들은 나름대로의 신앙과 삶의 언어로 자신이 들은 바를 증언해 오고 있다.

수많은 기독교영성 가들이 십자가상의 예수의 처절한 고독과 절망을 주옥같이 신비한 영혼의 언어로 증언해 오고 있다. 16세기 '십자가의 성요한' 같은 이는 '영혼의 노래' '어두운 밤' 등, 그의 십자가 묵상을 통하여 "어둔 밤이 그의 영혼에 내려 않았다"라고 예수의 십자가 고난을 증언했다.

그런데 지금 여기 이 땅에서 나는, 예수의 십자가 고독과 절망을 이렇게 신비한 영혼의 울림으로만, 종교 언어로만 받아들일 수 없다. 그것들이 예수의 십자가 죽음의 실체로부터 지금 나의 묵상을 점점 더 멀어지게 할 위험이 크기 때문이다. 이점에서 예수의 십자가의 죽음은 예수의 복음 선포와 삶과 행동 등, 예수의 삶과 전 존재의 총체적 반영이다. 예수는 하나님의 아들로써, 성육신한 하나님으로써, 그의 백성임을 자처하는 유대인들에게 죽음의 고발을 당했다.

예수는 이 땅의 억압받고 착취당하는 힘없고 가난한 민중의 구원자로써, 제국의 구세주로 선포된 로마황제에 대한 반역죄로 사형을 선고 받았다. 로마 제국의 힘과 부와 정치질서가 지배하는 세상에서 하나님의 복음과 하나님나라를 선포하시고 그것을 이루기 위해서 십자가죽음을 선택하셨다.

지배층의 고삐 풀린 무지막지한 폭력과 권력 앞에서, 오른 뺨을 얻어맞고도 왼뺨마저 돌려대야 하는 민초들의 분노와 무력감. 재판을 걸어서라도 채무자 속옷까지 빼앗으려는 고리대금업자의 횡포 앞에 속절없이 겉옷마저 내어주어야 하는 빈민들의 절망감. 강제로 짐을 지워 오리를 가자고 하는 로마 군인의 위세 앞에서 알아서 십리를 가주어야 하는 식민지 민초들의 두려움과 공포.

지금 우리시대의 무자비한 독점자본과 국가 권력의 불의하고 불법한 억압과 폭력 앞에서 이렇다 할 저항마저 미루어 둔 채, 마냥 모든 권리를 포기해야만 하는 힘없는 노동자들의 한과 분노. 한쪽에서는 썩어나가는 먹을거리를 두고도 그저 속절없이 굶어 죽어야만 하는 가난한 사람들의 절망. 돈 대박을 노리는 투기꾼들에 의해서 평생을 살아온 집과 공동체에서 쫓겨나야하는 철거민들의 한스러움.

이러한 민초들의 삶과 일상이 예수의 십자가죽음의 실체이다. 예수의 십자가죽음은 이러한 민초들의 삶의 고난과 절망에 참여하려는 예수의 의지이고 결단이며 행동이다. 바로 이 예수의 십자가죽음이 삶의 고난과 절망에서 허덕이는 민초들에 대한 하나님의 복음이고 구원이며 해방이다.

그러므로 지금 여기 이 땅에서도 부단하게 십자가 죽음이 이어질 수밖에 없다.

그러므로 지금 여기 이 땅에서의 예수의 십자가죽음에 대한 깨달음이 없이는 예수의 부활의 참의미도 이해할 수 없다.

그러므로 지금 여기 이 땅에서 예수의 십자가죽음에 대한 전폭적인 참여가 없이는 결코 예수와 함께 부활의 기쁨을 누릴 수 없다.

그러므로 지금 여기 이 땅에서, 우리의 불구덩이 같은 삶의 마당에서 '여

기 사람이 있다!'

라고 외치는 예수의 음성을 듣지 못하는 사람은 예수의 십자가고난을 이해하지 못하는 사람이다.

그러므로 그런 사람들은 오늘 여기 이 땅에서 예수의 부활에 참여할 자격이 없다.

## 맺는 말

그런데 본문에서, 한사람 로마군대 백부장은 예수의 무한고독과 절망과 죽음을 목도하고 이렇게 외친다.

"진실로, 이 사람은 하님의 아들이었구나!"

지금, 우리 모두는 여기 이 땅에서 고독과 절망 속에서 죽임을 당하는 뭇 생명들의 절규를 듣고 직접 보면서도, 그가 하나님의 아들딸임을 깨닫지 못하는 무딘 신앙인이 아니기를 기도한다. 오늘도 우리는 이 땅 곳곳에서 무참하게 죽임을 당하는 하나님의 아들딸들의 죽음을 통하여 부활을 바라고 소망할 수 있음을 고백한다.

# 11. 갈릴리 민중의 아들 나자렛 사람, 그 예수의 부활

요한복음 20:24-29

## 읽기

쌍둥이라고 불리는 도마는 열둘제자 중 한사람이다. 도마는 예수께서 오셨을 때에 제자들과 함께 있지 않았었다. 그래서 다른 제자들이 도마에게 말했다.

"우리가 주님을 뵈었다네!"

그러자 도마가 그들에게 말했다.

"내가 그분 손에 못 자국을 볼 수도 없고, 내 손가락을 그 못 자국 안에 넣을 수도 없고, 내 손을 그분의 옆구리에 넣어볼 수도 없다면, 나는 결코 신앙하지믿지 않겠다!"

여드레 후, 예수의 제자들이 다시 집안에 있었다. 그리고 도마도 그들과 함께 했다. 문이 잠겨져있었는데도 예수께서 오셔서 한 가운데 서셨다. 그리고 말씀하셨다.

"여러분에게 평화!"

그러시고는, 예수께서 도마를 부르셨다.

"그대의 손가락을 이리로 내밀어서 내 손들을 살펴보라! 또한 그대의 손을 내밀어서 나의 옆구리에 넣어보라! 그러니, 그대는 신앙 없는 사람이 되지 말라! 오직 신앙의 사람이 되라!"

도마가 응답했다. 그리고 그가 예수께 고백했다.

"나의 주님! 나의 하나님!"

예수께서 도마에게 말씀하셨다.

"그대는 나를 보았기 때문에 나를 신앙했는가? 복되어라! 보지도 알지도 못하는 이들, 그러면서 신앙하는 이들이여!"

### 들어가는 말

성서의 대부분은 이야기이다. 성서는 다양하고 잡다한 여러 인물 군상들의 신앙서사로 가득 차 있다. 아브라함, 이삭, 야곱, 요셉, 모세, 바울 등이 그렇다.

그런데 성서의 모든 이야기에는 상부구조가 있고 하부구조가 있다. 이야기의 상부구조는 그 시대의 종교와 관념과 사상, 시류와 사회윤리를 형상화 한다. 반면에 이야기의 하부구조는 삶의 마당이다. 기독교회는 성서 이야기의 상부구조만을 해석함으로써 교리 신앙과 종교 신화를 꾸미고 만들어내는데 몰두해 왔다.

그러나 21C에 이르러 우리는 성서이야기의 하부구조인 삶의 마당을 적극 해석함으로써 오늘 우리시대의 삶의 질문에 답하고, 우리의 신앙 삶의 의미를 찾아야 한다.

### 이끄는 말

그러한 관점에서 본문은 도마 이야기이다. 구체적으로는 도마와 갈릴리 민중의 아들 나사렛 사람 예수의 부활, 그리고 그에 따른 도마의 신앙 삶의 이야기이다. 그렇다면, 도마는 누구인가? 질문할 수밖에 없다. 그러나 현재의 신약성서 정경 안에서는 마땅한 답이 없다.

이와 관련하여, 초대 기독교에 안에서는 현재의 신약성서 이외에도 다양하고 잡다한 기독교문서들이 존재했었다. 그것들 중에서 도마와 관련된 것으로는 도마행전 있었고, 지난 세기에 발견된 도마복음이라는 문서도 있다. 본문에는 도마가 부활하신 예수를 단 한번만 만나는 것으로 기록되어 있다. 하지만 도마가 썼다는 도마행전에는 예수의 십자가 처형과 부활 이후 여러 차례 도마를 만난 이야기가 기록되어 있다. 나아가 도마행전에는 부활하신 예수께서 승천하시기 전, 도마를 인도에 보내어 전도하도록 했다는 이야기도 있다. 이 이야기는 인도 북부 타지마할 인근의 화테푸르 시키리Fatehpur Sikiri에서 발견된 돌비석에도 적혀 있다고 한다. 우리나라에서는 도마가 인도를 거쳐 가야 시대에 한국에 와서 김해를 중심으로 전도를 했다는 주장까지 하는 사람이 있었다. 그는 김수로왕의 묘석에 오병이어에 대한 그림이 조각되어 있는 것을 증거로 제시하기도 했다.

실제로, 일부 기독교 역사학자들은 AD 70년 유대전쟁 전후로 예루살렘을 중심으로 하는 야고보와 도마가 이끌었던 예수공동체 사람들이 예루살렘 예수공동체를 적극 지원했던 시리아 북방의 '에데사왕국'으로 거점을 옮겼다는 가설을 제기한다. 그리고 4세기 초『교회사』를 지은 유세비우스도 이미 예수 당대에 에데사의 왕 아브가르와 역사적 예수와 사이에 구체적 서신 왕래가 있었다는 것을 입증하고 있다. 유세비우스는 에데사의 문서 보존 창고에서 아브가르왕과 예수 사이에 오간 편지를 기록한 시리아문서를 찾아내는 데 성공했다고 자랑한다. 그는 그 문서들을 시리아어로부터 희랍어로 번역해놓았다. 그 중 예수의 답변편지에는 이런 내용도 있다.

"나를 보지도 않고 나를 믿는 그대여, 복이 있도다. 나에 관하여 이미 기록된 바, 나를 본 자는 나를 믿으려 하지 않고 나를 보지 않은 자가 오히려 나를 믿고 생명을 얻는다 하였도다. 그대가 나에게 왕진을 요청하며 쓴 것에 관하여, 나는 먼저 이곳에서 내가 보내진 사명을 완수해야만 한다는 것을 알리노라. 이곳에서 나의 임무가 완수되면, 나는 나를 보낸 그이에게로 다시 들리우리라. 내가 들리울 때 나는 나의 제자 중 한 사람을 그대의 고통을 고치기 위해 파견하리라. 그는 그대와, 또 그대와 같이하는 모든 사람에게 생명을 주리라."

도마복음서에서는 야고보와 도마가 예수의 말씀에 대한 정통지킴이로 등장한다. 또한 살로메와 마리아 등 여성들이 진실한 제자를 대변하여 예수께 올바른 질문들을 던지기도 한다. 반면에 베드로와 마태 등 '제자들'은 항상 어리석은 질문들을 던진다. 한마디로 도마 전승그룹은 현재의 전통교회가 배척하는 이단 예수그룹을 대표한다고 할 수 있다.

도마에 대한 정경 이외의 문서들의 기록은 참고 사항일 뿐이다. 하지만 이러한 기록들은 신약성서로부터 잘못 해석된 도마라는 인물상을 바로잡는데 도움이 된다. 이를테면 본문에서 많은 사람들이 상상하는 '의심 많은 도마'가 옳은 것일까? 그러나 본문에서 도마는 소심하지도 유약하지도 의심쟁이도 아니다. 도리어 도마는 열성적이고 적극적이며 과단성 있는 사람이다. 본문에서 '도마, 디두모스'라는 이름이 이러한 성품을 잘 드러내고 있다. '디두모스 – 쌍둥이'라는 낱말의 의미는 '두 배의 사람 , 두 몫 하는 사람'이라는 뜻이다.

이와 관련하여 많은 성서학자들은 예수의 제자그룹 중에는 열심당원들이 있었다고 믿는다. 대표적으로는 '셀롯당원' 또는 '열심당원'이라는 별명을 가진 '시몬'이다. 또한 '가롯유다'와 '베드로'도 열심당원으로 분류한다. 나아가 도마역시도 '열심당원'이었을 것이라고 추측한다. 이들 열심당원들은 로마제국에 굴복하지 않고 로마제국에 세금 바치기를 거부했다.막12:13,17

또한 새로운 다윗이 출현하여 새로운 이스라엘을 건설하게 될 것이라고 열망했다. 나아가 이들은 때가 이르면 무장봉기를 통하여 메시야왕국을 건설하려는 열정으로 가득 차 있었다.

하지만 실제로 신약성서 안에서는 이러한 도마의 인물상을 분명하게 언급한 곳은 없다. 도리어 도마는 예수의 제자단을 나열하는 곳에서<sub>마10:3, 막3:16, 눅6:15</sub> 아무런 수식어도 없이 이름만 나타나 있다. 또한 이렇게 나열된 제자단 끝에는 항상 '예수를 파는 자가 될 가룟유다'가 언급된다. 도마 등 비주류 제자그룹에 대한 의도적인 폄훼가 아닐 수 없다.

그러나 요한복음 11:16, 14:5에서는 열두 제자 가운데서도 도마가 가장 독특한 성품의 소유자였음을 드러낸다. 요한복음 11장을 살펴보면, 예수와 친밀한 베다니 마을의 마르다와 마리아의 오빠 나사로가 병들어 죽어가고 있다. 그래서 나사로의 누이들은 사람을 보내서 예수님께 구원을 요청한다. 이 소식을 듣고 예수는 계시던 곳에서 이틀을 더 머물다가 제자들에게 '유대로 다시 가자'라고 말씀하신다. 그러자 모든 제자들이 달려들어 예수를 말렸다. "선생님, 방금도 유대인들이 돌로 쳐 죽이려고 했었는데 또 그리로 가시려 하십니까?"<sub>요한복음11:6</sub> 사실 그때 가보았자 나사로는 죽었을 터이고, 실제로도 예수가 도착했을 때 이미 나사로는 죽어 장사된 후이었다.

그럼에도 불구하고 도마는 예수의 유대 땅 행보를 말리려는 다른 제자들을 향하여 이렇게 소리친다. "우리도 주와 함께 죽으러 가자" 어쩌면 도마는 예수가 부득불 죽을 자리로 가시려 하니까 '에라, 모르겠다, 다 가서 같이 죽자'라고 했을 수도 있다. 그래서 한편으로 도마의 이 외침은 예수의 유대 행보를 빈정대는 말 같기도 하다. 그러나 요한복음 11장의 전후 문맥에 비추어 볼 때 명백해지는 것은, 도마가 어떠한 경우라도 예수와 함께 생사고락을 같이 하려는 의지가 분명했다는 사실이다.

또 도마는 사리분별과 결단에 있어서 자기 의지가 확고한 사람이었다.

요한복음 14장에서 예수는 자신이 예루살렘에서 십자가를 지실 일과 자신이 십자가를 져야하는 이유, 그리고 이후에 되어 질 일들을 제자들에게 설명하셨다. 그 때 예수는 "내가 너희를 위하여 처소를 예비하러 간다. 그리고 내가 다시 오겠다. 내가 가는 곳과 그리로 갈 수 있는 길을 너희도 알게 될 것이다"라고 예고 하셨다. 그런데도 제자들은 아무도 예수의 그 알다가도 모를 말씀에 대하여 일언반구도 하지 않았다.

그러나 도마는 그냥 넘어 갈 수 없었다. 도마는 주저하지 않고 예수께 물었다. "주여, 당신께서 어디로 가시는지 우리가 알지 못하거늘 그 길을 어찌 알겠습니까?"요한복음 14:5 그러자 예수께서 도마에게 이렇게 답하셨다. "내가 곧 길이요, 진리요, 생명이니 나로 말미암지 않고는 아버지께로 올 자가 없느니라." 이로써 도마에게는 예수를 신앙한다는 것이 무엇인지 명백해졌다. 예수처럼 생각하고 결단하며, 예수처럼 살고 행동하는 것이 진리이고 생명이다. 누구든 예수의 말씀과 삶과 행동을 통하지 않고는 하나님나라에 참여하고 누리는 삶을 살 수 없다는 사실이다.

이제 이러한 도마의 삶의 마당을 염두에 두면서 오늘 본문을 자세히 살펴보자. 예수가 로마제국의 정치범으로, 로마제국이 빌붙어 먹고 사는 유대지배계층에 의해 유대 종교·사회 불순분자로 낙인찍혀 십자가에 처형된 이후, 예수의 제자들은 모래알처럼 흩어져 자취를 감추었다. 그러다가 이런 저런 계기로 부활하신 예수를 만난 제자들이 다시 하나 둘 모여들었다. 도마 역시도 그 소문을 듣고 다시 모여든 제자들의 모임에 참여했다. 그러나 도마는 아직 부활하신 예수를 대면하지 못했다. 그래서 제자들은 도마에게 "우리가 주님을 뵈었다네"라고 증언을 했다.

그렇다면 제자들은 어떤 부활의 예수를 보았을까? 이와 관련하여 부활하신 예수를 보았노라고 증언하는 제자들의 말에는 '호라오'바라보다라는 동사가 사용된다. 풀어서 새기면, 제자들은 부활하신 예수를 만나기는 했으나, 그 예수가 자신들과 함께 생사고락을 나누던 그분이었는지, 바로 삼일 전 로마제국의 정치범으로 유대종교·사회 불순분자로 몰려 처참하게 십자가처형을 당한 갈릴리 나사렛사람 그 예수인지, 확인을 해볼 엄두도 내지 못했다.

그래서 도마는 한사코 이렇게 명토 박아 말한다. "내가 그 분 손에 못 자국을 볼 수도 없고, 내 손가락을 그 못 자국 안에 넣을 수도 없고, 내 손을 그분의 옆구리에 넣어볼 수도 없다면, 나는 결코 신앙하지믿지 않겠다!"

이 때 도마가 말한 헬라어 문구가 '에안 메 이도—만약 내가 보아서 알 수 없다면'이다. 그런데 여기서 사용된 '에이도'εἴδω라는 헬라어 동사는 '에이돈 보다' + '오이다 알다'로 이루어진 합성어이다. 한마디로 도마에게 '예수의 부활'은 로마제국의 십자가에 처형되어 죽은 그 예수의 부활이어야 했다. 로마제국에 빌붙어 사는 유대지배계층에 의해 유대 종교사회 불순분자로 낙인찍혀 십자가에 처형된 갈릴리 민중의 아들 나자렛사람 그 예수의 부활이어야 했다. 도마에게 갈릴리 민중들과 함께 동고동락하며 이 땅의 하나님나라 공동체를 이루어 가시던 갈릴리민중의 아들 예수의 십자가 죽음과 부활은 하나이다. 갈릴리 민중의 아들로써 이 땅의 하나님나라 운동의 계시자인 예수가 시대의 지배자인 로마제국에 의해 십자가에 처형된 사건과 무관한 부활신화는 참된 부활이 아니기 때문이다.

도마에게 있어서 이러한 부활신앙은 어쩌면 당연한 것이다. 예수는 민중의 아들로써 시대의 지배체제인 로마제국과 이에 빌붙어 사는 유대지배계층에 의해 십자가에 처형당했다. 예수 십자가의 죽음과 부활이 하나이며 그것이 예수의 부활신앙에 핵심요소인 것이다. 이러한 예수부활 신앙 진리를 도외시한 관념적이고 교리적인 부활열망으로 인해, 오늘의 한국교회에는 금관의 예수가 난무하게 되었다. 이러한 관점에서 본문의 도마에게 나타나신 부활예수사건 증언은 매우 의미심장하다. 본문의 예수부활 현현사건이야말로 예수시대 예수의 부활현장을 직접목격하지 않은 인류에게 예수 부활신앙진리를 증언하는 결정적 매듭이다.

본문을 더 자세히 살펴보자. "예수부활사건 여드레 후, 예수의 제자들이 다시 집안에 모였다. 그리고 도마도 그들과 함께 했다. 문이 잠겨져있었는데도 예수께서 오셔서 한 가운데 서셨다. 그리고 말씀하셨다. "여러분에게 평화!" 그러시고는, 예수께서 도마를 부르셨다. "그대의 손가락을 이리로 내밀어서 내 손들을 살펴보라! 또한 그대의 손을 내밀어서 나의 옆구리에 넣어보라! 그러니, 그대는 신앙 없는 이가 되지 말라! 오직 신앙의 사람이 되라!"

예수는 도마에게 신앙 없는 이가 되지 말고 오직 신앙의 사람이 되라고 말씀하신다. 그렇다면, 신앙 없는 이는 무엇이고, 신앙의 사람은 무엇일까? 예수의 부활신화만 있고 예수의 십자가의 죽음이 없는 이들에게는 금관의 예수만 있다. 또한 자기 삶의 마당에 예수의 십자가의 죽음만 있고 예수의 부활사건을 체험하지 못하는 이에게는 예수신앙이 존재할 수 없다. 오늘날 예수의 부활신화만을 떠들어대는 사이비종교 장사꾼들의 삶의 마당을 들여다보면 이러한 사실이 분명해진다. 나아가 예수의 십자가 죽음에만 천착하는 이들의 삶의 마당에서도 예수신앙은 외피에 불과하다.

본문에서 분명한 강조점은 '신앙의 사람으로 되는 것'이다. 이 때 사용된 헬라어 동사가 '기누 너는 신앙의 사람이 되라'이다. 그런데 본문의 '기누'라는 헬라어 동사의 원형은 '기노마이스스로 애써서 신앙의 사람이 되는 것'이다. 따라서 '예수부활 신앙의 사람'은 예수부활신화'를 듣고 그저 고개한번 끄덕이는 것으로는 가능하지 않다. '예수부활 신앙의 사람'은 단 한순간의 황홀한 영적종교적깨달음으로는 가능하지 않다. '예수부활 신앙의 사람'은 시대의 구조적 불의와 죄악에 대한 처절한 죽음의 터널을 지나 새로운 대안세상으로 부활하는 사람이다.

도마는 로마제국의 십자가에 처형된 예수의 죽음과 부활을 실체적으로 확인한 후 즉시 이렇게 신앙을 고백한다. "나의 주님! 나의 하나님!" 이러한 도마의 신앙고백은 여타 다른 제자들에게서는 전혀 나타나지 않는 실존적인 신앙고백이다. 그럼으로써 이제 시대의 불의와 죄악으로부터 십자가 처형을 당한 갈릴리나사렛 예수의 부활은 곧 도마의 부활이 되었다.

이렇게 도마의 '예수부활신앙'은 로마제국과 거기에 빌붙어 사는 유대지배계층에 의해 십자가 처형을 당하신 갈릴리 나사렛 예수의 죽음으로부터 오는 것이다. 시대의 불의와 죄악으로부터 십자가처형을 당한 갈릴리 민중의 아들 나사렛사람 예수를 통하지 않은 '예수부활신화'는 거짓이다. 그러한 부활신화는 시대의 불의와 죄악들을 은폐하는 종교적 장식물에 불과하다. 한마디로 세상을 속이고 현혹하려는 맘몬·자본 지배체제의 금관의 예수신화에 불과한 것이다. 그래서 예수께서는 도마에게 이렇게 선언하신다. "그대는 나를 보았기 때문에 나를 신앙했는가? 복되어라! 보지도 알지도 못하는 이들, 그러면서 신앙하는 이들이여!"

이제 도마의 '로마제국의 십자가에 처형당한 갈릴리민중의 아들 나사렛 예수의 부활이라는 실존적 부활신앙'은 이후의 모든 기독교인들의 신앙고백으로 유전되었다. 예수 시대 이후의 예수를 보지 못했고 알지 못했던 모든 기독교인들도 도마의 실존적 예수부활신앙을 고백할 수 있게 되었다. 나아가 오늘 21C의 한국 기독교인들도 도마처럼 십자가 처형당한 갈릴리 민중의 아들 나사렛사람 예수에 대한 실존적 부활신앙을 고백하는 행복을 누릴 수 있게 되었다. 이처럼 시대의 불의와 죄악에 맞서서 십자가의 처형된 갈릴리민중의 아들 나사렛사람 예수의 부활은 시대의 민중들에게 행복한 하늘의 은총이다.

## 맺는 말

시간을 만들어서라도 4.16 세월호참사의 종착지 목포 신항 현장을 다녀오려고 애쓴다. 우리 모두는 아직 4.16 세월호참사로 인해 비탄에 잠겨있다. 속속 밝혀지는 진상을 통하여 세월호참사가 오늘 한국사회의 구조적 폭압과 불의와 죄악들로 인한 것임이 밝혀지고 있기 때문이다. 시대의 불의와 죄악들로 인해 참사를 당한 이들이 새로운 세상의 아들딸로 부활하기를 기도한다. 또한 우리도 불의와 죄악으로 이루어진 세상에 대하여 죽고 생명과 평화, 정의의 세상을 이루는 새로운 부활의 삶을 살 수 있게 되기를 기도한다.

# 12. 부활하신 예수를 만나러, 갈릴리로 가요

**마가복음 16: 1-8**

## 읽기

안식일이 지나자마자, 막달라 여자 마리아와 야고보의 마리아와 살로메가 예수께 발라 드리려고 시장에서 향료를 샀다. 그리고 안식일 후 첫날 꼭두새벽, 해가 떠오를 즈음에, 그들이 무덤을 향하여 갔다. 그들은 서로에게 말했다.

"누가 우리에게 무덤입구로부터 돌을 굴려내 줄까요?"

그러는 중에 그들이 눈을 치켜 떠, 돌이 굴려져 있는 것을 바라보았다. 참으로 그 돌은 매우 컸다. 그리고 그들이 무덤 안으로 들어선 후, 흰 옷을 입은 청년이 오른편에 앉아 있는 것을 보았다. 그들은 몹시 놀랐다. 그러자 청년이 그들에게 말했다.

"놀라지 마시오! 여러분은 십자가에 처형된 나자렛 사람 예수를 찾고 있지요. 그분은 부활되셨소! 그분은 여기 계시지 않소. 보시오! 그분을 안장했던 곳이오. 그러니, 여러분은 가서 그분의 제자들과 베드로에게 '그분이 여러분보다 먼저 갈릴리로 가십니다. 여러분은 그분이 여러분에게 말씀하셨던 것처럼 거기서 그분을 뵐 것입니다'라고 전하시오."

그러나 그들은 뛰쳐나와 무덤으로부터 도망쳤다. 왜냐하면 두려움과 공포심이 그들을 사로잡았기 때문이다. 그래서 그들은 무서워 떨며 아무에게도, 아무것도 말하지 못했다.

## 들어가는 말

매년 부활절이 되면 기독교인들은 부활의 기쁨과 소망을 노래한다. 또한 교회마다 이웃들에게 부활절 달걀을 나누어 주는 등, 기꺼이 온 사회가 부활의 기쁨과 소망으로 넘쳐나기를 기도한다.

특별히 현시점에서는 독점자본·금융자본주의 시장체제의 위기와 관련하여 부활의 예수를 본받아 우리의 삶에 깊이 뿌리박힌 탐욕과 교만을 몰아내자고 호소한다. 나아가 부활의 따뜻한 마음으로 고통 받는 이웃을 돌봄으로써, 교회와 신앙을 변혁하는 기회로 삼자고 강조한다.

이와 관련하여, 교회는 우리시대의 강도인 독점금융자본의 채무노예로 살아가는 이들에게 새로운 삶의 부활을 전하려고 노력한다. 부활의 달 4월에 교회들에게 우리시대의 강도만난 이들, 과중한 가계부채 채무자들에 대한 사회적 책임을 이야기하고 싶다. 교회들이 채무노예의 삶을 사는 이들에게 새로운 부활의 삶을 열어주는 일에 앞장서야 한다고 믿는다.

## 이끄는 말

본문에는 오늘날 기독교회가 이토록 기뻐하고 소망하는 예수의 부활이 공포와 두려움으로 묘사되고 있다. 도대체 왜 그럴까?

부활의 첫새벽에 예수의 무덤을 찾은 일단의 여인들이 있었다. 그 여인들은 예수의 무덤 문이 열려지고 예수의 시신이 온데간데없는 가운데, 흰옷을 입은 청년이 무덤 오른 편에 앉아 있는 것을 보았다. 그 여인들은 그러한 광경을 보고 몹시 놀라고 무서워서 어쩔 줄을 몰라 했다. 그러자 청년이 두려워 떠는 그 여인에게 이렇게 말한다. "놀라지 마세요! 여러분은 십자가에 처형된 '나자렛 사람 예수'를 찾고 있지요. 그분은 부활하셨답니다! 그러므로 그분은 여기 계시지 않아요. 보세요! 그분을 안장했던 곳입니다. 그러니 여러분은 가서 그분의 제자들과 베드로에게 전해주세요. 그분이 여러분에게 말씀하셨던 것처럼 그분은 여러분보다 먼저 갈릴리로 가신다고, 여러분은 거기 갈릴리에서 그분을 뵐 것이라고 말하세요."

그러나 여인들은 예수의 무덤을 빠져나온 후, 아예 도망쳐 자취를 감추고 말았다. 왜냐하면 그들의 눈앞에 벌어진 일들이 너무도 놀랍고 두려운 일이라서 얼이 빠져 버렸기 때문이다. 그 여인들은 두려움에 사로잡혀서 아무에게도, 아무것도 말하지 못했다. 도대체 그 여인들은 무엇 때문에 이토록 두려워했을까? 예수는 갈릴리를 떠나 예루살렘에 입성하신 후, 대제사장을 비롯한 예루살렘의 종교사회지도들로부터 신성 모독죄로 십자가 처형의 고발을 당했다. 예수는 예루살렘의 서기관과 율법사 등 유대교 랍비들로부터 '갈릴리 나자렛 사람'이라는 멸시와 조롱을 받았다. 예수는 로마제국의 총독으로부터 반역죄로죄목: 유대인의 왕 사형언도를 받았고 그에 걸맞게 십자가처형을 당했다.

무엇보다도 예수는, 예루살렘 입성 당시 예수의 가시는 길에 자신들의 겉옷을 깔고 승리의 종려나무가지를 흔들어 대던 예루살렘의 군중으로부터도 철저하게 버림을 받았다. 그들은 십자가에 처형당할 수밖에 없었던 '갈릴리 나자렛 사람 예수'가 아니라, '위대한 다윗의 자손 예수'를 간절히 열망했기 때문이다. 이처럼, 예루살렘 사람들에게는 십자가에 처형된 '갈릴리 나자렛 사람 예수'가 필요하지 않았다. 나아가 십자가에 처형된 예수의 부활도 원치 않았다. 설사, 십자가에 처형된 예수가 다시 부활한다 해도 갈릴리 나자렛 사람 예수의 부활이라면, 예루살렘 사람들에게는 아무런 의미가 없었다.

예루살렘 사람들에게는 죽었다가 부활하는 갈릴리 민중의 아들 나자렛 사람 예수보다, 죽지 않고도 승리하는 다윗의 자손 예수가 더 절실했다. 예루살렘 사람들에게는 피와 죽음을 불사하고라도 현재의 로마제국의 부와 권력을 뛰어넘는 위대한 유대 제국의 시민이 되는 것이 소망이었다. 심지어, 대제사장들을 비롯한 유대 종교·사회지도자들은 자신들의 사익을 위해서는 이대로가 좋다. 노골적으로 '로마제국이 좋다'라고 했다. 그래서 그들은 혹시라도 '예수의 십자가 처형과 부활을 빙자한 유언비어가 나돌지나 않을까' 염려했다. 따라서 그들은 예수의 무덤을 지키던 로마 군인들에게 뇌물을 주어 입막음을 하는 등, 주도면밀하게 예수의 부활에 대한 대중들의 유언비어가 생겨나지 않도록 입막음 계획을 세우고 실행했다.

사실, 예수의 제자들에게도 십자가에 처형된 예수의 부활은 기대되지 않았다. 제자들은 그저 자신들의 스승이며 동지였던 예수의 기억을 마음에 숨겨두고 오래도록 추억하는 것으로 족할 뿐이었다. 엠마오로 가는 제자들 참조 한마디로 예수가 부활했다면, 예루살렘에서는 그 예수의 부활은 기밀사항이다. 예루살렘에서의 예수의 부활은 사회 안정을 해치고 불안을 조장하는 유언비어일 뿐이었다. 따라서 예루살렘에서 예수의 부활의 비밀을 목격하는 것은 그 자체로써 두려움이고 공포이며 소스라쳐 놀랄 일이었다! 그렇다면 민중들의 유언비어로써 예수의 부활은 죽은 시신의 부활이 아니어도 좋다. 로마제국의 십자가에 처형되셨던 예수가 부활하셨다는 신앙사건 자체가 예수의 제자들의 승리이기 때문이다. 물론, 하나님이 죽은 자를 부활시키실 때 그 사람의 몸시신을 함께 일으키실 수도 있고, 그렇지 않을 수도 있다. 왜냐하면 죽은 자를 일으키는 부활이야말로 하나님의 전적인 활동으로써 새로운 창조이기 때문이다.

그런데 오늘 본문에서 예수의 부활은 예수의 몸(시신)의 부활이다. 그렇다면 예수의 부활사건에 있어서 하나님은 왜 예수의 몸(시신)을 사용하셨을까? 여기서 분명한 것은 죽음에서 생명으로 부활하신 예수야말로 갈릴리 나자렛 사람 예수, 바로 그분이 틀림없다는 점이다. 기독교회의 부활은 갈릴리 민중의 아들 나사렛 사람 예수의 부활이다. 그러므로 예수살렘에서는 예수의 부활이 없다. 다만, 갈릴리 민중의 아들 나자렛 사람 예수의 십자가의 처형이 있었을 뿐이다. 예루살렘과 로마제국체제에서는 부활을 기대할 수 없다. 거기서는 오직 불의하고 불법한 죽임만 있을 뿐이다. 그렇기에 예수의 참된 부활의 현장이 문제가 된다. 예수의 참된 부활의 현장은 어디일까? 갈릴리 이다. 예수는 십자가에 처형되기 전, 제자들에게 이렇게 말씀하셨다. "내가 예루살렘에서 십자가의 처형을 당하게 될 거다. 그러나 나는 삼일 만에 부활할거야. 그리고 나는 너희들 보다 먼저 갈릴리로 가겠다. 거기서 너희를 다시 보게 될 거야"

그런데 왜, 갈릴리일까? 갈릴리는 옛적부터 유대사람들과 가나안 사람들이 서로 섞여 살았다. 그런데다 북이스라엘이 아수르제국에 의해 멸망당한 이후에는 여러 민족들이 갈릴리로 이주해 들어 왔다. 뿐만 아니라 갈릴리는 메소포타미아에 시리아를 거쳐 이집트로 가거나, 페니키아의 항구도시 두로를 거쳐 지중해세계로 나아가는 길목이었다. 이로 인해 수많은 유랑민들이 갈릴리 지역으로 몰려들어 왔다. 따라서 갈릴리는 예루살렘의 종교 사회지도자들에게 '이방의 갈릴리'라고 불려 졌으며 흑암과 멸시의 땅으로 치부되었다.

그럼에도 불구하고 갈릴리는 땅이 비옥하고 수량이 풍부하며 기후가 온화한 지역이었다. 따라서 다른 어떤 유대지역보다 훨씬 더 다채롭고 풍성한 농산물이 생산 되었다. 갈릴리의 비옥한 평지에서는 밀 보리 옥수수 등 곡물과 야채들이 재배되었고, 구릉지와 산지에는 포도나무와 올리브나무들이 재배되었다. 이와 관련하여 고대 유대 역사가 요세푸스는 『유대전쟁사 3권』에서 "갈릴리는 초목이 울창하고 무성하며 모든 종류의 나무들이 잘 자란다"고 기록하고 있다. 또한 주민들이 모든 땅을 경작함으로써 노는 땅이 없었다고 전하고 있다. 또한 요세푸스는 "갈릴리호수에는 모든 종류의 물고기들이 풍성하다"고 전한다. 그는 잉어, 돌잉어, 청어 등 20여종의 물고기를 열거하면서, 맛과 생김새에 있어서 다른 곳의 물고기들과 다르다고 기록하고 있다. 그 중에서 명물은 '베드로고기'라고 알려진 물고기이다. 베드로고기는 맛이 좋을 뿐만 아니라, 알과 새끼를 입안에 넣어서 보호하는 것으로 유명하다. 베드로고기는 새끼를 입에서 내보냈다가 위험한 상황이 닥치면 다시 입안으로 받아들여서 새끼를 보호한다고 한다.

이처럼 갈릴리지역이 다른 어느 지역보다 풍요로운 땅이었던 만큼, 고대로부터 노예제국 파라오 지배체제의 갈릴리 봉건군주들에게 극심한 착취를 당해 왔다. 히브리 노예들의 출애굽이전, 갈릴리의 모든 땅은 대부분 이집트 봉건군주들의 영지였다. 갈릴리의 봉건영주들은 주민들을 농노로 삼아 광대한 영지를 경작했다. 이와 관련하여 출애굽 사건 전 갈릴리에는 이집트 파라오의 포도주와 곡식창고가 있었다고 전해지고 있다.

이러한 상황은 예수시대에도 달라진 것이 없다. 갈릴리는 다른 유대지역과 달리 소수의 부재지주들이 소작농을 이용하여 대토지를 경작했다. 또한 갈릴리에는 헤롯 왕가의 대규모 영지가 있었는데, 농노들이나 하루살이 품꾼농부들을 고용하여 영지를 경작했다. 그런데 소작농들은 지주에게 생산물의 35-40%를 지대로 내야 했다. 그리고 세금으로 40%를 뜯기고 나서 나머지 20-25%의 생산물로 생계를 유지해야만 했다. 그러므로 소작농들은 밀린 지대와 세금채무로 인해 채무 노예로 팔리거나 하루살이 품꾼 농부로 전락하기 일쑤였다. 불의한 청지기 비유 및 품삯비유 참조

이러한 상황에서 물고기가 풍부했던 갈릴리 호수는 농토로부터 버림받

은 사람들을 끌어 들였다. 그나마 어부들이 농부들보다 조금 나은 생활을 할 수 있었기 때문이다. 어부들 중 일부 여유 있는 사람들은 조합을 만들고 여러 척의 배를 구입해서 고기잡이를 했다. 또한 일부 가난한 사람들은 어부들에게서 물고기를 받아다가 장사를 하기도 했다. 특히 갈릴리호수 주변의 마을에서는 물고기를 소금에 절이는 소규모 염장업이 발달했는데, '막달라'에서 제법 큰 규모의 염장鹽藏이 이루어지기도 했다. 이렇게 소금에 절인 물고기들은 지중해를 건너 멀리 로마와 이베리아에까지 수출되었다. 따라서 지중해 세계의 사람들은 갈릴리호수를 헬라어 '타리코스'소금에 절인 생선이라고 불렀는데 여기서 '타리체아'라는 갈릴리호수의 별명이 나왔다.

그러나 갈릴리 호수의 이러한 여유로움도 곧 끝장을 맞이하고 말았다. 갈릴리의 봉건왕 헤롯안티파스가 갈릴리 호수가에 '티베리우스'디베랴를 건설하고 거처를 옮겨왔기 때문이다. 헤롯 안티파스는 막달라에 대규모 물고기 염장시설을 설치하고 갈릴리 염장업을 독점하기 시작했다. 이로 인해 갈릴리호수의 어부들은 어업 주도권을 상실한 채, 애써 잡은 물고기를 헐값으로 강제 수매 당해야만 했다. 따라서 갈릴리 호수의 어업으로 모든 생계를 유지하던 가난한 이들은 하루아침에 생계의 터전을 빼앗겨 버렸다. 그들은 또다시 하루살이 날품꾼으로 전락하거나 유랑민이 되어야만했다.

이러한 갈릴리 민초들의 고난과 절망적 삶의 상황 속에서, 헬라시대 이후 모든 유대 전쟁들은 갈릴리에서 시작 되었다. 또한 유대의 모든 메시야 운동역시 그 진원지는 언제나 갈릴리였다. 그중 유명한 것이 젤롯당열심당이다. 이들은 다윗의 자손 중에서 기름부음을 받은 메시아가 나타나 위대한 다윗왕조를 회복하게 되기를 갈망했다. 그러한 갈망으로 인해 그들은 끊임없이 로마제국과 투쟁을 벌였다. 실제로 예수의 제자들 중 시몬과 유다 등 몇몇 사람은 이 젤롯당의 일원이었을 것이라고 추측되고 있다. 이러한 젤롯당의 일원 중에는 '시카리우스'라는 결사체가 있었다. 그들은 가슴에 칼을

품고 다니며 로마제국사람들이나 로마제국에 충성하는 매국노들에게 테러를 가하기도 했다.

이러한 갈릴리의 고난과 절망과 죽음의 현실 삶의 자리에서, 예수는 필연코 '갈릴리 민중의 아들 나자렛 사람'이었다. 예수는 갈릴리의 가장 궁벽한 산골마을 나자렛에서 자랐다. 예수는 성인이 되어 하나님나라 복음사역을 시작하시기 전까지 갈릴리지역의 민초들 속에 섞여서 목수 일을 하시며 살았다. 또한 예수의 제자들도 대부분 갈릴리 사람들이다. 그들은 어부 이거나, 세리이거나, 떠돌이거나 등, 갈릴리의 고난 받는 민초들이었다. 이렇게 예수는 갈릴리지역에서, 갈릴리 민초들과 함께 삶을 나누며, 그들과 함께 하나님나라 복음사역을 하셨다.

예수는 갈릴리 민초들의 고난과 절망을 몸소 삶으로 겪으시며 '하나님의 복음, 하나님이 친히 다스리시는 세상'을 선포하셨다. 예수는 로마제국의 힘과 부와 지식에 대항하는 더 큰 힘과 부와 지식을 추구하지 않으셨다. 도리어 그런 것들에 대한 인간적인 숭배와 탐욕이 사라진 자리에서 하나님의 생명·평화 나라가 이루어진다고 선포하셨다. 그리고 예수는 몸소 자유와 평등과 평화의 하나님나라를 삶으로 실천하며 이루어 나가셨다.

그리고 마침내 예수는 그 하나님나라를 완성하시기 위하여 십자가의 희생을 결단 하셨다. 예수는 로마제국의 힘과 부와 지식에 대한 숭배와 탐욕, 그로인한 민초들의 고난과 절망을 한 몸에 지시고 십자가위에서 죽으셨다. 그러나 하나님은 그 예수를 다시 생명과 평화의 몸으로 부활시키셨다. 하나님은 예수의 부활을 통하여 고난과 절망과 죽음의 현 세상에, 새로운 생명과 평화의 세상, 자유와 평등의 대동 세상, 모든 믿는 이들을 위한 부활세상을 활짝 열어 제쳤다.

그러므로 이제, 갈릴리 민초들의 고난 절망과 죽음의 십자가로부터 생명으로 부활하신 예수는 다시 갈릴리에서 제자들을 만나 그들을 부활의 증인으로 세우시려고 하신다. 이제 예수는, 자신의 십자가 처형을 통하여 이 고난과 절망과 죽음의 세상 속에서 예수의 생명과 평화의 부활을 증언할 제자들을 다시 새롭게 부르신다.

이렇게, 갈릴리의 고난과 절망과 죽음의 삶의 자리에서 생명으로 부활하신 예수를 다시 새롭게 만난 제자들은 부활의 증인으로써 예루살렘으로 올라갔다. 그리고 거기 예루살렘에서 당당하게 부활하신 예수를 증언했다. 이제 부활의 증인으로써 제자들은, 로마제국의 힘과 부와 지식에 빌붙어서 민초들의 피를 빨고 호의호식하는 예루살렘의 대제사장들이나 장로들이 두렵지 않았다. 가난한 사람, 과부와 고아, 힘없는 군중들에게 하나님 전문가를 자처 하면서 율법의 무거운 짐이나 덧씌우는 서기관과 율법사 앞에서도 주눅 들지 않았다. 로마제국의 힘과 부와 지식을 숭배하고 갈망하며 거기에 목을 맨 채 부화뇌동하는, 대제사장과 율법사 등 종교장사꾼들에게 휘둘리며 갈팡질팡하는, 예루살렘의 군중들에게도 끝없는 애정과 사랑을 쏟아 부을 수 있었다.


## 맺는 말

예루살렘과 로마제국 지배체제에서는 부활이 없다. 거기에서는 오로지 불의하고 불법한 죽임만이 난무한다. 만약, 예루살렘과 로마제국체제의 기득권자들이 예수의 부활을 노래한다면, 그것은 거짓이다. 종교적 꾸밈이고 사기이다. 예수의 부활은 오직 갈릴리에서 일어난다. 고난과 핍박과 억압의 땅에서 새로운 생명, 새로운 세상이 잉태되기 때문이다. 우리는 언제든 우리의 갈릴리로 가서야만 부활하신 예수를 만날 수 있다. 그러므로 우리는 오늘도 우리의 갈릴리에서 예수의 부활을 새롭게 체험할 수 있다.

이제 오늘 부활의 아침에 나는, 돈과 힘과 지식을 하나님으로 여기는 세상에서

나홀로 참 하나님 전문가인양 설쳐온 어리석음을 회개합니다.

이제 오늘 부활의 아침에 나는, 고난과 절망과 죽음의 십자가로부터

새로운 생명으로 부활하신 예수님을 맞으러 내 삶의 갈릴리로 가렵니다.

하나님 없는 세상에서 돈 귀신과 황소귀신<sup>바알</sup>을 하나님이라고 우겨대는

종교장사꾼들의 협잡질에 맞서기 위하여.

돈 대박, 부동산 대박, 권력과 성공과 학벌지상주의 등,

온갖 탐욕으로부터 자유로워지기 위하여.

억압하고 착취하고 짓밟고 독점하는 신자유주의 무한 경쟁에 저항하기 위하여.

헛된 욕망과 숭배의 예루살렘을 떠나 내 삶의 갈릴리로 가렵니다.

거기서 부활하신 예수를 만나 부활의 사람이 되렵니다.

# 13. 부자 청년, 예수의 하나님나라를 거부하다.

**마가복음** 10:17-22

## 읽기

예수께서 길에 나섰을 때 한 사람이 달려 나와서 예수께 무릎을 꿇은 후 예수께 물었다.

"선하신 선생님! 제가 영원한 생명을 물려받기 위하여 무엇을 해야 할까요?"

그러자 예수께서 그 사람에게 말씀하셨다.

"당신은 왜 나를 선하다고 말하는 거요! 하나님 한분 외에는 아무도 선하지 않소! 당신은 익히 계명들을 알고 있잖소! 살인하지 말라. 간음하지 말라. 도둑질하지 말라. 거짓증언하지 말라. 속여서 빼앗지 말라. 네 아버지와 어머니를 공경하라."

말이 떨어지자마자 그 사람이 예수께 말했다.

"선생님! 그런 모든 것은 제가 어렸을 때부터 제 스스로 다 지켜왔던 것들입니다!"

그러자 예수께서 그 사람을 눈여겨보신 후 그를 사랑스레 여기셨다. 그래서 그 사람에게 말씀하셨다.

"당신에게는 한 가지가 모자라오. 가시오! 당신이 가진 모든 것을 팔아서 가난한 사람들에게 주시오! 그러면 당신은 하늘에 있는 곳간을 차지하게 될 것이오. 그리고 나에게 오시오! 나를 쫓으시오!"

그러나 그 사람은 이 말씀으로 인해 언짢은 얼굴을 한 후, 괴로워하면서, 떠나갔다. 왜냐하면, 그 사람이 많은 재산을 가지고 있었기 때문이다.

## 들어가는 말

기독교언론에 경제이야기를 연재하는 어떤 기독인 경제학자의 '버핏이 크리스찬이라면'이라는 기사를 보았다. 그 기독인 경제학자는 버핏의 세 가지 투자전략, 즉 미래가치 투자, 장기 투자, 일희일비 하지 않는 투자를 칭찬했다. 그러면서 버핏의 투자원칙은 성경적인 가르침에 부합한다고 주장했다. 그 기독인 경제학자는 "아브라함, 야곱 등 믿음의 선진들은 장기적인 안목으로 가업에 투자하여 부를 이뤘다"라고 설명했다. 그러므로 그 기독인 경제학자는 "세상의 진정한 부를 이루는 길은 주의 가르침을 따르는데 있다"라고 주장했다.

이 기독인 경제학자는 신학을 전공한 신학자도, 목사도 아닌 만큼 여기서 그의 칼럼 자체를 가타부타 이야기 할 생각은 없다. 다만 21C 금융자본 경제체제에서 '맘몬·자본의 독점과 착취와 축적'이라는 사악한 속성을 하나님의 뜻으로 숭배하는 반동적 신앙행태가 교회 안에 만연해 있음은 경계하지 않을 수 없다. 더 나아가 이 땅의 수많은 유명 엘리트목사들도 걸핏하면 '깨끗한 부자' 소위 '청부론'를 선포한다. 청부론깨끗한 부자이 기독교 진리인양, 하나님나라 경제 질서인양, 거짓복음 선포하는 그들의 목회행태에 대해서는 더 이상 두고 볼 수 없다. 그들의 깨끗한 부자론은 하나님나라 신앙에 대한 터무니없는 무지의 소산이다. 예수의 하나님나라 복음에 대한 반역이다. 역사적 예수의 하나님나라 공동체를 폄훼하여 지금 여기 이 땅에서의 하나님나라를 말살하려는 맘몬·자본숭배일 뿐이다.

사실, 한국교회 유명 엘리트목사들의 하나님 나라신앙에 대한 무지와 반역의 뿌리는 매우 깊다. 또한 이들의 맘몬·자본 숭배의 신앙경험은 구한말 이후 일제 식민시대와 민족분단을 거치면서 심화된 우리사회의 퇴행적 역사전개의 퇴적물이다.

이와 관련하여 16C 종교개혁과 산업혁명시대를 이어 20 C에는 소위 '직업 소명 의식'이라는 기독교 윤리가 교회의 신앙실천 행동양식으로 자리매김했다. 기독교 교회 안에서 '직업'은 '신의 소명'calling으로 이해되었고, 하나님이 우리에게 주신 사명使命이 되었다. 막스 베버의 『프로테스탄티즘의 윤리와 자본주의 정신』 또는 그 아류들이 기독교회의 신앙실천정신을 장악했다. 이점에서 루터도 "기도하라 또한 노동하라"라고 외쳤다. 또한 칼뱅은 금욕적 절약에 의한 자본의 축적을 하나님의 복으로 축복했다.

따라서 당연하게, 하나님의 '직업 소명'으로 노동을 하고 금욕생활을 하면 부가 쌓인다. 그렇게 쌓인 부는 사업이익또는 금융이익에 투자되어 더 크게 증식한다. 비록, 크나큰 부를 쌓았으나 쾌락을 쫓아 방탕하거나 낭비하지 않는다. 더구나 이 부의 원천은 하나님의 '직업 소명'에 대한 충성이며 열정 넘치는 신앙실천행동이다. 그러므로 이 부는 '깨끗한 부'라고 할 수 있다. 하나님의 직업 소명을 따라 열심히 일한 몫의 축적은 '하나님의 복'이다. 이러한 부의 축적이야말로 이 땅위에서 기독교인에게 베푸시는 하나님의 복의 섭리이다.

과연 그럴까? 이 땅에서 하나님의 직업소명을 따라 열심히 일한 부의 축적은 '깨끗한 부'일까? 마음껏 사유화하고 마음껏 누리며 마음껏 축적·증식하는 것이 하나님의 섭리일까?

이와 관련하여 본문에서 예수는 '아니다'라고 하신다. 도리어 지금까지 쌓고 늘려온 모든 부를 깨끗이 흩어서 가난한 사람들에게 나누어 주라고 하신다. 그럼으로써 예수는 본문을 통하여 예수의 하나님나라의 실체와 신앙 은유들을 직설적으로 낱낱이 까발리신다. 이렇게, 본문을 통하여 드러난 예수의 하나님나라 신앙진실은, 예수사후 1C 초대교회로부터 로마제국교회로, 16C 개혁교회로부터 21C 맘몬·자본 숭배 교회로 퇴행과 굴절을 겪어온 이 땅의 하나님나라신앙을 새롭게 일으켜 세울 것이다. 오늘의 한국기독교회에 안에 난무하는 무한독점, 축적, 증식 맘몬·자본 숭배 신앙을 말끔히 정화할 것이다. 시나브로 잊혀져간 예수의 하나님나라의 신앙진실과 역사와 실체를 다시 살려내는 길이 되고야 말 것이다. 이제 이러한 신앙관점에서 찬찬히 본문을 살펴보기로 한다.

## 이끄는 말

본문의 주인공은 '부자 청년'일까? 마가복음에서는 그냥 '부자'라고 할 뿐이고 누가복음은 '관원', 마태복음은 '청년'이라고 한다. 이와 관련 하여는 '부자청년'으로 널리 알려져 있으므로 여기서도 '부자청년'이라고 표기하기로 한다. 그런데 본문 부자청년 사건에는 사건의 현장, 등장인물, 등장인물들의 말과 행동, 사건의 상황과 내용 등, 모든 요소들 간의 갈등상황이 잘 드러나 있다. 이러한 갈등상황 하나하는 본문의 핵심 '하나님나라 경제, 맘몬·자본 해체'라는 신앙주제를 확고하게 드러내는 요소가 되고 있다.

본문의 첫 구절은 '예수께서 길에 나섰을 때'이다. 그렇다면 지금 예수는 어디로 가는 길이었을까? 본문의 앞뒤 문맥으로 보아 예수는 예루살렘으로 상경하는 중이었다. 예수의 하나님나라 복음사역의 현장 갈릴리를 떠나온 예수의 예루살렘 상경길이 본문의 사건의 현장이다. 그런데 예수는 앞으로 예루살렘 상경 길에서 갈릴리 군중들에 둘러싸일 일이 없다. 앞으로 예수가 만나야하는 군상들은 예루살렘의 제사장들, 서기관들, 바리새인들, 예루살렘 유대인 대중들이다. 앞으로 예수는 과거처럼 더 이상 갈릴리 군중들과 하나님나라의 실천운동을 도모 할 수 없을 것이다. 도리어 예루살렘 정치·종교엘리트들과 끊임없이 하나님나라에 대하여 논쟁하고 투쟁할 수밖에 없다.

그렇다면 예수는 왜 예루살렘 정치·종교엘리트들과 하나님나라에 대하여 논쟁하고 투쟁하려하시는가? 이 질문이 본문을 읽는 열쇠말일 수밖에 없을 것이다.

이와 관련하여 예수가 갈릴리를 떠나 예루살렘 상경 길에서 만나는 첫 번째 하나님나라 논쟁 사건이 본문의 부자청년 사건이다. 이점에서 본문의 '부자청년과 예수'라는 등장인물 구성요소에는 예수의 하나님나라와 예루살렘 정치·종교엘리트들 간의 갈등요소들이 드러나 있다. 첫째는 등장인물들의 사회·계층적 갈등요소이다. 둘째는 등장인물들의 심리적 갈등이다. 셋째는 사건의 주제에 내재된 갈등요소이다. 넷째는 사건의 상황에 내재된 갈등요소이다.

첫 번째, 등장인물들의 사회·계층적 갈등요소로부터 부자청년의 상황을 살펴보기로 한다. 이 부자청년은 예수께서 가시는 길로 달려 나와 예수 앞에 무릎을 꿇은 후 예수께 질문을 던진다. "선하신 선생님! 제가 영원한 생명을 물려받기 위하여 무엇을 해야 할까요?" 그런데 이 장면에서 부자청년의 행태가 너무나 호들갑스럽다. 부자청년이 예수 앞에서 무릎을 꿇는데, 이때 사용된 동사'고뉘페테사스'는 '고뉘무릎' + '피프토고꾸라지다'라는 동사로 이루어진 합성어이다. 즉 '무릎을 꿇고 엎드리다' 의미인데 히브리어 어감으로는 '예배하다' 이다. 이로보아 부자청년은 여느 예루살렘 엘리트들과 달리 예수의 적대자가 아니다. 부자청년은 예수가 갈릴리에서 선포하고 이루려고 하셨던 하나님나라를 열망하는 몇 안 되는 예루살렘의 실력자였을 것이 분명하다.

그래서 부자청년은 예수를 '선하신 선생님'이라고 부른다. 여기서 '아가토스선한'이라는 낱말에 대한 예수시대의 용법은 매우 다양했다. 착한, 좋은, 적합한, 유용한 등 형용사로 사용되기도 하고 좋은 물건, 유익한 것, 등 명사로도 사용되었다. 아마도 여기서는 히브리어의 '토브선하신'라는 낱말에 상응하는 헬라어 표현이었을 것이다. 그런데 유대인들은 사람을 대상으로 '선하신 선생님'이라고 표현하지는 않는다. 왜냐하면 사람의 모든 삶을 속속들이 알고 주관하시는 선한 분은 오직 하나님 한분뿐이기 때문이다. 그럼에도 불구하고 부자청년은 예수를 '선하신 선생님'이라며 호들갑스럽게 불러댄다. 그 것은 예수의 호의와 환심을 사려는 부자청년의 마음의 열망을 잘 드러내는 표현이다.

그러나 예수에 대한 부자청년의 이러한 태도는 곧바로 180도 바뀌고 만다. 본문을 읽어가면서 더 자세히 그 원인 살펴보기로 하자. 부자청년에게 예수는 종교적으로나, 삶으로나 그 시대의 선생들과 달랐다. 따라서 부자청년은 아주 감격적으로 아주 호들갑스럽게 예수를 맞이했다. 갈릴리 나사렛 예수에 대한 부자청년의 흠모와 기대와 열망이 매우 컸음을 알 수 있다. 예수도 하나님사랑과 이웃사랑에 대하여 당당하고 자신 있게 자신의 삶의 태도를 고백하는 부자청년을 사랑스레 여겼다.

그러나 부자청년은 예수의 하나님나라의 실체를 접하게 되면서, 그의 모든 기대가 산산이 부서졌다. "당신에게는 한 가지가 모자라오. 가시오! 당신이 가진 모든 것을 팔아서 가난한 사람들에게 주시오!" 부자청년은 예수로부터 자신이 그토록 소망했던 영원한 생명을 물려받으려면 먼저, 자신의 모든 자산들을 팔아 가난한 사람들에게 나누어 주고 예수를 쫓으라는 요청을 받았다. 그런데 이러한 예수의 요청은 부자청년에게 더할 나위 없이 싫고 고통스러운 일 일 수밖에 없었다. 왜냐하면 부자청년은 많은 재산을 가지고 있었기 때문이다. 부자청년은 평소 흠모해 마지 않았던 예수 앞에서 자신의 경건하고 신실한 신앙 삶을 당당하게 주장할 수 있었다. "선생님! 그런 모든 것은 제가 어렸을 때부터 제 스스로 다 지켜왔던 것 들입니다!" 그래서 예수도 부자청년을 사랑스럽게 여겨 이 땅의 하나님나라의 핵심가치를 전수해 주었다. 그러나 그것은 부자청년이 도저히 따를 수 없는 것이었고 한편 자신의 신앙관으로는 전혀 그럴 필요가 없는 일이었다.

그래서 도리어 부자청년의 마음에는 예수에 대한 원망과 미움, 그로 인한 괴로움만 남게 되었다. 본문은 부자청년의 이러한 심리적 갈등을 아주 생생한 언어로 표현하고 있다. 부자청년은 예수로부터 "당신이 가진 모든 것을 팔아서 가난한 사람들에게 주시오"라는 요청을 받고 매우 언짢은 얼굴을 한다. 이때 사용된 헬라어 동사가 '스튀그나조'인데, 이 동사는 '스튀게오'미워하다, 싫어하다'에서 유래한다. 예수를 향한 부자청년의 흠모와 열정이 한순간에 언짢음과 괴로움, 그리고 미움으로 바뀌고 말았다. 그런데도 우리말 성서에서는 이 부자청년의 파괴적인 심리갈등을 '슬픈 기색을 띠고'라고 번역하고 있다. 그러나 실제로, 부자청년의 심리적 갈등은 상상을 초월한 것이었다. 그래서 본문은 '뤼페오괴롭다, 거슬리다'라는 동사를 사용한다. '뤼페오'는 '뤼페고통, 환란'라는 명사에서 유래하는 동사이다. 지금 부자청년은 그토록 존경하고 흠모하던 예수를 만나 삶의 큰 고통과 환난에 직면하게 되었다. 그 원인은 그가 '많은 재산'을 가지고 있었고 그는 결코 자기 재산을 팔아 가난한 사람들에게 나누어 줄 수 없었기 때문이다.

두 번째, 등장인물들의 심리적 갈등요소로부터 예수의 경우를 살펴보자. 예수는 부자청년을 처음 대면하여 부자청년으로부터 낯 간지러운 칭송을 받자, 이렇게 일갈한다. "당신은 왜 나를 선하다고 말하는 거요! 하나님 한분 외에는 아무도 선하지 않소!" 매우 거칠고 사납고 논쟁적인 언사이다. 예수는 처음부터 자신을 '선하신 선생님'이라고 부르며 호들갑을 떠는 부자청년의 태도를 한마디로 일축해 버린다. 왜냐하면 예수는 부자청년의 질문의 핵심인 '하나님나라에 대한, 영원한 생명에 대한 보다 진지한 대화'를 원하시기 때문이다.

그러면서 예수는 부자청년의 영원한 생명에 대한 질문에 대해, 빤 하디 빤한 십계명의 주요 내용들을 열거하는 것으로 답을 대신한다. "살인하지 말라. 간음하지 말라. 도둑질하지 말라. 거짓증언하지 말라. 속여서 빼앗지 말라. 네 아버지와 어머니를 공경하라." 한마디로 하나님의 율법에 대한 유대사회 엘리트들의 위선적인 신앙태도를 꼬집고 있는 것이다. 예수는 본문에서 특별히 "속여서 빼앗지 말라" 계명을 이야기한다. 여기서 사용한 동사는 '아포스테레오아포-~로부터'라는 전치사와 '스테레오빼앗다'라는 동사로 이루어진 합성어이다. 부자청년의 재산재물들이 다른 사람들의 필요와 쓰임에 대한 착취와 쌓음임을 강조하신 것이다. 그런데 "속여서 빼앗지 말라"는 계명은 십계명에는 나타나지 않는 것으로써, 예수는 신명기 24:14절에서 이 말씀을 따와 부자청년에게 제시하고 있다. 한마디로 이 계명은 하루벌이 노동자들에게 정당한 품삯을 제때에 지불하라는 의미로 읽을 수 있다.

이로써 예수는 부자청년에게 하나님의 뜻이 십계명 안에 살아 있음을 경고한다. 나아가 십계명 안에 드러나는 있는 하나님의 참뜻이 '하나님 사랑과 이웃사랑'이라고 강조한다.12:28-34 이점에서 예수는 십계명 중에서 사람들이 실천해야하는 이웃사랑에 대한 것들만 열거하고 있다.

그런데 예수의 말이 떨어지자마자, 부자청년은 그 모든 계명들을 모두 지켜왔다고 대답한다. 이때 사용된 헬라어동사가 '에퓔라크사멘분사'인데 고대 헬라어 용법에는 우리말로 옮기기 어려운 '중간태'라는 것이 있다. 일종의 재귀동사로써 여기서는 "나 스스로 지켜왔다"라고 새겨서 읽을 수 읽었다. 예수는 이 부자청년이 십계명에서 드러나는 하나님의 뜻에 대하여 얼마나 성심성의껏 순종하며 실천하는 삶을 살아왔는지 짐작할 수 있었다.

따라서 부자청년을 대하는 예수의 태도도 매우 긍정적으로 변화한다. 이때 사용한 동사가 '엠블레포눈여겨보다'이다. 부자청년의 당당하고 확신에 찬 대답으로 말미암아 예수는 그 부자청년을 눈여겨보게 되었던 것이다. 그럼으로써 예수는 한눈에 그 부자청년에게서 사랑스러운 면모를 발견했다. 그러므로 예수는 부자청년에게 자신이 선포하고 이루어가려는 '하나님나라'에 대하여 설명하고 그의 동의를 구했다. "당신에게는 한 가지가 모자라오. 가시오! 당신이 가지고 있는 모든 것을 팔아서 가난한 사람들에게 주시오! 그러면 당신은 하늘에 있는 곳간을 차지하게 될 것이오. 그리고 나에게 오시오! 나를 쫓으시오!"

세 번째, 여기서 곧바로 본문의 주제요소 안에 내재된 갈등이 드러난다. 본문에서 부자청년은 예수를 보자마자 '영원한 생명'에 대하여 질문했다. 그런데 유대교 전통 안에서 '영원한 생명'이란 조금 낯선 개념이다. 이와 관련하여 예수시대의 유대교 제사장계급과 귀족들을 대변하는 '사두개파'는 영생과 부활을 믿지 않았다. 또한 서기관과 랍비 등 '바리새파'에서도 부활과 영생이 있느냐, 없느냐로 많은 논쟁이 있었다. 행 4:2, 23:6-9

그렇지만 유다왕국의 멸망이후 유다공동체 안에서는 새로운 '하나님나라'에 대한 희망이 싹터왔다. 다니엘, 에스겔 참조 즉 하나님이 하늘로부터 직접 인류역사에 개입하심으로써 이 세대를 끝장내시고 새로운 세상, 새로운 세대를 여시리라는 기대이다. 유대인들의 이러한 희망의 결집이 바로 '메시야 대망'이다. 이 '메시야 대망'은 유대교 안에서 두 가지의 성향을 띠고 있었다. 하나는 위대한 다윗왕국을 지향하고 그 왕국을 회복할 민족적이고 정치적인 메시야 대망이다. 또 하나는 이 세상의 모든 악인들은 심판받게 되고 이스라엘의 의로운 사람들은 구원을 받으리라는 묵시적이고 초월적인 메시야 대망이다.

그런데 예수시대의 유대 군중들의 메시아대망 안에는 이 두 가지 성향이 혼합되어 존재했다. 유대 군중들은 '메시야 대망'으로 깨어 있는 성결한 유대인들만이 '영원한 메시야의 나라'를 맞이하고 '영원한 생명'을 누릴 것이라고 믿었다. 이렇게, 영원한 메시아나라의 영원한 생명을 대망하고 찾는 유대인들에게는 예부터 약속된 영원한 나라와 영원한 생명이 상속될 것이 분명했다. 그래서 본문에서 부자청년은 영원한 생명을 '클레로노메오물려 받으려'고 했다. 여기서 '클레로노메오'라는 동사는 클레로스 κλη̃ρος 몫 + 멘노 με'νω남아 있다로 이루어진 합성어이다. 이점에서 부자청년의 '영원한 생명'은 의로운 유대인들이 앞으로 도래할 종말적 메시아의 나라에서 누려야 하는 마땅한 몫이었다. 부자청년은 '의로운 유대인'이라면 당연히 이 하나님 나라의 제 몫을 상속받을 수 있다고 믿었다.마태5:5 참조

그러나 예수에게 있어서 영원한 생명은 곧 하나님의 통치이다. 해방과 자유, 정의와 평등, 생명과 평화의 하나님나라가 곧 영원한 생명이다. 또한 그 하나님 나라의 영원한 생명은 결코 특별한 사람들에게만 배타적으로 상속되는 것이 아니었다. 예수의 하나님나라는 모두가 참여하여 만들어가는 나라이었고, 누구나 들어가 누리는 나라이며, 모두가 함께 실천하는 나라이었다. 무엇보다, 예수의 하나님나라는 가난하고, 나약하며, 보잘 것 없는 작은이들의 나라이다.

그러다보니 예수의 눈에는 아직 부자청년에게 모자라는 점이 있었다. 이 부자청년이 '영원한 생명' 즉 '하나님나라'에 들어가 영원한 생명을 누리려면 반드시 한 가지를 더 해야만 한다. 그것은 바로 예수를 쫓는 것인데, 그러기위해서 먼저 자신이 가지고 있는 것을 다 팔아 가난한 사람들에게 나누어줘야 한다. 이것은 예수의 하나님나라의 철칙과 같은 것이다. 이처럼 예수가 군더더기 없는 명징한 언어로 자신을 쫓으려는 제자들에게 재산포기를 명령한다는 사실은 성서 곳곳에 증언되어 있다.마가1:18,20 10:21,29 마태 6:25-34 누가 12:22-32

이렇게, 예수를 쫓는 이들에게는 반드시 돌아가는 몫이 따로 있다. 그것이 바로 하늘 곳간을 차지하는 것이다. 이때 사용하는 헬라어 낱말이 '테사우로스곳간'이다. 이 낱말의 어원은 '테에'인데 바로 '티테미넣어놓다, 두다'라는 의미이다. 이와 관련하여 유대인들의 전통 속에서도 "가난한 사람들을 위한 구제는 하늘로부터 보상을 받는다"는 믿음이 있어왔다. 따라서 예수는 이 땅에서의 재산재물들포기가 하늘나라 곳간에 보물 쌓기라고 강조한다. 이점에서 '아콜루테오예수를 쫓다'라는 동사는 '길'켈류토스에서 유래한다. 그런데 그 길κελευθος에 접두어 'α 처음, 하나'가 붙으면서 '하나의 길, 새 길'이 되는 것이다. 그러므로 '예수를 쫓다'라는 의미는 나의 인격, 나의 삶을 통 털어 기꺼이 '예수가 가신 길하나의 길, 새 길'에 서서 예수의 길벗이 된다는 뜻이다.

네 번째 이렇듯, 부자청년이 예수를 쫓으려 할 때, 본문의 상황요소에 내재된 갈등이 증폭 될 수밖에 없다. 본문은 22절에서 이 부자청년을 '많은 자산들을 가진 사람'이라고 한다. 이어서 다음 단락 마가복음 10장 25절에서 예수는 부자청년에 대하여 '플루시오스부자'라고 말한다. 한편, 누가복음에서는 이 사람을 '관원아르콘'이라고 말하는데, 예수시대의 '산헤드린 의원'이었을 것이다. 산헤드린로마제국 식민지 자치의회은 로마식민지였던 유다공동체의 최고 관청으로써, 그 의장은 대제사장이었다. 구성원들은 주로 세력 있는 제사장들과 서기관들과 장로들이었는데, 일부 명망 있는 바리새인들과 부유한 평신도들도 포함되어 있었다.

이점에서 부자청년이 예수의 하나님나라 초대를 거부하는 것은 당연한 일이다. 부자청년은 너무도 많은 재물들을 가지고 있었고, 그렇게 많은 재물들을 가졌다는 것은 하나님나라에 전혀 맞지 않는 상황이다. 그래서 여기서는 '많은 재물들재산'이라는 표현으로 '크테마타'라는 낱말을 사용한다. 이 낱말은 '크타오마이얻어서 자기 것으로 하다'라는 동사와 동의어이다. 그러므로 우리는 본문 다음의 낙타비유에서 보듯이, 예수가 왜, 그토록 잔혹하리만치 '부자들의 자산포기를 강요하셨을까'에 대한 이유를 알 수 있다. 금력金力은 곧잘 마력魔力으로 둔갑하기 때문이다. 금력을 손에 쥔 사람은 어김없이 금송아지에 머리를 조아리며 물신숭배物神崇拜에 빠지기 마련이다. 그리고 그 핵심적 행태가 바로 물불을 가리지 않는 이웃들의 '생활 몫 뺏기와 쌓음'이다. 그러한 부자들의 삶의 행태로는 도저히 예수의 하나님나라에 근접할 수 없다.

## 맺는말

21C 우리시대의 교회와 교우들의 신앙요소에는 '깨끗한 부자론'이 판을 치고 있다. 그래서 오늘의 한국교회와 교우들에게 묻지 않을 수 없다. 진정, 그대들은 본문 부자청년의 '하나님사랑과 이웃사랑'만큼 스스로의 삶의 태도에 대하여 당당한가? 진정 그대들은 부자청년만큼이라도 예수가 선포하고 이루어가는 '하나님나라'에 대한 절절함이 있는가?

실제로, 본문의 부자청년은 물신物神에 사로잡혀 자신의 많은 재산들에 대한 기꺼운 포기를 결단할 수 없었다. 21C 우리시대에는 더 말할 나위도 없다. '돈만 있으면 무엇이든 가능한 신자유주의 시장사회'에서 청빈의 삶, 무소유의 삶을 결단하기란 참으로 어렵다. 그래서 사람의 인격만으로는 안 된다. 하나님의 은혜와 성령의 도우심을 기대할 밖에 없다. 주님, 우리를 도우소서!

# 14. 낙타와 바늘 귀,
# 부자는 결코 하나님 나라에 들어가지 못한다.

마가복음 10:23-27

## 읽기

예수님이 주위를 둘러보시고는 자기 제자들에게 말씀하셨다.

"재물들을 가진 사람들이 하나님나라에 들어가기가 얼마나 어려운지?"

그러자 제자들이 예수의 말씀 때문에 깜짝 놀랐다.

그러나 예수님은 혼자 말 하듯 다시 제자들에게 말씀하셨다.

"애들아! 하나님나라에 들어가기가 얼마나 어려운지 모른다. 낙타가 바늘귀로 빠져나가는 것이 부자가 하나님나라에 들어가는 것보다 더 쉽다."

그러자 제자들은 서로웅성거리면서 더욱 더 놀라워했다.

"그렇다면 어떤 사람이 구원을 받을 수 있다는 말이야?"

예수님은 제자들을 주목해 보신 후 말씀하셨다.

"사람들끼리는 불가능하지. 그러나 하나님과 함께하면 그렇지 않아. 왜냐하면 하나님과 함께하면 모든 것이 가능하기 때문이야."

## 들어가는 말

근래에 이르러, 그래도 조금은 정직한 신앙인이라고 자처하는 이들 사이에서 '부'에 대한 논쟁이 심심찮게 벌어지고 있다. 한국 보수교회와 교우들 사이에서 정직한 신앙인으로 존경받는 목회자들 중에는 '청부론'을 주장하는 이들이 많다. 신앙인들이 정당하게 돈을 벌고 그 수입에서 하나님의 몫과 다른 사람의 몫을 정직하게 떼고 나면 그 나머지를 '마음껏 누려도 된다'는 주장이다. 그러나 이것은 성서와 예수가 가르치는 물질관과 전혀 상관없는 개인적 윤리주장에 불과하다. 그래서인지 어떤 목회자는 '청부론'를 비판하는 『바늘 귀를 통과한 부자』라는 책을 내기도 했다. 『바늘 귀를 통과한 부자』는 철저한 제자도를 강조하고, "자발적 가난으로 세상의 가난을 치유해야 한다"고 선언한다. 그러나 한국교회는 '부'에 대한 철저하고 의미 있는 신앙논쟁을 싫어하는 것 같다. 건전하다는 보수목회자와 교우들은 대부분 '청부론'에 마음이 가 있다. 하지만 내놓고 '청부론'에 대해 논쟁하기를 꺼린다. 또 한편, '자발적 가난'에 대하여는 적극적 거부와 불편한 마음을 감추지 않는다.

이러한 상황에서 한 신학교수는 『깨끗한 부자/가난한 성자』라는 책을 냈다. 『깨끗한 부자/가난한 성자』는 '부'를 '자족', '향유', '나눔의 원리'로 정리했다. 한마디로 부는 '절적이 향유하는 것'이라고 주장한다. 또한 가난한 자를 구제해야 할 그리스도인의 의무로서의 나눔을 강조한다. 『깨끗한 부자/가난한 성자』는 이러한 주장들을 통하여 한국교회 안에서 회자되는 '청부론과 자발적 가난'의 차이를 좁히고 융화하려고 시도하는 것 같다. 나아가, 인생의 참된 복은 현세적이기 보다 영적인 것이라고 주장한다.

그러나 과연 그럴까? 이제, 성서와 예수가 어떻게 '부'를 이야기하는지, 어떻게 그 결말을 이야기 하는지, 본문 속으로 들어가 보자.

## 이끄는 말

본문은 어떤 부자가 예수 따르기를 거부하는 대목마가17-22, 누가-부자청년과 예수를 따르는 제자들의 보상이야기막28-31 사이에 끼어져 있다. 따라서 본문은 앞뒤 단락과 문맥 속에서 '부자는 결코 구원받을 수 없다는 사실을 강조하고 경고하는 말씀'임에 틀림없다. 이점은 본문에 이어지는 "모든 것을 포기하고 예수를 따르는 제자들에 대한 보상"이 요란스럽게 강조되고 있는 것으로 보아 더욱 그렇다.

그런데 예수는 부자들을 두고 왜, 이렇게 호된 비평을 했을까? 사실, 부재산, 자본의 힘은 일종의 마력魔力이다. 부자본, 그 자체에 측량할 수 없는 사악한 힘이 존재한다는 말이다. 그래서 성서는 부를 맘몬이라고 하는데, 맘몬을 손에 쥔 사람들은 자칫 맘몬의 마력에 휘둘려 본래의 인간성을 상실하기 일쑤이다. 성서는 이렇게 맘몬의 마력에 빠져 인간성을 상실한 상태를 '맘몬숭배또는 바알숭배'라고 한다.

그런데 어디 부자들만 바알과 맘몬을 숭배할까? 가난한사람도 특별히 중산층이 더더욱 바알·맘몬숭배에 몰두하는 경우가 많다. 그러므로 본문의 숨은 의미는 "사람은 본래 자력만으로는 하나님나라의 해방과 자유를 누릴 수 없다"라는 것이다. 이점에서 하나님나라의 해방과 자유, 정의와 평등, 생명과 평화는 사람의 능력을 넘어서는 일이다. 하나님의 은총에 기댈 수밖에 없다.

이와 관련하여 본문에서 예수는 "재물들을 가진 사람들이 하나님나라에 들어가기가 얼마나 어려운지?"라고 탄식하신다. 도대체 '재물들'이 무엇이길래 예수가 이런 장탄식을 하셨을까? 본문에서는 '재물들'을 크레마타라고 표현한다. 여기서 사용된 '크레마타'는 '크레마쓰임, 필요'라는 단수 헬라어 낱말의 복수 형태이다. 그래서 정확하게는 '재물들또는 재산'이라고 번역해야 옳은데, 우리말 성서는 '재물'이라는 단수로 번역했다. 그런데 이 '크레마'라는 단수 낱말은 '크라오마이쓰다, 필요하다'라는 동사에서 유래한다. 그리고 '크라오마이'라는 동사의 원형은 '크라오빌리다'이다.

따라서 '크레마쓰임, 필요 단수명사'의 의미는 '나의 삶을 유지하기 위한 이런 저런 쓰임과 필요'를 말하는 것이다. 그런데 이러한 나의 삶의 쓰임과 필요는 다른 이들로부터 '크라오빌려오는 것'이다. 물론, 나도 나에게 주어진 달란트에 따라 여러 가지 활동과 노동을 통하여 다른 사람들의 '크레마쓰임과 필요'를 충족시키게 된다. 이러한 우리의 활동과 노동이 우리의 삶이고, 공동체이며, 사회이다. 그러므로 누구든지 '나의 쓰임과 필요'는 하나님으로부터, 이웃과의 관계로부터, 자연으로부터 빌려온 것이다. 나아가 '크레마타재물들, 재산'는 다른 이들로부터 빌려온 쓰임과 필요들을 과다하게 쌓아 올린 것을 말한다. 한마디로 '크레마타'에 대한 정당한 우리말 번역은 '재산재물들'이다.

이렇듯이, 오늘 본문의 '재물들크레마타'은 우리 이웃들의 '쓰임, 필요'를 빌려다가 나만을 위하여 쌓아 놓은 것으로써 다른 이들의 생명의 몫을 착취한 것에 다름 아니다. 그렇기 때문에, 예수는 많은 재물들을 소유한 부자가 하나님나라에 들어가는 것이 낙타가 바늘귀로 빠져나가는 것보다 더 어렵다고 말씀하신다. 한마디로 다른 이들의 쓰임과 필요를 '빌려서-착취해서' 많은 재물들을 쌓아놓은 부자는 결단코, 하나님나라의 해방과 자유, 정의와 평등, 생명과 평화를 누릴 수 없다고 단언하신다.

그런데 예수님의 이러한 말씀을 듣는 제자들이 화들짝 놀라서 서로웅성거리면서 떠들어 댄다. "그렇다면 어떤 사람이 구원을 받을 수 있다는 말이야?" 본문은 제자들의 이러한 태도를 '탐베오놀라다'라는 동사로 표현한다. 이 낱말은 '탐보스두려움, 공포'에서 유래했다. 한마디로 제자들은 "부자는 하늘나라에 들어갈 수 없다"는 예수의 선언에 두려움과 공포감을 느꼈다는 말이다. 나아가 본문에서는 "더 더욱 놀라워했다"라는 헬라어 동사 '에크플렛소'를 사용하는데, 그 뜻은 '쳐서 튕기다'이다. 제자들이 "부자는 하늘나라에 들어갈 수 없다" 예수의 선언에 크나큰 반감을 가지게 되었다는 의미이다.

제자들이 왜, 그랬을까? 지금, 제자들은 예수님을 따르며 온갖 고생과 탄압과 생명의 위협을 당한다. 하지만 끝까지 버티고 투쟁하며 예수의 곁을 지키고 있다. 이제, 얼마 안 있어 예수가 하나님의 아들로서, 예루살렘에 올라가실 것이기 때문이다. 예수는 예루살렘으로 올라가셔서 로마제국의 통치를 끝장내고 왕위에 오르시게 되실 것이다. 그렇게 되면, 자신들의 인생이 바뀌게 될 것인데, 부와 권력은 따 놓은 당상이다. 실제로 제자들은 이러한 바람과 욕망 때문에, '예수님이 십자가의 죽음을 예고했을 때' 길길이 뛰며 반대를 했다. 또한 마태복음 20:21에는 세베대의 아들들의 엄마가 일으키는 치맛바람 이야기를 상세히 기록하고 있다. 예수가 예루살렘에서 왕이 되면 자기 아들들을 높여달라는 청탁을 서슴지 않았다. 따라서 예수의 제자들은 예수가 거듭해서 '부자는 구원받기 어렵다'라고 선언하자, 서로 소스라쳐 놀라서 떠들어댔다. 예수의 제자들은 즉각 예수의 선언에 반발했다. "그렇다면 어떤 사람이 구원을 받을 수 있다는 말이야?"

사실, 21C 우리들의 삶의 자리에서도, 가난한 사람들에 비해서 부자들만 유독 탐욕스럽고 몰인정한 것은 아닐 것이다. 또한 부자들만이 맘몬·자본을 숭배하느라 정의와 평등의 야훼 하나님을 배신하는 부류는 아닐 것이다. 가난한 서민들도 부자들 못지않다. 가난한 사람들도 물신숭배에 빠져 하루하루를 탐욕으로 살아간다. 하다못해 '로또'라도 사서 그 욕망을 달래려고 한다. 많은 재물들을 소유한 부자뿐만 아니라, 그 부자들의 많은 재물들을 부러워하고 갈망하는 가난한 사람들조차도, 하나님의 정의와 평등 세상에 들어가기가 요원하기는 마찬가지이다.

많은 재물들이 하나님의 복이라고 굳게 믿고 있는 유대교 전통 안에서는 더더욱 그렇다. 지금도 유대교나 탈무드의 가르침은 많은 재물들을 하나님의 복으로 여긴다. 많은 재물들을 쌓아놓고 그것을 완전한 자기소유물로 여긴다. 이와 관련하여 사용하는 헬라어용어가 있다. 본문의 바로 앞 단락인 예수와 부자청년의 이야기에 사용된 '에콘 크테마타내가 가진 사유물들'이라는 용어이다. 곧 '내 것들'을 말한다. 그래서 마태복음의 부자청년 이야기에서는 '재물들'을 '휘파르콘타손아귀에 움켜쥔 것들'라고 표현하기도 했다. 재물들크레마타'이 다른 이들의 '필요와 쓰임'을 '빌려서–착취해서' 쌓은 것이라는 사실을 결코 인정하지 않는 사람들에게, 재물들은 오직 '정당하게 획득한 사유물들' 일 뿐이다. 재물들이 다른 이들의 필요와 쓰임에 대한 착취와 축적이 아니라, 하나님의 복이라는 궤변을 늘어놓는 사람들에게 재물들은 자신이 마땅하게 획득한 사유물들 일 수밖에 없다.

그러므로 본문 앞 단락 '예수와 부자청년 이야기'에서 부자청년은 하나님나라를 '상속받기'를 원했다. 하나님나라가 자신의 사유물로써 마땅히 상속받아야 하는 것으로 여긴 것이다. 그러나 본문에서 예수는 하나님나라를 '에이스에르코마이들어가는 것'라고 말씀하신다. 실제로, 예수가 선포하고 이루어 놓으신 하나님나라는 특별한 일부 종교엘리트들과 부유한 사람들의 사유물로써 마땅히 그들에게 상속되는 것이 아니다. 하나님나라는 만인에게, 특별히 가난하고 힘없는 이들에게 베푸시는 하나님의 은총이다. 만약 누구든지 예수가 선포하고 이루어 가시는 하나님나라를 사유물로 여기는 순간 그는 이미 하나님나라 시민의 자격을 잃는다. 그러므로 예수는누구든지 다른 이들의 쓰임과 필요를 착취해서 쌓아놓은 '부, 재산, 자본'을 그대로 간직한 채로 하나님나라에 들어갈 수 없다고 선포한다.

실제로, 재물들을 움켜쥔 채 하나님나라를 탐하는 것은 '낙타가 바늘귀로 빠져나가는 것' 처럼 절대 불가능하다. 이점에서 낙타와 바늘구멍은 절대 불가능에 대한 비유이고 은유이다. 그런데 본문은 '부자가 하나님나라에 들어가기가 이것 보다 훨씬 더 어렵다는 것'이다. 본문에서 예수는 팔레스타인지역에서 가장 큰 동물인 낙타와 가장 작은 구멍인 바늘귀와의 대비를 통하여 "부자는 결단코 하나님나라에 들어 갈수 없다"고 선언하신다.

그럼에도 불구하고 21C 교회들은 예수시대의 유대교처럼 부와 권력이 하나님의 복이며 은사라고 강변한다. 나아가 21C 우리시대의 독점자본주의 시장경쟁체제 속에서 무한경쟁, 무한독점, 무한축적, 무한소비가 진리이고, 미덕이며, 선이라고 떠들어 댄다. 이점에서 21C 우리시대의 교회들은 본문의 "부자는 결단코 하늘나라에 들어갈 수 없다"는 예수의 선언을 훼손하는 일에 거리낌이 없다. 실제로, 일부 몰지각한 성서학자와 목회자들은 '카멜로스낙타'라는 본문의 헬라어 낱말이 비슷한 발음의 카밀로스밧줄, 끈이라는 낱말에 대한 오기라고 주장한다. 또한 '바늘귀'는 가축들이 드나들던 예루살렘성의 비좁은 '가축들의 문'이라고 해석하기도 한다.

그렇게 억지를 부림으로써 본문에서 예수님 부와 재산에 대한 강경한 의도를 누그러뜨리려고 안달을 내고 있다. 어떻게든, 예수의 하나님나라를 '내세에 대한 소망으로 관념화하고 상징화'시켜 이 땅에서 하나님나라를 몰아내려고 혈안이 되어 있다. 참으로 부와 권력에 대한 무조건적이고 무한한 숭배를 강요하는 한국교회의 천박하고 사악한 신앙음모가 우려스럽기 짝이 없다.  그렇다면 '하나님나라 들어가기'란 무엇으로 가능할까? 본문 27절에서 예수는 이렇게 말씀하신다. "사람들끼리는 불가능하지. 그러나 하나님과 함께하면 그렇지 않아. 왜냐하면 하나님과 함께하면 모든 것이 가능하기 때문이야"

왜, 사람들끼리는 불가능할까? 앞에서 살펴보았듯이 21C 우리시대의 부자나, 가난한 사람들이나 부와 권력에 대한 탐욕을 버리지 못하기 때문이다. 부자들은 부의 마력에 노예가 되어 더욱 부자가 되려고 안달을 한다.

반면에 가난한 이들은 부를 가질 기회가 없었을 뿐이지, 부자 못지않게 부와 권력을 사모한다. 부와 권력을 한없이 그리워하고 한없이 욕망한다. 그래서 우리말 성서는 27절 말씀을 "하나님으로는 그렇지 아니하니, 하나님은 무슨 일이든지 다할 수 있다"라고 번역한다. 그러고는 해석하기를 '하나님나라는 현세적이기 보다 영적인 것'이라고 떠벌린다.

하지만, 우리말 성서의 이런 식의 번역은 예수의 말씀의 진의 파악을 어렵게 한다. 이 부분에 대한 본문의 헬라어 표현은 '파라 토 테오'인데, 우리말로 옮기면 '하나님과 함께라면'이다. 곧 '임마누엘하나님이 우리와 함께 하심'이다. 성서는 이 사실을 '예수가 이 땅에 오심'이라고 선포한다. 한마디로 예수가 선포하시고 이루어놓으신 '하나님나라'는 지금 여기 이 땅에서 '하나님과 함께 누리는 우리의 실체적 삶'이다.

21C 우리는 '우리와 함께 하시는 하나님'에 대한 증거로써 '이 땅에 오신 예수'를 따라 배우고 있다. 예수처럼 말하고, 예수처럼 행동하고, 예수처럼 자기 십자가에서 죽음으로써, 지금 여기 이 땅에의 하나님나라를 누릴 수 있다. 예수의 삶과 행동과 십자가를 통하여, 지금 여기에서부터 맘몬·자본에 매이지 않는 하나님나라를 살 수 있게 되는 것이다.

이점에서 지금 여기 이 땅에서 시작하는 하나님나라의 삶은 유대교 전통 속에서의 '메시야나라'가 아니다. 21C 교회들이 개인적이고 관념적이며 종교적 마술로 포장한 죽어서 가는 '천당'은 더 더욱 아니다. 지금 여기 이 땅에서 하나님과 더불어, 너와나 우리가 함께 어울려 만들어 가는 하나님나라는, 경쟁적이고 독점적이며 과소비적인 부와 권력이 온전히 해체된 세상이다. 온 누리, 하나님의 창조생명공동체 전체가 누리는 조화롭고 평화로운 삶이다.

## 맺는 말

본문을 통하여 우리는 한국기독교회의 '청부론'이 틀렸다는 것을 잘 알수 있다. 현대 기독교인들이 정당하게 돈을 벌고, 그 수입에서 십일조를 떼고, 그 나머지를 마음껏 누려도 된다는 '청부론'은 자기 합리화, 스스로를 속이는 것에 불과하다. 본문의 "부와 재산을 쌓은 사람은 결코 하나님나라에 들어갈 수 없다"는 예수의 선언은 오늘 우리시대의 부와 재산에 대한 명명백백한 심판이다.

21C 기독교인들이 아무리 '청부론'을 떠들어 대도, '부와 재산'은 다른 이들의 '쓰임과 필요'에 대한 착취라는 사실을 감출 수 없다. 동서고금의 모든 역사가 "부와 재산은 다른 이들의 쓰임과 필요, 다른 이들의 생명의 몫을 착취해서 쌓아올린 것"이라는 사실을 증언한다. 그러므로 예수는 단호히 그 부와 재산을 흩어서 가난한 이들에게 나누어 주라고 하신다. 그래야만 비로소, 지금 여기 이 땅에서 해방과 자유, 정의와 평등, 생명평화의 하나님나라를 맞이할 수 있다고 선언하신다. 그래야만 당당하게 하나님나라에 들어가 영원한 기쁨과 생명을 누릴 수 있다고 선포하신다.

이제 우리 모두가 부와 권력에 매이지 않는 삶을 살 수 있게 되기를 기도한다. 맘몬·자본 세상에서 드러내기 위하여 마음에 와 닿지 않는 자선이나 베풀면서, 개인적으로는 마음껏 부와 권력을 누리려는 신앙 속임수에 빠지지 않도록 기도한다. 인생의 참된 복은 이 땅에 있는 것이 아니라 내세에 있다고, 이 땅에 가난한 민중들을 선동하는 반 신앙행동에 동참하지 않도록 기도한다.

# 3부. 촛불신앙

# 1. 열혈 분노 예수, 몰아쳐라 민중이여!

마가복음 11:11, 15-19

읽기 - 1

예수께서 예루살렘 성전 안으로 들어가셨다. 그리고 모든 것들을 둘러보셨으나 이미 날이 저물었다. 예수께서 열두제자와 함께 베다니로 나가셨다.

마가복음 11 : 11

읽기 - 2

그들이 예루살렘으로 갔다. 그리고 예수께서 성전으로 들어가셔서, 성전 안에서 팔고 사는 자들을 쫓아내기 시작하셨다. 예수는 환전상들의 탁자와 비둘기를 파는 자들의 의자를 둘러 엎으셨다. 그리고 누구든지 성전을 가로질러<sup>통하여</sup> 물품을 나르는 것을 허락하지 않으셨다.

또한 예수께서 가르치시며 그들에게 말씀하셨다. "옛 부터, '내 집은 모든 민족들에게 기도의 집으로 불려 질 것'이라고 기록되어 있지 않았느냐? 그런데 너희들! 너희들은 일찍이 이곳을 강도들의 소굴로 만들어 버리고 말았구나!"

그때 마침, 대제사장들과 율법사들이 들었다. 그래서 그들은 "어떻게 해야 예수를 죽여 없앴을 수 있을까" 꾀했다. 사실, 그들은 예수를 두려워했다. 왜냐하면 모든 군중들이 예수의 가르침으로 인해 크게 깨우치고 있었기 때문이다.

마가복음 11 : 15-19

## 들어가는 말

이천년 기독교 역사 속에서 많은 이들이 예수를 절대 평화주의자로 자리매김하려고 노력해 왔다. 맞다. 예수는 비폭력 평화주의자다. 예수는 로마제국의 폭력과 죽임의 실체인 십자가에 처형당했다. 그럼으로써 로마제국의 폭력과 죽임의 지배체제, 그 지배체제에 기생하여 특권·기득권을 누려온 예루살렘성전 제사종교의 반생명, 반인권, 반민중성을 만천하에 낱낱이 증언했다. 이점에서 21C 우리시대에 회자되는 '절대평화주의'란 무엇인지, 예수의 비폭력 저항운동이 어떤 의미인지, 곰곰이 되돌아볼 필요가 있다. 일찍이 간디, 마틴 루터 킹, 함석헌 등 수많은 이들이 예수를 비폭력 저항운동의 모범으로 받들어 왔다. 이들은 기꺼이 자신들의 온 삶을 바쳐 시대의 지배체제에 대항함으로써 예수의 비폭력 저항운동의 전수자임을 자임했다. 나 역시도 예수를 시대의 지배체제에 대한 비폭력 저항가로, 하나님나라 대안세상의 주님으로 신앙한다.

그렇다면 '예수의 비폭력 저항운동'은 전혀 물리력을 배제하는가? 그렇지 않다. 예수는 로마제국 지배체제와 거기에 기생하는 예루살렘 성전제사종교에 대하여 온몸으로 저항하는 물리력을 행사했다. 욕설도 마구 퍼부었다. 예수는 로마제국의 폭력과 죽임의 실체인 십자가 처형까지 마다하지 않았다. 예수의 십자가야말로 로마제국의 폭력과 죽임의 지배체제에 대한 가장 강력한 저항물리력이다. 예수는 로마제국의 억압과 폭력과 죽임의 지배체제에 대항하여 십자가처형을 당함으로써 혁명적 저항물리력을 선포했다. 그럼으로써 21C 우리에게도 철저한 비폭력 저항운동의 모범을 전수해 주셨다. 우리는 로마제국 폭력과 죽임의 지배체제와 거기에 기생하여 특권·기득권을 누려온 예루살렘 성전제사종교 체제에 대한 혁명적 저항운동가, 열혈분노 예수를 신앙으로 깨닫고 받들며, 삶으로 실천하고 기억해야 한다.

그러나 오직, 예수는 다른 이들의 생명에 위해를 가하는 모든 폭력을 철저하게 배격하셨다. 예수의 제자그룹에도 피를 부르는 혁명을 마다하지 않는 열혈당원들이 있었다. 예수는 이들의 담대하고 또한 무모한 폭력저항 행동을 단호히 저지하셨다. 예수의 그 유명한 비폭력 일화를 상기하자. "네 칼을 칼집에 도로 꽂아라! 참으로 칼을 잡은 자는 모두 칼로 망한다."

이처럼 우리는 생명말살의 모든 폭력을 철저하게 배격할 때 비로써, 예수의 비폭력 저항운동에 대하여 말할 수 있다. 예수의 비폭력 저항운동은 생명을 말살하는 모든 폭력 앞에서 실천·행동하는 혁명적 저항운동이기 때문이다. 생명을 말살하려는 폭력 앞에서 얼굴을 돌리거나 굴종하는 행위를 비폭력 절대평화라고 거짓 선동해서는 안 된다. 생명말살 폭력과 죽임 앞에서 비폭력 절대평화 거짓선전 선동으로 예수의 비폭력 저항을 끌어다 댈 수는 없다. 이러한 비폭력 절대평화 거짓선전 선동이야말로 예수의 비폭력 저항운동에 대한 불신앙의 극치이며 가장 참혹한 폭력과 죽임에 다름 아니다.

그러므로 예수는 로마제국 지배체제와 거기에 기생하여 특권·기득권을 유지하는 예루살렘 성전 제사종교에 대하여 거침없는 물리력행사를 하셨다. 그로인해 로마제국 지배체제와 예루살렘 성전제사종교 체제가 자신에게 가할 모든 위해와 폭력과 죽임마저도 기꺼이 감수하셨다. 예수의 십자가 처형이 바로 그 증거이다. 예수는 로마제국의 가장 혹독한 생명말살 십자가 폭력과 죽임 속으로 자신의 생명을 던져 넣음으로써, 혁명적 비폭력 저항물리력을 행사하셨다.

예수는 하나님의 해방과 구원, 정의와 평등, 생명평화 세상을 위하여 시대의 지배체제에 대한 분노와 혁명적 저항물리력을 적극 행사하셨다. 예수는 시대의 민중들을 착취하고 억압하며 노예화하는 지배체제에 대하여 한껏 분노하고, 그 분노에서 촉발되는 저항물리력을 아낌없이 없이 행사했다. 본문의 예루살렘 성전제사종교 척결사건이 예수의 비폭력저항 운동의 실체와 진실을 여실히 증언한다.

## 이끄는 말

예수시대의 유대민중들은 여러 중첩된 지배체제 속에서 살아야만 했다. 먼저는 착취와 폭력, 죽임의 로마제국 지배체제이다. 두 번째는 로마제국 지배체제에 기생하여 특권·기득권을 누려온 예루살렘 성전제사종교 지배체제이다. 그 밖에도 헤롯 왕조 약탈지배체제, 대토지주 착취지배체제, 율법주의 생활권리 억압지배체제가 유대민중을 일상적으로 억압하고 착취했다. 이것들 중 유대민중들의 생명권, 생존권, 생활 권리를 실체적으로 짓밟는 지배체제는 예루살렘 성전제사종교 지배체제이었다.

예루살렘 성전제사종교 지배체제야말로 오랫동안 유대민중들의 삶을 옥조여 온 생활밀착형 지배체제이다. 이와 관련하여 구약성서에는 번제, 소제, 화목제, 속죄제, 속건제 등, 유대민중들의 생활을 억압하고 착취해 온 온갖 제사규정들이 전해져 온다. 신약성서 시대에 이르러는 속죄제, 속건제贖愆祭, 기타 성전세와 헌금 등이 강요되었다. 이러한 제사들의 권위와 효용성제고를 위하여 율법이 세분화되고 변형되어 생활 밀착규정으로 확장되었다. 예수시대에 이르러 유대사회에는 613개의 생활금지규정 목록이 존재했다. 예를 들어, 유대교 공동체의 일원이라면 반드시 지켜야할 정결례 규정은 유대민중들의 일상을 몹시 괴롭게 했다. 씻는 것, 사체를 만지는 것, 분뇨를 처리하는 것, 온갖 먹지 못할 것들, 접촉 불가한 온갖 인간관계 등, 온갖 부정한 직업들이 열거되고 있다.

한마디로 가난한 민중들은 결코 지켜낼 수 없는 생활율법들이다. 이러한 생활율법들을 지키지 못할 때는 어김없이 예루살렘 성전제사를 통하여 죄를 용서받아야만 했다. 그러하지 못할 때에는 유대사회 공동체와 예루살렘 성전제사 공동체에서 배제되어야만 했다. 예수시대의 유대사회 공동체와 성전제사 공동체에서 배제되는 것은 곧 삶의 죽음이다. 그러므로 예수시대의 예루살렘 성전제사종교는 유대 종교·사회 공동체의 모든 특권·기득권의 총체이다.

이러한 유대 종교·사회공동체 상황에서 예루살렘 성전제사종교의 모든 권리는 대제사장그룹에게 귀속된다. 모든 제물에 대한 제사장들의 독점권리, 제사용 동식물 거래의 독점권, 성전화폐 발행권, 등이 바로 그것들이다. 예루살렘 성 안에는 오래된 일반 가축시장이 있었다. 이 가축시장에서는 이방지역을 통과하여 수입되는 가축들과 세속용 고기들이 거래되었다. 그러나 성전 안 이방인의 광장에는 '제사용 가축시장'흠 없는 정결한 제물을 위한이 있었다. BC 2C 무렵 외경들에는 성전 안에 있는 환전상과 여러 상점들에 대하여 이야기하고 있다.

실제로 유대사회에서는 상인이 꽤 존경받는 직업이었다. 일반 제사장이나 대제사장 가문에서도 많은 상인들이 나왔다. 따라서 성전광장의 상권은 제사장 가문들의 독점개입을 통하여 결정되었다. 이와 관련하여 이스라엘의 고대 역사학자 '요세프스'는 그의 고대사에서 '대사제 아나니아'AD 45-47

년 재직을 '교활한 상인'이라고 묘사하고 있다.

이와 같은 정황으로 미루어볼 때, 거룩한 성전구역임에도 불구하고 이방인의 앞뜰이나 성전광장에서 활발한 상거래가 이루어졌음을 알 수 있다. 또한 이러한 거래를 보장하는 배경은 그 시대의 유력한 '대사제 안나스 가문'이었다. 또한 예루살렘 성전 안에서만 통용되는 '거룩한 돈'이 있었다. 따라서 성전에서 '희생제물'을 거래하려는 사람이나 성전세를 바치려는 사람들은 반드시 '세속의 돈'을 '거룩한 돈'으로 환전해야만 했다.

예수시대 예루살렘 성전제사종교 체제는 로마제국 지배체제의 내부자로써 성전 안에서 통용되는 '거룩한 돈' 발행특권을 가지고 있었다. 이러한 특권이 부여되고 정착되는 과정과 배경에는 로마제국과 헤롯왕조 사이의 특별한 사건·관계가 연루되어 있다. 신약성서에 나타나는 헤롯대왕의 아버지는 '안티파트로스'Antipatros사람이다. 그는 유대 하스몬 왕조 말기의 정치적 혼란과 로마제국의 팽창에 힘 입어 이두매에돔와 유대에서 막강한 세력가로 등장했다. 그는 처음에 시리아지역에서 군사적 성공을 거둔 로마제국 폼페이우스의 지원을 받았다. 그러나 '카이사르'와 '폼페이우스'가 싸울 때에는 폼페이우스를 배신하고 카이사르를 지원했다. 이어서 안티파트로스는 '카이사르'와 '클레오파트라'가 이집트 알렉산드리아에서 프톨레미 13세와 이집트인들에게 포위되어 위기에 처했을 때, 카이사르를 구원했다. BC48-47년에 벌어진 이 위기를 '알렉산드리아 전쟁'이라고 하는데, 안티파트로스는 이두매인과 유대인 특공부대를 이끌고 알렉산드리아를 포위한 이집트인들을 성 바깥에서부터 쳐부수고 카이사르를 구원했다. 이로써 카이사르는 결정적 위기에서 벗어나 로마제국의 지배자가 되었다. 이때 카이사르는 안티파트로스에게 유대의 통치권과 예루살렘성전 면세, 성전화폐 발행 등 종교적 특권을 약속해 주었다.

세월이 흘러 안티파트로스의 아들 '헤롯대왕'은 천신만고 끝에 유대의 왕이 되었다. 그는 이두매인으로써 유대인의 호의를 얻기 위해 대대적인 성전확장 공사를 했다. 이 공사는 BC20–AD19년까지 계속되었는데 내부공사를 포함한 실제공사는 예수살렘성전이 로마제국 군대에 의해 무너질 때까지 계속 진행되었다.

헤롯대왕은 약 20m 높이로 성전 벽을 쌓고 그 위에 지붕이 있는 헬라 식 회랑을 지어 성전을 둘러쌌다. 지금도 그 일부가 남아있는데 유대인들이 '통곡의 벽'이라고 부르는 유적이다. 이로써 헤롯성전 구역은 약 4만평으로 엄청나게 확장 되었다. 특히 성전 출입문은 로마식 아치를 본 따서 지어진 거대한 대리석 건축물이었는데, 아름답기 그지없었다. 그래서 사람들은 그 문을 '미문호라이오스'이라고 불렀다. <sup></sup>사도행전 3:2

예루살렘 헤롯성전은 비록 이방인 통치자가 세웠지만 모든 공사에 훈련된 제사장들이 투입 되었다. 요세푸스의 고대사에 의하면 하루 평균 1,000명의 제사장들이 성전 건축공사를 했다고 한다. 옛 성전을 해체하고 새롭게 복원하는 본채 공사만 10여 년에 거쳐 완공을 보았다. 하지만 성전구역 전체 공사는 본문의 평행본문인 요한복음에서 유대인들이 언급한 46년을 훨씬 지나 AD 63년에서야 완성 되었다. 이 때 비로써 성전구역 전체에 대한 봉헌식이 있었다. 이처럼 예루살렘 헤롯성전은 유대인들에게 있어서 큰 자랑이었고 경이로움이었다.

이러한 시대적 상황 속에서 예수는 예루살렘 성전제사종교 지배체제에 대한 열혈분노를 드러냈다. 예루살렘 성전제사종교 철폐 물리력을 행사한 것이다. 이와 관련하여 본문 사건은 마가와 요한복음2:13-22에 두 가지 전승이 전해진다. 마가복음은 예수의 성전숙청사건을 예루살렘 성전제사종교 폐해에 대한 정면도전으로 증언한다. 따라서 이 성전 숙청사건은 예수의 십자가 처형의 원인으로 묘사된다. 한편 요한복음은 예수의 성전숙청사건을 예수의 하나님나라 운동의 시작점에서 예수의 신성에 대한 증언으로 편집했다. "내 아버지의 집을 시장 저자거리로 만들지 마라! 성전을 헐라 삼일만에 세우겠다." 이러한 예수의 발언들은 예수의 십자가와 삼일만의 부활을 상징하는 것으로 해석되고 있다.

이제, 두 복음서의 본문을 교차 참조해서 읽어보자. 예수의 열혈분노와 거침없는 물리력 저항 행동들이 파노라마처럼 그려진다. 예수는 성전숙청을 목적으로 예루살렘성전을 사전 답사한다. "예수께서 예루살렘 성전 안으로 들어가셨다. 그리고 모든 것들을 둘러보셨으나 이미 날이 저물었다. 예수께서 열두제자와 함께 베다니로 나가셨다."

이튿날 예수는 작심하고 성전으로 들어서서, 노끈으로 채찍을 만들어 휘두르며 소·양·염소 등 제물용 가축들을 몰아냈다. 또한 환전상의 탁자와 비둘기파는 사람의 의자를 둘러메쳤다. 나아가 고래고래 소리를 치며 성전 안으로 들여오는 물품들을 막아섰다. 당황하여 우왕좌왕 어쩔 줄 모르는 장사꾼들에게 고함을 내질렀다. "내 아버지 집을 시장저자거리로 만들지 마라! 성서에 기록되어 있기를 '내 집은 모든 민족들에게 기도의 집으로 불려 질 것'이라고 기록되어 있지 않았느냐? 그런데 너희들! 너희들은 일찍이 이곳을 강도들의 소굴로 만들어 버리고 말았구나!"

왜, 예수는 이토록 분노해야만 했을까? 물샐틈없는 물리력 저항행동도 마다하지 않은 예수의 의도는 무엇이었을까?

예수에게, 특별히 가난한 민중들에게 하나님의 집은 모든 민족들에게 기도의 집으로 불려 져야만 하는 거룩한 곳이었다. 이 거룩한 하나님의 집이 강도의 소굴로 전락했다. 강도의 소굴이라고 번역한 '스펠라이온 레스톤'은 약탈자들의 근거지이다. 예수시대의 예루살렘 성전제사종교는 로마제국 폭력과 죽임의 지배체제에 기생하는 특권·기득권자들의 사익추구 근거지로 전락했다. 예루살렘 성전 제사종교 특권·기득권자들은 가난한 유대민중들에게 율법의 굴레를 씌워 착취를 일삼는 약탈자 강도들이었다. 이

것이 예수의 열혈분노 물리력 저항행동의 근본원인이다. 복음서 저자인 마가나 요한이 자신들의 입장에 따라 본문전승을 편집했으나 이 진실을 덮을 수는 없었다.

이와 관련하여 유대교 성전제사종교의 뿌리는 히브리노예들의 '회막전승'이다. 회막은 해방노예 히브리들이 야훼하나님을 만나는 곳이었다. 아직 노예적 타성에서 벗어나지 못한 히브리들의 고단한 광야생활 중에 회막은 야훼하나님의 현존으로 이해되었다. 따라서 회막은 '야훼 하나님께서 늘 해방노예 히브리들과 함께 하신다'라는 임마누엘 신앙의 상징이다. 회막신앙은 히브리 해방노예 공동체의 신앙과 삶의 증언이고 기도이며 신앙고백이었다. 이것이야 말로 해방노예 히브리들이 주변의 제국주의 국가들을 향하여 가지는 신앙과 삶의 자부심이고 자랑이었다. 그러나 예수시대에 이르러 예루살렘 성전은 강도들, 약탈자들의 소굴로 전락했다. 예루살렘 성전제사종교 특권·기득권자들이 가난한 민중을 착취하고 사익을 챙기는 독점시장이 되었다. 이제 예루살렘 성전은 유대민중들의 신앙과 삶을 약탈하는 강도들의 소굴로 전락하고 말았다.

그러므로 본문을 '하나님의 성전에 대한 예수의 열정'이라고 읽고, '예수의 성전정화'사건이라고 해석해서는 안 된다. 본문의 분명한 내용은 예루살렘 성전제사종교 지배체제에 대한 예수의 열혈분노이다. 예수는 누구도 제어하지 못할 물리력 행사를 통하여 예루살렘 성전숙청사건을 일으켰다. 한 마디로 예수의 예루살렘 성전제사종교 철폐사건이다. 하나님의 이름을 빌어서 민중을 억압하고 옭아매어 착취를 일삼는 종교는 참 종교가 아니다. 예수는 예루살렘 성전제사종교의 억압과 착취체제를 철폐함으로써 예루살렘 민중들에게 하나님에 대한 진정한 예배가 무엇인지 증언하려고 한다.

예수의 이러한 의도는 "성전을 헐라! 그러면 내가 사흘 안에 그것을 세우겠다"라는 선언에서 분명해진다. 이 구절을 사실적으로 이해하기란 수수께 끼처럼 어렵다. 초대교회는 이 구절을 예수의 죽으심과 부활로 이해했다. 마태복음과 마가복음서에서는 예수의 이 말씀을 '그의 십자가처형과 관련 된 성전모독죄의 증거'로 거론한다. 마태 26:61, 마가 14:58 ; 15:29 그렇다면 실제 로 예수의 이 선언의 의미는 무엇일까? 예수는 이 선언으로써 예루살렘 성 전제사종교 체제의 종언을 고했다. 예수의 하나님나라 운동이야말로 '하나 님이 우리와 함께 하심'임마누엘이기 때문이다. 로마제국 폭력과 죽임의 지배 체제를 대체하는 하나님나라가 '예수의 이 땅에 오심'으로 인해 그 실체가 드러난 것이다. 따라서 로마제국 지배체제에 기생하여 특권·기득권을 누 려온 예루살렘 성전제사 종교체제는 종언을 고해야 한다. 이제 예수로 인 해 이 땅에 도래하는 '하나님께서 친히 다스리시는 나라'가 율법적이고 형 식적인 예루살렘 성전제사종교를 대체한다.

그럼에도 불구하고 교회들의 본문사건에 대한 해석은 한결같이 '예수의 성전정화사건'이다. 그러한 해석의 근본원인은 오늘의 교회가 예수시대의 성전제사종교의 행태를 그대로 답습하고 있기 때문이다. 실제로 한국대형 교회들의 예루살렘 성전제사종교 답습사례는 일일이 열거할 수 없을 만큼 비일비재 하다. 그러니 여기서는 더 언급할 필요조차 없다. 그러나 본문에 서 예수의 예루살렘 성전제사종교 철폐 의도는 주도면밀하다. 예수일행은 유대교 최대의 명절인 유월절을 기하여 예루살렘으로 상경하여 미리 성전 답사를 했다. 이튿날 예수 일행은 성전으로 들어가 민중착취 성전제사 종 교체제 철폐를 증언하는 대규모 물리력을 동반한 저항실천행동을 벌였다. 소, 양, 염소 등 모든 제사용 제물들을 성전으로부터 몰아냈다. 성전화폐 환전상과 장사꾼들을 몽땅 쫓아냈다. 성전제사용 모든 물품 반입과 운반자 체를 철저하게 통제했다. 예루살렘 성전제사종교 체제를 완전하게 철폐한 것이다.

이와 관련하여 예루살렘성전에는 성전경비대가 있었다. 그것은 로마제국 지배체제와 결탁한 예루살렘 성전제사 종교체제의 특권중 하나이었다. 물론, 로마제국 지배체제 하에서 예루살렘 성전 경비대원의 숫자는 그리 많지 않았을 것이다. 그렇더라도 예루살렘 성전제사 종교체제를 철폐하려는 예수일행과 성전수비대의 대치는 살벌했을 것이 틀림없다. 본문은 그러한 상황들을 분명하게 증언한다. "그때 마침, 대제사장들과 율법사들이 들었다. 그래서 그들은 '어떻게 해야 예수를 죽여 없앴을 수 있을까' 꾀하였다"

그렇다면 예수는 자신의 예루살렘 성전제사 종교체제 철폐 물리력 저항 행동에 따르는 위험을 예견하지 못했을까? 아니다. 예수는 이러한 모든 위험을 감수했고 도리어 그러한 위험상황을 유발하고 크게 증폭시키려 했다. 제자들도 예수의 예루살렘 상경의 위험을 잘 알고 있었다. 요한복음에서 도마는 일찍이 예수의 예루살렘 상경 때에, '우리도 주님과 함께 죽으러 가자'라고 말하기도 했었다. 요한복음에서는 예수의 공생애 삼년 동안 예수가 해마다 예루살렘에 올라간 것으로 기록하고 있다. 이에 반해 다른 세 복음서에는 예수가 단 한번 예루살렘으로 올라갔다고 기록하고 있다. 어찌되었든 이 날, 유월절은 이집트제국 파라오의 노예였던 히브리들의 해방을 기념하는 날이다. 지중해 세계에 전역에 흩어져 살고 있는 유대인 디아스포라들은 해마다 이 날을 기해 예루살렘 순례 길에 오른다.

이날은, 예루살렘 성전제사 종교체제 특권·기득권자들이 대목을 보는 날이다. 유대 왕정이 무너진 후, 예루살렘성전은 고도로 발달된 제사의식을 통하여 본토와 지중해세계 디아스포라 유대인들의 정체성을 상징해 왔다. '요세푸스'의 유대 고대사에 의하면 유월절 제사용 희생동물의 수는 약 18,000마리에 이르렀다고 한다. 또한 지중해세계 전 지역으로부터 예루살렘을 방문하는 순례 객 숫자도 약 120,000-180,000명이었다고 한다. 이렇게 예루살렘 성전제사 종교체제는 예루살렘성전 기득권자들이 독점하는 거대한 '종교 산업이고 종교시장'이었다.

　　그러므로 예수의 예루살렘 성전제사 종교체제 철폐 사건은 대제사장 등 특권·기득권자들의 사익돈줄을 끊는 행위이었다. 예수의 예루살렘 성전제사종교 철폐사건이야말로 예수의 십자가처형의 핵심요인이었다. 예수의 예루살렘 성전제사종교 철폐사건으로 사익을 침해당한 대제사장, 제사장들, 상인, 성전관리들은 '어떻게 해야 예수를 죽여 없앨 수 있을까' 모의했다. 그리고 마침내 예루살렘 성전제사 종교체제 특권·기득권자들은 예수를 로마제국의 정치범으로 팔아넘겨 십자가에 처형되도록 교사했다. 그럼으로써 그들은 로마제국과 협력하여 예수의 하나님나라 운동을 발본색원하고 예루살렘 성전제사종교 특권·기득권체제에 대한 민중들의 저항을 뿌리 뽑으려 했다.

　　이렇게, 대제사장과 율법사들의 예수에 대한 과도한 적대반응은 예수의 하나님나라에 대한 그들의 두려움을 반영한다. 예루살렘성전 제사종교의 대표적 특권·기득권 세력이었던 그들에게 '하나님께서 친히 다스리시는 나라'는 이 땅에 들어서서는 안 되는 나라이기 때문이다. 무엇보다도 그들은 유대민중들 사이에 예수의 하나님 나라운동이 확신되는 것을 두려워했다. "왜냐하면 모든 군중들이 예수의 가르침으로 인해 크게 깨우치고 있었기 때문이다." 예루살렘 유대 군중들이 예수의 하나님나라 운동에 대하여 깜짝 놀라서 열광적으로 반응했기 때문이다. 예루살렘 민중들이 예수의 하나님나라 운동을 통하여 '하나님이 친히 다스리시는 나라'를 열망하게 되었기 때문이다. '하나님이 우리와 함께 하신다'라는 신앙진리를 깨닫게 되었던 것이다. 예수의 하나님나라 운동은 예루살렘 성전제사종교 체제에 얽매인 예루살렘 민중들에게 한줄기 해방과 구원의 빛이었다.

## 맺는 말

열혈분노 예수, 몰아쳐라 민중이여! 폭력과 죽임의 맘몬·자본 지배체제를 끝장내자. 국민의 생명보다 개인사익을 중히 여기는 박근혜정권 국정농단 세력이 끝까지 법의 심판을 받게 하자. 권력과 사리사욕에 눈먼 정치가, 언론인, 종교인 등, 사회특권·기득권세력들을 몰아내자.

열혈분노 예수, 몰아쳐라 민중이여! 분노하라! 저항하라! 행동하라! 이 땅의 친일독재 기득권 지배체제의 내부자들은 누구인가? 독점재벌 지배체제의 내부자들은 어떻게 사익을 챙겨왔는가? 영혼 없는 관료세력 지배체제는 어떤 세상을 원하는가? 전쟁미치광이 반공·군사독재 이데올로기 지배체제의 폐해를 낱낱이 기록하자. 반생명·반인권·반평화·반노동 신자유주의 독점자본 지배체제에서 사익이 흘러드는 구조를 폭로하자. 1% 그들 지배체제 내부자들의 사악한 음모와 술수에, 분노하자! 저항하자! 행동하자!

열혈분노 예수, 몰아쳐라 민중이여! 4.16 세월호참사를 기억하자! 백남기 농민의 죽음을 잊지 말자!

# 2. 백만 천만 국민주권혁명 촛불,
# 새 포도주는 새 가죽부대에

마가복음 2:21-22

## 읽기

아무도 새 천 조각들을 낡은 옷 위에 대고 꿰매지 않는다. 그러나 만일 그렇지 않다면, 낡은 옷에 대고 기운 새 천 조각이 그 낡은 옷을 당겨서 아주 못쓰게 찢어버리고 말 것이다.

또한 아무도 새 포도주를 낡은 가죽부대들에 넣지 않는다. 그러나 만일 그렇지 않다면, 포도주가 가죽부대들을 터트려서, 포도주도 가죽부대들도 못쓰게 되어 질 것이다. 오로지 새 포도주는 새 가죽부대들에 넣어야만 한다.

## 들어가는 말

지난해 말부터 새로운 국민주권 촛불이 불붙었다. 백만 천만 국민주권혁명 촛불이 타올랐다. 노동계나 시민단체들이 조직적으로 참여하기도 하지만 대부분은 가족, 학생, 남녀노소 모두가 자발적으로 참여하는 국민주권혁명 촛불이 밝혀지고 있는 것이다. 그러다보니 시위문화도 깔끔하다.

모두가 함께 쓰레기를 치우고 시위 다음날 광화문 거리가 깨끗하다.

이제, 과거의 시위와 달리 촛불시위의 비폭력성이 일반화 되었다. 촛불시위에 다양한 문화콘텐츠가 동원되어 모두에게 공유되기도 한다. '나 홀로'에 익숙한 젊은이들이 광장에서 서로에게서 '공동체 욕구'를 확인하고 국민주권 동지애를 나누기도 한다. 무엇보다 국민주권 촛불 자체가 무언가 더 나아지려고 하는, 미래를 위해 더 좋은 국민주권혁명 선례를 만들려는 욕구들이 분출하고 있다.

백만 천만 국민주권혁명 촛불! 신명나고 기운도 난다. 지난해 여름·가을 사드배치에 저항 하는 성주 군민들의 촛불시위에서 받았던 그 기운이다. 한마디로 백만 천만 국민주권혁명 촛불은 민주주의 힐링 촛불이다. 민주공화국 대한민국 국민들의 상처 입은 자존심에 대한 치유일까? 민중들의 삶의 고통이 솔직하게 표출되고 공감되기 때문일까? 너와 내가 모두 자존심의 상처를 입었고, 똑같은 삶의 고통을 안고 있으며, 함께 분노한다. 함께 공유하는 상처와 고통과 분노가 진솔하게 표출한다. 백만 천만 촛불 국민주권혁명은 이제부터 시작이다. 독점재벌·친일독재 기득권 지배체제 1% 내부자 무리들아! 각오하라!

이제, 새로운 국민주권혁명 촛불은 과거의 낡고 헌것을 모두 부수어 버린다. 역사 속에서 국민주권을 탄압해온 반민주 반인권 무리들의 특권·기득권을 해체한다. 반생명, 반평화, 반공동체, 반노동 착취세력들의 사익구조를 철폐할 것이다. 독점재벌·친일독재 기득권 지배체제 내부자들의 음모와 술수들을 깨부술 것이다.

백만 천만 국민주권혁명 촛불! 이 국민주권혁명 촛불상황에서, 우리는 본문 비유말씀을 통하여 예수의 하나님나라, 새것, 꾸미지 않은 날것, 오염되지 않은 날대로의 하나님나라가 무엇인지 살펴보려고 한다. 그러할 때, 본문 예수 하나님나라 비유의 청중들은 무엇을 요구받게 될까? 나아가 본문 비유말씀 예수의 청중들이 신앙해야 할 하나님 나라는 무엇일까? 새것, 새로운 세상, 하나님과 사람이 더불어 하나의 생명공동체를 이루어 살아가는 예수의 하나님나라 속으로 들어가자!

## 이끄는 말

본문 비유말씀은 일상생활의 경험들을 드러내는 것이므로 '생활비유'라고 말할 수 있다. 실제로 우리는 생활 속에서 낡은 옷에 새 천 조각을 대어 기울 경우 기운부분 가장자리가 금방 찢어지는 경험들을 해왔을 것이다. 물론, 새 포도주를 낡은 가죽부대들에 넣어두는 상황이 우리에겐 낯선 일이기도 하다.

한편 본문 비유말씀은 서로 극명하게 대비되는 사물들과 상황들에 비추어 '상징비유'로 이해할 수 있다. 그렇다면 본문비유들 안에서 서로 대비되는 상징어들, '새 천조각과 낡은 옷, 새 포도주와 낡은 가죽부대들'은 어떤 상징의미들을 가지고 있을까? 나아가 예수는 본문비유의 이러한 상징 사물들과 상황들을 통하여 청중과 독자들에게 어떤 뜻을 전파하려고 했을까?

이와 관련하여 새 천 조각 또는 생베조각, 새 포도주가 갖는 상징의미는 '새롭다, 강하다'라는 것이다. 또한 낡은 옷, 낡은 가죽부대들은 '헐었다, 약하다'라는 상징의미를 갖는다. 따라서 본문비유들 안에서 서로 대비되는 상징의미들은 서로 어울릴 수 없을 뿐만 아니라, 서로 적대적이다. 실제로 낡은 옷에 대고 꿰맨 새 천 조각이 그 낡은 옷을 당겨서 아주 못쓰게 찢어버리게 된다.

이 점에서 '새 천 조각'이라고 번역한 헬라어 문구는 '엠피블레마 아그나후'라고 하는데, 옷감으로 만들어 한 번도 빨지 않은 생베조각을 지시한다. 실제로, 생 베 옷은 오래 입으면서 여러 번 빨아 부드럽게 되어야 몸을 감기는 맛을 느낄 수 있다.

마찬가지로 새 포도주 역시 오래두어 완전히 발효가 되어야 감칠맛이 난다. 아직 발효가 끝나지 않은 새 포도주는 낡은 가죽부대 안에서 부글부글 끓어올라 낡은 가죽부대를 터트려서 못쓰게 만들기 십상이다. 그러면 새 포도주도 낡은 가죽부대들도 모두 못쓰게 되고 만다.

예수는 본문비유의 이러한 상징의미들을 통하여, 당신이 선포하시는 하나님나라가 아주 새롭고 혁명적이며 강력한 나라라는 사실을 선언하신다. "이미 때가 채워졌소! 이미 하나님나라가 가까이 왔소! 여러분! 회개하시오. 여러분! 복음을 신앙하시오." 예수의 하나님나라는 전쟁과 폭력과 죽임의 로마제국 지배체제와 전혀 다른, 도저히 마주 설 수 없는 생명과 평화세상이다. 로마제국 지배체제에 기생하여 민중을 억압하고 착취하는 예루살렘 성전제사 종교체제와 비교할 수조차 없는 혁신적이고 위력적이며 강력한 하나님의 통치세계이다.

그러니 이제, 예수의 하나님나라 비유의 청중들과 독자들은 세상 속에서 무엇을 혁명하고 어떻게 회개해야 할까? 예수의 하나님 나라는 새롭고 강력하며 혁명적인 나라이다. 예수의 하나님나라는 낡고 헐어서 곧 무너져 내려야만 하는 로마제국 피라미드 빨대 착취 사회구조로는 도저히 감당할 수 없는 나라이다. 전쟁과 죽임의 로마제국 지배체제 안에는 생명·평화 하나님나라가 들어설 수 있는 자리가 없다. 도리어, 로마제국 피라미드 빨대 착취 사회구조 속에서 도탄에 빠져 허덕이는 민중들이라면, 하루라도 빨리 로마제국 지배체제에서 탈출 해야만 한다. 로마제국 지배체제 속에서 안주 해왔던 노예적 삶의 자리와 태도를 깨부수고 스스로 돌이켜 예수의 하나님나라를 향해 달음박질 해 나와야 한다.

이러할 때, 본문 비유의 청중들과 독자들이 한순간이라도 빨리 벗어던 져야 할 '반 신앙 올무'는 무엇일까? 먼저, 로마제국 지배체제에서 기생하며 죄와 벌로 민중을 옭아매온 예수살렘 성전제사종교 낡은 가짜신앙을 벗어 던져야 한다. 또한, 전쟁과 죽임의 로마제국 지배체제 내부자들만을 위한 사이비 평화와 그에 따르는 사회억압 질서에 저항해야 한다. 나아가, 전쟁과 죽임의 로마제국 지배체제 안에서 누리는 노예적 삶의 안정과 얽매임을 거부해야한다. 로마제국 황제숭배와 제국의 부와 폭력과 죽임의 권력을 하나님의 뜻으로 받드는 제국주의 우상을 깨부수어야 한다.

반대로 예수의 비유의 청중과 독자들이 신앙해야 할 복음은 무엇인가? 예수의 하나님나라이다. 비유 말씀에서 예수의 하나님나라는 새것, 꾸미지 않은 날것, 난대로 세상이다. 하나님과 사람이 하나의 생명공동체로 사는 세상, 사람이 사람답게 사는 새 세상이다. 그러므로 예수의 하나님나라는 오랜 세월 지중해 세계의 온갖 피 흘림과 죽임과 전쟁으로 낡아져 온 로마제국 지배체제와 어긋날 수밖에 없다. 부딪히고 저항하고 싸울 수밖에 없다. 예수의 하나님나라는 전쟁과 죽임의 로마제국 지배체재를 만나 그 낡은 지배체제를 찢어 못쓰게 만들고야 말 것이다. 마찬가지로 로마제국 지배체제에 기생하며 특권·기득권을 누려온 예루살렘 성전제사 종교체제를 산산이 부수어 트리고 말 것이다.

그렇다면 예수의 이러한 하나님나라의 토대와 근거는 무엇일까? 예수의 하나님나라가 새것, 날것, 새로운 세상이라는 뜻은 지중해 세계의 오랜 피 흘림과 죽임의 전쟁으로 낡아온 로마제국 지배체제와 서로 반대되는 세상이라는 의미이다. 예수의 하나님나라는 피 흘림과 죽임의 로마제국 지배체제에 대한 저항이다. 투쟁이며 혁명이다. 로마제국 지배체제에 기생하며 민중들에게 근거 없는 죄와 벌이라는 반신앙 올무를 뒤집어씌우고 착취해 온 예루살렘 성전제사 종교체제를 분쇄하는 신앙철퇴이다.

사실, 유럽의 중세시대로부터 21C 지금에 이르기까지 기독교 근본주의 신앙, 이슬람 신정사회, 여타 유수한 종교들의 정통 교리신앙에서 통용되는 '죄와 벌'이라는 종교이데올로기와 그로 인한 불안과 공포, 그 악마성에 대하여는 더 이상 이야기 하고 싶지도 않다. 세계인류·종교사에서 유수의 종교들은 하나같이 죄와 벌이라는 신정사회 종교 이데올로기를 통하여 대중권력을 누려 왔다. 뿐만 아니라 이러한 종교적 대중권력을 이용하여 직접적으로 세속권력을 쟁취하기도 했다. 또한, 죄와 벌이라는 신정체제 종교이데올로기를 통하여 지배계층의 권력과 이익에 봉사함으로 종교·사회적 음모와 술수의 하수구 역할을 감당해 왔다.

따라서 본문 비유말씀에서는 예수의 하나님나라 전쟁과 죽임의 로마제국 지배체제, 그리고 거기에 기생했던 예루살렘 성전제사 종교체제를 새것과 낡음, 강함과 쇠약함이라는 상징어로 비교함으로써 이 비유의 상징의미를 증폭시키고 있다. 이점에서 사실, 예수의 하나님나라는 인류종교·문화사에 홀연히 나타난 노예들의 하나님 야훼신앙에 뿌리를 두고 있다. 야훼하나님은 이집트제국 파라오 지배체제의 노예이었던 히브리들을 해방하고 구원하셨다. 야훼하나님은 해방노예인 히브리들을 통하여 해방과 자유, 정의와 평등, 생명과 평화가 넘치는 대동 세상大同世上을 건설하려고 하셨다.

그러나 야훼하나님의 대동세상 꿈은 히브리 노예들의 후손임을 자처하는 이스라엘 민족종교인 유대교 안에서 시나브로 소멸되고 말았다. 반면에 유대교 안에서는 야훼신앙에 대한 반동신앙으로 소제국주의 다윗왕조신앙이 번성했다. 다윗왕조 신앙의 핵심은 예루살렘 성전제사 종교체제이었다. 다윗왕조가 망한 후에는 이스라엘 민족주의를 표상하는 시온신앙이 번성했다. 이스라엘 민족주의 시온신앙을 자양분으로 메시야신앙도 번성하기 시작했다. 이후, 예수시대에 이르러 메시아 신앙은 정치적 메시아신앙과 묵시적이고 우주 종말적인 메시아신앙으로 갈라졌다. 유대대중들은 다윗의 후손 메시야를 바라는 정치적 메시아신앙과 더불어 로마제국을 심판하고 새 세상 도래를 희망하는 우주종말적인 메시아신앙을 신봉했다.

그렇다고 노예들의 하나님 야훼신앙의 맥이 아주 끊긴 것은 아니다. 일찍이 야훼신앙은 다윗왕조 신앙의 번성기에도 예언자신앙 속에서 히브리 후손들에게 전수되었다. 이 예언자 신앙을 자양분으로 '남은 자 신앙'이 잉태되었다. 남은 자 신앙은 '고난 받는 야훼의 종 신앙'으로 전이 되었고, 이 고난 받는 야훼의 종은 시대의 제국주의 지배체제 안에서 고통당하는 민중들에게 위로이며 희망이었다.

그리고 마침내 야훼신앙의 위대한 깨달음으로서 '임마누엘신앙'이 태동한다. '하나님께서 우리와 함께 계신다.' 일찍이 이집트제국 파라오 지배체제의 노예였던 히브리들도 억압받고 착취당하며 고난 받는 노예들의 하나님 야훼께서 자신들과 함께 계신다는 신앙진실을 이해했다. 인류역사의 고비마다 지배체제로부터 억압받고 착취당하며 고통당하는 시대의 수많은 민중들의 삶속에서 살아 역사 해 오신 하나님이 바로 '임마누엘 하나님'이시다.

예수는 히브리노예들의 하나님 야훼신앙의 핵심인 임마누엘신앙으로부터 이 땅의 하나님나라를 찾고 선포하며 실천할 수 있었다. 예수는 이 땅의 가난한 사람, 나약한 사람, 억압받고 고통당하는 사람, 병든 이들, 심지어 창녀와 죄인들까지, 그들의 삶속에서 그들과 함께하시는 하나님을 선포하셨다. 예수는 우리와 함께하시는 그 하나님을 '아빠'Aββα라고 부르시고 제자들에게도 그렇게 부르라고 가르치셨다.

이렇게 예수의 하나님 아빠의 나라가 선포되고 실천되며 확장하는 순간 피와 죽임과 전쟁을 통한 로마제국 지배체제 내부자들의 사이비 평화복음은 설자리가 없게 된다. 피라미드 빨대착취구조의 노예적 삶의 안정이라는 신기루도 무너져 내릴 수밖에 없다. 나아가 로마제국 지배체제에 기생해서 죄와 벌이라는 신정사회 종교이데올로기를 통하여 특권·기득권을 누려 온 예루살렘 성전제사 종교체제도 스스로 소멸할 수밖에 없다. 무엇보다도

21C 맘몬·자본 지배체제의 무한경쟁, 무한독점, 무한축적, 무한소비라는 종교·사회·경제신화도 빛을 잃게 되고 말 것이다.

## 맺는 말

아무도 새 천 조각을 낡은 옷 헤진 곳에 대고 꿰매지 않는다. 그러나 만일 낡은 옷에다 새 천 조각을 대고 꿰맨다면, 낡은 옷에 대고 꿰맨 새 천 조각이 그 낡은 옷을 당겨서 아주 못쓰게 찢어버리고 말 것이다. 또한 아무도 새 포도주를 낡은 가죽부대들에 넣지 않는다. 그러나 만일 그렇지 않다면, 새 포도주가 낡은 가죽부대들을 터트려서, 포도주도 가죽부대들도 못쓰게 되어 질 것이다.

그럼에도 불구하고 21C 한국기독교 엘리트목사들은 끊임없이 예수천당 불신지옥, 죄와 벌, 기독교 자본주의 성공신화를 외쳐댄다. 예수의 하나님나라를 제멋대로 오역하고 호도하며 자신들의 맘몬·자본 숭배 신앙이데올로기에 접목하려고 안달이다. 물론 이러한 반동신앙 행태는 여타의 다른 종교들에서도 마찬가지 현상이다.

이와 관련하여 지구촌제국 미국 대선 이후 벌어지고 있는 뒷담화를 주목한다. 특별히 관심이 가는 이야기는 '크리스토파시즘'과 '제국적 페미니즘'이다. 독일의 여성신학자 도르테 죌레에 의하면, '크리스토파시즘'은 국가주의, 군사주의, 가부장주의, 노동운동 적대주의 등 파쇼 이데올로기가 기독교 복음주의와 혼합되고 수단화 된 종교체제이다. 지금의 한국보수 기독교와 똑 닮았다.

또 한편으로 회자 되는 것은 '제국적 페미니즘'이다. 미국 페미니스트 질라 아이젠스타인Zillah Eisenstein은 '2016년 미국의 대통령 선거야말로 여성 혐오와 인종차별적인 편협한 사람들, 그리고 제국적 페미니스트 사이에서 벌어진 지옥으로부터의 선거였다'라고 평가한다. 이로보아 지구촌제국 미국 지배체제가 도발하는 폭력과 피 흘림과 전쟁이 사라지지 않을 것이다. 지구 촌제국 미국대선의 반동현상, 곧 트럼프 대통령 당선이 그 증거다. 이처럼 신자유주의 금융자본경제체제의 폐해로 인한 사회양극화, 불평등, 헬 세상 에 대한 저항운동이 제국주의 파쇼정권 반동현상으로 귀결될 가능성은 얼 마든지 있다. 민주주의 사회주의자 샌더스 돌풍이 트럼프 반동열풍에 나가 떨어지는 현실을 주목해야 한다.

이제야 말로, 새 포도주는 새 가죽부대에 넣어야 한다. 그래야만 새 포 도주가 잘 숙성해서 맛있는 포도주를 맛보게 될 것이기 때문이다. 예수의 하나님나라도 그렇다. 예수의 하나님나라는 새것, 꾸미지 않은 날것, 난대 로 세상이다. 하나님과 사람이 다함께 한 생명공동체로 사는 세상이다. 사 람이 사람답게 사는 새 세상이다. 그러므로 예수의 하나님나라는 인류역사 속에서 무한히 낡아져 온 맘몬·자본세상과 어긋나고 부딪치며 마침내 맘 몬·자본세상을 부수어 트리고 말 것이다. 나아가 맘몬·자본을 숭배하고, 기독교자본주의 성공신화를 유포하며, 가난하고 약한 이들에게 죄와 벌이 라는 종교이데올로기를 통하여 불안과 공포를 확산시킴으로써, 종교·사회 적 특권 기득권을 누려온 이 땅의 종교엘리트들을 숙청하게 될 것이다.

지금, 이 땅에서 불타오르는 국민주권혁명 촛불도 그렇다. 국민주권혁 명 촛불이 이 땅의 독점재벌·친일독재 기득권 지배체제를 몰아낼 것이다. 국민주권혁명 촛불이 스스로의 미약한 국민주권을 변혁할 것이다. 맘몬· 자본 지배체제로부터 노동주권을 되찾을 것이다. 정의와 평등, 생명과 평 화 공동체주권을 확립할 것이다. 국민주권혁명 촛불이 스스로의 국민주권 혁명 민주주의 체제를 세워 나갈 것이다. 민주공화국의 국민주권혁명은 무 한혁신과 무한변혁이며 그 한계가 없다.

# 3. 이제부터, 촛불신앙이다.

마가복음 4:21-23

## 읽기

예수께서 그들에게 말했다.

"등불이 됫말통 아래 또는 침상아래 놓여 있으려고 들여지겠느냐? 등잔대에 놓여 지기 위해서가 아니겠느냐?

참으로, 드러내지기 위해서가 아니었다면 감추지도 않는다. 나타나려고 하지 않았다면 스스로 숨지도 않았다.

누구든 들을 귀를 가졌거든, 들어라!"

## 들어가는 말

'도대체 국가라는 게 뭐냐?' 박근혜정권 국정농단세력 심판과 새로운 대한민국 건설을 위한 백만 천만 국민주권혁명 촛불의 물음이다. 그러면서 스스로 '국민이 국가다'라고 외친다. 인류역사상 유례가 없는 백만 천만 비폭력 국민주권혁명 촛불이 타올랐다.

물론, 국민주권혁명 촛불이 하루아침에 나타난 것은 아니다. 지금 모든 문제가 다 해결된 것도 아니다. 앞으로도 갈 길이 너무도 멀고 험난하다. 일제로부터 해방이후, 친일청산 실패로 인해 이 땅에는 독점재벌·친일독재 기득권 지배체제가 자리 잡았다. 그로인한 억압과 착취, 폭력과 피 흘림과 죽임의 역사가 이어져 왔다. 이 땅의 민중들은 박정희 독재 군사정권 치하에서 억압과 고난을 받았다. 피를 흘리고 죽임을 당했다. 재벌특권·기득권 세력들에게 노예처럼 부림을 받았고 착취를 당해왔다.

그러나 이 땅의 민중들은 무지렁이 노예가 아니었다. 60~70년대 민중해방운동, 전태일 노동항쟁, 80년대 5.18민중항쟁, 87년 민주항쟁 등 저항행동을 실천해 왔다. 1990-2000년대에 반세계화 경제민주화 운동을 벌였다. 그리고 2014년 4.16 세월호 참사에 이르러 전 국민이 분노의 촛불을 들었고, 마침내 오늘 백만 천만 국민주권혁명 촛불로 타올랐다. 이제 국민주권혁명 촛불은 다시는 꺼지지 않을 것이다. 이 촛불은 국민주권자 스스로의 삶을 밝히고 정의로운 사회를 지향하는 동력이 될 것이다. 불의한 국가권력과 어둠의 지배체제의 음모와 술수를 낱낱이 걷어내어 세월호참사와 박근혜·최신실 국정농단 진실을 밝혀내고 책임자들을 처벌할 것이다. 그리고 이후, 우리사회 국민주권 혁명의 역사로, 대동 세상 건설 체험의 불꽃으로 후손들에게 전수 될 것이다.


## 이끄는 말

이제, 본문 예수의 '토막말들' 속에서 백만 천만 국민주권혁명 촛불을 이해하고 해석하며 뜻을 세우는 길을 찾아보려고 한다. 이제부터, 촛불신앙을 仰이다. 본문이 들어 있는 마가복음 4:1-25 단락은 네 개의 토막말21절, 22절, 24절, 25절과 한 개의 경구23절로 어지럽게 묶여져 있다. 마가복음 저자가 이 네 개의 토막말들을 한군데 모아놓았을 터인데, 이유는 자신의 '메시야 비밀사상'과 맞아 떨어졌다고 보았기 때문일 것이다.

이와 관련하여 마가복음 저자는 예수를 이 땅에 등불로 오신 하나님의 아들로 이해한다. 그런데 예수는 세상 속에서 스스로의 정체를 감추셨다. 하지만 결국 등불은 어두운 세상을 비추려고 세상 속으로 들어온 것이다. 예수는 세상 사람들에게 자신의 정체를 감추었지만 머잖아 예수의 정체가 만천하에 드러나게 될 것이다. 이러한 마가복음의 메시야 비밀사상 단락과 평행하는 변형단락들이 누가복음 8:16-18, 마태복음 5:14-16, 10:26에 흩어져 있다.

그렇지만 본문 21절, 22절 토막말들은 마가복음 4:21-25단락의 24절, 25절 토막말들과 아주 다른 요소가 있다. 본문 21절 22절 토막말들은 전형적인 '상징 토막말'인 반면 마가복음 4:21-25단락의 24절, 25절 토막말들은 '경구적 토막말'들이다. 따라서 마가복음 저자의 편집의도와 단락에 상관없이 뜻이 통하는 본문 21절, 22절 두 개의 상징 토막말만 떼어 따로 읽는 것이 맞을 것으로 여겨진다. 그래야만 본문 본래의 상징의미를 제대로 해석하고 그 뜻을 바르게 찾아낼 수 있을 것이다. 그러므로 여기서는 서로 뜻이 통하는 마가복음 4장 21절, 22절 상징 토막말들과 23절 경구를 하나로 묶어서 읽고 해석하여 본문의 바른 뜻을 찾고자 한다.

그렇다면 21절 상징 토막말에 표현된 등불, 됫말통, 침상, 등잔대는 무엇을 상징할까? 등불은 어둠을 전제로 한다. 등불은 어둠을 밝히기 위해 켠 불이다. 어둠은 빛이 없어서 깜깜해진 상태를 말하는데, 등불은 그 어둠을 밝힌다. 이처럼 등불은 어둠을 밝히는 것으로써 어둠과 생래적으로 적대적이다.

등불은 어둠속에 감추어진 모든 것들을 드러낸다. 어둠속에서 꾸미는 음모, 술수, 거짓들을 드러낸다. 음모와 술수와 거짓을 통하여 사람들을 억압하고 착취하고 고통스럽게 하는 어둠의 권력과 체제의 실체를 폭로한다.

그럼으로써 등불은 어둠의 권력과 체제에 저항한다. 어둠의 음모와 술수와 거짓, 어둠으로 상징되는 세상의 모든 악의 실체들을 분쇄한다.

한편, 등불은 자신과 주변을 밝힌다. 어둠속에서 등불을 켜면 어둠에 묻혀있던 악의 실체를 드러낼 뿐만 아니라, 자신과 주변마저 밝히게 마련이다. 자신의 정당성뿐만 아니라 자신의 취약성마저 드러내게 된다. 등불은 어둠의 권력과 체제에 대한 저항 의지이고 용기이며 정당성이지만, 반면에 스스로의 약함과 잘못과 한계에 대한 폭로이기도 하다. 따라서 어둠속에서 등불은 어둠의 권력과 체제로부터 위기와 폭력과 죽임 당함을 자초하는 것이기도 하다.

이렇게 어둠속에서 등불이 겪을 수밖에 없는 위기와 폭력과 죽임 당함의 상징의미로써 '됫말통'과 '침상'이 등장한다. 이와 관련하여 성서시대의 유대인들이 자신들의 삶의 자리에서 어둠속 등불로써 경험했던 삶의 위기와 위험은 아주 구체적이고 실체적이다. 유대 땅은 역사적으로, 지리적으로 이집트제국과 메소포타미아 제국을 잇는 가교역할을 해 왔다. 양대 제국들에 의한 침략전쟁과 그 제국들에 대한 저항전쟁이 난무하는 지역이다. 그러한 역사·지리적 상황에서 유대인들의 마을은 우리나라와 달리 골짜기에 형성되지 않고 산등성이에 세워졌다.

그래서 본문 변형단락인 마태복음 5:14에서는 "너희는 세상의 빛이다. 산위에 있는 마을이 숨겨질 수 없다"라고 증언한다. 제국들의 침략전쟁과 저항전쟁의 참화 속에서 산등성이 마을 집집마다 등불을 밝히는 것은 피 흘림과 죽임의 위기를 자초하는 것과 다름없다. 어쩔 수 없이 등불을 켜야 하는 상황이 발생했다면 집밖과 마을 주변 상황을 살펴서 조심조심해야만 한다. 집밖에서 들려지는 인기척이나 마을주변의 말발굽소리와 행군하는 소리를 살펴서 잽싸게 됫말통이나 침상 밑으로 등불을 밀어 넣어야만 한다. 절대로 불빛이 집밖을 향하여 새어나가지 않도록 해야만 하는 것이다.

그런데 고대사회에서 불씨는 매우 귀한 것이어서 집집마다 불씨를 저장해 두는 '화티'가 따로 있었다. 굳이 어둠속에서 등불을 밝히려고 한다면 화티에 보관한 불씨로 등불을 켜서 방안으로 들여와야만 했다. 따라서 이제 필요에 따라 어둠속에서 등불을 밝힌 이상 주변상황에 따라 그때그때마다 쉽게 등불을 끄지 못한다. 급한 김에 됫말통이나 침상 아래로 등불을 감추는 상황을 미루어 짐작할 수 있다. 실제로 전기가 없었던 시절 우리나라 산골마을에서도 경험했던 상황들이다. 이렇게, 본문의 '됫말통'과 '침상'은 어둠속에서 등불이 불러들이는 위험과 폭력과 죽임 당함을 상징한다.

그러므로 또 한편, 본문의 '등잔대'야 말로 어둠속에서 등불이 겪어야만 하는 모든 위기와 위험들을 극복해 낸 등불의 힘과 의지와 용기의 상징이다. 어둠의 음모와 술수와 거짓에 저항하고 어둠의 권력과 체제의 실체를 폭로하기 위해서, 어둠속에서 등불은 등잔대 위에 놓여 져야만 한다. 어둠을 밝히는 등불은 당당하게 등잔대 위에 올라섬으로서 자신의 정당성을 드높이고 자신의 취약성을 극복해 내게 되는 것이다.

그렇다면 본문에서 등불은 어떤 이들을 가리키는 표상일까? 바벨론 포로기 이후의 유대 대중들의 종교심성 속에서 등불은 예언자 모세와 엘리야 계시록11:4 두 감람나무, 두 촛대이다. 또 덕망 있는 유대 랍비들도 '세상의 등불'로 칭송되었다. 특별히 광야의 예언자, 들사람 엘리야는 지중해 세계 전 지역에 흩어져 오랜 세월 포로생활을 해온 디아스포라 유대인들에게, 식민지 유대 땅 고난 받는 대중들에게, 일상의 위기와 위험을 헤쳐 나가게 하는 삶의 길라잡이 횃불이었다. 공동번역, 집회서48:1 나아가 예수시대에 이르러 유대 대중들은 유대광야에서 죄 사함의 물세례를 베풀던 세례요한을 등불로 여겼다. 요한복음5:35.

그렇다면 예수도 자신을 어두운 세상을 밝히는 '등불'로 여기셨을까? 실제로 복음서 저자들은 예수를 '모든 사람을 비추는 참 빛'요한복음1:9 또는 '세상의 빛'8:12, 9:5이라고 신앙고백 했다. 아마도 예수의 제자들은 살아생전의 예수를 자신들의 삶의 등불로 삼았을 것이다. 나아가 두말할 것도 없이 초대교회는 부활하신 예수를 신앙의 등불로 숭배 했다. 초대교회의 부활신앙에서 예수는 마땅히, '세상의 빛등불'이시다. 예수는 살아생전에 유대인들에게 스스로를 숨기셨지만, 예수는 어둠을 밝히는 등불로 세상에 오셨고, 마침내 세상을 비추는 빛이 되셨다.

그러나 예수가 스스로를 어둠을 밝히는 등불로 여겼다면, 본문 해석은 매우 엄중해 진다. 예수가 자신의 하나님나라 사역을 어둠을 밝히는 등불로 여겨 행동하고 실천했다면, 제자들도 본문 토막말의 뜻을 아주 구체적이고 현실적인 실천행동의 과제로 받아들일 수밖에 없었을 것이다. 로마제국 지배체제의 어둠 속에서 제자들은 스스로 하나님나라 등불로 살아야만 한다는 예수제자도 의무를 받아 들여야 했을 것이다. 마태16:24-28, 마가8:34-9:1, 누가9:23-27 예루살렘 성전제사 종교체제의 죄와 벌이라는 종교이데올로기를 타파하는 하나님나라 등불이 되어야만 했을 것이다.

이점에서 본문 21절 토막말은 매우 논쟁적이고 도전적이다. "등불이 됫말통 아래 또는 침상아래 놓여 있으려고 들여지겠느냐? 등잔대에 놓여 지기 위해서가 아니겠느냐?" 여기서 사용된 헬라어 의문 불변사 '메티는 '이것이 맞아?'라는 질문을 통하여 청중들에게 '아니요'라는 대답을 요구하는 매우 논쟁적인 질문이다. 이어서 '우크'라는 헬라어 의문 불변사 역시 '이것이 아냐?'라는 질문을 통하여 '맞아요'라는 대답을 유도하고 설득하려는 질문이다.

이와 같이 본문 21절 토막말을 풀어서 새기면 이렇게 될 것이다. "등불이 됫말통 아래 또는 침상아래 놓여 있으려고 들여지겠느냐? 아니오, 아닙니다! 등잔대에 놓여 지기 위해서가 아니겠느냐? 맞아요, 맞습니다!"

그렇다면, 예수는 어떠한 상황에서 이와 같이 논쟁과 설득과 도전을 위한 토막말을 발설하셨을까? 로마제국 식민지 갈릴리의 분봉왕 헤롯안티파스가 예수를 잡아 죽이려고 하니 "피신하는 게 좋겠다"라는 지인들의 경고를 받았을 때일 것이다.누가13:31-33 헤롯 안티파스는 자신의 죄과를 책망할 뿐만 아니라 대중소란을 일으키는 요인으로 지목된 세례요한을 잡아 들여 목을 쳐 죽였다. 이후, 헤롯은 자신의 영토 안에서 대중소란 요인들을 발본색원하여 잠재우려는 정치행동에 적극 나섰다. 그러는 과정에서 갈릴리 민중들에게 하나님나라를 선포하고 실천행동해온 예수를 주목했다. 아마도 헤롯 안티파스는 예수의 행적을 통하여 '갈릴리 대중들 사이에서 세례요한 운동이 부활한 것'이 아닐까 의심했을 것이다.마가6:14 그래서 헤롯 안티파스는 세례요한처럼 예수마저 잡아서 처단하려는 생각을 가지게 되었을 것이다. 그래서 예수의 하나님나라 운동에 호감을 가진 몇몇 바리새파사람들은 예수에게 '헤롯이 예수를 죽이려고 한다'는 사실을 알려 주었다.

또한 예수는 '예루살렘 성전제사 종교체제의 특권·기득권세력들이 예수의 생명을 노리고 있다'는 보고를 수시로 듣고 있었다. 그럴 때마다 예수는 제자들과 예수를 따르는 사람들에게 본문의 상징 토막말을 되풀이해서 발설 했을 수도 있다. '어둠속에서 등불은 감추어 둘 것이 아니라 등잔대 위에 놓아야 하는 것'처럼 예수 스스로가 드러내놓고 하나님나라를 선포하며 활동하겠다는 결의를 표명하신 것이다.

예수는 본문 상징 토막말 발설을 통하여 스스로 숨거나 감추거나 도망칠 뜻이 전혀 없음을 분명히 하신다. 나아가 예수의 하나님나라 선포와 실천 행동을 가로막는 모든 위험들을 정면 돌파하실 것을 명토 박는다. 실제로 예수의 십자가 처형이 그 진실을 증언한다. 이점에서 본문 토막말들은 마가복음 저자가 의도한바 '메시야 비밀사상' 과는 전혀 다르게 읽혀지고 해석되어질 수밖에 없다.

이와 관련하여 '등불이 ~ 들여지겠느냐'라는 표현은 우리말 어법에서 매우 생소한 말이다. 그러나 고대인들, 특별히 고대 메소포타미아 문명에서 사람들은 무생물을 생물처럼 여기는 문학심성을 가지고 있었다. 이점에 유의하여 본문 21절 토막말은 '등불을 가져오다'라고 풀어서 새기기보다 '등불이 들여지다'라고 원문그대로 읽는 것이 옳다. 그러할 때, 본문 토막말 속에는 숨겨진 주어가 암시된다. 본문 토막말에 사용된 '들여지다'라는 헬라어 동사가 수동태 디포동사이기 때문에 더욱 그렇다. 마치 누군가 어둠속에서 등불을 켜서 방안으로 들어오는 상황처럼 묘사되고 있다.

그렇다면 본문 토막말의 숨겨진 주어는 누구인가? 예수 자신일까? 예수의 제자들일까? 아니면 예수의 청중들일까? 본문 토막 말씀의 어제와 오늘과 내일의 무수한 독자들일까?

이처럼 본문 토막말의 숨겨진 주어는 무한히 확대되고 재생될 수 있다. 그럼으로써 예수처럼 시대의 어둠속에서 불을 밝히는 등불도 무수하게 늘어날 수 있다. 스스로 등불이 되어 자신과 주변을 밝히고 세상의 어둠을 걷어내어 어둠의 권력과 체제에 저항하는 백만 천만 등불이 되는 것이다. 여기서 '본문 토막말 속에 숨겨진 미루어 짐작하는 주어들'을 통하여, 오늘 21C 대한민국 사회의 백만 천만 국민주권혁명 촛불신앙의 뜻을 밝히고 찾아낼 수 있다.

이어지는 본문 22절 토막말 속에 나타난 상징행위는 무엇을 뜻하는 것일까? "참으로, 드러내지기 위해서가 아니었다면 감추지도 않는다. 나타나려고 하지 않았다면 스스로 숨지도 않았다" 이 토막말은 본문 22절 두 번째 토막말인데, 마태10:26과 누가12:2,8:17에 병행구가 있다.

그런데 '진실은 언제가 밝혀지게 마련이다', '비밀은 반드시 드러나고야만다'라는 따위의 말은 동서고금에 흔하게 나타는 속담중 하나이다. 그렇다면 본문의 토막말은 '지금 숨겨진 행적은 장차 하나님의 심판의 날에 명명백백하게 밝혀질 것'이라는 뜻에서 마가복음저자가 시대의 속담을 인용한 것일까? 아니면, 예수가 자신의 하나님나라의 의미와 삶의 철학을 속담에 비유해 설명한 것일까?

이와 관련하여 본문의 '엔안 메'라는 헬라어 문구는 '~ 가 아니라면 ~ 하지 않는다.'라는 헬라어 가정문법에 따른 '조건절'이다. 이어지는 문구도 "나타나려고 하지 않았다면"이라는 가정법에 따른, "스스로 숨지도 않았다"라는 조건절 이다.

이처럼 본문 22절 토막말은 가정법에 따른 '조건 절'이라는 점에 주목해야 한다. 만약, 마가복음 저자가 '메시아 비밀사상'이나 '복음의 비밀주의'를 의도 했다면, 이는 도리어 만천하에 예수와 예수의 복음이 드러나기를 바라기 때문이다. 만약, 오늘 누군가에게 예수의 하나님나라가 복음으로 보여 지지 않는다면, 내일 또 다른 누군가에게는 예수의 복음이 너무도 명 명백백한 것이 될 것이다.

그런데 여기서도 주요한 사실 하나는 22절 토막말에서도 숨겨진 주어가 있다는 사실이다. "참으로, 드러내지기 위해서가 아니었다면 감추지도 않는다. 나타나려고 하지 않았다면 스스로 숨지도 않았다." 22절 토막말의 주어가 예수 자신이든, 예수의 제자이든, 예수의 청중이든, 21C 독자이든, 상관없이 본문 22절 토막말에 주어를 대입해서 읽고 해석한다면 '메시아 비밀사상'이나 '복음의 비밀주의'따위는 설자리가 없다.

예수는 이 땅의 하나님나라, 곧 가난한 이들과 억압받고 착취당하며 고난 받는 이들과 죄인과 세리와 창녀들의 나라를 선포하고 실천행동 했다. 따라서 피 흘림과 전쟁과 죽임, 피라미드 빨대 착취구조의 로마제국 지배체제로써는, 예수의 하나님나라에 대하여 이해 할 수도, 상상할 수도, 함께 참여하고 포용 할 수도 없다. 로마제국 지배체제에 기생하며 죄와 벌이라는 종교 이데올로기로 민중을 억압하고 민중 위에 군림하며 특권기득권을 누려온 예루살렘 성전제사 종교체제 역시도 예수의 하나님나라를 모르기는 마찬가지 이다.

그러나 로마제국 식민지 변방 갈릴리 민중으로서 예수의 제자가 된 사람들은 예수와 함께 이 땅의 하나님나라를 소망하며 함께 건설해 왔다. 나아가 21C 이 땅의 참 예수신앙인들도 마찬가지이다. 21C 참 예수신앙인들이 만들어가는 하나님나라는 우리시대의 가난한 이들과 억압받고 착취당하는 이들과 고난 받는 이들의 신앙과 삶의 자리에서 작지만 아름답게 꽃피고 있다. 그러나 로마제국 변방 갈릴리 민중의 아들 나사렛 사람 예수를 버리고 금관의 예수를 숭배하는 사이비 교회들은 이 땅의 하나님나라를 전혀 알지 못하고, 깨닫지도 못하며, 참여하지도 못한다. 예수가 없는 교회, 하나님이 아니라 맘몬·자본을 숭배하는 교회의 종교소비자일 뿐이다.

마지막으로 그래서 본문 23절 토막말은 "누구든 들을 귀를 가졌거든, 들어라"라는 예수의 일갈이다. 여기서 '에이 티스 에케이'(만약 누구든 들을 귀를 가졌거든)이라는 경구는 마가복음 4:9절 경구의 변형이다. 9절에서는 "들을 귀를 가진 이는 ~"이라는 히브리어식 표현문장이었는데, 본문에서는 헬라어 '조건문장'으로 변형되었다.

이점에서 '에케이'라는 헬라어 동사는 '가지다, 움켜쥐다'라는 뜻을 가진 동작동사이다. 이점에 유의하여 '들을 귀가 있거든'에서 '들을 귀를 가졌거든'으로 고쳐서 읽었다. 한마디로 '들을 귀를 가졌거든'이라는 문구는 '부단히 듣는 훈련을 할 것을 요청'한다. 이것은 본문 23절 토막말이 헬라어 문법의 '가정법 조건문'이라서 더욱 그렇다. 예수의 하나님나라 복음은 '전쟁과 죽임'의 로마제국 지배체제'와 '죄와 벌'이라는 예루살렘 성전제사 종교체제의 정치·종교이데올로기로 오염된 귀를 가진 사람에게는 잘 들려지지 않을 것이기 때문이다.

## 맺는 말

박근혜정권 국정농단세력 심판과 적폐청산을 외치는 백만 천만 국민주권혁명 촛불이 지긋지긋한 박정희 친일군사독재 공화국 망령을 이 땅에서 몰아내고 있다. 촛불이 더 힘을 내야한다. 독점재벌·친일독재 기득권 지배체제, 그로 인한 정경유착, 영혼 없는 관료주의, 특권기득권 시장경제에 마침표를 찍을 사회 변혁의 때가 왔다. 반사회적이고 반 공동체적이며 반민주적인 파쇼 메시야 이데올로기를 극복해야한다. 거짓과 꾸밈과 사기술로 미화된 국가·군사주의, 영웅주의, 메시아 구국신화를 쳐부수어야 한다.

이제, 대한민국의 정치는 백만 천만 국민주권혁명 촛불의 집단지성을 이해하고 믿고 따라야 한다. 백만 천만 국민주권혁명 촛불은 국민주권 각성이다. 민주주의의 혁신이다. 국민주권혁명 촛불은 조작당하지도, 이용당하지도 않는다. 왜냐하면 지금의 백만 천만 국민주권혁명 촛불은 연대와 공명이기 때문이다. 촛불 각자의 부끄러움, 고통과 절망, 새로운 소망에 대한 공명이며 연대이다. 촛불의 깨달음, 촛불의 시간은 오직 국민주권자의 자기 삶의 의지이고 뜻이다. 국민주권혁명 촛불은 지금까지 가보지 않은 길을 간다. 이제부터, 새로운 촛불신앙이다.

# 4. 예수의 하나님나라 진리실천 연대.

**사역 마가복음** 9: 33-41

## 읽기

예수일행이 가버나움으로 갔다. 예수께서 집에 이르렀을 때 제자들에게 물으셨다.

"여러분은 길에서 무엇 때문에 다투었소?"

그러나 제자들은 서로 멀뚱거리며 잠자코 있었다. 왜냐하면 그들이 길에서 '누가 더 큰 사람이냐'라고 논쟁했기 때문이다. 그래서 예수께서 앉으신 후 열두제자들을 불러 그들에게 말씀하셨다.

"만일 어떤 사람이 첫째가 되기 원한다면, 모든 사람들의 말째가 되어야 합니다. 그리고 모든 사람들의 종이 되어야 합니다."

그리고 어린아이 하나를 데려다가 그들 가운데 세우셨다. 예수께서 그 아이를 두 팔로 껴안으시고 제자들에게 말씀하셨다.

"누구든지 내 이름으로 이와 같은 어린 아이들 중 하나를 영접하는 사람은 나를 영접하는 것이오. 또한 누구든지 나를 영접하는 사람은 나를 영접하는 것이 아니라, 도리어 나를 보내신 이를 영접하는 것입니다."

요한이 예수께 보고했다.

"선생님, 우리가 당신의 이름으로 귀신들을 쫓아내는 어떤 사람을 보았습니다. 그러나 우리는 그 사람을 막았습니다. 왜냐하면 그 사람이 우리를 따르지 않았기 때문입니다."

그러나 예수께서 말씀하셨다.

"그 사람을 막지 마시오. 왜냐하면, 자기가 내 이름을 팔아서 능력을 행할 거면서, 성급하게 나를 비방할 수 있는 사람은 아무도 없을 것이오. 참으로, 우리를 적대하지 않는 사람은 우리를 위하는 사람이오. 실제로, 여러분이 그리스도께 속한다는 명분 때문에 여러분에게 물 한잔이라도 마시게 하는 사람은 '진실로 내가 여러분에게 말하오' 그 사람은 결코 자기의 몫을 잃지 않을 것이오."

## 들어가는 말

2017년 3.10절 헌법재판소가 박근혜 대통령을 파면했다. 백만 천만 국민주권혁명 촛불이 승리한 것이다. 그러나 백만 천만 국민주권혁명 촛불승리에 대한 반동도 있다. 백만 천만 국민주권혁명 촛불승리에 대한 국정농단세력들의 조직적이고 일사분란 한 반격이 시작되었다. 지금 벌어지고 있는 어둠의 세력들의 일련의 행태들을 똑바로 보고 판단하며 경계해야 할 것이다.

새로운 대한민국 건설을 위한 독점재벌과 친일기득권세력 지배체제의 폐해를 청산하지 못한다면, 백만 천만 국민주권혁명 촛불의 염원도 무산될 수 있다. 지금의 대한민국 정치에서는 '아무것도 바뀐 것 없는, 아무것도 바뀔 것 없는, 아무것도 바꿀 수 없는' 내일의 대한민국을 연상할 수 있을 뿐이다. 박근혜 국정농단세력, 삼성재벌, 국정농단부역세력 고위관료들의 죄과를 파헤치고 책임지우는 시대적 과업을 완수 하지 못한다면, 이번 장미

대선에서 승리한 정권도 새로운 세상을 열지 못할 것이다. 백만 천만 국민주권혁명 촛불의 시대적 소명은 여전히 미완성으로 남을 수밖에 없다.

백만 천만 국민주권혁명 촛불이여! 이제 더 훨훨 타올라 하늘과 시대의 부름에 응답하자! 백만 천만 국민주권혁명 촛불이 하늘과 땅, 시대의 소명을 다하려는 이때에, 국민주권혁명 촛불의 분열과 약화를 초래하려는 사악한 반동들을 분쇄하자! 더불어 메시아 영웅주의 권력욕만이 난무하는 정치판을 정화하자!

그러므로 이제 이를 위해, 본문 속에서, 백만 천만 국민주권혁명 촛불의 사회·공동체 연대를 위한 제언들을 찾아보고자 한다. "예수의 하나님나라 진리실천 연대, 이제부터 촛불 信仰신앙이다" 백만 천만 국민주권혁 촛불연대! 한 사람 한사람, 따로따로, 고립되고 낙오된 오천만 국민주권의 섬들이 하나로 외치는 국민주권혁명의 대 함성! 대한민국을 혁명하자! 새로운 세상, 사람이 사람답게 사는 세상을 열자!


## 이끄는 말

예수는 로마제국 식민지 유대 변방 갈릴리 땅에서 새로운 사회변혁운동으로써 '하나님나라'를 선포하고 실천·행동하셨다. 여럿이 함께 하나님나라를 이루어 가셨다. 본문은 그러한 예수의 하나님나라 선포와 실천·행동의 핵심가치로써 사회·공동체 연대를 제시하고 있다.

이와 관련하여 유대 변방 갈릴리는 이즈레엘 대평원과 갈릴리 호수 등 농업과 어업을 통한 풍부한 물자를 생산해 왔다. 또한 갈릴리는 동쪽지역 데카폴리스와 시리아의 다마스커스에서 서쪽 해변 길과 두로 및 지중해 세계로 나가는 상업 길목이었다. 나아가 갈릴리는 고대 메소포타미아 제국들의 정복전쟁 속에서 여러 이방인들이 강제로 이주해와 섞여 살아가야만 했던 유대 변방 식민지이었다. 따라서 갈릴리는 유대 땅 어느 곳보다 전쟁과 억압, 착취가 뿌리 깊은 땅이었다. 그러므로 갈릴리는 유대역사 속에서 수많은 저항봉기와 저항전쟁의 근원지가 되었다.

그런데 예수 이전의 모든 저항봉기와 저항전쟁들은 하나같이 유대종교·사회 엘리트들의 몫이었다. 유대종교·사회의 메시아대망에 걸맞은, 유대종교·사회 영웅주의에 부응하는 카리스마를 갖춘 용맹한 자만이 저항봉기와 저항전쟁에 뛰어들 수 있었다. 그들은 자신들의 저항봉기와 저항전쟁이 실패했을 때, 이방 제국주의 군대에 투항하기보다는 스스로 목숨을 끊음으로써 끝까지 자신들의 저항의지를 불태웠다.

그러나 예수의 하나님나라 운동은 그들의 저항봉기, 저항전쟁과 전혀 달랐다. 오랜 갈릴리 저항운동 역사에서 찾아볼 수 없었던 새로운 사회·공동체 변혁운동이었다. 예수의 하나님나라 운동은 갈릴리 민중들에게조차 매우 낯선 비폭력 생활저항 운동이었다. 그것은 갈릴리 저항봉기와 저항전쟁 속에서 난무하던 메시아대망, 영웅주의 카리스마를 정면으로 거부하는 것이었다. 한마디로 예수의 하나님나라 운동은 가난한 이들과 나약한 자들의 삶의 공동체 연대이었다. 또한 과부와 고아와 여성 등 사회적 약자들이 주체가 되는 생활공동체 연대이었다. 심지어 유대종교·사회의 죄인들, 매국노집단으로 낚인 찍힌 세리들, 창녀들까지 유대종교·사회에서 배제된 온갖 불가촉천민들의 사회·공동체 연대이었다. 참으로 예수의 하나님나라의 삶과 생활, 사회·공동체 연대는 예수 시대는 물론 21C 오늘날에도 실천하기 매우 어려운 연대일 수밖에 없다. 그러니 예수의 하나님나라 사회변혁운동은 얼마나 끈끈하고 실천적인 연대이었을까? 짐작조차 어려울 수밖에 없다.

그럼에도 불구하고, 본문에서는 이들 사이의 심각하고 깊은 갈등과 다툼의 내용들이 드러나고 있다. 그것은 예수의 하나님나라 사회변혁 공동체 안에서 '누가 더 큰 사람이냐'라는 다툼이었다. 사실, 이러한 자리다툼, 소영웅주의 권력투쟁은 예수의 하나님나라 사회변혁운동의 핵심진리를 망가트리는 위험요소 이었다. 이 폐해는 매우 심각한 것이어서 예수가 직접 나서서 걱정하고 책망하며 해결책을 제시해야만했다 이제 좀 더 자세히 본문을 살펴서 예수가 공동체에 제시한 해결책들을 찾아보기로 한다.

예수는 본문에서 하나님나라 사회변혁운동의 핵심진리 세 가지 가치들을 밝히신다. 첫째 섬김을 통한 삶과 생활공동체 연대또는 종들의 삶의 공동체 연대 이다. 두 번째 나약함과 무가치함을 통한 삶과 생활공동체 연대이다. 세 번째 포용을 통한 사회·공동체 연대이다. 이제 이 것들 중 첫 번째와 두 번째 삶과 생활공동체 연대는 내부연대의 가치로, 세 번째 것은 외부연대의 가치로 구별하여 살펴보기로 한다.

예수는 하나님나라 사회변혁운동의 삶과 생활공동체 내부연대와 관련하여 '누가 더 큰 사람이냐'라며 다투는 제자들을 불러 모으고 이렇게 말씀하신다. "만일 어떤 사람이 첫째가 되기 원한다면, 모든 사람들의 말째가 되어야 합니다. 그리고 모든 사람들의 종이 되어야 합니다." 한마디로 예수는 소영웅주의 권력투쟁에 몰두 하는 제자들에게 '섬김을 통한 삶과 생활공동체 내부연대'을 밝힌다.

예수의 하나님나라는 말째들의 삶과 생활공동체 내부연대이고 종들의 내부연대이며 섬김을 통한 내부연대라는 것이다. 예수는 이 섬김을 통한 삶과 생활공동체 내부연대 의미를 점강법漸降法 – 크고 높고 강한 것으로부터 차차 작고 낮고 약한 것으로 끌어내려 표현함으로써, 섬김을 통한 삶과 생활공동체 내부연대의 가치를 더 할 수 없이 크게 강조한다. 첫째를 말째로 끌어내리고 모든 이들의 종으로 자리매김한다. 이러한 점강법 표현은 막다른 결론에서 첫째를 지향하는 것 같지만, 실제로는 말째와 종의 자리를 지향한다. 실제로, 이러한 표현은 예수의 하나님나라 사회변혁운동의 주체가 말째들의 삶과 생활공동체 연대이며, 종들의 연대이기 때문이다.

이어서 예수는 한 어린 아이를 데려다가 제자들 앞에 세우고 그 아이를 두 팔로 껴안으시며 말씀하신다. "누구든지 내 이름으로 이와 같은 어린 아이들 중 하나를 영접하는 사람은 나를 영접하는 것이오. 또는 누구든지 나를 영접하는 사람은 나를 영접하는 것이 아니라, 도리어 나를 보내신 이를 영접하는 것입니다."

여기서 우리는 본문을 정확하게 이해하기 위해 예수 시대의 어린 아이의 사회적 위치를 살펴보아야 한다. 한마디도 예수 시대의 어린 아이의 사회적 위치는 '나약함과 무가치함'이다. 물론 동서고금을 막론하고 어린 아이와 부모 사이에는 친밀과 사랑이외는 다른 말이 필요 없다. 그러나 어린 아이에 대한 사회적 위치는 이것과는 전혀 다르다. 고대 유대사회에서는 12살이 되어야 사람대우를 받는다. 12살 미만의 아이들은 사회적 위치나 존재감이 없다. 무엇보다 5살 미만 어린 아이는 사회적 나약함과 무가치함의 상징이다. 사람취급도 하지 않는다. 아울러 여성들의 사회적 위치도 매우 낮다.

이러한 사실들은 구약성서 레위기 27장의 성전 서원세금 가격목록에 잘 나타나 있다. 5세미만 어린 아이는 5세겔, 여자 어린 아이는 더 낮은 3세겔, 5세 이상 20세까지는 20세겔, 20세에서 60세까지는 50세겔, 여성들은 이 가격들의 절반정도 이다. 오히려 늙은이는 사회적 대우를 받는다. 늙음은 지혜와 통찰력의 상징이기 때문이다. 늙어서 아무런 활동력이 없더라도 어린 아이나 여성들보다 훨씬 사회적 위치가 높다. 그래서 늙은 남자의 성전 서원세금은 35세겔까지 높아지기도 한다.

그러나 본문에서 예수는 어린 아이의 이러한 사회적 위치를 뒤집어엎는다. 예수의 하나님나라 사회변혁운동은 나약함과 무가치함의 삶과 생활공동체 연대이다. 예수는 나야함과 무가치함의 삶과 생활공동체연대의 의미를 앞서 와는 정반대로 점층법漸層法 – 작고 낮고 약한 것으로부터 차차 크고 높고 강한 것으로 끌어올려 표현한다. 그럼으로써 나약함과 무가치함의 삶과 생활공동체연대의 의미를 하늘 높이 끌어올린다. 예수는 나약함과 무가치함의 상징인 어린 아이를 마치 한 가정의 아빠처럼 두 팔로 껴안는다. 그러면서 예수는 어린 아이를 영접하는 것은 곧 나를 영접하는 것이고, 나아가 나를 보내 신 이를 영접하는 것이라고 선언한다. 여기서 예수는 '영접데크세타이'이라는 용어를 중요하게 사용하는데, 어린 아이 하나를 영접하는 것을 하나님을 영접하는 종교적 행위로까지 확장시킨다.

이로써 예수는 나약하고 무가치한 어린 아이를 영접하는 삶과 생활공동체연대를 통하여 사회·종교적 나약함과 무가치함을 하나님의 이미지로 대치代置한다. 예수는 어린 아이의 사회·종교적 위치를 하나님의 위치로까지 끌어올림으로써, 하나님께서 나약함과 무가치함에 대한 사회·공동체 연대에 참여하고 계시다는 사실을 증언한다. 하나님께서 나약함과 무가치함에 대한 종교와 삶의 공동체 핵심연대 세력이라는 사실을 증언한다. 실제로, 유대인들의 조상 노예제국 파라오 지배체제 히브리 노예들의 하나님 야훼는 나약하고 무가치한 히브리 노예들의 삶과 종교·사회공동체 일원이 되셨다. 야훼 하나님은 노예제국 파라오 지배체제 내부자 하나님이 되기에는 연약하고 모자라고 볼 잘 것 없는 분이시다. 그래서 야훼하나님은 지배자들의 하나님이 아닌 노예들의 하나님이시다. 야훼 하나님은 지배자들의 하나님과 달리 이름이 없으시다. 야훼는 히브리 노예들의 하나님으로써, 아직 무엇 무엇이라고 부를 만한 권세와 능력이 없으시다. 그러다보니 히브리 노예들의 하나님의 이름은 그저 '나는 너희들과 함께 무엇이든 될 것이다'라는 사이동사 '야훼또는 여호와'이시다.

반면에 고대 제국주의 지배자들의 하나님 이름은 모두 명사이다. 지배자들의 하나님은 무엇, 무엇이라고 부를만한 위대한 힘과 능력과 권세들이 널려 있다. 바람과 구름과 폭풍의 지배자 바알, 모든 부와 권력의 신 바알,

전쟁과 승리의 신 마르둑, 등이 바로 그렇다. 그러나 히브리 노예들의 하나님 야훼는 아직 무엇이라고 부를 만한 것이 없다. 기껏해야 '나는 너희 조상 때부터 그들의 하나님 이었다'가 고작인데, 노예들의 조상이 무에 그리 자랑거리가 될 수 있을까?

그래서 뒤집어 '나는 나약하고 무가치한 너희들과 함께 무엇이든 될 것이다'라는 노예들의 하나님 '야훼라는 이름은 위대' 하시다. 야훼 하나님은 크고 강하고 무자비한 이집트 파라오제국 지배체제 안에서 나약하고 무가치한 히브리 노예들의 삶과 생활·사회·종교·공동체 연대의 일원으로써 '무엇이든 될 수 있으신 분'이시다. 무엇이든 할 수 있는 분이시다. 나약함과 무가치함의 삶과 생활·사회·종교·공동체 연대가 야훼하나님의 실체이다. 야훼 하나님은 '나약함과 무가치함의 삶과 생활·사회·종교·공동체 연대의 무한한 내일'이시다.

이러한 히브리 해방노예의 하나님 '야훼'라는 이름이 기독교 신앙의 핵심진리 중 하나이다. 그러므로 두말할 것도 없이, 예수의 하나님나라 사회변혁운동은 마땅히 크고 강하고 무자비한 로마제국 지배체제에서 나약하고 무가치한 이들의 삶과 생활·사회·종교·공동체 연대이다. 로마제국 지배체제 안에서 나약하고 무가치한 이들의 삶과 생활·사회·종교·공동체 연대야말로 예수신앙 핵심이며, 히브리 노예들의 하나님 야훼신앙의 실천행동이다.

이제 마지막, 예수의 하나님나라 사회변혁운동의 사회·공동체 외부연대의 핵심가치에 대하여 살펴보기로 한다. 한마디로 그것은 '포용의 사회·공동체 외부연대'이다. 본문에서 예수의 제자 중 한사람인 요한은 예수 말씀 끝에 이렇게 보고한다. "선생님, 우리가 당신의 이름으로 귀신들을 쫓아내는 어떤 사람을 보았습니다. 그러나 우리는 그를 막았습니다. 왜냐하면 그가 우리를 따르지 않았기 때문입니다."

여기서 요한은 삼음보三晉步동사 강조법을 사용하여 자신의 보고의 정당성을 주장한다. 당신의 이름으로 귀신들을 '쫓아내는' 어떤 사람을 / 우리가 막았습니다. 그 사람이 '우리를 따르지 않았기' 때문입니다" 사실, 예수의 제자들은 공동체 내부에서 '누가 더 큰 사람이냐' 소영웅주의 권력다툼을 벌였을 뿐만 아니라, 외부에 대해서도 배타적이며 전혀 너그럽지 않았다. 이것은 예수의 하나님나라 사회변혁운동 핵심가치와 걸맞지 않을 뿐만 아니라, 로마제국 지배체제의 차별과 배제, 사익과 권력독점에 다름 아니었다.

그래서 예수는 곧바로 제자들에게 하나님나라 사회변혁운동의 외부연대의 핵심가치인 '포용의 사회·공동체 연대'를 주지시키셔야 했다. "그 사람을 막지 마시오. 왜냐하면, 자기가 내 이름을 팔아서 능력을 행할 거면서, 성급하게 나를 비방할 수 있는 사람은 아무도 없을 것이오. 참으로, 우리를 적대하지 않는 사람은 우리를 위하는 사람이오. 실제로, 여러분이 그리스도께 속한다는 명분 때문에 여러분에게 물 한잔이라도 마시게 하는 사람은 '진실로 내가 여러분에게 말하오' 그 사람은 결코 자기의 몫을 잃지 않을 것이오."

실제로, 어느 시대나 지배체제의 내부자들은 사익과 권력독점을 위하여 편을 가르고, 담을 쌓아서, 특권·기득권 패거리가 된다. 그러나 예수의 하나님나라 사회변혁운동은 그와 정반대이다. 하나님나라 사회변혁운동의 핵심가치인 포용의 사회·공동체 연대는 사익을 버리고, 권력독점을 해체하며, 특권·기득권 패거리를 쳐부순다. 사익과 권력독점을 위한 특권·기득권 패거리를 쳐부수고, 하나님나라 사회변혁운동 진리를 실천하는 모든 이들과 더 크고, 더 깊은 포용의 사회·공동체 연대를 만들어 낸다.

그러므로 예수는 소영웅주의 권력투쟁에 몰두하는 제자들에게 명토 박아 말한다. "참으로, 우리를 적대하지 않는 사람은 우리를 위하는 사람이오." 예수는 로마제국 지배체제에 저항하고 하나님나라 사회변혁운동 진리를 쫓아서 실천하는 사람이라면 돌변하여 하나님나라를 비방하지 않을 것이라고 믿는다. 도리어, 예수는 하나님나라 사회변혁운동을 실천하는 이들에게 물 한잔이라도 대접하는 사람은 결단코 하나님나라에서 자기 몫을 빼앗기지 않을 것이라고 선포한다. 예수는 하나님나라 사회변혁운동의 성패가 하나님나라 진리를 실천하는 모든 이들과 포용의 사회·공동체 외부연대를 확장하는 일에 달려 있음을 명백하게 밝힌다.

## 맺는 말

21C 자본주의화 된 교회에서는 본문을 '종의 리더십' 이니 어쩌니 하며 자본주의 성공신화를 위한 처세술로 왜곡한다. 실제로, 돈과 부와 권력독점을 염원하는 특권·기득권 지배체제 내부자들에게는 본문을 종의 리더십이나 처세술로만 해석하는 교회가 고마울 것이다. 그러나 본문에 대한 교회의 이러한 왜곡해석은 교우들을 자본주의 지배체제에 종속시키는 반 신앙행위이다.

이점에서 본문의 참뜻은 예수의 하나님나라 사회변혁운동 진리를 밝히는 것에 있다. 섬김을 통한 삶과 생활공동체 연대 또는 종들의 연대, 연약함과 무가치함의 삶과 생활공동체 연대, 하나님나라 사회변혁운동 진리를 따르는 모든 이들에 대한 포용의 사회공동체 외부연대다. 이것들이 바로 예수의 하나님나라 사회변혁운동의 핵심가치이다.

이로써 본문은 결코 자본주의 성공신화를 위한 처세술이거나 부와 권력독점을 염원하는 특권·기득권계층의 리더십 일 수 없다. 본문은 예수의 하나님나라 사회변혁운동의 핵심가치로써 예수의 제자도를 따르는 예수 신앙인들의 삶과 생활, 신앙공동체의 실체이다. 나아가, 21C 자본주의 지배체제 하에서 '사람이 사람답게 사는 세상을 꿈꾸는 민중들'의 사회·공동체 연대이며 광장정치이다.

실제로, 지금의 백만 천만 국민주권혁명의 촛불이 이러한 사실들을 증언한다. 어둠의 세상 속에서 하나하나의 국민주권 촛불은 불의와 폭력, 억압과 고통 속에서 숨죽여 지내왔다. 그러나 지금은 한 사람 한사람, 고립되고 낙오되었던 오천만 국민주권의 섬들이 서로 연대하고 하나가 되어 백만 천만 국민주권혁명 촛불을 밝히고 있다. 지금의 백만 천만 국민주권혁 촛불은 서로를 향한 섬김의 연대, 연약함과 무가치함의 연대, 서로의 고통과 아픔과 상처를 이해하고 공감하는 포용의 사회·공동체 연대이다. 우리는 백만 천만 국민주권혁명 촛불이 인류종교·정치·문화·사회 역사상 유래가 없는 비폭력 사회혁명운동이라고 믿는다.

이제 머잖아, 백만 천만 국민주권혁명 촛불이 광장의 소명을 다하는 날이 이르게 될 터. 그때에는, 백만 천만 국민혁명촛불은 다시, 더 거세게, 우리의 삶과 생활 정치로 거듭나야 되지 않을까? 지금의 백만 천만 국민주권혁명 촛불은 우리 이웃들의 상처와 고통의 현장에서, 사회·공동체 연대의 정치, 우리 모두의 삶과 생활 정치로 더 거세게 불타오를 것이다.

# 5. 시대의 고난 받는 민중,
# 우리는 무엇을 할 것인가?

**이사야** 50장 1-11절

## 읽기

### 하나님 없는 세상, 불의한 사회

야훼께서 이렇게 말씀하셨다.

어디에 있느냐?

내가 너희 어미를 내어보냈다는 이혼증서.

그게 언놈이냐?

내가 저에게 너희를 팔아넘겼다는 빚쟁이채권자 놈들.

보라!

너희가 너희 죄악들로 인해 스스로 팔렸다.

너희의 악독한 행위들로 인해 너희 어미가 내어보내졌다.

왜, 내가 왔는데 아무도 없느냐?

왜, 내가 불러도 대답하는 사람이 없느냐?

정말, 내 손이 너희를 해방하기에 짧겠느냐?

진짜, 내게 너희를 구출할 힘이 없겠느냐?

보라!

내가 큰 소리로 꾸짖어서 바다를 말릴 것이다.

내가 강들을 광야처럼 메마르게 할 것이다.

물이 없는 까닭으로, 거기 사는 물고기들에서 악취가 날것이다.

목말라 죽을 것이다.

내가 하늘을 더러운 어둠의 옷으로 입힐 것이다.

내가 굵고 거친 털실로 짠 하늘 덮개를 씌울 것이다.


## 고난 받는 민중


주 야훼께서 나에게 주셨다

능숙한 이들의 혀를.

지친사람을 돌볼 줄 알도록

그가 말을 깨우쳐주신다.

아침마다

그가 나의 귀를 깨우쳐 주신다

능숙한 이들처럼 알아듣도록.

주 야훼께서 나의 귀를 열어주셨다.

나는 거역하지 않았다.

나는 뒤로 꽁무니를 빼지 않았다.

때리는 자들에게

나는, 나의 등을 맡겼다.

수염을 뽑는 자들에게

나는, 나의 뺨을 맡겼다.

나는, 나의 얼굴을 숨기지 않았다

욕설들과 침 뱉음으로부터.

주 야훼께서 나를 도우신다.

그러므로 나는 부끄러워하지 않는다.

그러므로 나는, 나의 얼굴을 차돌처럼 세웠다.

나는 안다

내가 수치를 당하지 않을 것을.

나를 의롭다 하시는 이가 가까이 계신다.

나를 소송할 자가 누구냐?

우리 함께 법정에 서보자.

나의 판결 결과를 시비 걸 자가 누구냐?

나에게 나오라!

보라! 주 야훼께서 나를 도우신다.

나를 그르다고 할 자가 누구냐?

보라! 그들 모두는 옷처럼 헤어질 것이다.

좀이 그들을 먹을 것이다.

그가 누구냐?

너희들 가운데 야훼를 경외하는 사람

야훼의 종의 소리를 듣는 사람.

만일 그렇다면, 그 사람은 어둠속을 걸어도

그에게 빛이 없어도

그는 야훼의 이름을 신뢰할 것이다.

그는 그의 하나님을 의지 할 것이다.

## 더러운 어둠 속에서 특권·기득권 세력의 삶의 행태

보라!

불을 붙이는 너희 모든 자들아!

불화살 무장의 띠를 맨 자들아!

너희 불구덩이 속으로 가라!

내손으로부터 너희에게 이것이 있을 뿐이다.

너희는 괴로움을 쫓아 누울 것이다.

## 들어가는 말

2017년 3.10절 박근혜대통령은 파면되었지만, 백만 천만 국민주권혁명 촛불은 꺼지지 않는다. 박근혜정권 국정농단세력들의 법의 심판을 받은 이후에도 새로운 대한민국이 세워지는 날까지, 국민주권혁명 촛불이 광장을 넘어 우리의 생활 속에서 계속 밝혀질 것이다.

참으로, 박근혜정권 국정농단세력들뿐만 아니라, 이 땅의 모든 특권·기득권 집단들의 생각과 의지와 골수에까지 맘몬·자본 숭배, 사익과 권력에 대한 탐욕이 사무쳐 있다. 백만 천만 국민주권혁명 촛불이 이들 어둠의 세력들에 대한 저항을 한 순간이라도 놓쳐서는 안 된다. 광장에서, 정치에서, 생활 속에서 끊임없는 저항의 연대와 공동체적 참여를 조직하고 행동해야 한다.

이를 위하여 본문을 자세히 읽고 새롭게 해석하여 하나님의 뜻을 찾고자 한다. 하나님 없는 불의한 세상에서 고난 받는 민중의 저항에 공감하고, 연대하며, 참여함으로써, 더러운 어둠의 세상을 밝히는 신앙의 촛불이 되자. 시대의 고난 받는 민중, 이제부터 촛불 신앙이다.

## 이끄는 말

본문을 읽고 해석하는 열쇠 말은 무엇일까? 서구교회의 오랜 기독교 메시야 사상 속에서 본문 이사야 50장은 '야훼의 종의 노래' 또는 '야훼의 고난 받는 종의 노래'라고 불린다. 본문에서 야훼의 종은 바벨론제국의 억압과 폭력 앞에서 굴종의 삶을 강요당하는 이스라엘 백성들을 위로하고, 그들의 삶의 고난과 절망을 대변하는 역할을 감당하는 사람이다. 이점에서 본문의 저자는 바벨론제국의 폭력과 억압에 대해 저항하는 야훼의 종의 당당하고 확고한 신앙의지를 소리 높여 찬양한다.

그런데 이제, 21C 신자유주의 맘몬·자본 제국 지배체제에서 본문은 우리에게 신자유주의 국가와 맘몬·자본권력의 억압과 착취아래 신음하는 가난한 이들의 삶의 고난과 절망을 폭로하고 고발하도록 촉구한다. 맘몬·자본 제국주의 지배체제 하에서 고난당하는 민중들의 삶을 공감하고, 함께 저항의 연대와 공동체적 참여를 조직하도록 이끈다. 맘몬·자본 권력과 뒷배를 맞추는 국가권력의 폭력과 억압 속에서 신음하는 민중들과 함께 삶을 나누고, 함께 고통당하며, 함께 저항의 봉화를 올리라고 선동한다. 21C 신자유주의 맘몬·자본세상에서 지금 우리가 무엇을, 어떻게 실천하고 행동해야 하는지, 가르쳐 주고 있는 것이다. 이러한 관점에서 본문을 읽고 해석하는 열쇠 말은 '시대의 고난 받는 민중, 우리는 무엇을 할 것인가?'이다.

본문은 시적형태를 가지고 있는데, 세 단락으로 나눌 수 있다. 첫 번째 단락은 '하나님 없는 세상, 불의한 사회'이다. 두 번째 단락은 '고난 받는 민중'이다. 세 번째 단락은 '더러운 어둠속에서 특권·기득권 세력들이 받아야만 하는 징벌'이다.

첫 번째 단락 '하나님 없는 세상, 불의한 사회' 본문 내용에 비추어, '우리는 이제까지 무엇을 해왔는가? 박근혜정권 국정농단세력들과 독점자본과

수구언론들이 진실과 진리를 억압하고 민주주의를 말살하는 사회현실 속에서, 우리의 삶의 자리는 어디였는가? 우리는 맘몬·자본 권력이 사익과 착취를 통하여 가난한 이들의 생활을 파괴하는 민생현장을 외면했거나 '도덕적해이자'라는 말을 통하여 적당히 동조해왔다. 국가권력과 자본권력이 한 패거리가 되어 획책하고 있는 철도, 의료, 교육, 가스, 전기, 등 공공부분 민영화에 대하여 명명백백한 입장을 세우지 않는다. 해당 사업의 노동자들의 저항에 적당히 박수치고 동조하는 척 하면서, 거기까지로 모든 할 일을 다 한 것이다. 사드배치문제, 탈핵문제, 비정규직 등 노동문제 등, 이 땅 어둠의 세력들이 가난한 서민들의 생존권을 짓밟고 말살하는 온갖 난장질에 대하여 적극적인 저항의 연대와 공동체적 참여를 소홀히 해왔다. 우리는 예수신앙인으로써 우리가 보고 알고 깨닫는 우리시대의 진실에 대한 신앙고백과 신앙실천행동을 적당히 얼버무려 온 것이다.

본문에서 야훼 하나님은 "어디 있느냐? 내가 너희 어미를 내어보냈다는 이혼증서. 그게 언놈이냐? 내가 저에게 너희를 팔아 넘겼다는 빚쟁이 채권자 놈들. 왜, 내가 왔는데 아무도 없느냐? 왜, 내가 불러도 대답하는 사람이 없느냐?" 라고 절규하신다. 마치 가족들에게 무시되고 소외된 무능한 아버지처럼 부르짖는다. 짐짓 허세를 부리고 부러 힘을 과시하는 가부장적인 하나님과 정 반대이시다. 힘없고 나약하고 무능해서 마치 가족들에게서 버림받은 절절하고 처절한 목소리로 외친다.

실제로 21C 신자유주의 국가권력과 맘몬·자본제국 지배체제에서 사람 대접 받지 못하고 허덕이는 사람들은 '하나님은 도대체 어디 계신거야'라고 불평할 수밖에 없다. 마치, 본문에서처럼 야훼하나님께서 자기 백성 히브리 해방노예들과 맺은 '해방과 자유, 정의와 평등, 생명과 평화 언약'을 저버리셨다고 불평기도 한다. 또한 마치 야훼 하나님께서 자신의 손으로 해방과 구원을 베푸신 히브리 해방노예들을 사랑스럽지 않은 연인을 내차버리듯 버리셨다고 믿는다.

그러나 본문에서 야훼하나님은 우리에게 '당신께서 우리들의 어머니에게 이혼증서 써주고 내어보냈다면 그 이혼 증서가 어디 있느냐, 내놔 봐라'라고 요구하신다. 당신께서 빚꾸러기가 되어 자기 백성 자기자식 히브리 해방노예들을 저에게 팔아넘겼다며 가짜 채권증명서를 흔들어 대는 빚쟁이 채권자 놈들이 어떤 놈들이냐며 호통을 치신다. 야훼 하나님께서는 전혀 그런 사실이 없다고 펄펄 뛰며 주장하신다.

그런데 실제로, 신자유주의 국가권력과 맘몬·자본 지배체제 하에서 우리는 우리의 어머니를 잃어버렸다. 빼앗겼다. 우리 어머니의 추억이 하도 오래되어 아주 깡그리 잊어 버렸다. 우리의 잊어버린 어머니는 도대체 무엇이었던가? 바로, 우리의 저항이다. 우리의 사랑이다. 우리의 자유와 해방, 정의와 평등, 생명과 평화이다. 우리시대의 고난당하는 이들에 대한 우리의 공감과 연대와 공동체적 참여이다. 우리는 우리시대의 우리들의 어머니를 깡그리 잊었다.

우리는 노예다. 신자유주의 국가권력과 맘몬·자본 지배체제의 노예다. 개·돼지 외부자다. 요즘 인기 있는 TV드라마 '역적'에서 주인공들의 대사처럼, 하나님 없는 세상에서 특권·기득권 집단은 우리를 그렇게 대한다. 우리가 개돼지 취급을 당하면서도 납작 엎드려 사니, 그들은 당연히 우리를 개·돼지로 믿는다. 신자유주의 국가권력과 맘몬·자본 지배체제의 내부자 무리들, 독점재벌들, 재벌따까리들, 여의도 기득권 정치가들, 아무런 뜻도 의지도 없이 여의도를 드나드는 정치한량들, 그들은 우리를 정말 노예라고 믿는다. 정말 어쩔 수 없는 자본주의 노예, 노동의 하늘은총을 전혀 구현하지 못하는 어쩔 수 없는 임금노예라고 믿는다.

그래서 본문에서 야훼 하나님은 우리에게 "너희가 너희 죄악으로 인해 스스로 팔렸다. 너희의 악독한 행위로 인해 너희 어미가 내어보내졌다"라고 절규하신다. 이제 우리의 죄악들을 반성하고 회개해야 한다. 우리의 악독한 행위들을 돌이켜 죄 용서를 받아야 한다. 지금까지 우리는 우리를 노예취급 하는 신자유주의 국가권력과 맘몬·자본 지배체제에 아무런 저항도 하지 않는 죄악을 저질러 왔다. 우리시대에 고난당하는 민중, 비정규직 노동자, 과중한 가계채무로 한계상황에 처한 이들, 그들의 삶의 상황을 이해하고 공감하며 함께 저항의 연대와 공동체적 참여를 조직하지 않은 악독한 행위들을 해왔다. 지난 '세 모녀 동반자살 참사'에서처럼, 우리 이웃들의 가족이 해체되고, 빈곤의 나락으로 떨어지며, 온가족이 동반자살의 대열로 내몰려도 못 들은 척 못 본체 하고, 나만의 노예적 안락에 희희낙락 했다.

도리어 우리는 '악법도 법' 이라며 신자유주의 국가권력과 불의한 법제도의 억압질서를 옹호함으로써 시대의 민중들의 고난저항을 무효화하는 악독한 행위들을 서슴지 않는다. 나아가 맘몬·자본 지배체제 탐욕의 자본주의 성공신화를 그리워하고 감격스러워함으로써 힘없고 가난한 이들의 착취당함을 정당화하는 악독한 죄악을 저질러 왔다. 그래서 야훼하나님께서는 하나님 없는 불의한 세상에서 숨죽여 침묵하는 우리의 죄악 때문에 '우리의 하늘을 더러운 어둠의 옷'으로 입혀 버리셨다. 굵고 거친 털실로 짠 하늘 덮개를 만들어 우리의 하늘을 씌워 버리셨다. 21C 우리는 시대의 고난 받는 민중들을 향한 우리의 죄악으로 인해, 우리의 악독한 행위들로 인해 더러워진 하늘, 캄캄해진 하늘 아래서 무엇이 진실이고 무엇이 진리인지도 모르는 채 노예적 삶을 살고 있다.

그러나 마냥, 야훼 하나님께서 두 손 놓고, 두발 묶고 방관만 하실까? 절대 그렇지 않다. 야훼 하나님은 시대의 고비마다 역사의 마디 마다 혼신을 다해 활동하고 일하신다. 야훼 하님은 시대의 고난 받는 민중의 삶을 통해 일하신다. 고난 받는 민중과 함께 일하신다. 야훼 하나님은 시대의 고난 받는 민중으로 이 땅에 오셔서 당신이 모든 것을 다 바쳐서 일하신다. 야훼 하나님은 시대의 고난 받는 민중들의 모든 삶의 영역을 통하여 우리를 깨우시고 우리를 향하여 외치시며 우리를 부르신다.

"왜, 내가 왔는데 아무도 없느냐? 왜, 내가 불러도 대답하는 사람이 없느냐? 정말, 내 손이 너희를 해방하기에 짧겠느냐? 진짜, 내게 너희를 구출할 힘이 없겠느냐?" 그렇다면 우리시대에 야훼 하나님의 해방과 구원은 무엇인가? 우리는 어디에서 어떻게 야훼하나님의 해방과 구원의 은총을 찾을 수 있을까? 우리가 우리 시대의 고난 받는 민중의 삶에 공감하고 저항의 연대와 공동체적 참여를 조직할 때, 우리는 야훼 하나님의 해방과 구원의 은총을 입게 될 것이다. 본문 두 번째 단락의 '시대의 고난 받는 민중'의 내용이 이러한 신앙진리를 여실히 증언한다.

우리가 시대의 고난 받는 민중들의 삶의 상황에 공감하고 함께 저항의 연대를 조직하며 함께 공동체적 참여를 이루어 낼 때, 야훼 하나님은 우리에게 '능숙한 이들의 혀'를 주신다. 지친사람을 돌볼 줄 알도록 하나님께서 할 말을 깨우쳐주신다. 시대의 고난 받는 야훼의 종, 시대의 민중들을 통하여 야훼 하나님을 삶의 스승으로 모시게 된다. 야훼 하나님나라 가치와 질서를 따르며 맘몬·자본 세상의 구조적 모순과 불의를 낱낱이 보고 알고 깨닫게 된다. 맘몬·자본 세상의 노예로 살면서 온갖 억압과 착취를 당하며 절망 속에서 허덕이는 이들을 위로하고 그들에게 희망을 주는 삶을 살 게 된다. 진실한 예배와 기도와 찬양 속에서 신자유주의 국가권력과 맘몬 제국 지배체제에 저항하는 야훼 하나님의 지혜와 계시의 말씀들을 듣고 배우고 깨닫게 된다.

참으로 우리는 우리시대의 고난 받는 민중을 통하여 신자유주의 국가권력과 맘몬·자본 지배체제의 반 생명, 반 평등, 반 평화의 불의한 행태와 음모를 보고 깨달아야 한다. 우리시대의 독점자본주의 시장경쟁체제의 무한경쟁, 무한독점, 무한소비의 유혹과 음모와 술수로부터 해방되어야 한다.

나아가 우리시대의 가난한 이들, 착취와 억압당하는 비정규직 노동자들, 투기금융자본의 채무노예로 전락한 신용불량자들 등, 우리시대의 사회경제적 약자들의 고난과 고통의 소리를 들을 수 있어야 한다. 우리 이웃들의 아픔과 고난의 외침에 예민하게 반응하고 공감하는 신앙영성을 훈련해야 한다. 다른 이들의 고통의 현장에 참여하고 연대하며 함께 투쟁할 수 있는 신앙의지와 용기를 키워야 한다.

그러할 때 우리는 우리시대에 우리와 함께 하시는 야훼 하나님을 깨닫고 영접하며 그 분과 함께 오늘 우리의 삶을 영위할 수 있게 된다. 우리시대의 고난 받는 민중들과 함께 이 땅의 하나님나라의 삶을 살 수 있게 된다. 그러할 때, 우리는 진리와 진실 앞에서 꽁무니를 빼지 않는다. 불의와 폭력에 맞서 저항하며 욕설을 듣고 침 뱉음을 당해도 떳떳하다. 때리고 가두는 폭력을 당해도 때리는 놈들에게 여유롭게 나의 등때기를 맡길 수 있다. 우리는 우리를 모함하고 수치를 주는 놈들에게도 우리의 뺨을 맡기는 용기를 갖는다. 욕설과 침 뱉음으로부터 나의 얼굴을 돌리지 않는 당당함을 갖는다. 그러므로 신자유주의 국가권력과 맘몬·자본 지배체제의 억압과 착취와 죽임 앞에서도 우리는, 너는, 나의 얼굴을 차돌처럼 세울 수 있다. 그 당당함과 떳떳함과 여유로움의 근거가 무엇이냐? 해방과 자유, 정의와 평등, 생명과 평화의 야훼 하나님이 나를 도우신다. 야훼 하나님이 내편이다. 그가 우리를, 너를, 나를 의롭다 하신다. 나를 의롭다하시는 이가 가까이 계신다. 다, 나와라! 우리함께 정의와 평등의 법정에 서자! 그 누가 나를 그르다 하겠느냐!

이것이 바로 '야훼의 고난 받는 종'의 신앙 핵심이다. 시대의 고난 받는 민중들의 신앙 증거이다. 우리는 우리시대의 불의한 신자유주의 정권과 포학한 맘몬·자본 지배체제에 저항연대를 조직하고 공동체적 참여를 이루며 승리를 확신한다. 불의하고 폭력적이며 표리부동한 신자유주의 정권. 사익만을 추구하는 맘몬·자본 지배체제는 낡은 옷처럼 헤어져 바람에 날아갈 것이다. 반 민생, 반 민중, 반 생명평화라는 사회적 좀이 신자유주의 국가권력과 맘몬·자본 지배체제를 먹어 없앨 것이다.

이제 마지막으로 본문말씀 세 번째 단락은 '더러운 어둠속에서 특권·기득권 세력들이 받아야 하는 징벌'이다. 시대의 고난 받는 민중과 함께 저항의 연대를 조직하고 공동체적 참여를 이루는 우리를, 너를, 나를, 노예로 여기고 개·돼지취급을 하는 신자유주의 국가권력과 맘몬·자본 지배체제의 내부자 무리들, 독점재벌들, 재벌따까리 무리들, 여의도 기득권 정치집단, 아무런 뜻도 없이 여의도를 배회하는 철새 정치가들, 그들이 받아야 하는, 받을 수밖에 없는 하늘의 벌이다.

그들은 사익과 권력을 따라 뜻을 모으고 행동한다. 가난하고 힘없는 이들을 차별하고 벽을 쌓는다. 자신들만의 편견과 아집으로 자폐적 사고와 경험 속에서 폐쇄된 삶을 산다. 날이면 날마다 다른 이들을 향한 분노와 반감과 혐오를 키우며 폭력과 전쟁과 죽임을 계획하고 실행할 기회만 노린다. 그들은 자나 깨나 탐욕과 정욕情欲의 불을 붙이는 무리들이다.

그러므로 해방과 자유, 정의와 평등, 생명과 평화의 야훼 하나님께서 그들에게 베푸실 것은 아무것도 없다. 그들이 불붙여서, 그들이 키워놓은, 그들의 불구덩이 속으로 스스로를 던져 넣는 것뿐이다. 자나 깨나 탐욕과 정욕情欲의 불을 붙이며 스스로 그 불속에서 영영 채워지지 않는 탐욕과 정욕의 괴로운 삶을 쫓아 사는 것이 그들에게 내려진 하늘 징벌이다.


## 맺는 말

꺼지지 않는, 꺼지지 않을, 꺼질 수 없는 백만 천만 국민주권혁명 촛불. 박근혜 대통령파면, 국정농단세력 엄단을 넘어, 새로운 대한민국을 향해 광장에서, 정치에서, 일상생활 속에서 계속 밝혀질 것이다.

21C 우리시대의 예수신앙인들과 교회는 불의한 권력, 맘몬·자본 지배 체제 음모를 폭로하는 시대의 나팔수, 시대의 야훼의 종이기를 자원한다. 우리시대의 고난 받는 민중들과 함께 저항의 연대를 조직하고 공동체적 참여를 만들어 가는 이 땅의 하나님나라 이기를 소망한다. 저항하는 이들의 고난, 욕설, 비난을 씻어내는 시대의 진리와 진실의 담지자였으면 좋겠다. 그래서 시대의 고난 받는 민중, 이제부터 촛불 신앙信仰이다.

# 6. 임마누엘, 하나님이 우리와 함께하신다.

## 읽기 - 1

더하여, 야훼께서 아하즈에게 이렇게 말씀하셨다.

"너는 너를 위하여 야훼 너의 하나님의 함께하심으로부터 표징을 요청하라! 음부만큼 깊고 신비한 곳으로부터 이든, 아니면 위로 높고 위대한 곳으로부터 이든 표징을 요청하라!"

아하즈가 대답했다.

"아닙니다. 나는 표징을 요구하지 않겠습니다. 또한 야훼를 시험하지도 않겠습니다."

그러자 이사야가 큰 소리로 꾸짖었다.

"다윗 왕실이여! 제발 들어라! 너희 때문에 사람들을 괴롭게 하는 것이 작은 일이냐? 참으로 너희가 나의 하나님도 역시 괴롭게 하려느냐?

그러므로 주님께서 직접 너희에게 그 표징을 주실 것이다. 보라! 젊은 여자가 임신해서 아들을 낳을 것이다. 그리고 그 여자는 아들의 이름을 '임마누엘'이라고 부를 것이다. 그 아이가 나쁜 것을 버리고 좋은 것을 고를 줄알게 될 때까지 양젖버터와 꿀을 먹을 것이다. 왜냐하면, 그 아이가 나쁜 것을 버리고 좋은 것을 고를 줄 알게 되기 전에, 네가 두려워 떨었던 땅의 두 왕들 면전에서, 그 땅이 버려지게 될 것이기 때문이다.

그러나 야훼께서 너와 네 백성과 네 왕실 위에, 에브라임이 유대를 떠나던 날부터 이때까지, 그들이 겪어보지 않았던 날들을 이르게 할 것이다. 곧 앗수르 왕을 오게 할 것이다"

이사야 7:10-17

## 읽기 - 2

더하여, 야훼께서 다시 내게 말씀하셨다.

참으로 이 백성이 천천히 흐르는 '쉴로아흐' 물을 거부하고

'르친과 르말야후의 아들'을 기뻐하기 때문에.

그러므로 보라!

나, 주가 그들 위에 덮치게 하겠다

강하고 많은 그 강의 물을

앗수르왕과 그의 군대의 모든 위력을.

그것이 그 모든 시내위로 넘칠 것이고

그 모든 둑 위로 넘쳐흐를 것이다.

그것이 유다에 재빨리 들어와 쏟아지며

목에까지 차서 흐를 것이다.

그러나 그분의 펼친 한 쌍의 날개가 있어

네 땅을 가득히 채울 것이다.

'임마누엘', 하나님이 우리와 함께 하신다.

너희는 동맹을 맺으라, 민족들아!

그러나 너희는 산산조각 날것이다.

너희는 귀를 기울여라, 땅의 먼 곳으로부터 모든 민족들아!

너희는 무장하라, 그러나 너희는 산산이 부수어질 것이다.

너희는 스스로 무장의 띠를 매라, 그러나 너희는 겁에 질려 깨어질 것이다.

너희는 함께 계획을 세우라, 그러나 너희 계획은 무산될 것이다.

너희는 할 일을 논의하라, 그러나 너희는 이루지 못할 것이다.

왜냐하면, '임마누엘' 하나님께서 우리와 함께 하시기 때문이다.

이사야 8:5-10


## 읽기 - 3

와서, 보라!

야훼의 하신 일들을

그 땅을 고독하게 하신.

야훼께서 그 땅 끝까지

전쟁들을 그치게 하셨다.

창을 꺾고, 활을 부러뜨리고, 전차들을 불사르셨다.

너희는 멈추어라, 깨달아라!

내가 하나님이라는 것을.

내가 높임을 받으리라

모든 민족들로부터

그 땅에 있는 모든 이들로부터.

만군의 야훼께서 우리와 함께하신다.

야곱의 하나님은 우리에게 피난처이시다.   셀라

시편 46 : 8-11 히브리 성서 9-12

# 들어가는 말

21C 지구촌제국 미국은 끊임없이 어마어마한 전쟁무기들을 개발하고 실전배치해 왔다. 그 중하나가 '폭탄의 어머니'라고 불리는 GBU-43 폭탄이다. 이 폭탄은 땅 위 3m에서 10여 톤의 화약을 폭발시켜서 주변을 일시적으로 무산소 상태로 만들고 반경 500미터 내에 있는 모든 생명체를 몰살시킨다고 한다. 미국은 이라크 전쟁을 위해서 이 폭탄을 개발했다. 2003년에 최초로 시험투하했고 지금까지 한 번도 실전공격에 사용한 적이 없다.

그런데 미국은 2017년 4월 14일 이 폭탄을 아프가니스탄 IS 근거지에 투하 했다고 한다. 이번 폭탄 투하의 목적은 미국 트럼프 정부의 북한 정권을 향한 무력시위라는 것이 국내외 군사전문들의 분석이다. 박근혜대통령 파면 이후, 장미대선 청치상황에서 미국 트럼프 정부와 한국 권한대행 정부가 불법적으로 사드배치를 완결하는 등 지속적으로 한반도에 전쟁위기를 높여오고 있다.

정녕, 이 땅의 어둠의 세력들은 지구촌제국 전쟁광들과 손을 잡고 한반도에서 전쟁놀음을 하려는가? 지구촌제국 미국에 트럼프 정부가 들어선 이후 시리아와 이라크 전쟁에서 미군의 폭격으로 4,000명 이상의 민간인이 학살되었다고 한다. 지촌제국 미국의 지원을 받는 사우디 등 걸프연합군의 예멘 폭격으로 인한 민간인 학살은 아예 깜깜이로 추측만 할뿐이다.

이렇듯, 한반도 전쟁위기 상황에서 북한 핵시설에 대한 미군의 외과수술 폭격을 운운하는 전쟁 망나니들이 설친다. 지구촌제국 미국의 트럼프정부가 정말 전쟁광이라면? 북한의 김정은이 진짜 막무가내라면? 이 땅의 친일 수구기득권세력들이 전쟁 놀음을 좋아하는 철부지들이라면? 참으로 안타깝고 참담할 뿐이다. 만에 하나라도 지구촌제국 미국의 전쟁광들과 이 땅의 친일 수구전쟁세력들의 불장난으로 한반도에서 전쟁이 일어난다면, 추측도 상상도 불가능하다.

그래서 일까? '지구촌제국 미국 트럼프 정부가 혹여 라도 한반도에서 전쟁 놀음을 벌이지는 않을까'라는 의구심 때문에 중국이 초조해졌다. 북한이 6차 핵실험이나 미사일발사 도발을 강행해서 전쟁빌미를 주지 않을까 노심초사이다. 미래 지구촌제국을 꿈꾸는 중국은 한반도 전쟁위협으로부터 자국이익을 지키기 위해 발 벗고 나섰다. 한반도 전쟁위기 당사국들에게 자제를 촉구하는 등 한반도 전쟁위기 대응에 부산하다. 이 정부와 정치권은 도대체 무얼 하는지?

이와 관련하여 한반도 전쟁위기 상황은 본문의 남 유대왕국과 북이스라엘 사이에서 벌어진 전쟁위기 상황과 똑 닮았다. 구약성서의 남 유대왕국과 북이스라엘은 우리처럼 형제나라다. 옛날 옛적에 두 왕국은 이집트 노예제국에서 탈출한 히브리 해방노예공동체로써 정의·평등사회를 꿈꾸는 한 형제였다. 그러나 이제, 서로 갈라져 피 흘리고 전쟁하는 주적이다. 북이스라엘은 포학무도한 아시리아제국으로부터 국가존립을 위협받는 상황에서 인접해 있는 큰 나라 시리아 아람왕국과 동맹을 맺고 아시리아제국과 맞서려고 한다. 이에 반하여, 남 유대왕국은 전쟁광 아시리아제국과 동맹을 맺어 이참에 주적인 북이스라엘을 패망시키려고 계획한다.

이러할 때, 남 유대 왕국의 예언자 이사야는 유대왕실을 향하여 '임마누엘' 신앙을 선포한다. 임마누엘신앙은 풀어서 새기면 '하나님이 우리와 함께 하신다'이다. 임마누엘신앙은 제국주의 지배체제 전쟁과 죽임과 피 흘림에 저항하는 '히브리 민중들의 평화신앙'이다. 이집트 노예제국 파라오 지배체제 히브리 해방노예들이 오매불망 잊지 못하는 야훼신앙의 핵심이다. 이제 21C 한반도 전쟁위기 속에서 본문의 임마누엘신앙 의미를 밝혀내고, 우리의 신앙실천행동의 길을 찾아보고자 한다.

## 이끄는 말

　본문에는 아수르제국의 위협에 처한 남 유대왕국과 북이스라엘의 신앙과 정치, 민중의 삶의 상황이 절절하게 표현되어있다. 실제로 아수르제국은 인류역사에서 가장 비인도적인 제국주의 정복전쟁을 벌였다. 정복한 민족을 강제로 타국으로 끌어가고 정복지에는 타 정복민족을 끌어다가 정착시켰다. 이러한 아수르제국의 침략에 맞서 북이스라엘과 아람왕국 등 12개 군소왕국들은 아수르제국에 대항하는 동맹을 맺었다. 그리고 유대왕국의 참여를 강요했다. 그러나 유대 왕 아하즈는 오히려 아수르제국의 군대를 끌어들여, 평소 분쟁 상대이었던 두 왕국을 제거하려는 외교 전략을 세운다. 이에 대하여 유대왕국의 예언자 이사야는 유대왕실과 백성들에게 "하나님이 우리와 함께 하신다"라는 '임마누엘신앙'을 선포한다.

　그렇다면 '임마누엘신앙'은 무엇일까? 사사기 이후, 소제국주의 세력을 다진 다윗왕조는 야훼신앙을 왜곡하여 다윗왕조신앙과 시온신앙을 꾸며 만들고 이를 대중들에게 유포했다. 다윗왕조의 사병중심 상비군으로 예루살렘을 정복하고 예루살렘 성전을 짓고 성전제사제도를 강화했다. 이러한 다윗왕조신앙의 핵심은 '야훼께서 다윗 혈통에게 대대로 왕위를 주셨다'는 것이다. 지중해세계 제국주의 정치신앙 그대로 '신의 아들론'을 다윗왕조신앙의 핵심으로 도입한 것이다. 여기로부터 정치적 메시아신앙다윗 왕가 메시아 내림 신앙이 발생되고 재해석 되어왔다. 실제로 다윗통일왕조BC1000~925 시대에 이르러 히브리 해방노예들의 구전 야훼신앙 역사가 문서화 되었다. 이를 통해서 야훼신앙이 다윗왕조 신앙으로 왜곡되었다. 예를 들면 사사기 21 : 25절에는 "그 시절에는그 날들에는 이스라엘에 왕이 없었다. 사람이 제 주관에제보기에 옳은 것을 행했다"라고 히브리 해방노예들의 평등사회 건설을 깎아내리고 있다. 다윗왕조로 부와 권력이 집중되고 야훼 하나님의 해방과 구원, 정의와 평등, 야훼 경제공동체 신앙이 해체되었다.

무엇보다도 다윗왕조는 예루살렘 성전제사신앙 확립을 통하여 야훼신앙을 사유화 했다. 복잡한 제사법과 제사의 계급화를 통하여 야훼신앙을 권력화 했다. 부자와 권력자들을 의롭게 하고 가난하고 힘없는 이들을 죄인으로 만들어 편 가르고 차별하고 배제하며 억압·착취했다. 이러한 예루살렘 성전제사종교에서 '시온신앙'이 돌출 되어 나왔다. 이처럼 다윗왕조가 독점하는 예루살렘 성전제사 신앙은 히브리 노예들의 해방과 자유, 정의와 평등, 생명과 평화 야훼신앙에 대한 부정할 수 없는 배신이다.

본문은 남 유대왕국 다윗왕실 아하즈 왕이 민중들의 '임마누엘 신앙'을 배척하는 내용들을 자세히 보고하고 있다. "너는 너를 위하여 야훼 너의 하나님의 함께하심으로부터 징조를 요청하라! 깊고 신비한 곳으로부터 이든 높고 위대한 곳으로부터 이든 징조를 요청하라! 아닙니다. 나는 징조를 요구하지 않습니다. 또한 야훼를 시험하지도 않겠습니다." 실제로, 사람의 삶 속에서 "하나님이 나와 함께하심의 징조를 구하는 것"은 임마누엘 신앙의 마땅하고 바른 신앙태도이다. 왜냐하면 임마누엘 신앙은 우리와 함께 하시는 하나님을 우리의 삶속에서 이해하고 깨닫고 행동하는 신앙이기 때문이다. 우리의 삶의 성찰과 회개, 그를 통한 삶의 변혁을 이끌어 내는 실천행동 신앙이기 때문이다. 그러므로 본문에서 다윗왕실 아하즈 왕의 언술은 경건처럼 보이나 가장 지독한 불신앙이다. 이미 아하즈왕은 '임마누엘신앙'을 배척하고 '앗수르제국'을 향하여 몸과 마음을 기울이고 있었던 것이다.

본문은 다윗왕실의 '임마누엘 신앙배척의 폐해'를 보고하고 있다. "다윗왕실이여! 제발 들어라! 너희 때문에 사람들을 괴롭게 하는 것이 작은 일이냐? 참으로 너희가 나의 하나님도 역시 괴롭게 하려느냐?" 다윗왕조는 출발 때부터 이제까지 민중들의 '임마누엘신앙'을 배척함으로써 남 유대왕국의 민중들의 삶을 괴롭게 하고 절망스럽게 해왔다. 이와 관련하여 본문은 이렇게 예언한다.

"그러므로 주님께서 직접 너희에게 그 표징을 주실 것이다. 보라! 젊은 여자가 임신해서 아들을 낳을 것이다. 그리고 그 여자는 아들의 이름을 '임마누엘'이라고 부를 것이다. 그 아이가 나쁜 것을 버리고 좋은 것을 고를 줄 알게 될 때까지 양젖버터과 꿀을 먹을 것이다. 왜냐하면, 그 아이가 나쁜 것을 버리고 좋은 것을 고를 줄 알게 되기 전에, 네가 두려워 떨었던 땅의 두 왕들 면전에서, 그 땅이 버려지게 될 것이기 때문이다. 그러나 야훼께서 너와 네 백성과 네 왕실 위에, 에브라임이 유대를 떠나던 날부터 이때까지, 그들이 겪어보지 않았던 날들을 이르게 할 것이다. 곧 앗수르 왕을 오게 할 것이다. "

다윗왕실 특권·기득권세력들의 무한 사익추구로 인해 백성들과 백성들의 하나님이 함께 괴로움을 당한다. 이것은 야훼 하나님의 의도가 아니라, 유대왕 아하즈의 선택이다. 아수르제국의 군대는 구원자가 아니라 점령군 일뿐이다. 아수르제국의 날들로 인한 고난은 너무도 빤한 것이다. 북이스라엘은 아수르제국과 삼년을 전쟁을 치른 후 처절한 패망을 당했다. 남 유대왕국역시도 아수르의 군대가 침략해 올 때 마다 위기와 고난을 겪어야만 했다.

본문은 이러한 국가적 고통과 절망의 상황에 대하여 '임마누엘 신앙'이야말로 '평화'라고 증언한다. "그러므로 주님께서 너희에게 그 징조를 주실 것이다. 보라! 젊은 여자가 잉태해서 아들을 낳을 것이다. 그리고 그 여자는 아들의 이름을 '임마누엘'이라고 부를 것이다. 그 아이가 나쁜 것을 버리고 좋은 것을 고를 줄 알게 될 때까지 양젖버터과 꿀을 먹을 것이다." 여기서 '하 알르마젊은 여자'가 아이를 낳고 기르는 것은 '평화'에 대한 구체적이고 실체적이며 실존적인 설명이다. 예를 들어 21C 지구촌 상황을 살펴보자. 지중해 아시아 쪽의 예루살렘, 가자지구, 시리아, 이라크, 리비아 등에서 벌어지고 있는 전쟁은 언제 끝이 날지 가늠조차 어렵다. 그로 인한 난민들의 처참한 상황은 말로 표현하기조차 어렵다. 지중해 서쪽 유럽도 일상적 테러 위험과 테러보복전쟁 등 때문에 늘 안보 불안증을 안고 산다.

그러므로 본문의 '임마누엘신앙'은 생명과 평화 세상에 대한 가장 절절한 표현이다. 생명과 평화의 창조주 야훼 하나님께서 우리와 함께 하신다는 신앙고백은 우리의 삶의 가장 절실하고 생생한 신앙실천 행동이다. 여기서 '임마누엘'의 '임'이라는 전치사는 시간과 공간과 관계를 통해서 우리와 함께하시는 하나님을 강조한다. 하나님께서 우리와 같은 시간에, 우리와 같은 공간에서, 우리와 친밀한 관계로 함께하신다는 신앙고백이다. '임마누'는 '우리와 함께'라는 의미인데 평화가 '나'가 아니라 '나와 너' 우리 사이의 문제라는 신앙고백이다. 더 나아가서는 '나와 너와 우리와 하나님 사이의 문제'이다. 따라서 '임마누엘 평화'는 나와 너, 우리와 하나님 사이에서 해방과 구원, 정의와 평등과 생명공동체의 삶을 누리는 평화이다.

한편 본문의 〈하알르마〉에 대한 '처녀'라는 이미지는 덧붙여진 해석 일뿐이다. 문자적으로나 문맥으로도 '젊은 여자' 또는 '성숙한 여성'을 지시하는 여성명사이다. 또한 "그 아이가 나쁜 것을 버리고 좋은 것을 고를 줄 알게 될 때까지"라는 구절을 비상하게 해석하려는 신학적 욕구로 인해, 이 구절의 본래적 의미도 크게 왜곡 되었다. 일부 사이비 이단들은 이 구절을 "원죄를 벗고 하나님의 아들로, 버터와 꿀생명말씀을 먹고 자라서 악을 극복했다"라는 따위로 엉터리 해석을 한다. 여기서 이 구절은 있는 그대로 '임마누엘 신앙'을 저버린 유다 왕 아하즈에 대한 시한時限경고일 뿐이다.

본문은 임마누엘신앙을 통하여 얻게 되는 하나님의 평화를 위한 '하나님 자신의 실천행동들'을 제시한다. 그 땅을 고독하게 하시는 하나님, 야훼 하나님께서 땅 끝까지 전쟁들을 그치게 하셨다. 창을 꺾고, 활을 부러뜨리고, 전차들을 불사르셨다. 야훼 하나님께서 제국의 전쟁들을 그치게 하심으로써 그 땅을 쉬게 하신다. 따라서 임마누엘 신앙인들은 '하나님께서 우리의 탐욕과 사익을 위한 활동을 멈추어 깨닫게 하시는 하나님의 진리'를 따라야 한다. 그러나 21C 우리의 교회는 '우리의 탐욕과 정욕과 어리석음으로 점철된 제국주의 정복신앙과 자본주의 번영신앙을 따르는 행동을 멈추어서 깨닫게 되는 신앙진리'를 가르치지 않는다. 야훼께서 하나님이시다. 야훼 하나님께서 우리와 함께하시고 우리를 다스리신다. 모든 민족, 모든 이들로부터 생명과 평화가 진리라는 신앙고백을 듣는 것이 야훼 하나님의 뜻이다.

## 맺는 말

21C 신자자유주의 금융자본경제 속에서 임마누엘 신앙증언의 핵심은 지금 여기 이 땅에서 예수의 하나님나라를 사는 것이다. 예수의 하나님나라는 맘몬·자본 세상이 아니라 해방과 자유, 정의와 평등, 생명과 평화의 야훼 하나님의 다스리심을 받아드리는 것이다. 맘몬·자본 세상 속에서 우리의 삶으로 "임마누엘, 하나님께서 우리와 함께 하신다"라고 증언하는 것이다. 우리와 우리의 교회는 이러한 신앙 삶을 통하여 우리 시대의 고난 받는 민중의 피난처가 됨으로써 임마누엘 신앙의 증언자가 되어야 한다.

# 에필로그

## 그 선한 힘에 고요히 감싸여

그 선한 힘에 고요히 감싸여
그 놀라운 평화를 누리고
나 그대들과 함께 걸어가네
나 그대들과 한 해를 여네
그 선한 힘이 우릴 감싸시니
그 어떤 일에도 희망가득
주 언제나 우리와 함께 계셔
하루 또 하루가 늘 새로워

저 촛불 밝고 따스히 타올라
우리의 어둠 살라 버리고
다시 하나가 되게 이끄소서
당신의 빛이 빛나는 이 밤
그 선한 힘이 우릴 감싸시니
그 어떤 일에도 희망가득
주 언제나 우리와 함께 계셔
하루 또 하루가 늘 새로워

위의 노래 시는 독일의 디트리히 본회퍼 목사가 작사하였다. 본회퍼 목사는 독일의 나치 파쇼정권을 몰아내려는 저항운동에 참여했다가 붙잡혀서 처형당했다. 그는 독일 고백교회의 목사였으나 나치 정권 군사정보국에 위장 취업을 하는 등, 히틀러 파쇼정권에 저항하는 지하 투쟁활동에 뛰어들었다. 하지만 1943년 그의 저항활동이 발각되어 게슈타포에 체포된 후 감옥에 간혔다. 본회퍼 목사는 감옥에서 히틀러 암살계획을 세우고 1944년 7월 20일 동지들과 함께 암살을 시도하였으나 실패하였다. 본회퍼 목사는 감옥에서 혹독한 고문을 받은 후 처형당했다. 서슬 퍼런 나치정권 시절 죽음을 앞두고 감옥에서 지은 이 노래가 마치 백만 천만 국민주권 혁명 촛불의 역사를 응원하듯, "주님의 선한 힘이 우리를 감싸시니" 라는 노랫말이 우리에게 용기와 의지를 북돋운다.

마침내 2017년 3월 10일, 대한민국 헌법재판소가 박근혜대통령을 파면하였다. 헌법재판소 재판관 팔인 전원일치로 대한민국 헌정사에서 그 유래가 없었던 대통령 파면을 결정했다. 박근혜대통령의 위헌·위법행위가 국민의 신임을 배반한 것으로 헌법수호의 관점에서 용납될 수 없는 중대한 법 위배라고 판단한 것이다. 그러면서 헌법재판소는 '헌법은 대통령을 포함한 모든 국가기관의 존립근거이고 국민은 그러한 헌법을 만들어 내는 힘의 원천'이라고 명토 박았다.

지금, 이 땅의 백만 천만 국민주권 촛불은 민주주의 국민 주권혁명의 한 길로 달려 나가고 있다. 이 땅의 백만 천만 국민주권 촛불은 꺼지지 않는다. 꺼지지 않을 것이다. 아니, 꺼질 수 없다. 어떤 사람들은 '광장의 백만 천만 국민 주권혁명 촛불은 소명을 다했다'라고 말하기도 한다. 그러나 아직 백만 천만 국민 주권혁명의 길은 멀기만 하다. 국민 주권혁명 촛불은 대한민국의 모든 적폐를 청산하고 새로운 대한민국을 향해 나아갈 것이다. 광장을 넘어 국민주권 직접 정치로, 삶 속에서 생활절치로 계속 더 가열 차게 타오를 것이다.

## 예수 신앙인들이여, 대안세상 하나님 나라를 논쟁하라

이 땅의 예수신앙들이여, 야훼신앙인들이여, 한국교회여! 언제까지 입 다물고 조용히 모르쇠 하겠는가? 개인영혼 구원만이 교회의 사명인가? 교회는 복을 비는 신전인가? 이 땅의 하나님 나라인가?

그러므로 예수는 무엇일까? 예수는 이 땅에 오신 하나님의 아들이시다. 이 땅의 죄인들을 위한 하나님의 어린양 제물이시며 구세주이시다. 한마디로 예수는 그리스도이시며 주님이시다. 그리고 또, 예수는 로마제국 전쟁과 맘몬 지배체제에 대한 전복적 혁명가이다. 예수는 로마제국의 억압과 착취, 폭력과 전쟁, 죽음의 체제와 갈등하고 분열하다가 끝내 십자가에 처형을 당했다. 로마제국 맘몬 지배체제와 거기에 기생하는 예루살렘 성전 제사 종교 및 율법체제에 대한 대안세상으로써, 하나님나라를 선포했다. 예수는 하나님나라 실천행동가였다. 한마디로 예수는 로마제국 맘몬 지배체제의 전복적 하나님 나라운동 안에서 우리의 스승이고, 친구이시며, 주님이시다.

그래서 예수의 하나님 나라운동은 로마제국 전쟁과 폭력, 죽임의 지배체제와 갈등하고 분열을 야기할 수밖에 없다. 로마제국 지배체제의 억압과 폭력과 착취와 쌓음의 경제와 갈등하고 분열하지 않고서는, 예수의 하나님 나라 상호의존 경제를 실현할 수 없다. 나아가 로마제국 지배체제에 기생하여 민중들을 편 가르고 차별하며 배제하는 예루살렘 성전제사 종교체제와 갈등하고 분열하지 않고서는, 내어줌과 돌봄과 배려가 상호 순환하는 하나님 나라의 은총을 모두가 함께 누릴 수 없다. 특별히 예수시대의 가난한 자들과 고아와 과부, 세리와 죄인들, 심지어는 창녀들까지 함께 어우러 지는 공동체나라를 이룰 수가 없다.

21C 이 땅의 예수신앙인들이여, 교회들이여! 맘몬·자본 세상에 대한 새로운 대안세상으로 하나님나라를 논쟁하라! 우리시대의 독점재벌·친일 독재기득권 지배체제와 갈등하라! 분열하라! 그래야만 우리시대의 하나님나라를 향한 예수 신앙인들과 교회의 공감과 소통, 참여와 연대를 바로 세울 수 있을 것이다. 참다운 우리시대의 하나님 나라 교회 개혁운동이 바르게 자리매김 할 수 있을 것이다.

21C 우리시대의 예수 신앙인들과 교회는 고난 받는 민중들과 함께 이 땅에 하나님나라를 이루어 가야한다. 이제부터 백만 천만 국민주권혁명 촛불 신앙信仰이다.


끝으로 바닥의 소리, 민중의 소리, 변두리의 작은 외침에 마이크를 대고 스피커 볼륨을 키워준 대장간 대장장이 배용하 대표께 고마운 마음을 전한다. 갈릴리와 같은 변두리 지역에서 늘 좁고 험한 길만 다니며 큰 소리 울림으로 힘 빠진 이들의 삶을 북돋우고 행여 작은 신음 소리라도 놓치지 않고 기록하려는 대장간의 노고에 경의를 표한다. 이제 다만, 앞서의 『10등급국민』과 함께 이 책의 출판이 그동안 한국기독교 출판계에서 쌓아온 대장간의 뚜렷한 발자취와 높은 뜻에 누가 되지 않기를 바랄뿐이다.


김옥연 목사